監査・証明業務の
多様性に関する研究

松本祥尚
編著

日本公認会計士協会出版局

序　文

　1970年代、中小会社の計算書類に対する信頼性を確保する方策として「簡易監査」の制度化が検討されたことがあった。しかし当時、監査を専担するのと同じ主体の会計士が、監査業務の保証水準とは異なる証明業務をも提供した場合、情報の受手側の利用者がその保証水準を誤解し、高い保証水準の監査と混同し、結果として守るべき監査の水準をも低い水準に収斂させてしまうという懸念が表され[1]、中小会社に対する商法監査の導入は見送られた。一方、保証水準の多層性と監査対象の多様性については、アメリカにおいて既に基準化が図られていたように、「社会的要請が、財務諸表監査と同程度の保証でなくても良いとするのであれば、これに対して監査機能を拡張することに制約を課すような条件を付けることは、独立監査の発展を阻害する。……、監査概念は、固定的なものではなく、社会の発展に応じることができるような弾力的なものでなければならない。」[2]という理論的な見解もあった。

　わが国では、2007年以降、保証水準が監査よりも低いレビューという証明業務が制度化されているため、上記の保証水準の多層性のための監査機能の拡張は議論開始から30年を経て達成された。本書では、この残された課題である監査対象の多様化の問題を対象とし、監査・証明対象の多様化とそれに対する監査・証明業務のあり方を、制度的側面、実務的側面、ならびに経済合理性的側面から、明らかにすることにある。

　2014年改訂監査基準は、1956年に公表された監査基準以来続いてきた「適正性に関する意見表明」のための枠組みに、新たに「準拠性に関する意見表明」の枠組みを設定した。これにより、監査の対象である財務情報についても、従来からある「一般目的の会計基準に従って作成された財務諸表」に加えて、特定の利用者・利用目的を想定する「特別目的の会計基準に従って作成された財務諸表・財務諸表項目・財務表」にまで拡張した。

　このような監査対象の拡張と監査意見の枠組みの二分化により、わが国情報開示制度は未知の領域に突入することになった。すなわち、「特別目的の会計基準」と

1　日本監査研究学会・中小会社監査研究部会編（1989）『中小会社監査』。
2　森　實（1974）「監査証明機能の拡張と監査概念について」『会計ジャーナル』第6巻第11号。

いう依頼人と利用者と監査人が承認し合意した会計基準であれば、どのような会計基準に従った財務諸表も監査対象となること、また従来の完全な一組の財務諸表だけでなく、単体の財務表や特定の項目に対しても監査証明を出せるようになった。

そこで、（特別目的の会計基準・一般目的の会計基準）×（財務諸表・財務諸表項目・財務表）といった組合せによる多様な財務情報の拡張可能性と、それらに適した監査の枠組みについて、わが国のあるべき情報開示の仕組みとして明らかにするために、2015年9月、日本会計研究学会第74回大会において「開示情報の拡張と監査枠組みの多様化に関する研究」スタディ・グループの設置が認められ、同第75回大会において中間報告、同第76回大会において最終報告を行なった。本書『監査・証明業務の多様性に関する研究』は、これら中間報告と最終報告の内容を各国制度の変更確認、先行研究の追加渉猟、分析の洗練化を通して加筆・修正している。

本書は、以下のような3つの視点から監査・証明業務の多様化に関する検討を試みた。

第1部では、諸外国における特別目的の財務情報に対する監査・証明業務の制度内容について、既に当該制度を導入しているわが国監査基準及びその範となった国際監査基準に加えて、アメリカ基準、イギリス基準、オーストラリア基準、カナダ基準、ドイツ基準、ニュージーランド基準を分析し、その内容を詳解した。それぞれの基準において明らかにした争点は、各種の法定監査・証明業務を定めた法規、ならびに特別目的の財務情報に対する監査業務、レビュー業務、及び合意された手続業務に関する基準の内容である。これら各国の実務指針を含む監査・証明業務に関する基準の詳細や情報を入手するに当たっては、日本公認会計士協会、特に自主規制・業務本部のIFRS・国際グループから基準や情報の請求先リストを提供されると共に、各国会計士協会への協力依頼を発出して頂いた。各国基準や情報の入手に当たって、当該IFRS・国際グループから数度にわたって協力頂き、この協力なくして第1部の完成はなかった

第2部では、わが国の監査実務が特別目的の財務情報の監査・証明業務に対して、制度導入後どのように対応してきたか、を明らかにすることを主眼とした。つまり、2014年改訂監査基準で可能となった複数の監査意見の枠組みと監査の対象となる多様な財務情報が、その改訂趣旨・内容に基づいて、わが国でどのように監

査・証明実務に反映されているのか、を調査した。このような、特に金商法以外の監査・証明業務を提供する監査事務所に対する全国的な実態調査は、わが国において初めての試みであることから、調査の実効性を確保するために日本公認会計士協会、特に自主規制／業務本部の中小事務所・租税・経営グループからの支援を賜った。

　第3部では、監査・証明業務が経済合理性の観点から自発的かつ任意に契約されることについて、その要因ならびに背景を実証的に分析した海外の先行研究を渉猟した上で、わが国監査・証明業務の1つである四半期レビュー業務の導入が企業による利益調整額にどの程度影響したのか、を実証的に明らかにしている。わが国職業会計士による監査・証明業務が、証券取引法による法定監査という形で一斉に導入されたため、監査による経済的効果が実感される機会がなかった。そのような監査制度化のわが国環境において、四半期レビュー業務は、その法定化がなされる以前に、意見表明業務として一時的にせよ自主規制として実施されたマザーズ上場企業と、それ以外のレビュー業務を受けていなかった上場企業が併存したことで、このような経済合理性の観点からの実証的な分析を可能としたといえる。

　本研究成果のうち制度研究と実態研究は、何れもが日本公認会計士協会の中小監査事務所連絡協議会、質問票と回答票原案に対して詳細なコメントを頂戴した監査基準委員会、ならびに中小監査事務所との遣り取りをお引き受け頂いた中小事務所・租税・経営グループの皆さま、及び国際的な調査をご支援いただいたIFRS・国際グループの皆さま、そして今回のような煩雑な質問票・回答票に対して真摯かつ丁寧にご回答頂けた各監査事務所の理事長・代表ならびにご担当者の皆さまには、この場を借りて厚く御礼申し上げたい。もちろん本書におけるありうべき誤りは、本共同研究チームに帰するものである。最後に、本書の出版をお引き受け頂けた日本公認会計士協会出版局にも心から感謝申し上げる次第である。

2018年12月

松本祥尚

監査・証明業務の多様性に関する研究●もくじ

第1部
開示情報の拡張に対する多様な監査枠組みに関する各国の概要

第1章 特別目的財務報告の監査・証明業務 ———— 2

第2章 国際基準 ———— 9

第3章 日本基準 ———— 21

第4章 アメリカ基準 ———— 54

第5章 イギリス基準 ———— 69

第6章 カナダ基準 ———— 84

第7章 ドイツ基準 ———— 100

第**8**章 オーストラリア基準 ——————————— 112

第**9**章 ニュージーランド基準 ——————————— 135

第 **2** 部
実態調査に基づく監査・証明業務の概要

第**1**章 わが国監査・証明業務の実態 ——————————— 158

第**2**章 完全な一組の財務諸表に対する監査・証明業務 ——————————— 163

第**3**章 単一ないしは複数の財務表に対する監査・証明業務 ——————————— 209

第**4**章 特定の財務諸表項目に対する監査・証明業務 ——————————— 246

第**5**章 その他の業務対象に対する監査・証明業務 ——————————— 264

第**6**章 要約 ——————————— 299

第3部 実証研究に基づく監査・証明業務の特徴

第1章 自主的な監査購入の決定要因と経済的価値に関する研究の考察 ——— 308

第2章 レビュー業務の経済的効果に関する実証分析 ——— 326

第3章 要約 ——— 368

付録　371
フェイスシート　373
調査票　375
索引　379

執筆担当者

第1部
- 第1章　松本
- 第2章　異島
- 第3章　浅野・鎌田
- 第4章　松本
- 第5章　町田
- 第6章　林
- 第7章　小澤
- 第8章　堀古
- 第9章　堀古

第2部
- 第1章　松本
- 第2章　町田・堀古
- 第3章　林・浅野
- 第4章　異島・小澤
- 第5章　松本・小澤
- 第6章　松本

第3部
- 第1章　髙田
- 第2章　笠井・首藤・髙田
- 第3章　松本

凡　例

本文中の主な法令・会計基準等や団体名などについて、以下の略語を用いている。

【海外団体・基準等】

AICPA	アメリカ公認会計士協会（American Institute of CPAs）
AS	監査基準（Auditing Standard）
AUP	合意された手続（Agreed Upon Procedures）
FRS	財務報告基準（Financial Reporting Standards）
IAASB	国際監査・保証基準審議会（International Auditing and Assurance Standards Board）
IFAC	国際会計士連盟（International Federation of Accountants）
IFRS	国際財務報告基準（International Financial Reporting Standards）
ISA	国際監査基準（International Standard on Auditing）
ISAE	国際保証業務基準（International Standard on Assurance Engagements）
ISRE	国際レビュー業務基準（International Standards on Review Engagements）
ISRS	国際関連サービス基準（International Standards on Related Services）
PCAOB	アメリカ公開企業会計監視委員会（Public Company Accounting Oversight Board）
SAS	監査基準（Statements on Auditing Standards）
SSAE	証明業務基準（Statements on Standards for Attestation Engagements）
SSARS	会計業務・レビュー業務に関する基準（Statements on Standards for Accounting and Review Services）

【実務指針等】

監基報	監査基準委員会報告書
監基報800	監査基準委員会報告書800「特別目的の財務報告の枠組みに準拠して作成された財務諸表に対する監査」
監基報805	監査基準委員会報告書805「個別の財務表又は財務諸表項目等に対する監査」
監基報810	監査基準委員会報告書810「要約財務諸表に関する報告業務」
監基研	監査基準委員会研究報告
監基研第3号	監査基準委員会研究報告第3号「監査基準委員会報告書800及び805に係るQ&A」
監基研第5号	監査基準委員会研究報告第5号「保証業務実務指針2400に係るQ&A」
監保研	監査・保証実務委員会研究報告
監保研第29号	監査・保証実務委員会研究報告第29号「専門業務実務指針4400「合意された手続業務に関する実務指針」に係るQ&A」
監保研第30号	監査・保証実務委員会研究報告第30号「保証業務実務指針3000「監査及びレビュー業務以外の保証業務に関する実務指針」に係るQ&A
監保研第31号	監査・保証実務委員会研究報告第31号「監査及びレビュー業務以外の保証業務に係る概念的枠組み」
専業実	専門業務実務指針
専業実4400	専門業務実務指針4400「合意された手続業務に関する実務指針」
保証実	保証業務実務指針
保証実2400	保証業務実務指針2400「財務諸表のレビュー業務」
保証実3000	保証業務実務指針3000「監査及びレビュー業務以外の保証業務に関する実務指針」

【法令】

金商法	金融商品取引法
金商法令	金融商品取引法施行令

第1部

開示情報の拡張に対する多様な監査枠組みに関する各国の概要

第1章 特別目的財務報告の監査・証明業務

第1節　はじめに

　ISAでは、2009年12月15日以降の会計年度において、そのISA800「特別目的の財務報告フレームワークに準拠して作成された財務諸表の監査－特別の検討事項－(Special Considerations – Audits of Financial Statements Prepared in Accordance with Special Purpose Frameworks)」とISA805「単体の財務表、及び財務諸表の特定の要素、勘定、ないしは項目の監査－特別の検討事項－(Special Considerations – Audits of Single Financial Statements and Specific Elements, Accounts or Items of A Financial Statement)」の適用が認められてきた。これらのISAsは、従来の適正性に関する監査意見に準拠性に関する監査意見を加えることで監査意見の複数化を図るとともに、監査対象に完全な一組の財務諸表以外に特定の財務諸表項目や単体の財務表が含まれることを明らかにした。

　これらISAsを受けてわが国でも2014年改訂監査基準において、監査基準の「監査の目的」に「準拠性に関する意見」という意見表明の形態とともに、完全な一組の財務諸表以外の財務諸表項目や財務表を監査対象とすることが新しく加えられた。また日本公認会計士協会も、この監査基準の改訂を受けて監査基準委員会報告書800「特別目的の財務報告の枠組みに準拠して作成された財務諸表に対する監査」及び同805「個別の財務表又は財務諸表項目等に対する監査」を策定・公表した。

　財務諸表監査の究極の目的は、独立監査人が監査意見を表明することによって、財務諸表の信頼性の程度を明らかにし、利用者の意思決定に資することにあるのに対して、監査の目的に関する基準はそのための手段目的としての規定と捉えられる。それが故に、この2014年改訂監査基準は、1956年に公表された監査基準以来続いてきた「適正性に関する意見表明」のための枠組みに、新たに「準拠性に関する意見」の枠組みを加え、多様な意見表明の枠組みを認めたのである。

さらに監査の対象である財務情報も、従来からある「一般目的の会計基準に従って作成された完全な一組の財務諸表」に加えて、特定の利用者・利用目的を想定する「特別目的の会計基準に従って作成された財務諸表・財務表・財務諸表項目」にまで拡張した。
　このため、わが国情報開示制度は未知の領域に突入することになった。というのも、「特別目的の会計基準」という依頼人と利用者と監査人が承認し合意した会計基準であれば、どのような会計基準に従った財務諸表でも監査対象となること、また従来の完全な一組の財務諸表だけでなく、単体の財務表や特定の項目に対しても監査証明を出せるようになったからである。
　そこで、第1部では、(特別目的の会計基準・一般目的の会計基準)×(財務諸表・財務諸表項目・財務表)といった組合せによる多様な財務情報の拡張可能性と、それらに対する適した監査・証明業務の枠組みについて、諸外国における多様な監査・証明対象に対する監査・証明業務に関する基準を検討し、わが国の当該監査基準改訂によって監査対象となる主題事項や主題情報にどのような拡張可能性が生じ得るのか、を明らかにすることを目的としている。

第2節　監査対象の多様化

　2014年改訂監査基準において、監査の目的に「準拠性に関する意見」という意見表明の形態が新しく加えられた。この監査意見は、財務諸表が一定の会計基準に継続的に従って作成されているか否かに関する監査人の結論であり、両監査意見の間で監査人が適用する監査手続に違いがあるわけではない。
　これまでの監査の目的の規定として、「適正性に関する意見」が完全な一組の財務諸表が一般に公正妥当と認められる企業会計の基準に準拠していることを前提に、当該財務諸表に重要な虚偽の表示がないことを合理的な水準で保証するものであった。ここにいう完全な一組の財務諸表とは、貸借対照表、損益計算書、キャッシュ・フロー計算書、株主資本等変動計算書等の金商法に規定された財務書類を指している。
　この場合の一般に公正妥当と認められる企業会計の基準は、監査基準上「一般目的の財務報告の枠組み」と同義であり、不特定多数の幅広い利用者の様々な意思決

定に汎用的・共通的なニーズで利用可能となる、といういわゆる汎用目的で策定された会計基準の総称である。基本的には、証券市場における一般投資者による意思決定支援を想定した会計基準である。監査人の側からすると、監査人が監査に当たって判断基準として用いる規範に、一般目的の会計基準と特別目的の会計基準が認められることになった。

　一方、財務諸表の利用には融資目的や買収目的といった特定の限定された利用を想定した場合もあり得る。このような特別の目的を前提にした会計基準も策定でき、特定の利用者のニーズを満たすべく特別の利用目的に適合した会計の基準に基づいて作成される財務諸表が考えられた。この結果、一般目的の会計基準に準拠して作成される財務諸表を、一般目的の財務諸表、特別目的の会計基準に準拠したものを特別目的の財務諸表と称する。

　特定のニーズを前提にした会計基準が存在する以上、監査対象となる財務情報にも、完全な一組の財務諸表に限定されるものではなく、貸借対照表のみといった単体の財務表や、売掛金のみといった特定の財務諸表項目が想定できる。以上のような監査対象の多様化を図示したものが、［図表1-1］である。

［図表1-1］　監査対象の多様化

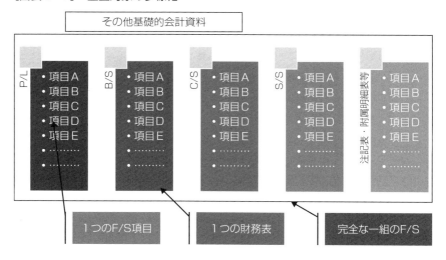

財務情報作成に当たってどのような会計基準を適用するかは、資金提供等の契約締結時に委託者と受託者との間での合意によって決定されるため、監査人は監査契約の段階で選択された会計基準が監査上の判断基準として妥当か否かの検討が必要となる。具体的には、①財務諸表の作成目的、②想定利用者、③選択される財務報告の枠組みについて、監査契約の締結・更新時とともに、改めて監査報告の段階で検討しなければならない。

　さらに監査意見の枠組みとして適正性と準拠性が区別されるが、両者の違いは、適正性に関する監査意見（「適正表示の枠組み」と称する）の表明が選択できる条件は、以下の２つの条件の何れかを満たす場合とされる。

(1) 適正表示を達成するために、財務報告の枠組みで具体的に要求される開示を超えた開示を行う必要性を、当該枠組みで明示的ないしは黙示的に規定された場合。

(2) 適正表示を達成するために、財務報告の枠組みで要求される事項からの離脱を必要とする場合が存在する旨が、当該枠組みで明示的に規定された場合。

　準拠性に関する監査意見（準拠性の枠組み）が選択される条件は、特定の財務報告の枠組みに準拠する場合のみとなる。

　複数の会計基準と監査対象の多様化により財務情報には、従来から監査対象となっていた一般目的の完全な一組の財務諸表に加えて、①特別目的の完全な一組の財務諸表、②一般目的と③特別目的の財務表、④一般目的と⑤特別目的の財務諸表項目という５つが含まれる。

　監査報告に当たって、特別目的の財務諸表が監査対象となった場合でも、監査意見を表明する以上は、合理的保証が獲得されていることはいうまでもないが、特定の目的のためであって他の目的には適合しないことがある旨の注意喚起を強調事項として監査報告書に記載すると同時に、当該監査報告書の配布や利用に制限を付す場合にはその旨を監査人は記載しなければならない。

第３節　証明業務の保証水準の多層性

　財務諸表の信頼性に対して監査業務が提供する保証水準は、絶対的ではないが相当程度に高い水準としての合理的保証の水準であり、具体的には80～95％といわれ

ている（IAASB［2002］）。保証の水準の構成要素は、以下のような関係にある[1]。

監査・証明対象×監査・証明手続＝保証水準

　2014年改訂監査基準が新たに監査の対象とした財務情報が多様化することは、「監査・証明対象」の属性や内容が様々に想定されることを意味する。「監査・証明対象」が一定であれば、保証水準は、監査証拠を入手するために実施される「監査・証明手続」の質と量[2]に依存する。故に、わが国のように、職業会計士による任意監査の歴史がなく、代表的な監査業務としての法定監査の対象が完全な一組の財務諸表に限定されていた場合には、投入資源量に依存して［図表1-2］のように保証水準が確定されてきた、と理解される。

［図表1-2］　投入資源量と保証水準の関係[3]

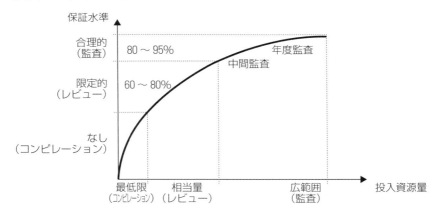

1　詳細は、松本（2012）を参照されたい。
2　一般的に、外部証拠や、直接証拠、物理的証拠といった証拠力の強い監査証拠を入手しようとする監査・証明手続には、時間とコストが掛かるため、投入資源量は相対的に多くなると想定できる。
3　［図表1-2］では、監査・証明手続によって入手される全ての監査証拠が肯定的で確証的証拠を前提としている。

しかし、この2014年改訂監査基準により、そもそもの「監査・証明対象」の属性や内容に多様性が認められるようになれば、「監査・証明手続」投入資源量を一定としても保証水準（確信度）は異なってくる。監査業務として業務が遂行されたとしても、監査人による事後的な保証水準は一定の確定的な水準ではなく80〜95％のどこかに収斂することになる。監査対象項目（財務諸表項目）として売掛金を前提に、監査要点、監査手続、監査証拠、確信度の関係を示したものが［図表1-3］である。

　［図表1-3］において、個々の監査対象項目に対して選択される監査要点・監査手続・入手される監査証拠の3つは、監査手続の選択段階で事前的に計画され、その後、実際に監査手続の適用、すなわち事後的な証拠の入手と評価に繋がる[4]。この

［図表1-3］　監査業務による保証水準の多層性

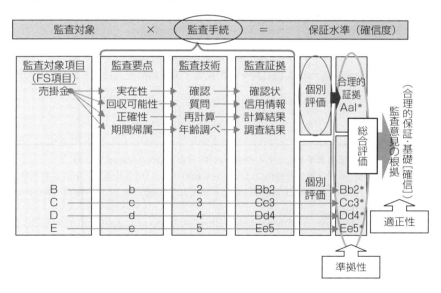

---

[4] もちろん監査手続の実施によって入手される監査証拠が、監査計画策定段階で想定されたものと質的ないし量的に十分でない、あるいは適切でないことが判明すれば、監査計画の修正が行われるが、それでもそれは監査手続の選択として捉えられる。

監査手続の実施によって入手された監査証拠の十分性と適切性（合理的証拠）の水準は、監査・証明対象と監査・証明手続による保証水準の等式により、それぞれの合理的証拠としての確信度において Aa1* ≠ Bb2* ≠ Cc3* ≠ Dd4* ≠ Ee5* となり異なっており、それぞれが80～95％の間に存在すると考えられる。監査人は、適正性に関する監査意見を表明するための根拠（合理的基礎）を獲得するために、それらの個々の監査証拠を財務諸表全体の観点から総合的に評価し、最終的かつ全体的な確信度として80～95％のどこかの割合をもって結論を表明している、と考えられる。

　最終的な監査意見表明の根拠を形成するための監査証拠の収集と評価が、個々の監査要点とそれらの集合である財務諸表項目、さらにはその総体である財務諸表に対してなされるのであれば、個々の監査要点・財務諸表項目・財務表についても、結論を表明することは可能であろう。そのような監査業務プロセスを前提に、IAASBは、それらの監査対象ごとの監査による保証を可能とするISA800と805を策定したといえる[5]。

付記

　本章は、科学研究費（基盤研究（C）15K03800）研究課題「多様な監査・保証形態が与える保証効果への影響に関する国際的・実証的研究」による研究成果の一部である。

【参考文献】

松本祥尚（2012）「保証水準と監査人の役割と責任」『企業会計』第64巻第1号。
松本祥尚（2016）「証明対象の多様化に伴う証明業務の展開」『同志社商学』第67巻第4号。
IAASB (2002), Study 1: The Determination and Communication of Levels of Assurance Other than High.
IAASB (2009a), International Standard on Auditing 800, Special Considerations – Audits of Financial Statements Prepared in Accordance with Special Purpose Frameworks.
IAASB (2009b), International Standard on Auditing 805, Special Considerations – Audits of Single Financial Statements and Special Elements, Accounts or Items of A Financial Statement.

（松本祥尚）

---

[5] 本章は、松本（2016）に加筆・修正したものである。

第2章 国際基準

第1節 はじめに

　本章は、国際基準における特別目的財務報告についての監査・証明業務にかかる基準を概観することによって、国際基準を採用している国や地域において、どのような特別目的財務報告と監査・証明業務が考えられるかを示唆することを目的としている。

　本章では、特別目的財務報告にかかる監査・証明業務に関する国際基準として、IFACの基準設定機関であるIAASBが発行するISAs、ISREs、及びISRSsのうち、ISA800「特別な考慮事項－特別目的の枠組みに準拠して作成された財務諸表の監査」（IAASB（2016a））、ISA805「特別な考慮事項－単独の財務表及び財務諸表の特定の要素、勘定又は項目に対する監査」（IAASB（2016b））、ISRE2400「過去財務情報のレビュー業務」（IAASB（2012））、ISRE2410「事業体の独立監査人が実施する期中財務情報のレビュー」（IAASB（2008））、及びISRS4400「財務情報に関する合意された手続の実施契約」（IAASB（1994））を取り上げる。ISA800とISA805は特別目的財務報告にかかる監査に関するものであり、ISRE2400及びISRE2410はレビューに、そしてISRS4400は合意された手続（Agreed upon procedures：以下、AUP）に関するものである。国際基準はAUPを保証業務以外の関連サービス業務と位置付けており、AUPが監査・証明業務に含まれるか否かは議論がわかれるところであるので、本章ではこの点についても考察する。

　なお、本章では、便宜上、IAASBが発行する一連の基準を総称して国際基準と呼び、個別基準であるISAと区別している。

第2節　監査・証明業務の体系と設定主体

IAASBが発行する国際基準の基準体系は［図表2-1］のようになっている。

［図表2-1］　IAASBが発行する国際基準の基準体系

(出所)　FW, 付録1より一部抜粋。

また、IFACは、「加盟団体が遵守すべき義務に関するステートメント（Statement of Membership Obligations：SMO）」を公表し、IFAC加盟団体に対して、SMOの遵守状況とその改善計画を定期的に報告するよう求めている[1]。SMOは［図表2-2］に示すような7つのステートメントで構成され、基本的にはIFAC加盟団体の

1　SMOは2004年に公表され、その後、2012年に改訂されている。

最善の努力（best endeavor）とされている[2]。

[図表２-２] SMOを構成するステートメント

① 品質保証
② 国際会計教育審議会（International Accounting Education Standards Board：IAESB）が作成する職業会計士のための国際教育基準その他公表物
③ IAASBが作成する国際基準その他の公表物
④ 職業会計士のための国際会計士倫理基準審議会（International Ethics Standards Board for Accountants：IESBA）倫理規定
⑤ 国際公会計基準審議会（International Public Sector Accounting Standards Board：IPSASB）が作成する国際公会計基準その他の公表物
⑥ 調査・懲戒
⑦ 国際会計基準審議会（International Accounting Standards Board：IASB）が作成する国際財務報告基準その他の公表物

（出所）IFAC（2012）より筆者作成。

さらに、IFACは、コンプライアンス・アドバイザリー・パネル（Compliance Advisory Panel：CAP）を設置し、各IFAC加盟団体のSMOの遵守状況等の管理や新規加盟申請の審査等を実施している。

本書の研究調査対象国（日本、アメリカ、イギリス、カナダ、ドイツ、オーストラリア、ニュージーランド、フランス）のIFAC加盟団体と、2016年６月末時点の各国のSMOへの遵守状況をまとめると［図表２-３］のようになる。

［図表２-３］より、本書の研究調査対象国のうち、国内の関連法規を整備した上で、７つのSMO全てを採用しているのはイギリスだけであることがわかる。

---

[2] 当初、最善の努力という概念が採用され、SMOは必ずしもIFAC加盟団体に強制されるものではなかった（IFAC（2004））。2012年に公表された改訂版SMO（IFAC（2012））では、最善の努力という概念を維持した上で、SMOが対象とする分野に関する責任の度合いに応じて、加盟団体及び準加盟団体の講じるべき要求事項に関する指針を提供する適用可能性フレームワークが提示されている。

[図表2-3] 日本、アメリカ、イギリス、カナダ、ドイツ、オーストラリア、ニュージーランド、フランスのIFAC加盟団体のSMO遵守状況(2016年6月末時点)

国	IFAC加盟団体	法規制の状況	SMO1	SMO2	SMO3	SMO4	SMO5	SMO6	SMO7
日本	日本公認会計士協会 (Japanese Institute of Certified Public Accountants：JICPA)	進行中	進行中	進行中	進行中	進行中	進行中	進行中	進行中
アメリカ	アメリカ公認会計士協会 (American Institute of Certified Public Accountants：AICPA) アメリカ公認管理会計士 (Institute of Management Accountants：IMA)	進行中	進行中	進行中	進行中	進行中	進行中	進行中	進行中
イギリス	会計技術者協会 (Association of Accounting Technicians：AAT) 英国勅許会計士協会 (Association of Chartered Certified Accountants：ACCA) 英国勅許管理会計士協会 (Chartered Institute of Management Accountants：CIMA) 英国勅許公共財務会計士協会 (Chartered Institute of Public Finance and Accountancy：CIPFA) イングランド＆ウェールズ勅許会計士協会 (Institute of Chartered Accountants in England and Wales：ICAEW) スコットランド勅許会計士協会 (Institute of Chartered Accountants of Scotland：ICAS)	整備済	採用	採用	採用	採用	採用	採用	採用
カナダ	カナダ勅許職業会計士協会 (Chartered Professional Accountants Canada：CPA Canada)	進行中	進行中	進行中	進行中	進行中	進行中	進行中	進行中
ドイツ	ドイツ経済監査士協会 (Institut der Wirtschaftsprüfer in Deuschland：IWD) 経済監査士会議所 (Wirtschaftsprüferkammer：WPK)	進行中	進行中	進行中	進行中	進行中	進行中	進行中	進行中
オーストラリア	オーストラリア及びニュージーランド勅許会計士協会 (Chartered Accountants Australia and New Zealand：CAAN(前・オーストラリア勅許会計士協会 (Formerly-recognized as The Institute of Chartered Accountants in Australia)) CPAオーストラリア (CPA Australia：CPAA) オーストラリア全国会計士会 (Institute of Public Accountants：IPA)	進行中	進行中	進行中	進行中	進行中	進行中	進行中	進行中
ニュージーランド	オーストラリア及びニュージーランド勅許会計士協会 (CAAN) (前・ニュージーランド勅許会計士協会 (Formerlyrecognized as New Zealand Institute of Chartered Accountants))	進行中	進行中	進行中	進行中	進行中	進行中	進行中	進行中
フランス	フランス会計監査役全国協会 (Compagnie Nationale des Commissaires aux Comptes：CNCC) フランス専門会計士協会高等評議会 (Conseil Supérieur de l'Ordre des Experts-Comptables：CSOEC)	進行中	進行中	進行中	進行中	進行中	進行中	進行中	進行中

(出所) IFACのHPに基づき筆者作成。

第3節　特別目的の財務情報に対する監査・証明業務に関する国際基準

第1項　監査業務（ISA800・ISA805）

　国際基準では、特定の利用者の財務報告ニーズを満たすように設定された財務報告の枠組み（すなわち、特別目的の財務報告の枠組み）の許容可能性について、特別目的の枠組みに準拠して作成された完全な一組の財務諸表に関してはISA800が、単独の財務諸表又は財務諸表の特定の要素、勘定、又は項目の監査に関連した特別の考慮事項に関してはISA805が規定している（ISA800, par.2）[3]。

　ここで、国際基準のいう「特別目的の財務諸表」とは「特別目的の枠組みに準拠して作成された財務諸表」を意味し、「特別目的の枠組み」とは「特定の利用者の財務情報ニーズを満たすために策定された財務報告の枠組み」と定義されている（ISA800, par.6）。つまり、特別目的の財務諸表とは、特定の利用者の財務情報ニーズを満たすために作成された財務報告の枠組みに準拠して作成された財務諸表であり、国際基準の特別目的の財務報告の監査においては特別目的の財務報告の枠組みと当該枠組みによって作成された財務報告の利用者（想定利用者）が決定的に重要であるといえる。なお、特別目的の財務報告の枠組みであったとしても、適正表示の枠組み又は準拠性の枠組みとなり得ることが想定されている（ISA800, par.6）。

　国際基準は、特別目的の財務報告の枠組みの例として、①事業体の税務申告に付随する一組の財務諸表に関する税務会計基準、②事業体が債権者のために作成を要請されるかもしれないキャッシュ・フロー情報に関する現金収支会計基準、③規制当局の要件を満たすために当該当局が定めた財務報告条項、及び④社員契約、借入契約、又はプロジェクト補助金などの契約の財務報告条項を列挙している（ISA800, A1）。

　また、単独の財務表、又は財務諸表の特定の要素、勘定若しくは考慮事項は、一

---

[3] ISA800及びISA805は、2015年1月に公表された監査報告に関する基準の改正にともなって改訂され、2016年12月15日以後に終了する期間の財務諸表の監査に対して適用されることとなっている。
　また、ISA800は財務諸表という用語を「完全な一組の特別目的の財務諸表」という意味で用いている。他方、ISA805は単独であっても「財務諸表」と表記し、通常、重要な会計方針の要約、財務諸表又は特定の要素に関連するその他の説明事項からなる注記までを含むものを「単独の財務諸表」若しくは「財務諸表の特定の要素」と呼んでいる（ISA805, par.6）。

般目的の財務報告の枠組み又は特別目的の財務報告の枠組みに準拠して作成される（ISA805, par.1）。国際基準は、このような完全な一組の財務諸表以外の監査業務に従事している監査人に対して、国際基準に準拠する単独の財務表又は当該完全な一式の財務諸表の特定の要素に対する監査が、実行可能であるかどうかを判断することを求めている（ISA805, par.7）。それと同時に、国際基準は、財務諸表の特定の要素、勘定又は項目として、以下の項目を例示している（ISA805, 付録1）。

- 売掛金、貸倒引当金、棚卸資産、私的年金制度の未払給付債務、識別した無形固定資産の計上額、又は保険ポートフォリオの「既発生・未報告」の請求債務、関連する注記を含む。
- 私的年金制度の外部管理資産と損益の明細表、関連する注記を含む。
- 純有形資産の明細表、関連する注記を含む。
- リース資産に関する支払明細表、関連する注記を含む。
- 利益参加又は従業員賞与の明細表、関連する注記を含む。

以上、概観した特別目的の財務報告の監査についてまとめると18頁の［図表2-4］の上段（監査業務の部分）のようになる。

なお、ISA800及びISA805には掲げられていない基準の適用例として、ISA800については、①国際機関の特定条約に基づき作成され、提出される財務諸表への保証、②在外子会社が現地規制当局に提出する税務基準による財務諸表への保証、③在外支店の現地活動における現地銀行への資本規制への対応のための提出書類への保証、④所属する監督官庁の要求する規制基準に基づき作成された財務諸表への保証、借入契約に基づく財務制限条項等への準拠性判定情報への保証があり、一方のISA805については、①無形・有形固定資産等への個別勘定残高及び関連注記への保証、②外部運用委託年金資産の運用資産一覧への保証がある（高木・高島、2013、27頁）。

第2項　レビュー業務（ISRE2400・ISRE2410）

本項では、特別財務報告のレビューとして、ISRE2400とISRE2410をとりあげ、

概説する[4]。レビュー業務は職業的会計士が実施する限定的保証業務であり（ISRE2400, par.5）、ISRE2400及びISRE2410が規定している。より具体的には、ISRE2400が事業体の財務諸表の監査人ではない業務実施者による過去財務諸表について（ISRE2400, par.1）、ISRE2410が事業体の独立監査人が実施する期中財務情報について定めている（ISRE2410, par.1）。ISRE2400の業務実施者は事業体の財務諸表の監査人ではないが、実務に従事する職業的会計士が想定されている（ISRE2400, par.16（G））。したがって、ISRE2400とISRE2410はレビュー業務の対象となる期中財務諸表の作成者が自身の監査クライアントであるか否かという点で異なるが、職業的会計士による過去財務情報のレビュー業務という点は同じである。なお、レビュー業務に対する業務実施者の報告書は文書によることが求められている（ISRE2400, par.86）。

レビュー対象が特別目的の財務諸表である場合には、業務実施者である職業的会計士は、財務諸表の作成目的及び想定利用者を理解することを含め、財務諸表の作成において適用される財務報告の枠組みが受入可能であるか否かを判断する必要がある（ISRE2400, par.30（A））。つまり、レビュー業務においても、業務実施者である職業的会計士は、業務対象となる財務諸表に関係する適用される財務報告の枠組みの考慮が重要となるのである。適用される財務報告の枠組みがなければ、経営者には財務諸表の作成のための適切な基礎がなく、業務実施者には財務諸表のレビューのための適合する規準がないこととなるからである（ISRE2400, A41）。ただし、適用される財務報告の枠組みは、適正表示の枠組みであることもあれば、準拠性の枠組みであることもありえる（ISRE2400, A40）。

国際基準は、レビュー業務の財務報告の枠組みの例として、①中小企業向けの国際財務報告基準、②広範囲の利用者に共通の財務情報ニーズを満たすように策定されたが適正表示の枠組みではない法令等を含む財務報告の枠組み、③国際財務報告基準（IFRS）以外の適正表示を達成するように策定された財務報告の枠組み、④IFRS、⑤契約書の財務報告条項、及び⑥現金主義による会計基準を掲げている（ISRE2400, 付録2）。また、レビュー業務対象として、完全な一組の財務諸表のほ

---

[4] 国際基準は、過去財務情報のレビュー以外の限定的保証業務について国際保証業務基準（International Standard on Assurance Engagement：ISAE）3000「過去財務情報の監査又はレビュー以外の保証業務」（IAASB（2013b））を公表している。

か、現金収支計算書等の単独の財務諸表を想定している（ISRE2400, 付録 2）。

　以上、概観した特別目的の財務報告のレビューについてまとめると18頁の［図表2-4］の証明業務の上段（レビュー業務の部分）のようになる。

第3項　合意された手続業務（ISRS4400）

　本項では、合意された手続（AUP）としてISRS4400をとりあげる[5]。

　ここで注意しなければならないことは、国際基準がAUPを保証業務と位置付けていないことである。10頁の［図表2-1］において、ISRSは保証業務ではなく、関連サービス業務に分類されている。また、ISRS4400においても、監査人は単に合意した手続による発見事項を報告するだけであって、いかなる保証も提供しないことが明記されている（ISRS4400, par.5）。

　しかしながら、AUPを保証業務ではないとする一方で、国際基準は、AUPの契約の目的として、「監査人が監査人と事業体及び特定の第三者が合意した、監査の本質を持った手続を実施し、発見事項を報告することにある。」（ISRS4400, par.4）とし、AUPで実施される手続の本質が監査であるという理解を示している。

　加えて、AUPにおいては、監査人はAUPによる発見事項を報告するだけで、いかなる保証も表明しないが、AUPの報告書（発見事項の報告書）の利用者に対して、監査の本質を持った手続を実施し、その過程で発見した事項を報告すること、発見事項の報告書の記載事項に「合意した手続の契約に関する国際監査基準又は関連する国内の基準、あるいは実務慣行に準拠して当該契約が実施されたという記述」（ISRS4400, par.18（E））が挙げられていること、及びAUPに関する報告が「実施すべき手続に合意した関係者に限られる」（ISRS4400, par.6）ことを勘案すれば、AUPは保証業務とはいえないまでも、特別目的の財務報告に対する証明業務の1つであると考えられるのである。

　また、国際基準は、AUPの実施契約として、「監査人は、財務資料の個々の項目（例えば、買掛金、売掛金、関連当事者からの購買、事業体のセグメント別の売上

---

[5] ISRS4400となる前の基準は1994年に公表されたISA920である。IAASBのクラリティ・プロジェクトによって基準番号が振り替えられ、ISA920で言及される他の国際基準の名称や基準番号が修正されたにすぎず、2015年12月に公表されたHandbook of International Quality Control, Auditing, Review, Other Assurance, and Related Services（IAASB（2015））においても、IFRS4400の内容はISA920と同じである。

及び利益)、財務諸表の1つ（例えば、貸借対照表）又は完全な一組の財務諸表に関して、一定の手続を実施する。」(ISRS4400, par.3) ことを求めている。

以上、概観したAUPについてまとめると［図表2-4］の証明業務の下段（合意された手続の部分）のようになる。

第4節　要約

本章での検討内容についてまとめたものが、［図表2-4］である。

[図表2-4] 国際基準の特別目的財務報告に関する監査・証明業務の基準

業務区分		監査・証明業務の対象		会計基準、作成基準等	依頼人	職業的専門家	想定利用者	監査基準	法定/任意	業務の結論	ARの形態	その他(配布制限)
監査業務	財務諸表	完全な一組の財務諸表		・IFRS ・使用された財務報告の枠組みがIFRSでない場合には、その財務報告の枠組みの起源である管轄区域又は国への言及を含む				IAS100·700				—
	財務表(注記を含む)	貸借対照表 損益計算書 持分変動計算書 キャッシュ・フロー計算書 現金収支計算書		・特別目的の枠組み			—	ISA800		真実かつ公正な概観 o r 適正性に準拠する意見	監査報告書	配布制限有り
	要素、勘定、項目(注記を含む)	売掛金 賞与引当金 棚卸資産 私的年金制度の未払給付債務 識別した無形固定資産の計上額 保険ポートフォリオの[既発生・未報告]の請求債務 純有形資産の明細表 リース賃貸に関する支払明細表 利益参加又は従業員賞与の明細表		例えば ・IFRS ・使用された財務報告の枠組みがIFRSでない場合には、その財務報告の枠組みの起源である管轄区域又は国への言及を含む ・事業体の税務申告に関する一組の財務諸表に関する会計基準 ・キャッシュ・フロー収支会計基準 ・規制当局の要件を満たすために当該規制当局が定めた財務報告条項に該当する社員契約、借入契約、又はプロジェクト補助金などの契約の財務報告条項	財務諸表作成者	事業体の監査人(職業的会計士)	—	ISA800·805 ISA805	その管轄区域又は国の法令等による			—

第1部　開示情報の拡張に対する多様な監査枠組みに関する各国の概要

業務		項目	詳細	作成者	基準	結論	報告書	その他
レビュー	期中財務諸表	完全な一組の財務諸表を含む計算書	IFRS、使用された財務報告の枠組みがIFRSでない場合には、その財務報告の枠組みの起源である管轄区域又は国への言及を含む		ISRE2410	真実かつ公正な概観／適正性／準拠性に関する結論	レビュー報告書	—
		要約された財務諸表を含む計算書						
	過去財務諸表	完全な一組の財務諸表	IFRS、中小企業向け国際財務報告基準、管轄区域の財務報告の枠組み、IFRS以外の適正表示を達成するように策定された財務報告の枠組み	事業体の監査人以外の職業的会計士	ISRE2400			配布制限有り
			特別目的の枠組み					
		現金収支計算書	現金収支会計基準					
証明業務		完全な一組の財務諸表				準拠性に関する結論		—
	財務諸表	例えば貸借対照表						
	財務諸表の1つ	買掛金						
		売掛金						
		棚卸資産						
合意された手続	財務資料の個々の項目	ある時点の売掛金残高明細表		合意した手続の実施を監査人と契約したクライアント	ISRS4400、合意した手続の契約に関する国際監査基準又は国内基準あるいは実務慣行	契約次第	発見事項の報告書	配布制限有り
		ある時点の当座預金残高						
		ある時点の売掛金残高						
		退職金計算書に記載されている退職金の金額						
		ある時点の小口現金残高						
	その他	稟議決済における管理者の承認印の有無						

(出所) ISA800、ISA805、ISRE2400、ISRE2410、ISRS4400に基づき筆者作成。

第2章 国際基準

付記

　本章は、科学研究費（基盤研究（B）16H03684（研究課題：監査報告書変革のあり方に関する理論的・実証的研究）研究代表者 朴大栄氏）による研究成果の一部である。

【参考文献】

高木健治・高島静枝（2013）「保証業務を活用した情報の信頼性の向上」『情報センサー』第79号、26-27頁。
IAASB（1994）, *ISRS4400 (Previously ISA920), Engagements to Perform Agreed-Upon Procedures Regarding Financial Information*, IFAC.
IAASB（2008）, *ISRE2410, "Review of Interim Financial Information Performed by the Independent Auditor of the Entity*, IFAC.
IAASB（2012）, *ISRE2400 (Revised), Engagements to Review Historical Financial Statements*, IFAC.
IAASB（2013a）, *International Framework for Assurance Engagement*, IFAC.
IAASB（2013b）, *ISAE 3000 (Revised), Assurance Engagements Other than Audits or Reviews of Historical Financial Information*, IFAC.
IAASB（2015）, *Handbook of International Quality Control, Auditing, Review, Other Assurance, and Related Services Pronouncements*, 2015 edition, Vol. Ⅱ, IFAC.
IAASB（2016a）, *ISA 800 (Revised), Special Considerations—Audits of Financial Statements Prepared in Accordance with Special Purpose Frameworks*, IFAC.
IAASB（2016b）, *ISA 805 (Revised), Special Considerations—Audits of Single Financial Statements and Specific Elements, Accounts or Items of A Financial Statement*, IFAC.
IFAC（2004）, *Statements of Membership Obligations (SMOs)*, IFAC.
IFAC（2012）, *Statements of Membership Obligations (SMOs) 1-7 (Revised)*, IFAC.
IFACのHP：http://www.ifac.org/

（異島須賀子）

第3章　日本基準

第1節　はじめに

　本章は、日本における特別目的の財務報告に対する監査・証明業務を実施するに際して公認会計士が従うべき基準について俯瞰するとともに、特別目的の財務報告の現状及び将来における可能性について審らかにすることを目的とする。公認会計士が行う証明業務には、1）監査業務、2）レビュー業務、3）監査及びレビュー業務以外の保証業務、4）合意された手続（以下、AUP）業務、がある。本章では公認会計士が行うAUP業務についても日本の特別目的の財務報告制度がカバーする範疇に含めて俯瞰することにしたい[1]。

　本章の構成は以下のとおりである。第2節において、監査対象となる財務情報を明らかにした上で、第3節で監査プロセスにおける考慮事項を基準に従って説明する。第4節では、レビュー業務及びAUP業務の概略、及び考慮すべき事項について明らかにする。特別目的の財務報告の現状及び将来の可能性について第5節で言及したのちに、第6節で本章のまとめを行う。

第2節　特別目的の財務報告の監査対象となる財務情報

　本節では、日本の特別目的の財務報告に対する監査対象となる財務情報について説明を行う。

---

[1] AUP業務については、IAASB及びわが国では、会計士による評価・判断のプロセスが存在しないことから、いかなる保証も提供しない非保証業務とみなされている。また、アメリカではAUP業務において当事者間で合意され、会計士によって実施される手続が、監査手続の中から選択される点を重視し、証明業務の1つと位置付けられている。詳細は、那須・松本・町田（2015）を参照されたい。

一般に、特別目的の財務報告の監査対象となるのは、1）特別目的の財務諸表（監基報800）、及び2）一般目的又は特別目的の財務諸表の一部を構成する個別の財務表や財務諸表項目（監基報805）、のみとされる。［図表3-1］は、特別目的の財務報告の範囲を明らかにするために、監基研第3号のQ1の図をベースに作成したものである。［図表3-1］から明らかなように、監基報800は完全な一組の財務諸表のうち特別目的によって作成されたものを対象とする一方、監基報805は完全な一組の財務諸表を構成する財務表若しくは財務諸表を対象とし、一般目的か特別目的かを問わない。

　完全な一組の財務諸表の具体的な範囲については、監基研第3号のQ15で示されている。すなわち、「完全な一組の財務諸表の構成は、適用される財務報告の枠組みにおいて規定される（監基報200A8項）。したがって、適用される財務報告の枠組みが異なれば、完全な一組の財務諸表を構成する財務表も異な」るとし、完全な一組の財務諸表の要件として「単年度の財政状態と経営成績を示す計算書である貸借対照表、損益計算書並びに重要な会計方針の要約及びその他の関連する注記が最低限必要である」ことを示している[2]。適用される財務報告の枠組みには、大きく、1）一般目的の財務報告の枠組みと特別目的の財務報告の枠組み、及び2）適正表示の枠組みと準拠性の枠組み、の2つが存在する。

　一般目的の財務報告の枠組みと特別目的の財務報告の枠組みの違いについては、以下のように説明される。まず、「一般目的の財務報告の枠組み」とは、広範囲の利用者に共通する財務情報に対するニーズを満たすように策定された財務報告の枠組みのことをいい、一般目的の財務報告の枠組みに準拠して作成される財務諸表を「一般目的の財務諸表」という（監基報700第6項(1)、監基報200A4項）。他方、「特別目的の財務報告の枠組み」とは、特定の利用者の財務情報に対するニーズを満たすように策定された財務報告の枠組みのことをいい、特別目的の財務報告の枠組みに準拠して作成される財務諸表を「特別目的の財務諸表」[3]という（監基報800第5項、監基報200A4項）。特別目的の財務報告の枠組みの具体例として、「①借入、組

2　これを受けて、監基研第3号のQ15では、キャッシュ・フロー計算書の作成を求めない財務報告の枠組みも存在するとしている。

3　企業会計審議会（2014）における特別目的の財務諸表の定義も同様である。すなわち、「特定の利用者のニーズを満たすべく特別の利用目的に適合した会計の基準に準拠して作成された財務諸表」のことを特別目的の財務諸表と定義している。

合出資又はプロジェクトの補助金等の契約書において定められている財務報告の枠組みに係る取決め②規制当局が、監督上、必要な事項を満たすように設定した財務報告に関する規則等」がある（監基研第3号のQ5）。

適正表示の枠組みと準拠性の枠組み[4]は、監査意見の様式面に注目した財務報告の枠組みの違いである[5]。監基報805において、「監査人が表明すべき意見の様式は、適用される財務報告の枠組み及び法令等によって決定される（監基報200第8項）。監査人は監査基準委員会報告書700第32項及び第33項において、以下の意見のいずれかを表明することが求められている」（監基報805A8項）と記述した上で、適正表示の枠組みに準拠して作成された完全な一組の財務諸表及び準拠性の枠組みに準拠して作成された完全な一組の財務諸表に対して無限定意見の記載様式を提示している[6]。なお、一般目的の財務報告の枠組みは、適正表示の枠組みであることが多く、特別目的の財務報告の枠組みは、準拠性の枠組みであることが多い（監基研第3号のQ7）。

以上、［図表3-1］に従い、監基報800及び監基報805が対象とする特別目的の財

---

[4] 「適正表示の枠組み」と「準拠性の枠組み」の定義は以下のとおりである。
　「「適正表示の枠組み」は、その財務報告の枠組みにおいて要求されている事項の遵守が要求され、かつ、以下のいずれかを満たす財務報告の枠組みに対して使用される。
① 財務諸表の適正表示を達成するため、財務報告の枠組みにおいて具体的に要求されている以上の開示を行うことが必要な場合があることが、財務報告の枠組みにおいて明示的又は黙示的に認められている。
② 財務諸表の適正表示を達成するため、財務報告の枠組みにおいて要求されている事項からの離脱が必要な場合があることが、財務報告の枠組みにおいて明示的に認められている。ただし、このような離脱は、非常にまれな状況においてのみ必要となることが想定されている。
　「準拠性の枠組み」は、その財務報告の枠組みにおいて要求される事項の遵守が要求されるのみで、上記①及び②のいずれも満たさない財務報告の枠組みに対して使用される。」（監基報200第12項⒀、監基報700第6項⑵、監基研第3号のQ6）

[5] 適正表示の枠組みにおいて表明される意見と準拠性の枠組みにおいて表明される意見の違いについては、町田（2014）で詳細に議論されている。

[6] 下記の⑴及び⑵は、監基報805のA8項の具体的記述について抜粋したものである。
「⑴　適正表示の枠組みに準拠して作成された完全な一組の財務諸表に対して無限定意見を表明する場合、法令等が別に規定していない限り、監査意見は、「財務諸表が、［適用される財務報告の枠組み］に準拠して、…をすべての重要な点において適正に表示している」と記載する。
　⑵　準拠性の枠組みに準拠して作成された完全な一組の財務諸表に対して無限定意見を表明する場合、監査意見は、「財務諸表が、すべての重要な点において、［適用される財務報告の枠組み］に準拠して作成されている」と記載する。」

務報告の範囲について明らかにしたが、ここで注意しなければならないことは、監基研第3号のQ1が、監基報800及び監基報805が対象とするのは過去財務情報のみに限定していることである。すなわち、［図表3-1］は、過去財務情報以外の情報を一般に公正妥当と認められる監査の基準（Generally Accepted Accounting Standards: GAAS）[7]に準拠した監査の対象として含まないことを明示しているのである。しかしながら、過去財務情報以外の情報は監査業務の対象とはならないまでも、証明業務の対象となり得る[8]。第1節で示したように、本章では、AUP業務を公認会計士等が実施する証明業務の対象の1つとして考慮することから、過去財務情報以外の情報も含めて議論することにしたい。

［図表3-1］　特別目的の財務報告の範囲

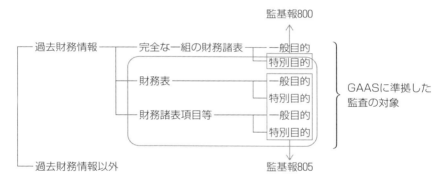

（出所）　監基研第3号のQ1の図をベースに筆者作成。

---

[7] 一般に公正妥当と認められる監査の基準とは具体的に何を指すのかについては議論の余地があるが、一般に公正妥当と認められる会計原則（Generally Accepted Accounting Principles: GAAP）に含まれる範囲については、日本公認会計士協会（2003）の付録に、我が国において一般に公正妥当と認められる監査の基準の例示（付録1）及び、我が国において一般に公正妥当と認められる企業会計の基準の例示（付録2）がそれぞれ記載されているので参考にされたい。

[8] 後述することになるが、過去財務情報以外の情報等に対して適用された監査及びレビュー業務以外の保証業務は保証実3000の適用対象とし、過去財務情報以外の情報等に対して適用されたAUP業務は専業実4400の適用対象としている。

第3節　特別目的の財務報告に対する監査プロセスにおける考慮事項

　本節では、特別目的の財務報告に対する監査プロセスに着目し、監査プロセスの各段階で監査人が従うべき規定を説明する[9]。なお、監査人が従うべき規定の概要については30頁の［図表3-2］を参考にされたい。

第1項　監査契約の締結における考慮事項

　監査人は、適用される財務報告の枠組みが受入可能であるかどうか検討することが求められる（監査基準　第三　実施基準一　基本原則8）。すなわち、特別目的の財務報告に対する監査契約の締結時には、完全な一組の一般目的の財務諸表に対する監査契約の締結時と同様、受入可能性について、職業的専門家としての正当な注意を払いつつ慎重に検討することが求められるのである。

　特別目的の財務諸表の監査については、まず、「監査人は、監査基準委員会報告書210「監査業務の契約条件の合意」第4項(1)に従い、財務諸表の作成において適用される財務諸表の枠組みが受入可能なものであるかどうかを判断することが求められている」（監基報800第7項前段）。監査人は、(1)財務諸表の作成目的、(2)想定利用者、(3)適用される財務報告の枠組みが状況に照らして受入可能なものであると判断するために経営者が行った検討内容を理解しなければならない（監基報800第7項後段、同A5項からA8項）。ここで、受入可能な財務報告の枠組みが通常示す特性として、(1)目的適合性、(2)完全性、(3)信頼性、(4)中立性、(5)理解可能性、などがある（監基報210付録第3項、企業会計審議会, 2004, 六1）。また、「特別目的の財務諸表の場合、想定利用者の財務情報に対するニーズが、財務諸表の作成において適用される財務報告の枠組みが受入可能なものであるかどうかを判断する際の重要な要素となる」（監基報800A5項）ことも重要である。

　他方、個別の財務表又は財務諸表項目等に対する監査については、「監査人は、監査基準委員会報告書210「監査業務の契約条件の合意」第4項(1)に従い、財務諸表の作成において適用される財務報告の枠組みが受入可能なものであるかどうかを判断することが求められている」（監基報805第7項）として、特別目的の財務諸表

---

[9]　本節の内容については、住田（2014）、浦崎（2016）、結城（2014a-g, 2015a-c）などでも詳細に説明・検討されているので参照されたい。

の監査と同様の規定が設けられている。しかしながら、特別目的の財務諸表の監査とは異なり、「監査人は、個別の財務表又は財務諸表項目等に対する監査のみ行い、対象となる事業体の完全な一組の財務諸表の監査を行わない場合には、一般に公正妥当と認められる監査の基準に準拠して個別の財務表又は財務諸表項目等に対する監査が実務的な観点から実行可能であるかどうかを判断することが求められる（監基報805第6項）」（監基研第3号のQ19）とともに、「対象となる事業体の完全な一組の財務諸表の監査を行わずに、個別の財務表又は財務諸表項目等に対する監査契約の新規締結又は更新を行う場合」（監基研第3号Q18）には、倫理規則に照らした慎重な検討が必要となることを明示している（監基研第3号Q18、倫理規則第3条、同第20条及び注解17）。さらに、「監査人は、監査基準委員会報告書210第8項(5)に基づいて、監査業務の契約条件の合意内容として、監査報告書の想定される様式を監査契約書に記載しなければならない」（監基報805第8項）点も特別目的の財務諸表の監査とは異なる考慮事項である。

第2項　監査計画と実施における考慮事項

　特別目的の財務諸表の監査であれ個別の財務表又は財務諸表項目等に対する監査であれ、監査業務を実施する際には、監査人は、監基報200第17項に従い、「監査基準、法令により準拠が求められる場合、監査における不正リスク対応基準（以下、不正リスク対応基準）、及び監査基準委員会報告書を含む日本公認会計士協会が公表する監査実務指針のうち個々の監査業務に関連するものは全て遵守することが求められている」（監基報800第8項、監基報805第6項）。ただし、監査計画と実施において、特別目的の財務諸表の監査と個別の財務表又は財務諸表項目等に対する監査では以下の点が異なる。

　特別目的の財務諸表の監査においては、監査人は、監基報315第10項(3)に従い、「企業の会計方針の選択と適用を理解することが求められている」（監基報800第9項）ことに加え、「例外的な状況において、監査基準委員会報告書の関連する要求事項の趣旨を達成するため、当該要求事項に代えて代替的な監査手続を実施することが必要と判断する場合がある」（監基報800A9項）。また、「監査人は、特別目的の財務諸表の監査において、監査基準委員会報告書の要求事項の適用に際して特別な考慮が必要なことがある」（監基報800A10項）。加えて、「一般に公正妥当と認め

られる監査の基準に基づいて行われる監査役等とのコミュニケーションは、監査役等と監査対象となる財務諸表との関係、特に、監査役等が当該財務諸表の作成を監視する責任を有するかどうかを勘案して行われる」（監基報800A12項）が、この場合、監基報260の要求事項が特別目的の財務諸表の監査には関連しない場合がある（監基報800A12項）点にも留意しなければならない[10]。

他方、個別の財務表又は財務諸表項目等に対する監査については、監査基準委員会報告書は監査人による財務諸表監査の観点から記載されていることから、個別の財務表又は財務諸表項目等の監査に対して監査基準委員会報告書を適用する場合、状況に応じて当該箇所を適宜読み替える[11]（監基報805第9項、監基報200第2項及び第12項(9)）旨を示した上で、以下のような留意すべき点を示している。

1） 個別の財務表又は財務諸表項目等の監査の計画及び実施において各監基報が関連するかどうかについては慎重な検討が必要であるが、監基報240「財務諸表監査における不正」、同550「関連当事者」及び同570「継続企業」等は原則として関連する（監基報805A10項）。

2） 監査人が企業の完全な一組の財務諸表の監査に併せて個別の財務表又は財務諸表項目等の監査を実施する際には、企業の完全な一組の財務諸表の監査で入手した監査証拠を個別の財務表又は財務諸表項目等の監査にも利用可能な場合がある[12]（監基報805A12項）。

---

10 監基報800のA12項では、そのような例として、「経営者による利用のみを目的として財務諸表が作成される場合など、監査役等が当該特別目的の財務諸表の作成に係る財務報告プロセスを監視する責任を有さない場合」を挙げている。

11 監基報805のA11項では、監査基準委員会報告書を読み替える例として、「完全な一組の財務諸表に関する経営者確認書に代えて、適用される財務諸表の枠組みに準拠した個別の財務表又は財務諸表項目等に関する経営者確認書を入手」すべき旨を挙げている。また、日本公認会計士協会（2014e、6頁、No.12）は、「契約書に定められている財務報告の枠組みにおける経営者による「重要な解釈」について、（中略）経営者確認書に追加的に記載するか否かについては、監基報580のA9項を参照の上、個々の状況に応じて職業的専門家としての判断に基づき、決定することになる」としている。

12 「監基報805に基づく監査を、完全な一組の財務諸表の監査と併せて実施する場合、それぞれ別の監査業務として扱うこと（品基報第1号第44項及びA49、A50）、関連する全ての監基報の要求事項に基づくことが求められているため、監基報805に基づく監査報告に関連する監査調書は、完全な一組の財務諸表の監査の監査ファイルとは別に、当該監査報告日から起算した調書整理期間内に整理しなければならない」（日本公認会計士協会（2014e、17頁、No.40））。

3) 完全な一組の財務諸表を構成する個別の財務表及び財務諸表項目等の多くは関連する注記も含めて相互に関連していることから、監査の目的を達成するために、監査人は当該個別の財務表又は財務諸表項目等のみならず関連する項目に関する手続を実施することが必要な場合がある（監基報805A13項）。
4) 完全な一組の財務諸表に対して決定される重要性の基準値よりも、個別の財務表及び財務諸表項目等に対して決定される重要性の基準値が小さいことがあることから、重要性の基準値の決定は、1）監査手続の種類、2）監査手続の時期及び範囲、3）未修正の虚偽表示の評価、に影響を与える（監基報805A14項）。

第3項　意見の形成と監査報告における考慮事項

　監査契約の締結、及び監査計画と実施における考慮事項とは異なり、監査意見の形成と監査報告における考慮事項については、監基報800と監基報805で完全に共通する項目は存在しない。特別目的の財務諸表の監査と個別の財務表又は財務諸表項目等に対する監査とでは大きく異なるといえよう。

　特別目的の財務諸表の監査においては、「監査人は、特別目的の財務諸表に対する意見の形成と監査報告を行う際、監査基準委員会報告書700「財務諸表に対する意見の形成と監査報告」の要求事項を適用しなければなら」（監基報800第10項）ず、「監査基準委員会報告書700第13項に基づき、監査人は、財務諸表において、適用される財務報告の枠組みについて適切に記述されているかどうかを評価しなければならない」（監基報800第11項）。監査報告書における記載上の注意点として、第一に、監査人は監査報告書において、「(1)財務諸表作成目的及び想定利用者（作成目的の記載によって想定利用者が明確である場合を除く。）、又は当該情報について記載している特別目的の財務諸表の注記への参照。(2)経営者が、特別目的の財務諸表の作成において財務報告の枠組みの選択肢を有する場合、（中略）経営者は適用される財務報告の枠組みが状況に照らして受入可能であることを判断する責任を有する旨」（監基報800第12項）をそれぞれ記載しなければならない。第二に、特別目的の財務諸表に対する監査報告書においては、監査報告書利用者の注意喚起のために適切な見出しを付した強調事項区分を設けた上で、財務諸表は特別目的の財務報告の枠組みに準拠して作成されており他の目的には適合しないことがある旨を記載

しなければならない（監査基準八前段、監基報800第13項）[13]。第三に、特別目的の財務諸表に対する監査報告書が特定の利用者のみを想定しており、配布又は利用の制限を付すことが適切であると判断する場合には、適切な見出しを付してその旨を記載しなければならないとして、監査人による監査報告書の配布制限もしくは利用制限の判断及び措置について規定している（監査基準八後段、監基報800第14項、監基報706のA8項）。

他方、個別の財務表又は財務諸表項目等に対する監査では、まず、監基報700の要求事項を、「個々の監査業務の状況に応じて適宜読み替えて適用しなければならない」（監基報805第10項）と規定する。その上で、「監査人は、企業の完全な一組の財務諸表に対する監査に併せて、個別の財務表又は財務諸表項目等に対する監査報告を行う場合、それぞれ別の業務として意見を表明しなければなら」（監基報805第11項）ず、「個別の財務表又は財務諸表項目等の表示が、完全な一組の財務諸表から区別されていないと判断した場合、そのような状況を是正するよう経営者に求めなければならない」（監基報805第12項）旨を定めている。さらに、１）完全な一組の財務諸表に対する監査報告書における監査意見が除外事項付意見の場合、又は２）当該監査報告書に強調事項区分もしくはその他の事項区分が含まれている場合、当該事項が個別の財務表又は財務諸表項目等に対する監査報告書に及ぼす影響を判断し、その影響に応じて監基報705及び同706に従って、１）個別の財務表又は財務諸表項目等に対して除外事項付意見を表明する、又は２）監査報告書に強調事項区分もしくはその他の事項区分を設けなければならない旨を規定している（監基報805第13項）。完全な一組の財務諸表に対して否定的意見又は意見不表明とする場合における禁止事項としては以下の３つを定めている。

１）「一つの監査報告書に、当該完全な一組の財務諸表の一部を構成する個別の財務表又は財務諸表項目等に対する無限定意見を表明してはならない」（監基報805第14項）。

２）当該完全な一組の財務諸表に含まれる財務諸表項目等に対する別の監査業務において、A）法令等で禁止されていないこと、B）監査報告書が、完全な一組の財務諸表に対する否定的意見又は意見不表明が含まれる監査報告書とと

---

[13] 一般目的の財務報告の枠組み（例えばJGAAP）と異なる旨を監査報告書に記載する場合もある（監基報800A14項）。

もに発行されないこと、C）財務諸表項目等が、企業の完全な一組の財務諸表の主要部分を構成しないこと、の全てが満たされる場合を除き、無限定意見を表明してはならない（監基報805第15項）。
3）「完全な一組の財務諸表に含まれる個別の財務表に対して無限定意見を表明してはならない」（監基報805第16項）。

[図表3-2] 特別目的の財務報告に対する監査の考慮事項一覧表

監査プロセスにおける考慮事項	監査基準委員会報告書800	監査基準委員会報告書805
監査契約の締結の段階	・監査人は監基報210第4項(1)に従い、財務諸表の作成において適用される財務報告の枠組みが受入可能なものであるかどうかを判断することが求められる。【監基報800第7項】	・監査人は監基報210第4項(1)に従い、財務諸表の作成において適用される財務報告の枠組みが受入可能なものであるかどうかを判断することが求められる。【監基報805第7項】
	・財務報告の枠組みの受入可能性の検討に当たって監査人は以下の内容を理解しなければならない。 (1)財務諸表の作成目的 (2)想定利用者 (3)適用される財務報告の枠組みが状況に照らして受入可能なものであると判断するために経営者が行った検討内容【監基報800第7項、同A5項からA8項参照】	・監査人は監査業務の契約条件の合意内容として、監査報告書の想定される様式を監査契約書に記載しなければならない。【監基報805第8項、同A8項及びA9項参照】
	・財務報告の枠組みの受入可能性判断の際の重要な要素は想定利用者の財務情報に対するニーズである。【監基報800A5項】	・対象となる事業体の完全な一組の財務諸表の監査を行わずに、個別の財務表又は財務諸表項目等に対する監査契約の新規の締結又は更新の際には、倫理規則に照らした慎重な検討が必要である。【監査研第3号Q18、倫理規則第3条、倫理規則第20条及び注解17】
	・受入可能な財務報告の枠組みが通常示す特性は以下のとおりである。 (1)目的適合性 (2)完全性 (3)信頼性 (4)中立性 (5)理解可能性 【監基報210付録第3項】	・対象となる事業体の完全な一組の財務諸表の監査を行わずに、個別の財務表又は財務諸表項目等に対する監査契約の新規の締結又は更新を行う際には、一般に公正妥当と認められる基準に準拠して個別の財務表又は財務諸表項目等に対する監査が実務的な観点から実行可能であるかどうかを判断する必要がある。【監査研第3号Q19、監基報805第6項】
監査計画と実施の段階	・監基報200「財務諸表監査における総括的な目的」第17項に従い、監査基準、法令により準拠が求められる場合は監査における不正リスク対応基準、及び監査基準委員会報告書を含む日本公認会計士協会が公表する監査実務指針のうち個々の業務に関連するものは全て遵守が要求される。【監基報800第8項、同A9からA12項参照】	・監基報200「財務諸表監査における総括的な目的」第17項に従い、監査基準、法令により準拠が求められる場合は監査における不正リスク対応基準、及び監査基準委員会報告書を含む日本公認会計士協会が公表する監査実務指針のうち個々の業務に関連するものは全て遵守が要求される。【監基報805第6項、同A5項及びA6項参照】（注）
	・監基報315第10項(3)に従い、企業の会計方針の選択と適用を理解することが求められている。【監基報800第9項】	・監基報は監査人による財務諸表監査の観点から記載されていることから、監査人は個別の財務表又は財務諸表項目等の監査に対して監基報を適用する場合、状況に応じて当該箇所を適宜読み替える必要がある。【監基報805第9項、同A11項参照】
		・個別の財務表又は財務諸表項目等の監査の計画及び実施においては、各監基報が関連するかどうかについて慎重な検討が必要である。【監基報805A10項】

（次頁に続く）

監査プロセスにおける考慮事項	監査基準委員会報告書800	監査基準委員会報告書805
		(前頁より)
		・企業の完全な一組の財務諸表監査に併せて、個別の財務表又は財務諸表項目等の監査を実施する際には、完全な一組の財務諸表監査で入手した監査証拠を利用できることがある。 【監基報805A12項】
		・企業の完全な一組の財務諸表を構成する個別の財務表及び財務諸表項目の多くは、関連する注記も含めて相互に関連しているため、監査人は相互に関連する項目に関する手続の実施が必要な場合がある。 【監基報805A13項】
		・個別の財務表又は財務諸表項目等について決定される重要性の基準値は、完全な一組の財務諸表についてよりも小さいことがあるため、監査手続の種類、時期及び範囲、及び未修正の虚偽表示の評価に影響を与える。 【監基報805A14項】
意見の形成と監査報告の段階	・監基報700により求められている記載内容に加えて以下の事項の記載が要求される。 (1)財務諸表作成目的及び想定利用者、又は当該情報について記載している特別目的の財務諸表の注記への参照 (2)特別目的の財務諸表の作成において財務諸表の枠組みの選択肢を経営者が有する場合、適用される財務諸表の枠組みが受入可能であることを判断する責任を経営者が有する旨 【監基報800第10項、同第12項】	・監基報700の要求事項を、個々の監査業務の状況に応じて適宜読み替えて適用しなければならない。 【監基報805第10項】
	・監基報700第13項に基づき、適用される財務報告の枠組みについて適切に記述されているかどうかを評価しなければならない。 【監基報800第11項】	・企業の完全な一組の財務諸表に対する監査に併せて、個別の財務表又は財務諸表項目等に対する監査報告を行う場合、それぞれ別の業務として意見表明を実施しなければならない。 【監基報805第11項】
	・財務諸表が特別目的の財務報告の枠組みに準拠して作成されており他の目的には適合しないことがある旨について、強調事項区分を設けて記載しなければならない。 【監基報800第13項、同A14項参照】	・監査した個別の財務表又は財務諸表項目等が、企業の完全な一組の財務諸表とともに発行される場合、個別の財務表又は財務諸表項目等の表示が、完全な一組の財務諸表から区別されていないと判断されるならば、経営者に対して是正措置を求めなければならない。 【監基報805第12項】
	・監査報告書について特定の利用者のみを想定し、監査報告書の配布又は利用の制限を付すことが適切であると判断する場合には適当な見出しを付してその旨を記載しなければならない。 【監基報800第14項】	・1) 完全な一組の財務諸表に対する監査報告書における監査意見が除外事項付意見の場合、又は2) 当該監査報告書に強調事項区分若しくはその他事項区分が含まれている場合、その影響度に応じて、1) 個別の財務表又は財務諸表項目等に対して除外事項付意見を表明する、又は2) 監査報告書に強調事項区分若しくはその他の事項区分を設けなければならない。 【監基報805第13項】
		・企業の完全な一組の財務諸表全体に対して否定的意見又は意見不表明とする場合に、一つの監査報告書において、当該完全な一組の財務諸表の一部を構成する個別の財務表又は財務諸表項目等に対して無限定意見を表明してはならない。 【監基報805第14項】

(次頁に続く)

監査プロセスにおける考慮事項	監査基準委員会報告書800	監査基準委員会報告書805
		(前頁より) ・完全な一組の財務諸表に含まれる財務諸表項目等の場合には、以下の全てを満たさない限り、財務諸表項目等に対して無限定意見を表明してはならない。 (1)法令等で禁止されていないこと (2)監査報告書が、完全な一組の財務諸表に対する否定的意見又は意見不表明が含まれる監査報告書とともに発行されないこと (3)財務諸表項目等が、企業の完全な一組の財務諸表の主要部分を構成しないこと 【監基報805第15項】 ・完全な一組の財務諸表全体に対して否定的意見を表明する、又は意見不表明とする場合、完全な一組の財務諸表に含まれる個別の財務表に対して無限定意見を表明してはならない。個別の財務表に対する監査報告書が、否定的意見又は意見不表明が含まれる監査報告書とともに発行されない場合であっても無限定意見を表明してはならない。 【監基報805第16項】

(注) 監基報805第6項は監基報800第8項とは異なり、監査計画と実施の段階ではなく、監査契約の締結の段階で考慮すべき事項としている。
(出所) 筆者作成。

第4節 公認会計士が実施するレビュー業務、監査及びレビュー業務以外の保証業務、及びAUP業務の概要

これまで、特別目的の財務報告に対する監査業務について、主として監基報800及び805に沿って制度を俯瞰した。特別目的の財務報告については、公認会計士が実施するレビュー業務、監査及びレビュー業務以外の保証業務、もしくはAUP業務の対象となり得ることから、本節では、主として、1）保証業務実務指針2400「財務諸表のレビュー業務」（以下、保証実2400）、2）監査基準委員会研究報告第5号「保証業務実務指針2400に係るQ&A」（以下、監基研第5号）、3）保証業務実務指針3000「監査及びレビュー業務以外の保証業務に関する実務指針」（以下、保証実3000）、4）監査・保証実務委員会研究報告第30号「保証業務実務指針3000「監査及びレビュー業務以外の保証業務に関する実務指針」に係るQ＆A」（以下、監保研第30号）、5）専門業務実務指針4400「合意された手続業務に関する実務指針」（以下、専業実4400）、6）監査・保証実務委員会研究報告第29号「専門業務実務指針4400「合意された手続業務に関する実務指針」に係るQ＆A」（以下、監保研第29号）、といった公認会計士が従うべき規定もしくは考慮すべき規定に沿って、特別

目的の財務報告に対する業務を中心にその概要を示す[14]。

第1項　公認会計士が実施するレビュー業務

公認会計士が実施する財務諸表監査業務は合理的保証業務である一方、公認会計士が実施する財務諸表のレビュー業務は限定的保証業務である（保証実2400第5項及び第6項、監基研第5号のQ3）[15]。日本における財務諸表のレビュー業務としては、金商法に基づく四半期財務諸表に対するレビューがある。監査人は、四半期レビュー基準及び監保実第83号等に従って四半期レビューを実施することになるが、1）レビュー対象が四半期財務諸表に限定されていること、2）年度の財務諸表の監査を実施する監査人による四半期レビューの実施が前提とされていること、を理由として、四半期レビュー基準及び監保実第83号の適用範囲は限定されている（監基研第5号第3項前段）。他方、金商法の開示制度とは別に、費用対効果の観点から、一般目的の財務報告もしくは特別目的の財務報告を問わず、監査ではなくレビューを求めるニーズが存在し[16]、そのような社会的ニーズを受けて公認会計士によるレビュー業務が実施される際の指針として整備されたものが保証実2400である（監基研第5号第3項後段）。

---

[14] 保証実2400及び監保研第5号（公認会計士が実施するレビュー業務）、保証実3000及び監保研第30号（公認会計士が実施する、監査及びレビュー業務以外の保証業務）、専業実4400及び監保研第29号（公認会計士が実施するAUP業務）においては、保証実2400を除いて、特別目的の財務報告の監査・証明業務について特に項目を設けて説明をしているわけではない。本節では、特別目的の監査・証明業務と大きく関連する項目について、もしくは特に注意すべきと考えられる項目について触れている。

[15] 監査業務とレビュー業務の保証水準の違いについては、監基研第5号のQ3からQ5に詳しい。その内容を端的に示すならば、合理的保証業務においては、業務実施者は絶対的ではないが高い水準の保証を得る（監基報200第5項）のに対して、限定的保証業務においては、業務実施者は合理的保証業務の場合より高い水準ではあるが業務の状況において受け入れることができる程度に保証業務リスク（財務諸表の重要な虚偽表示を看過して誤った結論を表明する可能性）を抑える（保証実2400第14項(8)及び同(21)）。なお、「限定的保証業務における保証水準は、一般的に幅があり、想定利用者の情報の信頼性を高める程度が低いものから、合理的な保証にほぼ近いものまで様々なものがある」（保証実2400A11項）。

[16] 財務諸表に対するレビュー業務は、「種類、規模又は財務報告の複雑性の程度が異なる様々な企業の財務諸表を対象に実施されることがある」（保証実2400A6項）とともに、「様々な状況で実施される。例えば、契約の条件に基づいて行われる財務報告や資金調達のために行われる財務報告について、レビュー業務が任意で要請されることもある」（保証実2400A7項）。

[図表3-3] 日本の四半期レビューに関する基準又は実務指針と国際レビュー業務基準の比較

業務実施者		年度の財務諸表の監査人（注1）				年度の財務諸表の監査人以外（注1）	
		年度（注2）	期中			年度	期中
			四半期		四半期以外		
対象となる過去財務諸表	完全な一組の財務諸表	国際レビュー業務基準	ISRE2410	金商法の四半期報告制度	ISRE2410	ISRE2400	ISRE2400
				任意の四半期レビュー	四半期レビューの基準（四半期レビュー基準　監保実第83号　など）ISRE2410		
					所定の事項を満たす場合（注3） 四半期レビューの基準と保証実2400との選択適用		
					所定の事項を満たさない場合（注3） 保証実2400		
		日本の基準又は実務指針	保証実2400		保証実2400	保証実2400	保証実2400
	業務上の財務記表等以外の個別の過去財務諸表	国際レビュー業務基準	ISRE2410		ISRE2410	ISRE2410	ISRE2410
		日本の基準又は実務指針	保証実2400		保証実2400	保証実2400	保証実2400

(注1) 各国の証券取引法等の規制に基づく監査実施者に限定されない。したがって、任意監査や非上場会社等の監査人も含まれる。
(注2) 一般目的の年度の財務諸表のレビューを実施する場合の他に、特別目的の年度の財務諸表をレビューする場合や、会計監査人設置会社において計算書類の監査の他に任意でキャッシュ・フロー計算書のレビューを実施する場合などが想定される。
(注3) 所定の事項とは以下の3つの事項である（保証実2400A2項）。
　①年度の（連結）財務諸表が、金融商品取引法上の（連結）財務諸表の表示のルールである「財務諸表等の用語、様式及び作成方法に関する規則」（連結財務諸表の場合、「連結財務諸表の用語、様式及び作成方法に関する規則」）に基づいて作成されており、当年度の（連結）財務諸表も同規則に基づき作成予定である。
　②前年度の（連結）財務諸表について、我が国において一般に公正妥当と認められる監査の基準に準拠して監査が実施されており、当年度の（連結）財務諸表も監査予定である。
　③四半期（連結）財務諸表が、金融商品取引法上の四半期（連結）財務諸表の表示のルールである「四半期財務諸表等の用語、様式及び作成方法に関する規則」（四半期連結財務諸表の場合、「四半期連結財務諸表の用語、様式及び作成方法に関する規則」）に基づいて作成されている。

(出所) 監基研第5号のQ1のQ1の解説(1)及び解説(3)で示される表を合成・加筆して筆者作成。

保証実2400の適用範囲について、［図表3－3］及び監基研第5号のQ1の解説(1)に従って説明するならば以下のようになる。まず、一般目的の完全な一組の財務諸表に対するレビュー業務であるが、年度と期中では適用範囲が異なる。一般目的の完全な一組の年度財務諸表に対するレビュー業務においては保証実2400の適用対象となる一方、一般目的の完全な一組の四半期財務諸表に対するレビュー業務においては、金商法の四半期報告制度が適用される場合には、一般に公正妥当と認められる四半期レビューの基準（四半期レビュー基準及び監保実第83号など）に従ってレビュー業務を実施することになる。ただし、金商法の四半期報告制度とは関係なく、監査人が任意で実施する一般目的の完全な一組の四半期財務諸表に対するレビュー業務については、保証実2400の適用対象となる。なお、通常は、１）前年度の財務諸表が「財務諸表等の用語、様式及び作成方法に関する規則」に基づいて作成されており、当年度の財務諸表も同規則に基づき作成予定である、２）前年度の財務諸表について、わが国において一般に公正妥当と認められる監査の基準に準拠して監査が実施されており、当年度の財務諸表も監査予定である、３）四半期財務諸表が、「四半期財務諸表等の用語、様式及び作成方法に関する規則」に基づいて作成されている、という３つの事項をすべて満たす場合に限り、四半期財務諸表に対して任意で実施するレビュー業務について、一般に公正妥当な四半期レビューの基準もしくは保証実2400の選択適用が認められる（保証実2400A2項）[17]。

　次に、特別目的の完全な一組の財務諸表、及び一般目的及び特別目的の個別の財務表に対するレビュー業務であるが、年度及び期中を問わず保証実2400の適用対象となる。ただし、財務諸表項目等のレビュー業務及び過去財務情報以外のレビュー業務については保証実2400の適用対象とはならないことに注意しなければならない（保証実2400第3項）。

　公認会計士が実施する特別目的の財務報告に対するレビュー業務について、特に考慮すべき事項は以下のとおりである。特別目的の財務報告に対するレビュー業務

---

[17] なお、国際レビュー業務基準（ISRE）2400については、［図表3－3］で示されるように、年度の財務諸表の監査人か否かという観点から適用範囲が決定される。すなわち、業務実施者が年度の財務諸表の監査人であればISRE2410が適用され、業務実施者が年度の財務諸表の監査人でなければISRE2400が適用されるのである。保証実2400とISRE2400との適用範囲の相違の詳細に関しては、［図表3－3］とともに、監基研第5号のQ1の解説(1)及びQ17を参照されたい。

契約の締結時における考慮事項[18]としては、レビュー業務契約の新規の締結及び更新の前提条件[19]を指摘できる。すなわち、特別目的の財務諸表に対するレビュー業務契約の新規の締結及び更新の際には、業務実施者は、財務諸表の作成目的と想定利用者を理解した上で、財務諸表の作成に当たり適用される財務報告の枠組みが受入可能であるか判断しなければならないのである（保証実2400第31項(1)、A40項からA46項）。

　特別目的の財務報告に対するレビュー業務について、保証実2400には、計画と実施の段階において特に考慮すべき事項は見当たらない[20]。ただし、保証実2400では、「本実務指針の要求事項に準拠して表明される財務諸表全体に対する結論の基礎として十分かつ適切な証拠を入手するために、主として質問と分析的手続を実施する」[21]（保証実2400第7項）とある。「財務諸表項目等については、通常、質問及び分析的手続では、想定利用者の信頼性を高める意味のある保証（Q4参照）を達成することはできないと考えられることから、保証業務実務指針2400では、「財務諸表の構成要素、勘定又はその他の項目」を対象としたレビュー業務は想定していない」（監基研第5号のQ1の解説(2)）として、適用される具体的なレビューの手続に注目することによって、保証実2400が財務諸表項目等のレビュー業務を対象としていないことを示している。なお、レビュー業務の完了前に、レビュー業務から保証業務以外の業務に変更を依頼された場合には、その変更について正当な理由がある

18　一般目的か特別目的かを問わず、レビュー業務契約の締結時において考慮すべき事項としては、1）前提条件が満たされない状況（保証実2400第33項）、2）契約条件の合意（保証実2400第37項及び第38項）、3）契約条件の変更（保証実2400第39項及び第40項）などがある。
19　具体的な前提条件は、業務の実施に際して経営者が有する責任について経営者と合意が得られていることである（保証実2400第31項(2)、A47項からA50項）。適用される財務報告の枠組みを判断したのち、保証実2400第31項で示される前提条件が満たされない場合には、業務実施者はレビュー業務を新規に締結又は更新してはならないことになる（保証実2400第32項）。
20　一般目的か特別目的かを問わず、レビュー業務における計画と実施段階において考慮すべき事項としては、1）重要性の基準値の決定及び適用（保証実2400第44項及び第45項、A68項からA73項）、2）企業及び企業環境等の理解（保証実2400第46項及び第47項、A74項からA77項、A86項及びA88項参照）、3）手続の立案及び実施（保証実2400第48項から第50項、A78項からA90項、A94項及びA95項）、4）証拠の評価（保証実2400第67項及び第68項、A106項からA108項）などがある。
21　業務実施者の結論を裏付ける限定的保証を得るために必要な証拠の十分性とは証拠の量的尺度をいい、証拠の適切性とは証拠の質的尺度をいう（保証実2400A12項）。

かどうかについて業務実施者は判断しなければならない（保証実2400第41項、A59項及びA60項）。また、レビュー業務の契約条件がレビュー業務の実施過程で変更された場合には、業務実施者と経営者が変更後の契約条件について合意した旨をレビュー契約書に記載しなければならない（保証実2400第42項）。

特別目的の財務報告に対するレビュー業務について、意見の形成と報告時において特に考慮すべき事項[22]は以下のとおりである。まず、「特別目的の財務諸表に対するレビュー報告書には、レビュー報告書の利用者の注意を喚起するため、強調事項区分を設け、財務諸表は特別目的の財務報告の枠組みに準拠して作成されており、したがって、他の目的には適合しないことがある旨を記載しなければならない」（保証実2400第93項）ことが指摘できる。加えて、「特別目的の財務諸表のレビュー業務の場合、業務実施者は、第93項で要求されている注意喚起に加えて、レビュー報告書が特定の利用者のみを想定しており、レビュー報告書に配布又は利用の制限を付すことが適切であると判断する場合には、適切な見出しを付してその旨を記載しなければならない」（保証実2400第96項、A138項及びA139項）点には注意が必要である。

第2項　公認会計士が実施する、監査及びレビュー業務以外の保証業務

これまで示したように、公認会計士が実施する監査業務及びレビュー業務は合理的保証業務と限定的保証業務の違いはあれ、いずれも保証業務である点で共通する。本項では、公認会計士が実施する監査業務及びレビュー業務以外の保証業務（以下、本項に限り、特に指摘のない場合は保証業務と記述する[23]）について、保証実3000、監保研第30号、監査・保証実務委員会研究報告第31号「監査及びレビュー業務以外の保証業務に係る概念的枠組み」（以下、監保研第31号）に沿って概要を示

---

[22] 一般目的か特別目的かを問わず、レビュー業務における意見の形成と報告時において考慮すべき事項としては、1）財務諸表に適用される財務報告の枠組みの考慮（保証実2400第70項から第72項、A109項からA116項）、2）結論の様式（保証実2400第73項から第86項まで、A117項からA120項）、3）継続企業の前提について重要な不確実性が認められる場合の措置（保証実2400第87項から第90項、A121項及びA122項）4）レビュー報告書の記載事項（保証実2400第91項、A123項からA137項、A143項からA149項）などがある。

[23] 監保実3000においても、監査業務及びレビュー業務以外の保証業務を「保証業務」と記述している（保証実3000第1項）。

[図表3-4] わが国における保証業務の体系

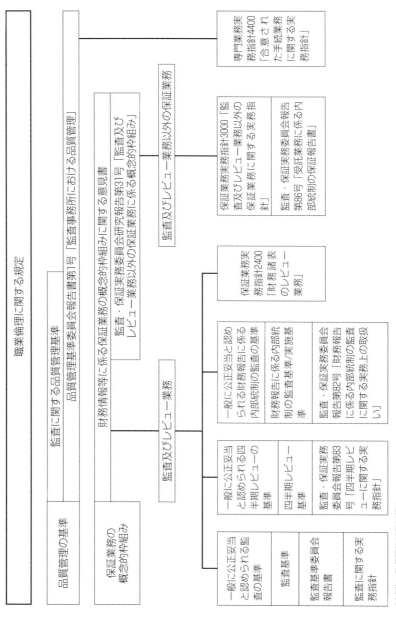

(出所) 監保研第31号付録1。

す。

　[図表3-4]は、監保研第31号付録1に記載された表であり、保証実3000の適用範囲を端的に示したものである。保証実3000第1項に記載されるように、一般に公正妥当と認められる監査の基準、一般に公正妥当と認められる四半期レビューの基準、又は保証実2400に準拠して実施する保証業務を保証実3000の適用範囲には含めていないことが明らかである。加えて、「内部統制の有効性に関する保証業務に広く適用されるが、金融商品取引法の規定に基づき、一般に公正妥当と認められる内部統制監査の基準に準拠して行う内部統制監査には適用しない」(保証実3000第1項中段)ことも容易に理解できる。

　保証実3000は以下の2つの前提に基づいている。第1に、「保証業務を実施する業務チームのメンバー及び当該業務の審査担当者は、職業倫理に関する規定を遵守している」(保証実3000第3項(1))ことが挙げられる[24]。第2に、監査事務所[25]は、保証実3000を適用して業務を実施する際には、品基報第1号に基づいて、保証業務が適切に実施されることを合理的に確保するための方針及び手続を整備・運用しなければならない(保証実3000第3項(2))点を指摘できる。

　保証実3000で定義される保証業務、すなわち過去財務情報の監査及びレビュー以外の保証業務(保証実3000第1項、A22項)は、「業務実施者以外の者が規準に照らして主題を測定又は評価する「主題情報の提示を受ける保証業務」と、業務実施者が規準に照らして主題を測定又は評価する「直接報告による保証業務」に分類される」(保証実3000第2項前段、第12項(35))。ただし、保証実3000は上記のうち、主題情報の提示を受ける保証業務(合理的保証業務及び限定的保証業務)を想定している点(保証実3000第2項後段)には注意すべきである。保証実3000の適用対象となり得る主題又は主題情報は、監保研第31号付録4に例示されているが、適用対象は同付録4に限定されないことには留意すべきとされる(監保研第30号のQ1の解説)。なお、監保研第31号付録4の例示では、過去財務情報のみならず将来財務

---

[24] 職業倫理に関する規定の具体的な内容については、保証実3000のA31項からA34項に記述されている。

[25] 品基報第1号では、個人事務所又は監査法人を監査事務所として定義するが、保証実3000では、業務実施者たる監査事務所として監査を実施しない事務所も含まれる(保証実3000第3項(2))。なお、監査事務所が支配している事業体が保証業務を実施する場合にも、保証実3000を適用し、当該事業体が品基報第1号を遵守していることを監督しなければならない(保証実3000第4項)。

情報、行為及びシステム等といった将来情報も保証実3000の適用範囲であることが示されている。

　特別目的の財務報告に対する監査及びレビュー業務以外の保証業務を実施するに際して、公認会計士が特に考慮すべき事項は以下のとおりである。まず、業務契約の締結時における考慮事項として、1）保証業務契約の新規の締結及び更新（保証実3000第21項から第23項、A31項からA34項）、2）保証業務契約の新規の締結及び更新の前提条件（保証実3000第24項、A35項からA55項）、3）保証業務の契約条件の合意（保証実3000第27項及び第28項、A56項からA58項）などがある。次に、業務の計画及び実施時における考慮事項としては、1）業務計画の策定（保証実3000第40項、A85項からA88項）、2）主題及び業務環境の理解（保証実3000第45項、第46L項及び第47L項、第46R項及び第47R項、A100項からA106項）、3）証拠の入手（保証実3000第48L項及び第49L項、第48R項及び第49R項、第50項及び第51項、A107項からA118項）などが存在する。最後に、意見の形成と報告時において特に考慮すべき事項として、1）保証報告書の内容（保証実3000第69項、A161項からA185項）、2）結論の表明及び記載（保証実3000第72項から第77項、A191項及びA192項）、などを指摘できる。

第3項　公認会計士が実施するAUP業務

　公認会計士が実施するAUP業務は、保証業務とはいえないまでも、公認会計士が行う証明業務の1つと位置付けられる[26]。本項では、AUP業務について、特別目的の財務報告を見据えた上で[27]、専門業務実務指針4400「合意された手続業務に関する実務指針」及び監査・保証実務委員会研究報告第29号「専門業務実務指針4400「合意された手続業務に関する実務指針」に係るQ＆A」について概要を示すことにしたい。

　専業実4400は、過去財務情報のみならず、過去財務情報以外の情報等[28]を対象と

26　この点については、［図表3-4］を参照のこと。AUP業務の位置付けについては、本書第1章、第2章のほか、那須・松本・町田（2015）第2章を参照されたい。
27　専業実4400及び監保研第29号では、保証実3000及び監保研第30号と同様に、特別目的の財務報告について特に取り立てて説明をしているわけではない。
28　専業実4400第2項では、過去財務情報以外の情報等の例として、将来財務情報、行為及びシステム等を挙げている。

するAUP業務について適用される（専業実4400第2項）。監査業務及びレビュー業務は過去財務情報のみを対象としているのに対して、AUP業務は、監査及びレビュー業務以外の保証業務と同様に、過去財務情報以外の情報等も対象としているのである[29]。また、「監査事務所は、本実務指針を適用して業務を実施する場合には、品基報第1号に基づいて、合意された手続業務が適切に行われることを合理的に確保するための方針及び手続を整備し運用する義務がある」（専業実4400第3項）と規定され、品基報第1号を適用し、監査事務所レベルの品質管理を求めている（監保研第29号のQ5）。さらに、AUPの業務実施者の報告は、「手続実施結果を事実に則して報告するのみにとどまり、手続実施結果から導かれる結論の報告も、保証の提供もしない」（専業実4400第5項）。すなわち、監査業務及びレビュー業務とは異なり、結論を報告しないことを強調するとともに、保証業務ではないことを明示している。

　AUP業務を実施する場合の職業倫理については、「業務実施者は、合意された手続業務に関連する職業倫理に関する規定を遵守しなければならない」（専業実4400第14項）と規定され、遵守すべき規定として具体的に「公認会計士法・同施行令・同施行規則、日本公認会計士協会が公表する会則、倫理規則及びその他の倫理に関する規定」（専業実4400A5項）を挙げている[30]。特筆すべきは、独立性に関する記述である。AUP業務については、「通常、業務の対象とする情報等に責任を負う者に対する独立性は要求されない」（専業実4400A7項）ことは、監査業務及びレビュー業務とは異なる点である。ただし、「法令等において要求されている場合等、業務実施者は、職業倫理に関する規定に含まれる独立性の規定を遵守することを業務の契約条件に定めることがあ」（専業実4400A7項）り、このような場合には、独立性を保持して業務を実施している旨、及び独立性が損なわれている場合はその旨及び影響についてAUP実施結果報告書（以下、実施結果報告書）に記載しなければならない（専業実4400第28項(13)、監保研第29号のQ8）。

---

[29] 「過去財務情報以外の情報等に関する合意された手続業務において、業務実施者は、次年度以降の事業計画等の将来財務情報、コーポレート・ガバナンス、法令遵守、財務報告プロセス若しくは内部統制の行為、又はシステムを業務対象として合意された手続を実施することがある」（専業実4400A3項）。

[30] 職業倫理の規定についても、「各規定に含まれる保証業務に関連する規定を除く」（専業実4400A5項）として、AUP業務が保証業務ではないことを専業実4400では強調している。

公認会計士が実施する特別目的の財務報告に対するAUP業務に際して、特に考慮すべき事項は以下のとおりである。まず、AUP業務契約の締結時における考慮事項として、業務実施者は、業務依頼者及びその他の結果の利用者が合意された手続及び契約条件を明確に理解していることを確かめなければならず（専業実4400第18項）、契約条件の内容を列挙した上で、その事項を業務契約書等に記載しなければならない旨を示している（記載のメリットについては専業実4400A11項）。計画と実施の段階において指摘すべき事項として、「業務実施者は、保証業務で実施するようなリスク評価を実施しない」（専業実4400A13項）点があり、AUP業務が保証業務とは明確に異なることを仄めかしている。また、AUP業務では、「保証業務における証拠収集手続と類似した手続が業務実施者により実施されるものの、結論の基礎となる十分かつ適切な証拠を入手することを目的とはして」（専業実4400第6項）いない旨を示しており[31]、監査業務若しくはレビュー業務とは異なり、AUP業務が保証業務ではないことをここでも明示している。最後に、意見の形成と報告における考慮事項として、実施結果報告書の内容がある[32]。すなわち、「合意された手続業務が保証業務と誤解されないように、実施結果報告書において保証業務ではない旨が明瞭に記載される」（専業実4400第7項）とともに「実施結果報告書は、手続の目的等を十分に理解し、手続等に合意した関係者のみに配布及び利用が制限される」（専業実4400第7項）のである。

第5節　特別目的の財務報告の現状及び可能性

　本節では、日本における特別目的の財務報告の現状について示すとともに、証明業務と位置付けられている業務及び特別目的の財務報告における証明業務の可能性について論じることにしたい。
　［図表3-5］は、公認会計士が専門業務として受託可能な業務を例示した一覧表であり、那須・松本・町田（2015, 30-32頁）を一部抜粋して作成したものである。

31　AUP業務において適用される手続として、質問、分析、再計算、照合、突合、観察、閲覧などがある（専業実4400A15項）。
32　実施結果報告書に要求される記載事項は、専業実4400第28項において22項目が具体的に列挙されている。

那須・松本・町田（2015）による記述に従うと、「各種業法によって公認会計士の業務とされる監査業務には、監査基準の有無や合理的保証水準の確保といった監査の必要水準を満たしていないという点で本来、監査とは認められないものと、公認会計士法2条1項業務としての監査又は監査証明とはいえないものが含まれていることである。前者の代表的なものが（中略）合理的保証を提供し得ていない政党助成法監査、政治資金規制法監査、地方公共団体の外部包括監査、地方公共団体の個別外部監査の4つである。また公認会計士法2条1項では、「財務書類の監査又は証明」を規定しているが、財務書類（「財産目録、貸借対照表、損益計算書その他財務に関する書類」同法1条の3）でないものを監査対象としている内部統制監査や地方公共団体の包括外部監査、地方公共団体の個別外部監査が後者の例に該当する」（那須・松本・町田，2015, 33-34頁）ことが［図表3－5］から理解できるのである。

　［図表3－6］は、特別目的の財務報告の監査と位置付けられている業務を例示した一覧表であり、榎本（2014）、奥谷（2015）、小林（2015）、伏谷（2014）、南（2014）をもとに作成したものである。また、［図表3－7］は、新たに公認会計士による証明業務になると考えられる業務を例示したものである。いずれも今後注目されるであろう、特別目的の財務報告に対する公認会計士等による監査・証明業務の可能性について示したものであり、その対象は非常に広範囲にわたることが示唆される。関連する制度の整備及び普及が進むにつれて[33]、今後ますます公認会計士による監査・証明業務が促進されると期待される。

---

[33] 例えば、日本公認会計士協会（2016f）「監査基準委員会報告書800及び805を公的部門に適用する場合の論点整理」においても、公的部門に対する監基報800及び805の適用する業務の例が記載されている。

[図表3-5] 公認会計士が専門業務として受託可能な業務の一覧

No	呼称	監査対象	会計基準	依頼人	職業的専門家	想定利用者	監査基準	法定/任意	業務の結論	ARの形態
1	財務諸表監査	財務諸表	GAAP	取締役会	公認会計士	投資者	GAAS	法定（金商法第193条の2第1項）	適正性	内閣総理大臣に提出
2	内部統制監査	内部統制報告書	GAAP	取締役会	公認会計士	投資者	GAAS	法定（金商法第193条の2第2項）	適正性	内閣総理大臣に提出
3	会社法監査	計算書類	GAAP	株主総会	監査役・会計監査人	株主（債権者）	GAAS	法定（会社法第436条第2項第1号・第444条第4項）	適正性*1	株主総会に提出
4	生命保険相互会社監査	計算書類	GAAP 保険業法	社員総会	監査役・会計監査人	社員	GAAS	法定（保険業法第54条の4第2項）	適正性*2	社員総会に提出
5	信用金庫監査	計算書類	GAAP 信用金庫法 信用金庫法施行規則	通常総会	監事・会計監査人	会員（債権者）	GAAS	法定（信用金庫法第38条の2第3項）	適正性	通常総会に提出
6	労働金庫監査	計算書類	GAAP 労働金庫法 労働金庫法施行規則	通常総会	監事・会計監査人	会員（債権者*3）	GAAS	法定（労働金庫法第41条の2第3項）	適正性	通常総会に提出
7	信用・協同組合監査	計算書類	GAAP 信用協同組合による金融事業に関する法律 協同組合による金融事業に関する法律施行規則	通常総会	監事・会計監査人	会員 組合員	GAAS	法定（協同組合による金融事業に関する法律第5条の8第3項）	適正性	通常総会に提出
8	農林中央金庫監査	計算書類	GAAP 農林中央金庫法 農林中央金庫法施行規則	通常総会	監事・会計監査人	会員	GAAS	法定（農林中央金庫法第35条第4項）	適正性	通常総会に提出
9	学校法人監査	貸借対照表・収支計算書・その他の財務計算に関する書類	学校法人の寄付行為の許可申請に係る書類等の様式等 私立学校法施行規則 公示117号 学校法人の寄付行為及び寄付行為の変更の許可に関する審査基準 学校法人の寄付行為の許可及び寄付行為の変更の許可の申請書類の作成等に関する手引き 財産目録の作成に係る基本方針	学校法人	公認会計士	所轄庁	GAAS*4	法定（私立学校振興助成法第14条第3項*5）	適正性	所轄庁に提出

（次頁に続く）

(前頁より)

No.	監査名	計算書類	会計基準	監査人	提出先	準拠基準	法定根拠	意見種別	最終提出先
10	一般社団法人・一般財団法人監査	計算書類・附属明細書等	公益法人会計基準	会計監査人	社員(公告)	GAAS[*6]	法定(一般社団法人及び一般財団法人に関する法律第62条、第171条)	適正性	社員総会に提出
11	公益社団法人・公益財団法人監査	貸借対照表・損益計算書・附属明細書・財産目録	公益法人会計基準	会計監査人	行政庁(備え置き)	GAAS[*6]	法定(公益社団法人及び公益財団法人の認定等に関する法律第5条第12号)	準拠性	行政庁に提出
12	労働組合監査	すべての財源及び使途、主要な寄付者の氏名、経理状況を示す会計報告	労働組合会計基準	会計監査人	組合員への公表	GAAS[*7]	法定(労働組合法第5条第2項第7号)	適正性	組合員に提出
13	社会福祉法人監査	財産状況等のうち特定の事項(監査人の選択)	社会福祉法人会計基準	公認会計士・税理士	所轄庁	GAAS[*8]	法定(社会福祉法第45条の28、社会福祉法人審査基準)	なし(正規性[*9])	所轄庁に提出
14	政党助成監査	会計帳簿・領収書等	政党助成法施行規則	公認会計士	総務大臣	政党助成法施行規則	法定(政党助成法第19条第2項)	なし(正規性[*9])	総務大臣に提出
15	政治資金規正法監査	収支報告書・会計帳簿・明細書・領収書等	政治資金規正法施行規則	登録政治資金監査人[*10]	政党・政治資金団体の会計責任者	総務省令[*11]	法定(政治資金規正法第14条)	なし(合規性)	総務大臣・都道府県の選挙管理委員会に提出
16	地方公共団体の包括外部監査	財務にかかる事務の執行と経営に関する事業の管理のうち特定の事件(監査人の選択)	政令で定める基準	外部監査人(弁護士・公認会計士・税理士等)	議会	外部監査のガイドライン[*12]	法定(地方自治法第252条の36)	なし	議会・首長・監査委員会・その他委員会に提出
17	地方公共団体の個別外部監査	個別外部監査請求に基づく事項(請求人の選択)	政令で定める基準	外部監査人(弁護士・公認会計士・税理士等)	選挙民・議会・首長・財政的援助者・住民	外部監査のガイドライン[*12]	法定(地方自治法第252条の39)	準拠性	議会・首長・監査委員会・その他委員会に提出
18	特定目的会社監査	計算書類	GAAP 特定目的会社の計算に関する規則	会計監査人	社員(公告)	GAAS[*13]	法定(資産の流動化に関する法律第102条第5項第1号)	適正性	社員総会に提出

(次頁に続く)

(前頁より)

			無限責任社員	公認会計士	組合員（債権・譲渡）者の閲覧・謄写		法定（投資事業有限責任組合契約に関する法律第8条第2項）	適正性	無限責任社員に提出
19	投資事業有限責任組合監査	貸借対照表・損益計算書・業務報告書・附属明細書	中小企業等投資事業有限責任組合契約の会計規則、投資事業有限責任組合契約						
20	投資信託及び投資法人監査	計算書類・資産運用報告・金銭の分配に係る計算書・附属明細書	GAAP	投資主組合	会計監査人	投資主の閲覧謄写	GAAS*15	法定（投資信託及び投資法人に関する法律第130条）	適正性	執行役員に提出
21	独立行政法人監査	財務諸表・事業報告書・決算報告書	独立行政法人会計基準	主務大臣	監事・会計監査人	主務大臣	GAAS*16	法定（独立行政法人通則法第39条）	適正性	主務大臣に提出
22	地方独立行政法人監査	財務諸表・事業報告書・決算報告書	地方独立行政法人会計基準	設立団体の長	監事・会計監査人	設立団体の長	GAAS*17	法定（地方独立行政法人法第35条）	適正性	設立団体の長に提出
23	国立大学法人監査	財務諸表・事業報告書・決算報告書	国立大学法人会計基準	学長・理事会	監事・会計監査人	理事会・文部科学大臣	GAAS*18	法定（国立大学法人法第35条）	適正性	学長・理事会に提出
24	放送大学学園監査	貸借対照表・収支計算書・その他の財務計算に関する書類	放送大学学園会計基準（文科省令第574号）	理事会	公認会計士	主務大臣	GAAS*19	法定（放送大学学園法第10条）	適正性	主務大臣に提出

*1 監査報告に係る実務指針として、日本公認会計士協会（2012）「業種別委員会監査指針第7号『生命保険相互会社における監査報告書の文例について』」がある。
*2 監査及び信用金庫法を適用するための法令として、日本公認会計士協会 業種別委員会実務指針第33号「信用金庫等における監査報告書の文例について」がある。同指針は、労働金庫監査についても同様の取扱いを援用することができる。
*3 日本公認会計士協会（2012）「特定業種委員会実務指針第38号『特定非営利活動法人における監査上の取扱い』」がある。なお、設置許可申請時の寄付行為については、同委員会実務指針第40号「学校法人監査における寄附申込許可を受けた事実に基づく財産目録監査の取扱い」がある。
*4 日本公認会計士協会（2012）業種別委員会実務指針第35号「私立学校振興助成法第14条第3項の規定に基づく監査を行う場合の監査上の取扱い」がある。
*5 補助金監査が強制適用ではない投資事業有限責任組合を監査対象としている。
*6 非営利法人を適用する公益社団・財団法人を対象としている。
*7 非営利法人委員会研究報告第34号（公益社団・財団法人の財務諸表における監査報告書の文例）
*8 非営利法人委員会研究報告第37号（労働組合法における財務諸表の外部監査の証明基準における監査処理及び監査報告書に係る監査上の取扱い）
*9 非営利法人委員会研究報告第24号（社会福祉法人における財務諸表の証明業務及び備え置く書類の帳簿の保存、会計帳簿の保存・備え置き等）（平成25年5月14日中止）
*10 政治資金規正法第19条の13に基づく、政治資金適正化委員会（総務省令等第7条）が行う政治資金監査に関する具体的な手続き（政治資金監査マニュアル）（平成25年6月8日改訂版）による。
*11 弁護士、公認会計士、税理士をいう。
*12 政治資金適正化委員会（2001）「政治資金監査に関する具体的な手続き（政治資金監査マニュアル）」による。
*13 日本公認会計士協会（2012）業種別委員会実務指針第47号「地方公共団体の外部監査のガイドライン」がある。
*14 日本公認会計士協会（2012）業種別委員会実務指針第38号「特定目的会社に係る監査上の取扱い」がある。
*15 日本公認会計士協会（2013）業種別委員会実務指針第14号「投資事業有限責任組合に係る監査上の取扱い」（平成24年3月26日改正）による。
*16 独立行政法人（2011）独立行政法人会計基準研究会「独立行政法人に対する会計監査人の監査に係る会計処理基準」（平成24年3月30日改訂）による。
*17 地方独立行政法人会計基準研究会「地方独立行政法人会計基準及び同注解に係る会計処理基準」（平成24年3月29日改訂）による。
*18 国立大学法人会計基準検討会議「国立大学法人に対する会計監査人の監査に係る会計処理基準」（平成24年3月29日改訂）及び「国立大学法人等に対する会計監査人の監査実務指針」にある。
*19 文科省令第574号（2003年10月1日）文部科学大臣決定「放送大学学園法第14条第3項の規定に基づく監査報告書の作成基準」において、日本公認会計士協会の「学校法人監査の監査実務指針第36号『私立学校振興助成法第14条第3項の規定に基づく監査報告書の記載事項』」を準用する旨が規定されている。

（出所）邦須・松本・町田（2015、30-33頁、表1-3）を一部改変加筆・加工して筆者作成。

[図表3-6] 特別目的の財務報告の監査と位置付けられている業務の例示

No	呼称	会計基準	依頼人	職業的専門家	想定利用者	監査基準	法定/任意	業務の結論	ARの形態	その他	事例
1	取引先との契約に基づいて作成された特別目的の財務諸表	GAAP、会社計算規則、比較情報等要請された財務諸表等規則に基づくキャッシュ・フロー計算書	経営者	公認会計士	取引先	GAAS（監基報800文例4)	任意（契約内容）	適正性	契約等に基づいた報告	キャッシュ・フローに係る情報、セグメント情報、会社計算規則に要請されていないものの注記などの情報を影響する会社注記などの情報を併せて求める場合がある	取引先との契約に基づき作成された特別目的の財務諸表監査、金融機関からの要請に基づいて作成された一組の財務諸表に対する任意監査
2	金融機関との契約に基づいて作成されたキャッシュ・フロー計算書	GAAP、財務諸表等規則	経営者	公認会計士	金融機関	GAAS（監基報805文例2)	任意	準拠性	契約等に基づいた報告	計算書類に含まれている貸借対照表以外の情報を対象とする書類ではなく、すでに計算書類に含まれている一部の項目の明細、例えば売掛金明細表や固定資産明細表を対象とすることも可能である	金融機関からの要請に基づいて作成されたキャッシュ・フロー計算書の監査
3	金融機関との借入契約に基づいて作成した財務諸表	GAAP、会社計算規則	経営者	公認会計士	金融機関等	GAAS（監基報800文例3)	任意	準拠性	資金の提供者への報告	取引開始前の財務のニーズの観点という点に特徴がある。金融機関以外の取引先との与信取引管理の目的に当たってもこの信頼性が利用可能である	金融機関との借入契約に関連して作成した財務諸表の監査
4	ロイヤリティ契約の売上高計算書	契約書の定めに従う	ライセンシー	公認会計士	ライセンサー	GAAS（監基報805文例6)	任意	準拠性	契約等に基づいた報告	企業の財務諸表全体の中で、一部の取引を抜き出して作成した財務報告書についての監査ということもできれば、当該事項が報告書を利用する際にも目的にも監査をすることもあると考えられる	ロイヤリティ契約の売上高計算書の監査
5	海外への出向者の給与支払明細表	海外税法	子会社等の税務担当者	公認会計士	規制当局	GAAS（監基報805文例5)	（日本では）任意	準拠性	海外の規制当局への報告	日本の親会社と海外子会社との間の取引額の監査も考えられる。日本の所得税法では、「居住者」か「非居住者」かによって税のかかる所得の範囲が変わってくる	海外への出向者の給与支払明細表の監査

（次頁に続く）

第3章 日本基準 47

(前頁より)

6	災害義援金・補助金・寄付金等に係る資金収支計算書	資金を取り扱う団体等の理事者が定める	理事者	公認会計士	資金提供者	GAAS（監査報告805文例3）	任意	準拠性	資金提供者への報告	東日本大震災の発生により、義援金の収支の透明性を高めるべきとのニーズが高まり、特別目的の財務諸表等に係る監査に係る指針等が未整備である状況である中、特別報告第23号「義援金収支計算書に対して公認会計士等が行う保証業務に関する研究報告」が平成23年12月5日に公表されている	災害義援金・補助金・寄付金等に係る資金収支計算書の監査
7	金融機関からの要請を受けて中小会計要領・中小会計指針に基づいて作成された財務諸表	中小会計要領 中小会計指針	経営者	公認会計士	金融機関 資金提供者	GAAS（監査報告800文例1）	任意	準拠性	契約等に基づいた報告		資金提供者への報告のための資金借入契約等に関連して作成された財務諸表の監査
8	財務諸表の特定の利用者との合意の要件に基づいて作成された財務諸表	契約等の定めに従う	経営者	公認会計士	資金提供者	GAAS（監査報告805文例4）	任意	適正性	契約等に基づいた報告	特定の利用者により利用されることをされる情報ニーズに合意されている場合、当該利用者の財務報告の財務諸表への合致している枠組みとして前提とされているとしての財務諸表は、一般目的の財務報告のいずれかでは認められていないが採用採用している方法を採用することもあり得る	資金提供者への報告のための資金借入契約等に関連して作成された財務諸表の監査
9	貸借対照表のみの監査	GAAP, 会社計算規則		公認会計士		GAAS（監査報告805文例1）	任意	適正性	契約等に基づいた報告		貸借対照表のみの監査
10	電力業、ガス業、電気通信事業における各部門別収支計算書等	一般電気事業部門別収支計算書等規則 電気事業託送供給等収支計算書等規則 ガス事業部門別収支計算書等規則 電気通信事業会計規則 第一種接続会計規則 第二種接続会計規則	経営者	公認会計士	規制当局	GAAS・業種別委員会報告第22号・第50号	法定（電気事業部門別収支計算規則第3条・電気供給送等収支計算規則第3条・ガス事業部門別収支計算規則第3条）	準拠性	規制当局への報告	自由化部門と規制部門を区分した部門別収支計算書の作成を義務付けられたもの	電力業、ガス業、電気通信事業における部門別収支計算書等の監査

(出所) 榎本 (2014)、奥谷 (2015)、小林 (2015)、伏谷 (2014)、南 (2014) をもとに筆者作成。

[図表3-7] 新たに公認会計士による証明業務になると考えられる業務の例

No	呼称	会計基準	依頼人	職業的専門家	想定利用者	監査基準	法定/任意	業務の結論	ARの形態	その他	事例
1	(市場性の無い)投資有価証券	GAAP	経営者株主	公認会計士	株主買収企業	GAAS	任意	ネガティブアシュアランス	買収企業・相続人等への報告	中小企業のM&A・相続における、株価算定	市場性の無い有価証券の監査
2	(貸与された)固定資産	GAAP	借主	公認会計士	貸主	GAAS	任意	AUP	固定資産貸与者への報告	貸与図を用いた生産活動を行う中小企業への、固定資産貸与時の当該固定資産の使用状況把握	固定資産(機械)の使用状況の監査
3	繰越欠損金	法人税法第52条・第52条の2	経営者	公認会計士(税理士登録)	利害関係者	GAAS	任意	AUP	利害関係者への報告	繰越欠損金の中に、期限切れとなっているものがないかどうかの報告	繰越欠損金の年齢調べ

(出所) 筆者作成。

第3章 日本基準 49

第6節　要約

　本章は、日本における特別目的の財務報告に対する監査・証明業務を実施するに当たって、公認会計士が従うべき基準について簡単に説明したのちに、現状においてどのような特別目的の財務報告が実施されているのか、及び特別目的の財務報告に対する公認会計士等による保証業務の可能性について提示した。

　財務会計には大きく情報提供機能（意思決定支援機能）と利害調整機能（契約支援機能）という2つの役割が期待されているが、概念フレームワークをはじめとする会計基準をめぐる昨今の趨勢では、後者は副次的機能として位置付けられている[34]。しかしながら、企業をとりまく多種多様な利害関係者との間には、様々な顕在的及び潜在的な契約が存在し、企業及び利害関係者にとって最適な契約を締結・維持するに際して、会計数値（もしくはそれに準ずる数値）の測定・計算・開示を欠かすことができないことは自明である。公共財である監査済財務諸表とは異なり、本章で説明したような、個々の契約についてアドホックに（あるいはテーラーメイドに）実施される特別目的の財務報告については、これまで監査業務、レビュー業務もしくはAUP業務の対象として一般的ではなかった。しかしながら、本章で触れたような特別目的の財務報告に対する監査業務、レビュー業務及びAUP業務の制度が整備されることによって、個々の契約に利用される特別目的の財務諸表及び個別の財務表又は財務諸表項目等について監査業務、レビュー業務、監査業務及びレビュー業務以外の保証業務、もしくはAUP業務が実施されるのであれば、これまで以上に最適な契約が締結・維持される可能性もあり得るであろう。特別目的の財務報告に対する監査・証明業務は、財務会計の利害調整機能を高め、ひいてはわが国のミクロ経済及びマクロ経済に多大なる影響を及ぼす政策的可能性を秘めているのである。

34　この点については、田村・中條・浅野（2015）などを参照のこと。

【参考文献】

浦崎直弘（2016）「特別目的の財務諸表に対する保証業務のアプローチ」『同志社商学』第67巻第4号、217-235頁。

榎本征範（2014）「新しい領域（特別目的・準拠性）の監査の想定事例－第1回：契約関係に関連して生じる特別目的の財務諸表等の監査－」『会計・監査ジャーナル』No.711、23-25頁。

奥谷績（2015）「新しい領域（特別目的・準拠性）の監査の想定事例－第3回：非営利法人・学校法人における特別目的の財務諸表等の監査－」『会計・監査ジャーナル』No.715、34-36頁。

企業会計審議会（2004）「財務情報等に係る保証業務の概念的枠組みに関する意見書」
https://www.fsa.go.jp/news/newsj/16/singi/f-20041129-1/01.pdf.

企業会計審議会（2014）「監査基準の改訂に関する意見書」
https://www.fsa.go.jp/news/25/sonota/20140225-2/01.pdf

小林尚明（2015）「新しい領域（特別目的・準拠性）の監査の想定事例－第5回：別記事業等における特別目的の財務諸表等の監査－」『会計・監査ジャーナル』No.716、39-41頁。

住田清芽（2014）「特別目的の財務諸表に対する監査の実務」『企業会計』第66巻第4号、24-30頁。

田村威文・中條祐介・浅野信博（2015）『会計学の手法』中央経済社。

那須伸裕・松本祥尚・町田祥弘（2015）『公認会計士の将来像』同文舘出版。

日本公認会計士協会（2003）「監査報告」監査基準委員会報告書第24号（中間報告）。

日本公認会計士協会（2009）「公認会計士等が行う保証業務等に関する研究報告」監査・保証実務委員会研究報告第20号。（平成29年12月29日廃止.）

日本公認会計士協会（2014a）「財務諸表に対する意見の形成と監査報告」監査基準委員会報告書700。

日本公認会計士協会（2014b）「特別目的の財務報告の枠組みに準拠して作成された財務諸表に対する監査」監査基準委員会報告書800。

日本公認会計士協会（2014c）「個別の財務表又は財務諸表項目等に対する監査」監査基準委員会報告書805。

日本公認会計士協会（2014d）「監査基準委員会報告書800及び805に係るQ＆A」監査基準委員会研究報告第3号。

日本公認会計士協会（2014e）「監査基準委員会報告書の公開草案に対するコメントの概要および対応について」https://jicpa.or.jp/specialized_field/files/2-24-800_805-4-20140404.pdf.

日本公認会計士協会（2015a）「財務諸表監査における総括的な目的」監査基準委員会報告書200。

日本公認会計士協会（2015b）「監査業務の契約条件の合意」監査基準委員会報告書210。

日本公認会計士協会（2015c）「財務諸表監査における不正」監査基準委員会報告書240。

日本公認会計士協会（2015d）「財務諸表監査における法令の検討」監査基準委員会報告書

250。
日本公認会計士協会（2015e）「監査役等とのコミュニケーション」監査基準委員会報告書260。
日本公認会計士協会（2015f）「企業及び企業環境の理解を通じた重要な虚偽表示リスクの識別と評価」監査基準委員会報告書315。
日本公認会計士協会（2015g）「関連当事者」監査基準委員会報告書550。
日本公認会計士協会（2015h）「継続企業」監査基準委員会報告書570。
日本公認会計士協会（2015i）「独立監査人の監査報告書における除外事項付意見」監査基準委員会報告書705。
日本公認会計士協会（2015j）「独立監査人の監査報告書における強調事項区分とその他の事項区分」監査基準委員会報告書706。
日本公認会計士協会（2015k）「監査事務所における品質管理」品質管理基準委員会報告書第1号（本文中では品基報第1号と表記）。
日本公認会計士協会（2016a）「財務諸表のレビュー業務」保証業務実務指針2400。
日本公認会計士協会（2016b）「保証業務実務指針2400に係るQ＆A」監査基準委員会研究報告第5号。
日本公認会計士協会（2016c）「四半期レビューに関する実務指針」監査・保証実務委員会報告第83号。
日本公認会計士協会（2016d）「合意された手続業務に関する実務指針」専門業務実務指針4400。
日本公認会計士協会（2016e）「専門業務実務指針4400「合意された手続業務に関する実務指針」に係るQ＆A」監査・保証実務委員会研究報告第29号。
日本公認会計士協会（2016f）「監査基準委員会報告書800及び805を公的部門に適用する場合の論点整理」公会計委員会研究報告第21号。
日本公認会計士協会（2017a）「監査及びレビュー業務以外の保証業務に関する実務指針」保証業務実務指針3000。
日本公認会計士協会（2017b）「保証業務実務指針3000「監査及びレビュー業務以外の保証業務に関する実務指針」に係るQ＆A」監査・保証実務委員会研究報告第30号。
日本公認会計士協会（2017c）「監査及びレビュー業務以外の保証業務に係る概念的枠組み」監査・保証実務委員会研究報告第31号。
伏谷充二郎（2014）「新しい領域（特別目的・準拠性）の監査の想定事例－第2回：規制当局への報告のために作成された特別目的の財務諸表等の監査－」『会計・監査ジャーナル』No.712、19-20頁。
町田祥弘（2014）「適正性意見と準拠性意見」『企業会計』第66巻第4号、31-41頁。
南成人（2014）「新しい領域（特別目的・準拠性）の監査の想定事例－第3回：任意で実施する中小企業等が作成する財務諸表等の監査－」『会計・監査ジャーナル』No.713、49-51頁。
結城秀彦（2014a）「改訂監査基準及び監査基準委員会報告書800及び805（公開草案）の概要

(その1)」『会計情報』第452巻、2014年4月号、16-20頁。
結城秀彦（2014b）「改訂監査基準及び監査基準委員会報告書800及び805（公開草案)の概要（その2）」『会計情報』第453巻、2014年5月号、27-30頁。
結城秀彦（2014c）「改訂監査基準並びに監査基準委員会報告書800及び805の概要（その3）」『会計情報』第454巻、2014年6月号、13-20頁。
結城秀彦（2014d）「改訂監査基準並びに監査基準委員会報告書800及び805の概要（その4）」『会計情報』第455巻、2014年7月号、24-28頁。
結城秀彦（2014e）「改訂監査基準並びに監査基準委員会報告書800及び805の概要（その5）」『会計情報』第456巻、2014年8月号、16-20頁。
結城秀彦（2014f）「改訂監査基準並びに監査基準委員会報告書800及び805の概要（その6）」『会計情報』第457巻、2014年9月号、24-28頁。
結城秀彦（2014g）「改訂監査基準並びに監査基準委員会報告書800及び805の概要（その7）」『会計情報』第460巻、2014年12月号、18-21頁。
結城秀彦（2015a）「改訂監査基準並びに監査基準委員会報告書800及び805の概要（その8）」『会計情報』第461巻、2015年1月号、20-25頁。
結城秀彦（2015b）「改訂監査基準並びに監査基準委員会報告書800及び805の概要（その9）」『会計情報』第463巻、2015年3月号、19-22頁。
結城秀彦（2015c）「改訂監査基準並びに監査基準委員会報告書800及び805の概要（その10・最終回）」『会計情報』第464巻、2015年4月号、12-16頁。

（浅野信博・鎌田啓貴）

第4章 アメリカ基準

第1節　はじめに

　監査意見表明の根拠を形成するための監査証拠の収集と評価が、個々の監査要点とそれらの集合である財務諸表項目、さらにはその総体である財務諸表に対してなされるのであれば、個々の監査要点・財務諸表項目・財務表についても、結論を表明することは可能である。そのような監査業務プロセスを前提に、IAASBは、それらの監査対象ごとの監査による保証を可能とする国際監査基準ISA800号と805号を策定した。

　これら2つのISAを拠り所にして、ISAとの調整を志向するアメリカ公認会計士協会（American Institute of CPAs: 以下、AICPA）も、一連のクラリティ化と監査基準改正の一環として新たな監査基準を2つ「特別の検討事項—特別目的の枠組みに準拠して作成された財務諸表の監査」（AU-C §800）と「特別の検討事項—単独の財務表及び財務諸表における特定の構成要素、勘定、或いは項目の監査」（AU-C §805）を公表した。さらに2015年3月31日、PCAOBは、自らのASにAICPAの2014年12月15日に完了したSASのAU-Cセクションを、公開企業の監査に関連するものについて取り込み再構築し付番し直した（PCAOB [2015]）[1]が、その中に両基準も AS 3305「特別報告（Special Reports）」として含まれていた[2]。以下では、AICPAによる監査基準AU-C §800と §805[3]を前提に、アメリカで想定される会計士業務の拡張可能性を検討したい。

---

[1] PCAOBによる改正後ASは、SECの承認後、2016年12月31日から適用された。またSEC承認後であれば、それ以前の適用も排除されないとされた。

[2] PCAOB AS 3305は、AU-C §800と §805を1つの基準として取り扱っている。

[3] AICPAでは、ISA 800・805を契機として、監査基準AU-Cセクションのみならず、証明業務SSAE（AT-Cセクション）と会計業務SSARS（AR-Cセクション）も特別目的の枠組みと財務情報の多様化を取り入れて改正している。

AU-C §800と §805のうち、§800は特別目的の枠組みに準拠して作成された財務諸表の監査において、他の関連する全ての AU-Cセクションを適用するに当たって特別に検討すべき事項を扱っている（AU-C §800.01）。また §805は、単独の財務表、ないし財務諸表の特定の構成要素、勘定、あるいは項目の監査に、他の関連する全ての AU-Cセクションを適用する際に特別に検討すべき事項を規定する（AU-C §805.01）。後者 §805において適用される会計基準としては、一般目的の枠組みと特別目的の枠組みの両方が想定される。このため、ISA、わが国監査基準、アメリカ監査基準ともに同じものが監査可能な対象として捉えられている。

　一般目的の財務諸表と特別目的の財務諸表の違いは、想定される利用目的ではなく、準拠された会計基準が、特別ないし特定の利用者や目的を想定したものなのか、不特定多数の利用者による一般的ないし汎用的な目的を想定したものなのか、という点にある。監査対象となる財務情報が、一定の取引事実に特定の会計基準を適用することで作出される以上、(1)取引事実の性質や内容と(2)会計基準の属性の両方が財務情報の質に影響することになる[4]。したがって、監査対象としての財務情報の多様化を検討するためには、監査人の判断基準である会計基準としての財務報告の枠組みにどのようなものが該当するかを明らかにする必要がある。

第2節　特別目的の枠組み

　監査基準 AU-C §800は、一般に認められた監査基準（GAAS）を特別目的の枠組みに準拠して作成された財務諸表の監査に適用する際に、監査人が以下の3つに係わる特別の検討事項に適切に対応することを目的とする（AU-C §800.07）

a．当該業務契約の受託
b．当該業務契約の計画と実施
c．財務諸表に関する意見の形成と報告

---

[4]　監査人による保証水準の画定に影響する要因としては、
　　［監査人の要証命題×監査の判断基準］×［監査の実施過程×証拠の質と量］＝
　　［監査業務契約］×［投入監査資源］
　　となることは、IFAC（2002）・松本（2005）を参照されたい。

一方、監査基準AU-C §805は、一般に認められた監査基準を、単独の財務表、財務諸表の特定の構成要素、勘定、あるいは項目の監査に適用するに当たり、以下の３つに関する特別の検討事項に適切に対応することを目的にしている（AU-C § 805.05）。
　a．当該業務契約の受託
　b．当該業務契約の計画と実施
　c．単独の財務表、財務諸表の特定の構成要素、勘定、あるいは項目に対する意見の表明と報告

　AU-C §800と§805の何れも、監査業務の遂行に当たり合理的な基礎（十分かつ適切な監査証拠）を入手するために、監査実施の前提条件として予め監査人が検討すべき事項であり、a.とb.の段階は監査人にとってどのような監査を実施するか、という監査のやり方に影響する検討事項であり、c.の段階は、想定利用者に対して何に関する意見をどのように表明するか、という監査の報告に影響する事項といえるが、ISA及びわが国で規定された準拠性に関する監査意見の表明形態は存在しない。このため、それぞれの段階において、監査人が検討すべき事項は以下のような項目が挙げられる。

[図表4-1] 特別報告に当たり検討すべき事項

検討段階	検討事項(AU-C §800)	検討事項(AU-C §805)
監査契約の受託	・財務報告枠組みの受容可能性 　a．財務諸表の作成目的 　b．想定利用者 　c．経営者が適用可能な財務報告枠組みを当該状況において採用するために採った措置	・GAASの適用 完全な一組の財務諸表の監査かどうかに係わらず、監査に係わる全てのAU-Cへの準拠
	・経営者側の監査の受け入れ条件 　a．GAAPと特別目的枠組みとの相違に関する解説 　b．GAAPで要求される程度の注記による情報開示 　c．特に契約による会計基準を採る場合には、特別目的財務諸表が準拠する契約に関する全ての重要な説明 　d．特別目的財務諸表が適正表示を達成するために必要となり得る財務報告枠組みを超えた追加開示	・財務報告枠組みの受容可能性 　a．財務諸表の作成目的 　b．想定利用者 　c．経営者が適用可能な財務報告枠組みを当該状況において採用するために採った措置
監査契約と実施	・AU-C §200で求められるGAASと同様に、当該契約業務遂行に関連するAU-Cセクションの全ての適用	・関連するAU-Cセクションの全ての適用
	・契約基準に従った特別目的財務諸表で選択・適用された会計方針の理解とAU-C §315で求められる企業及び企業環境の理解	・重要性 AU-C §320に従い、全般的な監査戦略の策定のために全体としての財務諸表の重要性の決定（特に単独の財務表、1ないし複数の特定の項目の監査では、完全な一組の財務諸表監査の場合と異なる）
監査報告	・AU-C §700への準拠	・AU-C §700への準拠
	・適用可能な財務報告枠組みの記載（特に契約基準の場合には、全ての必要な解説が適切に財務諸表に記載されているかどうかの評価）	・完全な一組の財務諸表、単独の財務表、特定項目の監査において、それぞれに分けた監査報告書の発行
	・適正表示の達成のために財務諸表に追加開示が必要かどうかに関する評価	・意見の修正、強調事項、その他事項 意見修正の場合にAU-C §705への準拠
	・AU-C §700に準拠した監査報告書形式と内容	
	・財務諸表が特別目的枠組みに準拠して作成された旨の利用者への注意喚起（強調事項）	
	・その他事項における監査報告書利用者の制限（特に、契約基準、規制基準、その他基準の場合）	
	・規制基準準拠財務諸表を一般利用に供する場合、強調事項やその他事項の利用不可 特別目的財務諸表がGAAPに準拠して適正に表示されているか否かに関する意見表明＋別区分で特別目的枠組みに準拠して作成されたか否かの意見表明	
	・法規に準拠した監査報告書の雛型	

（出所）　AU-C §800と§805を元に筆者作成。
※　網掛け部分がAU-C §800と§805で規定内容が共通している。

第4章　アメリカ基準

両基準で検討対象の1つとされる特別目的の枠組みに関して、AU-C §800で以下のように規定される（AU-C §800.07）。

特別目的の枠組みは、一般に認められた会計基準とは異なる以下のような会計基準である。
  a．現金基準（Cash basis）…組織体が、現金収支や実態的裏付けのある現金基準の修正（例えば、固定資産に関する償却の記帳）を記帳するために用いる会計の基準
  b．税基準（Tax basis）…組織体が、財務諸表の対象期間に関する納税申告書を提出するために用いる会計の基準
  c．規制基準（Regulatory basis）…組織体を管轄する規制当局の要求ないし財務報告規定に準拠して組織体が用いる会計の基準（例えば、州の保険委員会が定めたか、あるいは認めた会計実務に従って保険会社が用いる会計の基準）
  d．契約基準（Contractual basis）…組織体と監査人以外の1ないしそれ以上の第三者との間における合意契約に従って、組織体が用いる会計の基準
  e．その他基準（Other basis）…財務諸表に記載された全ての重要な項目に適用される一連の論理的で合理的規準を用いた会計の基準
これら現金基準、税基準、規制基準、並びにその他の会計基準は、一般に「他の包括的な会計の基準（other comprehensive bases of accounting）」と称される。

上記の特別目的枠組みで作成された財務情報に対して監査報告書を発行する場合には、一般に認められた会計基準に準拠していないことが利用者に適切に伝えられなければならないため、監査報告書に以下のような記載が求められる。

[図表4-2]　特別目的枠組みに対応した監査報告書記載事項

	現金基準	税基準	規制基準	規制基準（一般利用）	契約基準	その他基準
意見	特別目的枠組みに関する単一意見	特別目的枠組みに関する単一意見	特別目的枠組みに関する単一意見	特別目的枠組みとGAAPに関する2重意見	特別目的枠組みに関する単一意見	特別目的枠組みに関する単一意見
特別目的の財務諸表が作成された目的に関する記載	×	×	○	○	○	利用制限の記載
強調事項…特別目的枠組みに準拠した作成に関する利用者への注意喚起	○	○	○	×	○	○
その他事項…監査報告書の利用制限に関する注意喚起	×	×	○	×	○	監査人の通知書面の利用制限に関する注意喚起

（出所）AU-C §800.A33

第3節　監査対象としての財務情報の種類

監査の対象となる多様な財務情報として、AU-C §805が規定する項目は、単独の財務表、財務諸表の特定の構成要素、勘定、あるいは項目である。このうち単独の財務表として想定される書類は、それぞれの注記を含んで以下のものが挙げられる（AU-C §805.A2）。

- 貸借対照表
- 損益計算書
- 剰余金計算書
- キャッシュ・フロー計算書
- 資産負債計算書
- 株主持分変動計算書
- 収支計算書
- 製品ライン損益計算書

一方、「財務諸表における特定の構成要素、勘定、あるいは項目の例」としては、

注記を含んだ次のようなものとされる（AU-C §805.A24）。

- 受取勘定、回収懸念のある受取勘定に対する引当金、棚卸資産、私的給付制度における発生給付負債、認識済み無形資産の帳簿価額、あるいは、ポートフォリオ・インシュアランスにおいて報告された請求分以外に負うべき負債、これらの項目には関連する注記も含む
- 関連する注記を含み、外部委託管理資産や私的給付制度からの受け取りの一覧表
- 関連する注記を含み、リース資産に関する償却表
- 関連する注記を含み、利益配当、ないし従業員賞与の一覧表

ここで監査対象となっているのは過去財務情報であるが、過去財務情報に限定せず、財務諸表の1ないし複数の特定の構成要素に対する合意された手続や検証業務（examination）も、証明業務基準（Statements on Standards for Attestation Engagements: 以下、SSAE）に従って実施され得る（AU-C §805.A3）。また非財務情報に対しても、伝統的な過去財務諸表に対する保証を供するために用いてきたスキルを用いて保証を提供することがSSAEによって可能となっている（Mancino and Landes［2001］）。

SSAEは、2015年1月改正時点で11の基準から構成され、そこには業務の種類として、合意された手続業務の基準（AT §201）、将来財務諸表に対する検証報告書・コンピレーション報告書・合意された手続報告書発行のための基準（AT §301）、見積もり財務情報に対する検証報告書ないしレビュー報告書発行のための基準（AT §401）、準拠性の証明業務に関する基準（AT §601）、経営者の討議と分析（MD & A）に関する証明業務の基準（AT §701）、並びに財務諸表監査と一体的に実施される財務報告に係る内部統制の有効性に関する検証のための基準（AT §501）があった。しかしその後、監査基準のクラリティ化に続き、証明業務を規定するSSAEについても、2016年4月時点でSSAE No.10（AT §701）の一部とSSAE No. 15（AT §501）を除きクラリティ化と改正が行われ、クラリティ化の完了したものについてはAT-Cセクションとして区別されることとなり、2017年5月1日以降の証明業務に適用されている（AICPA［2016］）。

第4節　証明業務の多層性

　AICPAは、特別目的の財務諸表監査や多様な財務情報の監査に関する監査基準を導入する以前から、証明業務に関する行為基準であるSSAEと会計業務・レビュー業務に関する基準（Statements on Standards for Accounting and Review Services：以下、SSARS）において過去財務諸表以外の対象に対しても保証の提供を業務化していた。SSAEが予定する証明業務とは、主題事項ないし主題情報に対する検証業務、レビュー業務、合意された手続業務から構成される（AT-C §105.10）。

　当該業務において想定される証明の対象は、主題事項（Subject Matter）と主題情報（Assertion）からなり、前者が適用規準によって測定ないし評価された事象であり、後者が主題事項が規準に準拠しているかどうかについてのある言明ないし一連の言明を意味している（AT-C §105.10）。このうち主題事項の具体例としては、以下のようなものが挙げられている（AT-C §105.A1）。

主題事項
- a．過去ないし将来成果ないし情況（例えば、過去財務情報ないしは将来財務情報、成果指標、蓄積データ）
- b．物理的特性（例えば、定性的記載、施設の広さ）
- c．過去の出来事（例えば、特定日における商品市場の物価）
- d．分析（例えば、損益分岐点分析）
- e．システムとプロセス（例えば、内部統制）
- f．行動（例えば、コーポレート・ガバナンス、法規準拠、人事）

　またSSAEでは、証明業務に当たって判断基準となる適用規準に関して、「主題事項を測定ないし評価するために用いられるベンチマーク」（AT-C §105.10）と定義し、証明業務を引き受けるための前提条件の1つとして、「b. ii. 主題事項の作成と評価に適用されるべき規準が相応しく、また想定利用者に入手可能であること」（AT-C §105.25）を求めている。この規準としての相応性を判断する具体的な要件として、以下のような具体的な属性を求めている（AT-C §105.A42）。

規準の相応性（Suitability）
- 関連性…規準が当該主題事項に関連すること。

- 客観性…規準に偏向のないこと。
- 測定可能性…規準が、主題事項の合理的に一貫した、定性的、あるいは定量的測定を可能とするものであること。
- 完全性…規準が、主題事項に関する結論に影響する関連のある要因が省略されないように、十分に完全であること。

さらに当該規準は、以下の方法の1ないし複数の何れかにより、想定利用者にとって入手可能であるものでなければならない（AT §105.A51）。

規準の入手可能性（Availability）
a．公的に入手できること
b．主題事項の表示、あるいはアサーションに、明示的に含められることで、全ての利用者が入手可能であること
c．業務実施者の報告書で、明示的に含められることで、全ての利用者に入手可能であること
d．公式には入手可能にはなっていなくとも、大半の利用者が十分に理解していること（例えば、「A地点とB地点の距離が20フィート」という記載では、距離尺度の規準としてのフィートは十分に理解されている。）
e．特定の当事者にとってのみ入手可能であること（例えば、業界団体が発行した契約条件ないし規準は、当該業界に属するものにとってのみ入手可能である。）

証明業務において報告書を発行する場合については、クラリティ後のSSAEでは検証業務・レビュー業務・合意された手続業務ごとに報告書の記載内容が規定されている。しかし、報告書作成に当たっての要求事項そのものはクラリティ前と変わりがないため、以下では証明業務に共通する報告書作成時の要求事項として、業務実施者が遵守すべき基準をクラリティ前SSAEを参考にまとめている。

(1) 業務の種類と行為基準（AT §§101.63-65）

業務実施者は、主題事項ないし報告されるアサーションを識別し、当該報告書に業務の特性を記載しなければならない。この場合の業務の特性は、①検証かレビューかという、実施された業務の種類と範囲の説明と、②当該業務で遵守した専門職業基準、すなわちAICPAが設定した証明業務基準、への言及からなる。

(2) 業務の種類に対応した結論の表明（AT §§101.66-70）

業務実施者は、主題事項ないしはアサーションに関して、当該主題事項を報告書で評価する際に準拠した規準に基づいて結論を記載しなければならない。証明業務報告書が一般利用に供される場合には、証明リスク（attestation risk）の程度に応じて、当該リスクを適度に低くした検証業務（高い保証水準）か、相対的に高くなるレビュー業務（中位の保証水準）の何れかに、結論の表明は限定され、それぞれ肯定的意見の形式か、消極的形式の結論によって記載される。

(3)　限定事項の記載（AT §§101.71-77）

　業務実施者は、当該業務、主題事項、もしあれば、それらのアサーションについて、知っておくべき限定事項を全て報告書に記載しなければならない。

(4)　利用の制限（AT §§101.78-83）

　業務実施者は、次のような情況下では、特定の当事者の情報ないし利用のためにのみ、報告書が意図されていることを報告書に記載しなければならない。

- 主題事項の評価に用いられた規準が、規準の設定に参加したか、あるいは当該規準を十分に理解していると推定できる限られた数の当事者に対してのみ、業務実施者に適切であると判定された場合。
- 主題事項の評価のために用いられた規準が、特定の当事者にとってのみ入手可能である場合。
- 主題事項に関する報告や記載されたアサーションが、責任当事者によって提供されなかった場合。
- 報告書が、証明業務に基づき、主題事項に対して合意された手続が適用される場合。

　以上のようにアメリカの監査基準（AU-Cセクション）と証明業務基準（AT-Cセクション）に基づく各種業務の関係は、以下の［図表4-3］のようになる。

[図表4-3] 確信・保証と会計士業務の関係

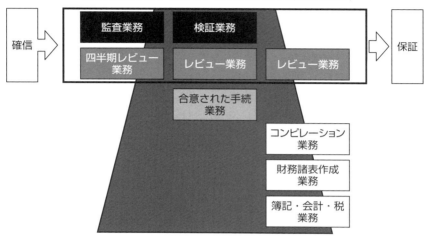

(出所) AICPA［2015a］を参考に作成[5]。

［図表4-3］では、監査基準（AU-Cセクション）とSSAE（AT-Cセクション）を前提に、想定利用者に対して合理的保証を提供する監査・検証業務と限定的保証を提供するレビュー業務と、それ以外の如何なる保証も提供しないとされる合意された手続業務、コンピレーション業務、財務諸表作成業務[6]、簿記・会計・税業務に区分し、業務内容の専門性と複雑性の高いものから順に上から配置されている。

---

5 本章では、会計・レビュー業務を規制するSSARSについては検討対象としていない。
6 財務諸表作成業務は、特別目的枠組みが監査基準に取り込まれたため、職業会計士による特別目的財務諸表の作成業務に関する基準が、SSARS No.21として新たに必要となった。特に中小規模の企業にとって開業した会計士による財務諸表作成業務は必要であろう。本業務は、本質的には、大規模企業でCFOやコントローラーが経営者に対して提供する業務と何ら変わらない（AICPA［2015b］）、とされる。

第5節　要約

　本章では、ISAの改正に伴いわが国が導入した、特別目的の財務報告枠組みに準拠した財務諸表の監査と、多様な財務情報に対する監査について、わが国と異なりアメリカの規準にどのような影響を与えたのか、を確認するとともに、各種監査・証明業務を保証水準との関係で整理するため、多様な証明業務に関する基準を有するAICPAの監査基準（AU-Cセクション）及び証明業務基準（AT-Cセクション）を検討した。

　わが国と異なり、アメリカにおいては任意の監査・証明業務がクライアントに提供されてきた経緯から、自主規制団体であるAICPAが行為基準を策定してきた経緯がある。このためISAが会計基準の違いによる財務諸表の監査や多様な主題情報に対する監査を導入する以前から、様々な主題事項や主題情報に対する証明業務を基準化し、それに準拠して会計士が提供してきた。これら証明業務と、新たにアメリカで導入された監査業務との関係は、その監査・証明対象、会計基準、業務の種類、報告書に関して［図表4-4］のように組み合わせられる。

[図表4-4] 監査・証明業務の特徴

作成基準	監査・証明業務基準	監査・証明対象	監査・証明業務	意見・結論	報告書
一般目的枠組み（GAAP）	AU-C セクション	過去財務情報 ・完全な一組の財務諸表	監査業務	適正性	監査報告書
特別目的枠組み	AU-C §800				
・現金基準 ・税基準 ・規制基準 ・規制基準（一般利用） ・契約基準 ・その他基準	AU-C §805	過去財務情報 ・単独の財務表 ▶貸借対照表 ▶損益計算書 ▶剰余金計算書 ▶キャッシュ・フロー計算書 ▶資産負債計算書 ▶株主持分変動計算書 ▶収支計算書 ▶製品ライン損益計算書 ・構成要素・項目（注記を含む） ▶受取勘定 ▶引当金 ▶棚卸資産 ▶リース資産償却表 ▶利益配当一覧表 ▶従業員賞与一覧表など			
一般目的+特別目的	SSAE	過去財務情報+ 将来財務情報（e.g. Forecasts & Projections） 主題事項（e.g. 内部統制）	検証業務	適正性 準拠性	検証報告書
			レビュー業務	準拠性	レビュー報告書
			合意された手続業務	契約依存	合意された手続報告書

　わが国においても、日本公認会計士協会から業種別委員会実務指針や専門業務実務指針といった監査基準委員会報告書とは別の実務指針がピースミールで発出されているが、保証業務の枠組みの中で多様な主題事項や主題情報に対応したそれぞれの保証業務や証明業務の位置付けが明らかにされていない。このため、今後、保証業務の枠組みの中で、どのような監査・証明対象にどの業務を対応させるか、に関する整理された監査・証明業務に関する指針、さらに進んで会計業務やコンサルティング業務に対しても、自主規制団体としての指針策定が必要になると思われる。

[図表4-5] アメリカにおける特別目的の財務情報に対する監査・証明業務の基準

監査業務	監査対象		会計基準	依頼人	職業的専門家	監査基準	法定/任意	業務の結論	ARの形態	その他（配布制限）
財務諸表（過去財務情報）	財務諸表	完全な一組の財務諸表：貸借対照表／損益計算書／キャッシュ・フロー計算書／剰余金計算書／株主持分変動計算書／収支計算書／製品ライン損益計算書	GAAP 特別目的的枠組み	財務諸表作成者	公認会計士	GAAS/AU-C 800	法定/任意	適正性/準拠性	監査報告書	配布制限をかける場合あり
	項目（注記含む）	受取勘定／引当金／棚卸資産／私的給付制度における発生給付負債／認識済み無形資産の帳簿価額／ポートフォリオ・インバランスにおいて報告された請求分以外に負うべき負債／外部受託管理資産からの受取一覧／リース資産の償却一覧／利益配当一覧／従業員賞与一覧	特別目的の枠組み（AU-C 800）／現金基準／税金基準／規制基準（一般目的）／契約基準／その他の基準			AU-C 805	任意	適正性/準拠性	監査報告書	
証明業務（検証）（レビュー）（合意された手続）	主題事項	将来財務情報／成果指標／審査データ／定性的特性／施設の広さ／特定日における商品市場の物価／損益の較差の分析／内部統制／コーポレート・ガバナンス／法規遵守／人事	規準の相応性（AT-C§105.A42）／（客観性）／（測定可能性）／（完全性）／（関連性）／規準の入手可能性（AT§105.A51）	主題責任者	公認会計士	SSAE	任意	検証業務…適正性/準拠性 レビュー業務…準拠性 合意された手続業務…契約次第	検証報告書 レビュー報告書 合意された手続報告書	配布制限をかける場合あり
	主題情報	主題事項の言明の全体／主題事項の言明の一部		情報作成者						

第4章　アメリカ基準

【参考文献】

日本公認会計士協会（2014a）、「特別目的の財務報告の枠組みに準拠して作成された財務諸表に対する監査」監査基準委員会報告書800。

日本公認会計士協会（2014b）、「個別の財務表又は財務諸表項目等に対する監査」監査基準委員会報告書805。

日本公認会計士協会（2014c）、「監査基準委員会報告書800及び805に係るQ&A」監査基準委員会研究報告第3号。

松本祥尚（2005）「わが国証明制度の多様化と保証水準の関係」『現代監査』第15号。

松本祥尚（2012）「保証水準と監査人の役割と責任」『企業会計』第64巻第1号。

AICPA（2012a）, AU-C Section 800: Special Considerations – Audits of Financial Statements Prepared in Accordance with Special Purpose Frameworks, December 15.

AICPA（2012b）, AU-C Section 805: Special Considerations – Audits of Single Financial Statements and Specific Elements, Accounts, or Items of a Financial Statement, December 15.

AICPA（2014）, Statements on Standards for Accounting and Review Services（SSARS）No. 21: Clarification and Recodification, October.

AICPA（2015a）, Guide to Financial Statement Services: Compilation, Review and Audit.

AICPA（2015b）, Exploring SSARS No. 21: A Look at Preparation, Compilation and Review Services.

AICPA（2015c）, SSARS No. 21: Frequently Asked Questions and Answers.

AICPA（2015d）, Statements on Standards for Attestation Engagements（SSAE）.

AICPA（2016）, Attestation Standards: Clarification and Recodification., April.

Dauberman, M.E.（2015）, "Making a Statement: Applying SSARS 21 to Your Practice," California CPA, October.

IAASB（2002）, Study 1: The Determination and Communication of Levels of Assurance Other than High.

IAASB（2009a）, International Standard on Auditing 800, Special Considerations – Audits of Financial Statements Prepared in Accordance with Special Purpose Frameworks.

IAASB（2009b）, International Standard on Auditing 805, Special Considerations – Audits of Single Financial Statements and Special Elements, Accounts or Items of a Financial Statement.

Mancino, J.M. and C.E. Landes（2001）, "A New Look at the Attestation Standards," Journal of Accountancy, vol. 192, no. 1（July）.

PCAOB（2015）, Release No. 2015-002: Reorganization of PCAOB Auditing Standards and Related Amendments to PCAOB Standards and Rules, March 31.

Scott, D.（2014）, SSARS No.21: Clarification and Recodification, Tennessee Society CPAs.

（松本祥尚）

第5章 イギリス基準

第1節 はじめに

　イギリスでは、会社法によって監査制度が定められている。アメリカと異なり、資本市場に対する開示書類に対する監査という枠組みではなく、あくまでも基本となるのは、会社の年次株主総会に提出される書類に対して、監査人の監査報告書が添付され、株主総会での意思決定に資することが第一義的な目的とされている。

　また、日本の会社法における大会社の会計監査人監査と異なり、法定監査の適用対象を指定するのではなく、全ての会社に監査を義務付け、小規模の会社については、次節で説明する監査の免除規定（audit exemption）を置くことで、主として小規模会社に対する監査を免除している。以下、監査制度の概要を整理する。

　イギリス会社法では、第16編「監査」において、監査人による会社の年次報告の監査に係る事項が一括して規定されている。

　まず、会社法第475条(1)では、「会社の毎会計年度の年次計算書類は、本編（会社法第16編）に従い、会計監査を受けなければならない」とされている。

　監査人については、同法第489条(1)において、「公開会社の監査人は、会計期間ごとに選任しなければならない」とされており、この点でも、定時株主総会において別段の決議がされなかったときは、再任されたものとみなされる（第338条第1項、第2項）という日本の会社法の規定とは異なる選任規定となっている。

　会計監査人に選任されることができる要件については、第42編「法定監査人」第1212条において、以下のように定められている。

　「個人又は事務所は、次の各号に該当する場合、監査人として選任される適格性を有する。
(a) 認可監督団体（recognised supervisory body）の会員であり、かつ、
(b) 当該団体の規則に基づき選任される適格性を有する場合」

ここでいう認可監督団体というのは、会計士資格を監督しているいわゆる会計士団体のうち、準公的な監査監督機関である財務報告評議会（Financial Reporting Council: FRC）が認可した団体のことであり、以下の7つの団体をいう。
－イギリス勅許公認会計士協会（Association of Chartered Certified Accountants：ACCA）
－国際会計士協会（Association of International Accountants：AIA）
－アイルランド勅許会計士協会（Chartered Accountants Ireland：CAI）
－イギリス勅許管理会計士協会（Chartered Institute of Management Accountants：CIMA）
－イギリス勅許公共財務会計協会（Chartered Institute of Public Finance and Accountancy：CIPFA）
－イングランド・ウェールズ勅許会計士協会（Institute of Chartered Accountants in England and Wales：ICAEW）
－スコットランド勅許会計士協会（Institute of Chartered Accountants of Scotland：ICAS）
　このように、イギリスでは、監査人となることができる要件としての会計士資格は、民間の会計士団体が統括し、FRCがそれらの団体の許認可権限を管轄することで監督するという形式をとっている。

第2節　法定監査・証明制度の内容

　法定監査の対象については、会社法第495条(3)において、次のように定められている。
　「監査人の監査報告書では、監査人に意見として、次の各号に掲げる事項について明確に説明しなければならない。
(i)　個別貸借対照表の場合、会計年度末における会社の財政状態
(ii)　個別損益計算書の場合、会計年度中の会社の損益の状況
(iii)　連結財務諸表の場合、会社の株主に関わる範囲で連結される従属会社全体としての会計年度末における財政状態と会計年度中の損益の状況」
　本規定に基づいて監査が行われるが、その際の財務諸表の作成基準は、監査免除

会社ではない一定規模以上の会社については、連結財務諸表の作成基準として、EU域内の規定に従って、IFRSが用いられる。他方、単体財務諸表の作成基準としては、UK GAAPが用いられ、それらに対する監査としては、いずれもISAs(UK&I)又はISA（UK）、並びに、それに係る実務指針としての各会計士団体の作成したガイダンス等が利用されている。

　ただし、2014年8月に、従来のUK GAAPを改め、IFRSに基づくFRS102「イギリス及びアイルランドで適用可能な財務報告基準」(FRC, 2014)を公表しており、IFRSとの差異は大幅に調整されている。UK GAAPは、基本的に、このFRS102と、2012年に公表された、開示規定であるFRS100「財務報告規定の適用」及びEU版IFRSを適用する場合の減免規定を規定したFRS101「開示減免フレームワーク」の3者からなる枠組みである。イギリス企業は、EU版IFRSにFRS101の開示減免を適用するか、FRS102を適用するかの選択をすることとなる。

　他方、監査意見表明の枠組みは、いずれの枠組みであっても、連結・単体のいずれも、一般目的の財務報告と適正意見の表明といえる。

　例えば、連結財務諸表に対する意見表明の例示としては、次のようなものが挙げられる。

私たちの意見では、連結財務諸表は、全ての重要な点において、当該グループの2014年12月31日時点における財政状態、並びに、同日に終了する会計年度における財務業績及びキャッシュ・フローを国際財務報告基準に準拠して適正に表示しているものと認める。

（原文）

In our opinion, the consolidated financial statements present fairly, in all material respects, the financial position of the Group as at 31 December 2014, and its financial performance and cash flows for the year then ended in accordance with International Financial Reporting Standards.

　その他、監査人には、以下の事項についても意見を監査報告書において述べることが求められている。
● 戦略報告書の内容と年次財務諸表との整合性（第496条）

第5章　イギリス基準　71

- 正しい会計記録の備置と年次財務諸表との整合性（第498条(1)）
- 監査に必要な情報の入手（第498条(3)）
- 取締役報酬報告書の監査対象部分に対する意見（第497条）

　さて、前述のとおり、イギリスでは、一旦、全ての会社に監査人による監査を義務付けた上で、一定の要件を満たす会社については、監査を免除することで、小規模企業等の負担の軽減を図っている。

　監査免除規定を受けるのは、会社法第475条(1)により、以下の会社である。

　「(a)会社が、第477条（小会社）又は第478条（休眠会社）により会計監査を免除されている場合、あるいは、

(b)会社が、第482条（公共部門の監査を受ける非営利企業）により、本編の監査を免除されている場合」

　このうち、休眠会社及び公共部門の監査を受ける非営利企業については、本書の目的から外れるため、以下では、小会社の問題に絞って検討することとする。

　会社法上の小会社の規定は、第477条(2)において定められており、2015年６月の会社法及びその適用規則の変更により、2016年１月１日以降に開始する事業年度からは、前年度及び前々年度のいずれにおいても、以下の３つの条件のうち、２つ以上を満たす会社とされている。

- 売上高10.2百万ポンド未満、
- 総資産5.1百万ポンド未満、又は
- 従業員数50名未満

　なお、2016年１月１日適用のEU指令における会計目的での小規模会社の定義は、総資産４百万ユーロ、売上高８百万ユーロ（ただし、各国の事情によって６百万ユーロから12百万ユーロの間で選択可能）、従業員数50名の３条件のうち２つ以上を満たす会社であることとされており、上記のイギリスの監査免除規定はそれに従ったものである[1]。

　他方、上記の監査免除要件を満たすものの、監査免除とならない会社もある。以下の会社である（第478条）。

(a)　公開会社

---

[1] http://www.icaew.com/en/technical/audit-and-assurance/faculty/audit-exemption-faqs （2016/03/24）

(b) 以下の会社
 (ⅰ) 認可保険会社、銀行、電子通貨発行者、投資サービス指令投資会社、EUファンドパスポート制度に基づくファンド会社
 (ⅱ) 保険市場活動を行う会社、及び
(c) 1992年労働組合法及び労使関係総括法等に該当する会社

　要するに、公開会社の他、一定の金融機関と、労働組合法等に規定されている会社については、その公共の利益に関わるという性格から、監査免除は行われないのである。

第3節　監査・証明基準の体系と設定主体

　イギリスにおける監査基準の設定権限を有しているのは、FRCである。FRCは、監査事務所を登録させ、監査事務所を通じて、法定監査を監督しており、PCAOB及び日本の公認会計士・監査審査会と同様の監査監督機関である。

　イギリスでは、2005年にEUが連結財務諸表の作成基準としてIFRSを導入したのに合わせて、2004年12月15日以後に開始する会計年度のすべての監査において、従来のイギリスにおける監査基準書（Statements of Auditing Standards: SASs）に替えて、ISAs（UK&I）の適用を開始した。

　ISAs（UK&I）とは、IAASBが策定・公表するISAsについて、FRCが、自国の法定監査に適用すべきものとして承認・公表して、エンフォースメントを実施するという枠組みによるものである。

　例えば、ISAs（UK&I）は、IAASBが認める各国の管轄権限の範囲において、最低限の規定しか置いておらず、FRCが主に会社法に基づく法定監査を管轄しているため、ISAs（UK&I）において、ISA800又はISA805に相応する監査基準は含まれていなかった。また、ISA（UK&I）700「独立監査人による財務諸表監査の報告」の内容は、ISA700とは一致せず、イギリスの法規への準拠が監査報告書の文言に記載されている。こうした点は、ドイツやフランス等のEUにおける会社法の下で監査制度を実施している国に共通の特徴であるように見受けられる。

　こうして、2004年以降2016年までの間、イギリスでの法定監査における監査基準は、FRCが承認したISAs（UK&I）であり、その最終版は、2009年版ISAs（UK&

Ⅰ）であった。

その後、2014年に、IAASBにおける監査報告書の拡充のプロジェクトが完成したことを受けて、FRCは、2009年版 ISAs（UK&I）の見直し作業を進め、2016年6月17日以後に有効なISAsとして、2016年版ISAs（UK）を公表したのである。

その特徴は、以下のとおりである。

- 従来、UK&Iとされてきた表記が、UKに変更されたこと
- 監査報告書の拡充に係る一連の改訂が行われ、ISA700（UK&I）とは異なり、ISA700と同様の内容を有するISA（UK）700が採用されたこと
- ISA（UK）701「監査報告書における監査上の主要な検討事項（Key Audit Matters）のコミュニケーション」が導入されたこと
- そして何より、本書のテーマとの関連で重要なこととしては、ISA800（UK）「特別な考慮—特別目的の枠組みに準拠して作成された財務諸表の監査」及びISA805（UK）「特別な考慮—財務諸表のうちの単一の財務表及び特定の要素、勘定又は項目の監査」が導入され、2017年1月1日以降に開始される事業年度から適用が開始されたこと

その他、FRCは、財務諸表監査に密接に関連する保証業務に関して、会計士が確立した基本原則や重要な手続、及び関連するガイダンスについて、報告のための基準書を公表することとしている。

現状では、FRCからは、被監査会社が公表する期中財務諸表に対するレビュー業務の基準として、ISRE（UK&I）2410「企業の独立監査人が実施する期中財務諸表のレビュー」のみが公表されているが、上記のISAs（UK&I）からISAs（UK）への改訂の動向をみると、今後、順次、証明基準が整備されていくのではないか、と想定される。

ただし、現状では、ISRE（UK&I）2410以外については、ISRE2400「過去財務諸表に対するレビュー業務」や、ISAE3000「過去財務情報の監査又はレビュー業務以外の保証業務」などのようなIAASBが公表した他の基準に基づいて業務を実施したり、例えば、ICAEWであれば、ICAEWが公表する専門リリースやガイダンスに基づいて証明業務等を実施しているのである。

また、ICAEWにおいては、保証業務に関する中心的なガイダンスとして、「保証資料集（The Assurance Sourcebook）」（ICAEW, 2012）を提供している。

ICAEWでは、当該ガイダンスの下で、会員たる会計士が提供しうる業務として、Audit、Assurance review、Agreed-upon procedures、Accounts preparationの4区分を採用しており、それらに対する業務上の指針を提供している（ICAEW, 2016b）。

現状の監査・証明業務の体系については、本章末の図表に示すとおりである。

第4節　特別目的の財務情報に対する監査・証明業務に関する基準（任意を含む）

第1項　監査業務

監査免除を受ける小規模会社（以下、監査免除会社）については、財務諸表に関して、任意でISAs（UK）700又は800に基づく監査を受けるか、あるいは、それを離れて、財務諸表、財務表又は財務諸表項目等（以下、財務諸表等）に対するレビュー業務又は合意された手続の業務を受けることができる。

ICAEWが公表している「小規模事業問題報告（Small Business Matters Report）」の2014年版によれば、2013年夏に実施したアンケート調査では、回答した監査免除会社[2]（4,889社）のうち28％が過去1年以内に監査（an audit）を受けて報告を行っており、同じく14％がレビュー、同じく4％がサステナビリティ報告に対する保証業務を受けていたという（ICAEW, 2014, tabel 7, p.40）。

ところで、イギリスには、監査免除会社に適用可能な会計基準としては、「小規模企業向け財務報告基準（Financial Reporting Standards for Smaller Entities: FRSSE）」があるが、UK GAAPの枠内の扱いのため、一般目的の財務報告の枠組みとして整理されている。この点において、アメリカ公認会計士協会（American Institute of Certified Public Accountants: 以下、AICPA）がアメリカの中小規模企業に適用するために提供している特別目的の財務報告の枠組みである、「中小規模企業向け財務報告の枠組み（Financial Reporting Framework for Small-and

---

[2] 2013年時点での監査免除会社であり、監査免除会社の要件は、「前年度及び前々年度のいずれにおいても、売上高6.5百万ポンド未満、総資産3.26百万ポンド未満、又は従業員数50名未満の3つの条件のうち2つ以上を満たす会社」であった。
　http://www.icaew.com/en/technical/audit-and-assurance/faculty/audit-exemption-faqs（2016/03/24）

Medium-Sized Entities: FRF for SMEs™)」[3]とは、性格を異にする。

特に、2013年3月に、FRCから、「中小規模企業向けIFRS（IFRS for SMEs）」をベースにした「FRS 102　イギリス及びアイルランドにおいて適用可能な財務報告基準」（FRC, 2014）という会計基準が公表されている。イギリスでは、上場企業の連結財務諸表がIFRSに基づいて作成されていることから、IFRSを基礎として作成されているFRS 102が、広く中小規模企業向けの会計基準として利用されている。

なお、FRS 101は、IFRSの簡素化された開示の枠組み（reduced disclosure framework）を提供しているのに対して、FRS 102は、キャッシュ・フロー計算書や親会社との取引等の作成を免除する等を除いて、基本的にIFRSを基礎とした1篇の会計基準である。

FRS 102に対する監査においては、適正意見が表明されている[4]。

> 私たちの意見では、
> ▶財務諸表は、当該グループ及び親会社の2014年12月31日時点における状況及び同日に終了する会計年度における当該グループの利益に関する真実かつ公正な概観を示しており、
> ▶イギリスにおける一般に認められた会計実務に準拠して適切に作成されており、
> ▶かつ、2006年会社法の規定に準拠して作成されている。
> （原文）
> In our opinion:
> ▶ the financial statements give a true and fair view of the state of the group's and parent company's affairs as at 31 December 2013 and of the group's profit for the year then ended;
> ▶ have been properly prepared in accordance with United Kingdom Generally Accepted Accounting Practice;

3　FRF for SMEs™については、AICPA（2013）を参照されたい。
　　1.0-1.07項において、特別目的の財務報告の枠組みであることが明示されている。
4　ここでは、Ernst & Young LLP（2013, p.29）を参考にした。

> ▶and have been prepared in accordance with the requirements of the Companies Act 2006.

　以上のように、イギリスでは、中小規模企業向け会計基準もUK GAAPを構成することとされており、一般目的の財務報告の枠組みと位置付けられている。したがって、通常、それに対する監査意見としては、適正意見が表明されるものと考えられる。

　また、イギリスでは、規制産業（電気、ガス等）において、会社法に基づく年次報告書とは別に、当局に対して規制対応報告書（Regulatory Return）を提出しなければならない。その際、同報告書に含まれる財務諸表（Regulatory Accounts）に対して監査報告書を付すことが義務付けられている。かかる監査報告に関して、ICAEWがガイダンス「規制当局への財務諸表に関する報告」（ICAEW, 2016a）を公表しており、財務諸表の作成と、監査報告に関する規定の双方を含むものとなっている。

　同ガイダンスにおいて示されている監査報告書においては、ISA（UK）800と同様の文言が記載されており、準拠性意見の枠組みとなっていることがわかる。同ガイダンスの付録Bに示されている監査報告書の監査意見にかかる部分は、次のとおりである。

> 財務諸表に対する意見
> 私たちの意見では、財務諸表は、当該会社のライセンスの条項［…］、［…］、と［…］、会計処理のガイドライン［…］, ［…］, と［…］、及び注記xに示されている会計方針に準拠して、適切に作成されている。
> （原文）
> Opinion on Regulatory Accounts
> In our opinion, the Regulatory Accounts have been properly prepared in accordance with conditions […], […], and […] of the Company's Regulatory License, Regulatory Accounting Guidelines […], […], and […], and the accounting policies set out in note x.

上記のうち、会計処理のガイドライン（Accounting Guidelines）というのは、当該規制産業を所管する規制当局が、それぞれに作成しているものであり、FRCが管轄するUK GAAPではない。

　したがって、イギリスでは、規制業種における財務報告において、規制当局が策定する会計基準に基づく特別目的の財務報告と、それに対する準拠性意見の表明が行われている。

　従来、ICAEWのガイダンスは、特に監査基準を指定せずに、ガイダンスを提供していたこと、並びに、ISAs（UK&I）に特別目的の財務報告に対する監査の規定がなかったことから、ISA800/805（International）に基づいて監査が実施されていた。

　しかしながら、前述のとおり、2016年版ISAs（UK）からは、ISA800/805が含まれることとなったため、イギリスにおける規制業種の監査は、特別目的の監査への移行することとなったのである。

第2項　レビュー業務

　イギリスでは、前述のとおり、FRCからは、ISRE（UK&I）2410のみが公表されている。イギリスでは、法定開示制度としては、年次報告とともに、半期財務諸表の開示が行われている[5]。このとき、被監査会社の法定監査人によって、半期財務諸表についてISRE（UK&I）2410によるレビュー業務が提供されているのである。

　UK&Iの基準は、IAASBの基準からの変更点がわかるように、UK&Iで修正している条項に影を付けて表示しているが、それを見る限り、ISRE（UK&I）2410の内容は、IAASBが公表しているISRE2410の内容から、イギリスにおけるガバナンス、開示規定及びUK GAAPを前提に、一部修正しているのみであって、レビューの実施に関する部分では、連結財務諸表等の扱い以外に変更点はない。

　さらに、上場企業の場合には、証券取引所が四半期財務諸表の開示を要請しているが、この場合について、特段の規定は設けられていないものの、半期財務諸表と同様に、法定監査人によって提供される期中財務諸表へのレビュー業務ということで、ISRE（UK&I）2410に基づいてレビュー業務が提供されている。

5　FRC, Disclosure and Transparency Rule（DTR）4.2 "Half-yearly financial reports", 2007.

他方、監査免除会社の年次財務諸表については、従来は、ISA800が国内化されていなかったことから、任意に、IAASBの公表しているISA800を適用する監査業務や、ISRE2400に基づくレビュー業務が提供されていた。しかしながら、現在では、前述のとおり、ISA800（UK）が公表されたことで、年次財務諸表についてはISA800（UK）に基づく監査業務が提供されるケースも増えてきている。

また、監査免除会社については、そもそも半期財務諸表や四半期財務諸表を公表するケースが少ないと考えられる。

その他、特別目的の財務報告ではないが、非財務情報に対する保証業務についても、2014年にEUが公表した「非財務情報及び多様性の開示に関するEU指令」（EU, 2014）によって、非財務情報の開示が進められてきていることから、非財務情報に関するレビュー業務が提供されることが多く、その場合には、IAASB公表のISRE3000が保証基準として用いられている。その際には、非財務諸表及び定性的情報についてのガイダンスとしてICAEWから公表された「行程：年次報告書のすべてを保証する」（ICAEW, 2013）が実務の指針として利用されている（ICAEW, 2015a）。

第3項　合意された手続業務

イギリスでは、従来、ISA800/805が国内化されていなかったため、財務諸表項目や財務数値に対する保証に関しては、合意された手続業務の提供が一般的であった。

合意された手続業務の提供に当たっては、ICAEWから、業務実施者たる会計士のためにガイダンスとして「第三者向けの報告」（ICAEW, 2012）が公表されている。当該ガイダンスは、IAASB公表の国際関連サービス基準（International Standard on Related Service: ISRS）4400「財務情報に関する合意された手続の実施」を踏まえて、Q&A形式を取り入れて作成されたものであり、実質的にはISRS4400によって対応していたと解される。

合意された手続業務の対象としては、例えば、監査対象か監査免除かにかかわらず、会社の財務諸表の一部項目を対象として業務が実施されたり、財務諸表以外の情報として、主要業績評価指標（Key Performance Indicatiors: KPI）や、温室効果ガス排出量等のサステナビリティ指標に対して業務が実施されてきた。

そうした中で、2016年に、ISA（UK）800/805が公表されたことから、今後は、特別目的の監査による対応も増加することが想定される。

　イギリスでは、FRC管轄の法定開示書類としての財務諸表以外については、特段の保証水準に関する規定はない。ICAEWのガイダンスの下、IAASB公表の実務指針が利用されており、上記のような財務諸表項目や財務情報については、企業側の意向によって、監査、レビュー、合意された手続、あるいはその他の保証業務が選択されることとなるのである。

第5節　要約

　以上のように、イギリスの監査・証明業務に関する基準は、法定開示会社の会計と監査を管轄するFRCによって規制される。年次財務諸表にかかる監査業務の基準として、ISA（UK）があり、半期財務諸表等にかかるレビュー業務についてはISRE2410（UK&I）がある。

　そうしたFRCの管轄下にない監査免除会社の財務諸表については、従来、任意でISA（UK）に基づく監査業務やIAASB公表のISA800に基づく監査業務、IAASB公表のISRE2400を利用したレビュー業務が提供されてきた他、財務諸表項目や財務情報については、IAASB公表のISRS4400やISAE3000の枠組みで対応が図られてきた。会社側は、自らの意向によって、監査業務、レビュー業務、合意された手続業務、及びその他の保証業務から、望ましい保証や会計士の関与を選択することができたのである。

　しかしながら、2016年にFRCが、ISA（UK）800/805を公表したことから、このうち、監査業務に関しては、今後、ISA（UK）800/805による業務の提供が普及していくものと解される。特に、法定開示対象の会社において、年次又は半期財務諸表以外に公表される財務諸表や財務諸表項目等については、FRCの管轄の下、ISA（UK）800/805の利用が推進されていくものと解される。

　さらに、従来、イギリスでは、規制業種に関しては、業種ごとに法律で会計及び監査の規定が設けられ、ICAEW等の会計職業団体が実務指針を提供してきたが、そこでは、一般に、保証業務として監査業務が実施され、法律に基づく準拠性意見が表明されてきた。

そうした規制業種にかかる保証業務が、今後は、ISA（UK）800/805による特別目的の財務報告に対する監査業務として整理される。従来、イギリスにおいて、IAASB公表のISA800/805が認められてこなかった理由としては、規制業種に対するそれぞれの法規やガイダンスが多様なものとして存在していたことが挙げられる（ICAEW, 2016a）。

　しかしながら、今般のFRCによるISA（UK）800/805の公表によって、イギリスの監査・保証基準は、規制業種も含めて、大きく国際基準と軌を一にする方向に変更されたのである。

[図表5-1] イギリスにおける監査・保証業務

監査・証明対象	財務諸表作成者	作成基準	業務実施者	監査・証明業務	法定・任意	監査・保証業務基準	意見・結論	報告書	想定利用者・その他
過去財務情報(完全な一組の財務諸表)	非監査免除会社	一般目的枠組み(IFRS)	登録監査事務所	監査業務	法定	ISAs (UK)	適正意見	監査報告書	一般投資家・債権者等
過去財務情報(完全な一組の財務諸表)	規制産業に属する会社	特別目的枠組み(当局が定める会計基準)	登録監査事務所	監査業務	任意	ISA800 (UK), 及びICAEW, TECH 02/16AAF	準拠性意見	監査報告書	規制当局/規制産業の利用者等
過去財務情報●完全な一組の財務諸表●中間財務諸表	(指定なし)	一般目的枠組み(UK GAAP, FRS102)	会計職業専門家	レビュー業務	任意	●ISRE2400及びTECH09/13AAF: ●ISRE2410(UK)以	適正性又は準拠性にかかる消極的結論	レビュー報告書	(指定なし)
過去財務情報以外の財務諸表・構成要素・項目	(指定なし)	一般目的枠組み(UK GAAP)	会計職業専門家	レビュー又はその他の保証業務	任意	ISAE3000, The Assurance Sourcebook, 及びその他のICAEWによる専門指針[3]	準拠性意見又は結果の報告	レビュー又は保証報告書	(指定なし)
その他の情報	(指定なし)	―	会計職業専門家	合意された手続(AUP)	任意	(ISRS 4400) AAF 10/12[4]	結果の報告	AUP報告書	(指定なし)
その他の情報	(指定なし)	―	会計職業専門家	コンピレーション	任意	(ISRS 4410) AAF 02/10[5] AAF 03/10[6]	結果の報告	結果報告書	(指定なし)

[1] ICAEW, TECH09/13AAF: Assurance reviews on historical financial statements, 23rd October 2013.
[2] ICAEW, Assurance Sourcebook: A Guide to Assurances, July 2012.
[3] イギリス独自の基準があるものとしては、以下のものがある。
●将来予測情報 SIR 3000: Public reporting on profit forecasts. (国際基準のISAE 3400に相当)
●サービス事業における統制にかかる保証 AAF 01/06: Assurance on internal controls of service organisations. (同じく、ISAE 3402)
●目論見書に含まれるプロフォーマ財務情報 SIR 4000: Reporting on pro-forma financial information. (同じく、ISAE 3420)
[4] ICAEW, AAF 10/12: Reporting to Third Parties, November 2012.
[5] ICAEW, AAF 02/10: Compilation reports - incorporated.
[6] ICAEW, AAF 03/10: Compilation reports - corporated.

〈参考文献〉

内藤文雄編著(2014)『監査・保証業務の総合研究』中央経済社.
松本祥尚(2005)「わが国証明制度の多様化と保証水準の関係」、『現代監査』第15号.
結城秀彦(2016)『多様化するニーズに応える 財務報告の枠組みと監査Q&A』中央経済社、47-54頁.
American Institute of Certified Public Accountants [AICPA] (2013), Financial Reporting Framework for Small and Medium-Sized Entities.
Financial Reporting Council [FRC] (2014), FRS 102: The Financial Reporting Standard Applicable in the UK and Republic of Ireland, August.
Ernst & Young LLP (2013), FRS 102 Illustrative Financial Statements: Complying FRS102—The Financial Reporting Standard Applicable in the UK and Republic of Ireland as Issued in March 2013.
European Union [EU] (2014), Directive 2014/95/EU of the European Parliament and of the Council of 22 October 2014 Amending Directive 2013/34/EU as regards Disclosure of Non-Financial and Diversity Information by Certain Large Undertakings and Groups.
Institute of Chartered Accountants of England and Wales [ICAEW] (2012), Audit and Assurance Faculty, Assurance Sourcebook: A Guide to Assurance Service.
　(2013), Audit and Assurance Faculty, The Journey : Assuring All of the Annual Report?
　(2014), Small Business Matters Report, The 99.9%: Small and Medium-sized Businesses: Who Are They and What Do They Need?
　(2012), AAF 10/12: Reporting to Third Parties, November.
　(2015a), Audit and Assurance Faculty, Milestone 4 : Materiality in Assuring Narrative Reporting.
　(2015b), Action Plan for SMOs, December 2015.
　(2016a), Technical Release: Tech 02/16AAF, Reporting to Regulators on Regulatory Accounts, February.
　(2016b), Assurance Options: A Credible Choice for Audit Exempt Financial Statements, 24th March.

(町田祥弘)

第6章 カナダ基準

第1節　はじめに…監査・証明制度の概要

　カナダの財務報告制度は、日本と同様に、会社法に基づく制度（株主に対する財務報告制度）及び証券法に基づく制度（有価証券の発行市場及び流通市場における財務報告制度）を柱として構築されている。いずれの制度においても、「カナダにおいて一般に認められた監査基準」（アメリカの監査基準、ISAを含む）に準拠した財務諸表監査の実施が求められている。

　また、カナダの監査・証明業務に関する基準は、(1)財務諸表及びその他の過去財務情報の監査、(2)財務諸表及びその他の過去財務情報のレビュー、(3)財務諸表及び過去財務情報の監査又はレビュー以外の保証業務、並びに(4)関連業務からなる。このような基準の体系及び内容は、基本的に、IAASBが設定する基準（以下では、IAASB基準という。）に準じている。

　本章では、国・地域別研究の一環として、カナダにおける法定監査の監査・証明制度と特別目的財務情報の監査・証明業務にかかわる基準の概要を整理し、カナダにおいて、特別目的財務情報に対する監査・証明業務がどのように想定されているかを明らかにしたい。

第2節　法定監査・証明制度の内容

第1項　会社法に基づく制度

　会社は、連邦法である事業会社法に準拠して設立される場合と、州（province）及び準州（territory）の会社法に準拠して設立される場合がある。財務報告は設立時に準拠した法律によって規制される。州法については、カナダ最大の証券取引所であるトロント証券取引所が所在し、経済活動の規模が最も大きいオンタリオ州の

会社法を調査対象とした。

　[図表6-1]は、カナダ連邦事業会社法及び2001年カナダ連邦事業会社規則、並びにオンタリオ州の1990年事業会社法及び1990年事業会社法規則の規定内容、具体的には、(1)作成・提出すべき財務書類、(2)財務諸表の種類、(3)監査その他の保証要求、(4)会計基準、及び(5)監査基準をまとめたものである。

[図表6-1]　カナダの会社法による財務報告制度の概要

根拠法規	カナダ連邦事業会社法及び2001年カナダ連邦事業会社規則[1]	オンタリオ州の1990年事業会社法及び1990年事業会社法規則[2]
財務書類	●年次財務諸表（比較様式）、監査報告書、及び設立証書、定款又は株主の合意により要求されている会社の財政状態・経営成績に関するその他の情報を株主総会に提出しなければならない（法第155条第1項）。 ●上場会社その他これに準ずる会社（規則第2条）は、監査済財務諸表の謄本をカナダ産業省が任命する担当長官に提出しなければならない（法第160条）。	●年次財務諸表、監査報告書、及び設立証書、定款又は株主の合意により要求されている会社の財政状態及び経営成績に関するその他の情報を株主総会に提出しなければならない（法第154条第1項）。 ●上場会社その他これに準ずる会社（法第1条）は、オンタリオ州の証券法及び関連規則により提出が求められている財務諸表をオンタリオ州証券委員会に提出しなければならない（法第156条）。 ●上場会社その他これに準ずる会社は、オンタリオ州の証券法及び関連規則により提出が求められている四半期財務報告書[3]の謄本を、謄本の送付を希望する株主に送付しなければならない（法第160条）。
財務諸表の種類	●財務諸表は、少なくとも、財政状態計算書又は貸借対照表、包括利益計算書又は損益計算書、持分変動計算書又は剰余金計算書、及びキャッシュ・フロー計算書又は財政状態変動表を含まなければならない（規則第72条第1項）。	●上場会社その他これに準ずる会社以外の会社の財務諸表には、少なくとも、貸借対照表、剰余金計算書、損益計算書、及び財政状態変動表を含まなければならない（規則第42条第1項）。

第6章　カナダ基準

監査その他の保証要求	●取締役は、設立証書の交付後に開催される取締役会において、第1回定時株主総会までの監査人を選任しなければならない（法第104条）。株主は、定時株主総会において監査人を選任しなければならない（法第162条第1項）。 ●上場会社その他これに準ずる会社以外の会社は、株主全員の同意により次の株主総会まで監査人を選任しないことも認められる（法第163条）。 ●監査人は、財務諸表に対する監査報告書を作成するために必要な監査を実施しなければならない（法第169条）。	●株主は、第1回株主総会又は臨時株主総会において、第1回株主総会又は次回の定時株主総会の終了時までの監査人を選任しなければならない。株主は、定時株主総会において監査人を選任しなければならない（法第149条）。 ●上場会社その他これに準ずる会社以外の会社は、株主全員の同意により次回の株主総会まで監査人を選任しないことも認められる（法第148条）。 ●監査人は、財務諸表に対する監査報告書を作成するために必要な監査を実施し、一般に認められた監査基準に準拠して監査報告書を作成しなければならない（法第153条第1項）。
会計基準その他の情報作成基準	●法第155条第1項の年次財務諸表は、カナダにおいて一般に認められた会計原則（Canadian GAAP）に準拠して作成しなければならない。ただし、アメリカ証券取引委員会登録企業の場合、アメリカにおいて一般に認められた会計原則（US GAAP）に準拠することも認められる（規則第71条第1項、第2項）。 ●Canadian GAAPとは、CPA Canadaハンドブック[4]—会計編又はCPA Canadaパブリックセクター会計ハンドブックに示されている一般に認められた会計原則を意味し、US GAAPとはアメリカ財務会計基準審議会（FASB）が設定する一般に認められた会計原則を意味する（規則第70条）。	●財務諸表は、規則の規定に従い、一般に認められた会計原則に準拠して作成しなければならない（法第155条）。 ●法第12章（第155条）の財務諸表は、カナダ勅許会計士協会（Canadian Institute of Chartered Accountants：CICA）ハンドブックに規定されている一般に認められた会計原則に準拠して作成しなければならない。ただし、上場会社その他これに準ずる会社は、オンタリオ州の証券法第143条において認められている他の基準に準拠して作成することも認められる（規則第40条）。

監査・証明基準	●法第169条の監査報告書は、カナダにおいて一般に認められた監査基準（Canadian GAAS）に準拠して作成しなければならない。ただし、SEC登録企業が財務諸表をUS GAAPに準拠して作成し、その監査人がアメリカ公開会社会計監視委員会（Public Company Accounting Oversight Board：PCAOB）の基準に準拠している場合、アメリカにおいて一般に認められた監査基準（US GAAS）に準拠することも認められる（規則第71.1条第1項、第2項）。 ●Canadian GAASとはCPA Canadaハンドブック―保証編に示されている一般に認められた監査基準を意味し、US GAASとは、PCAOBによって設定される一般に認められた監査基準を意味する（規則第70条）。	●法第12章（第153条第1項）の監査報告書は、CICAハンドブックに規定されている基準に準拠して作成しなければならない。ただし、上場会社その他これに準ずる会社は、オンタリオ州の証券法第143条において認められている他の基準に準拠して作成することも認められる（規則第41条）。

1　カナダ連邦事業会社法（Canada Business Corporations Act）（この図表では、法という。）及び2001年カナダ連邦事業会社規則（Canada Business Corporations Regulations, 2001）（この図表では、規則という。）は、カナダ法務省のウェブサイト（http://laws-lois.justice.gc.ca/）で閲覧できる。
2　1990年事業会社法（Business Corporations Act, R.S.O. 1990, CHAPTER B.16）（この図表では、法という。）及び1990年事業会社法規則（Business Corporations Act, R.R.O. 1990, Regulation 62: General）（この図表では、規則という。）は、オンタリオ州政府のウェブサイト（https://www.ontario.ca/laws/）で閲覧できる。
3　原文では期中財務報告書（Interim Financial Report）であるが、四半期ごとの作成、提出が求められているので、四半期財務報告書と表記している。
4　カナダ勅許職業会計士協会（Chartered Professional Accountants of Canada: CPA Canada）が設定した専門業務基準を編纂した基準集をいう。

第2項　証券法に基づく制度

　カナダでは州・準州ごとに証券法が制定されており、連邦レベルの証券法は制定されていない。また、証券行政も州・準州ごとの証券委員会（Securities Commission）又はこれに相当する機関が担当しており、連邦レベルの証券委員会は存在しない。ただし、州・準州間の証券規制及び実務の差異を調整する機関として、13の州・準州の証券委員会等によって構成されるカナダ証券管理機構（Canadian Securities Administrators）が設立されており、様々な全国命令

（National Instrument）及び多州間命令（Multilateral Instrument）が公表されている。また、2008年からは、オンタリオ州を除く12州・準州によるパスポート・システム（州・準州ごとの手続を無くし、共通のルールに基づき証券行政を運用する仕組み）が運用されている（CSA, 2008）。

　以下では、カナダ最大の証券取引所であるトロント証券取引所を有し、経済活動の規模が最も大きいオンタリオ州の証券法及び証券法規則と、複数の州・準州に登録している会社及び外国会社に適用される全国命令に基づく財務報告制度（有価証券発行時の開示を除き継続開示に限定）を概観する。［図表6-2］は、オンタリオ州の証券関連法規と継続開示義務に関する全国命令に規定されている、(1)作成、提出すべき財務書類、(2)財務諸表の種類、(3)監査その他の保証要求、(4)会計基準、及び(5)監査基準をまとめたものである。

［図表6-2］オンタリオ州の証券法による財務報告制度の概要

根拠法規	証券法、証券法規則、及び証券委員会規則51-801[1,2]	全国命令51-102及び全国命令51-107[3]
財務書類	●報告発行体[4]は、次の財務書類をオンタリオ州証券委員会に提出しなければならない。 ▶年次財務諸表（比較様式）（法第78条第1項） ▶四半期財務報告書（法第77条第1項）[5]	●報告発行体（投資信託を除く）は、次の財務書類をオンタリオ州証券委員会に提出しなければならない（NI 51-102）。 ▶比較年次財務諸表（第4.1項(1)） ▶四半期財務報告書（第4.3項(1)(2)） ▶年次財務諸表及び四半期財務諸表に関連する経営者による討議と分析（第5.1項）[6] ▶年次情報開示様式（第6.1項）[7]
財務諸表の種類	●年次財務諸表には全国命令51-102第4.1項に規定されている財務表を含めなければならない（OSCR 51-801 第3.1項） ●四半期財務報告書には全国命令51-102第4.4項に規定されている財務表を含めなければならない（OSCR 51-801第3.2項）	●比較年次財務諸表には、包括利益計算書、持分変動計算書、キャッシュ・フロー計算書、財政状態計算書、国際財務報告基準の適用初年度には開始財政状態計算書、及び財務諸表注記が含まれる（NI 51-102第4.1項）。

		●四半期財務報告書には、財政状態計算書、包括利益計算書、持分変動計算書、キャッシュ・フロー計算書、国際財務報告基準適用初年度の最初の提出時には開始財政状態計算書、及び財務諸表注記が含まれる（NI 51-102第4.3項）。
監査その他の保証要求	●法第78条第1項の年次財務諸表には、規則に準拠して作成された監査報告書を添付しなければならない。監査人は、この監査報告書を作成できるように監査を実施しなければならない（法第78条第2項及び第3項）。	●第4.1項(1)の年次財務諸表には監査報告書を添付しなければならない（NI 51-102第4.1項(2)）。 ●第4.3項(1)(2)の四半期財務報告書がレビューされていない場合、その旨を記載した通知書を添付しなければならない。レビューに着手したが完了できなかった場合、その旨及び理由を記載した通知書を添付しなければならない。レビューが実施され、レビュー報告書に限定事項が記載されている場合、レビュー報告書を添付しなければならない（NI 51-102第4.3項(3)）。
会計基準その他の情報作成基準	●年次財務諸表及び四半期財務報告書は、規則及び一般に認められた会計原則に準拠して作成しなければならない（法第78条第1項及び第77条第1項）。 ●発行体がカナダ又はカナダの州・準州以外の区域で設立・組織されている場合、当該区域において法令により規定されている原則、又は当該区域においてCICAに相当する組織によって勧告された原則による。選択した会計原則については財務諸表に注記しなければならない（規則第1条第4項）。	●財務諸表は、公開会社に適用されるCanadian GAAPに準拠して作成しなければならない（NI 52-107第3.2項）。 ●SEC登録発行体は、US GAAPの適用も認められる（NI 52-107第3.7項）。 ●外国発行体は、国際財務報告基準、US GAAP（SEC外国発行体の場合）、当該発行体が属する国の会計基準の適用も認められる（NI 52-107第3.9項）。 ●US GAAPとは、SECが実質的な権威ある支持を有すると認めたアメリカにおいて一般に認められた会計原則を意味する（NI 52-107第1.1項）。

第6章　カナダ基準

監査・証明基準	●すべての年次財務諸表は、規則に従って作成された監査人の報告書を添付しなければならない（法第78条第2項）。 ●発行体がカナダあるいはカナダの州又は準州以外の区域で設立又は組織されている場合、当該区域において法令により規定されている原則、又は、当該区域においてCICAに相当する組織によって勧告された原則による（規則第1条第4項）。	●財務諸表はCanadian GAASに準拠した監査を受けなければならない（NI 52-107第3.2項）。 ●SEC登録発行体は、一定の条件のもとで、ISA、US PCAOB GAASの適用も認められる（NI 52-107第3.8項）。 ●外国発行体は、一定の条件のもとでUS GAAS、ISA、当該発行体が属する国の監査基準の適用も認められる（NI 52-107第5.2項）。 ●US PCAOB GAASとは、アメリカ公開会社会計監督委員会の監査基準を意味する（NI 52-107第1.1項）。

1　証券法（Securities Act, R.S.O. 1990, c. S.5）（この図表では、法という。）及び証券法規則（Securities Act, R.R.O.1990, Regulation 1015: General）（この図表では、規則という。）は、オンタリオ州政府のウェブサイト（https://www.ontario.ca/laws/）で閲覧できる。オンタリオ州証券委員会規則51-801「全国命令51-102継続開示義務の適用」（OSC 2004）（この図表では、OSCR 51-801という。）は、オンタリオ州証券委員会のウェブサイト（http://www.osc.gov.on.ca/）で閲覧できる。
2　アメリカの1934年証券取引所法第12条により証券を登録しているか、同法15(d)条により報告書の提出を要求されているアメリカの発行体は、アメリカの連邦証券法制に従って年次財務諸表、四半期報告書、監査報告書、年次報告書、経営者による討議と分析などを作成し、アメリカの証券取引委員会に提出することによって、カナダの証券法制における要求を満たしたものとみなされる（OSC 1998, paras 15.1 and 15.2.）。
3　全国命令51-102「継続開示義務」（OSC, 2015）（この図表では、NI 51-102という。）及び全国命令51-107「容認される会計原則及び監査基準」（OSC, 2016）（この図表では、NI 51-107という。）は、オンタリオ州証券委員会のウェブサイト（http://www.osc.gov.on.ca/）で閲覧できる。全国命令はカナダ証券管理機構のもとで作成されるが、最終的な承認と適用は州・準州の証券委員会の権限である。
4　報告発行体（reporting issuer）とは、証券委員会に目論見書を提出した発行体、オンタリオ州の証券市場に上場している発行体、又は事業会社法（Business Corporations Act）に基づき有価証券の募集を行う発行体などをいう（第1条）。
5　原文では期中財務報告書（Interim Financial Reports）であるが、四半期ごとの作成、提出が求められているので、四半期財務報告書と表記している。
6　経営者による討議と分析（Management's Discussion & Analysis: MD&A）とは、全国命令51-102の様式51-102F1「経営者による討議と分析」を意味し、SEC登録発行体の場合には、様式51-102F1又は1934年証券取引所法に基づくSEC規則S-K第303項又は規則S-B第303項に準拠して作成されたMD&Aを意味する（NI 51-102第1.1項）。
7　年次情報開示様式（Annual Information Form）とは、全国命令51-102の様式51-102F2「年次情報開示様式」を意味し、SEC登録発行体の場合には、様式51-102F2又は1934年証券取引所法に基づく年次報告書（様式10-K、様式10-KSB又は様式20-F）を意味する（NI 501-102第1.1項）。

第3節　監査・証明基準の設定主体と体系

第1項　基準設定主体

　カナダにおける財務報告及び保証に関する基準の設定と監視を司る機関は、会計基準監視評議会（Accounting Standards Oversight Council）、会計基準審議会（Accounting Standards Board）、公的部門会計審議会（Public Sector Accounting Board）、監査・保証基準監視評議会（Auditing and Assurance Standards Oversight Council：AASOC）、及び監査保証基準審議会（Auditing and Assurance Standards Board：AASB）からなる。各審議会は会計及び監査に関する基準を設定・改訂する権限を有し、各監視評議会は審議会委員を任命し、審議会活動を監視する権限を有する[1]。

　保証業務及び関連業務の基準を設定するAASBの前身は、1973年にCICAによって設立された監査基準委員会（Auditing Standards Committee）である。その後、同委員会は、体制や権限の変更に伴い、1991年に監査基準審議会（Auditing Standards Board）、1998年に保証基準審議会（Assurance Standards Board）へと名称変更され、2003年に現在のAASBへと名称変更された。

　AASBは、IAASBの活動への参加を通じて、カナダの監査基準として採用されることになるIAASB基準の設定に関与している。AASBの活動はAASOCによって監視され、厳格なデュー・プロセスが守られることを担保している。AASOCはAASBのメンバーを任命し、活動の戦略及び優先順位を示している。また、AASOCは、AASBの業績を評価し、その結果を公表している。AASBのメンバーは、投票権を有する委員13名と投票権を有さないメンバー2名の合計15名で構成される[2]。

　カナダの会計職業専門家は、現在、勅許専門会計士（Chartered Professional Accountant）という単一名称で呼ばれている。会計職業専門家の全国組織である

1　カナダ勅許職業会計士協会（Chartered Professional Accountants of Canada：CPA Canada）ウェブサイト（http://www.frascanada.ca/item81662.aspx）を参照。〈2018年3月1日アクセス〉

2　第3節第1項のここまでのAASBに関する説明は、CPA Canadaウェブサイト（http://www.frascanada.ca/auditing-and-assurance-standards-board/what-we-do/about-the-aasb/index.aspx）を参照。〈2018年3月1日アクセス〉

カナダ勅許職業会計士協会（Chartered Professional Accountants of Canada：CPA Canada）は、カナダの21万人を超える会員を代表している。CPA Canadaは、カナダ勅許会計士協会（Canadian Institute of Chartered Accountants）、カナダ公共会計士協会（Certified General Accountants Association of Canada）及びカナダ管理会計士協会（Society of Management Accountants of Canada）という3つの会計職業専門家団体を統合した組織である。CPA Canadaは、独立した基準設定プロセスを支援するために、資金、人材その他の資源を提供している[3]。

カナダの会計、監査、保証業務基準の設定主体AASBとCPA Canadaとの関係は、［図表6-3］のように示されている。

［図表6-3］ カナダの基準設定主体

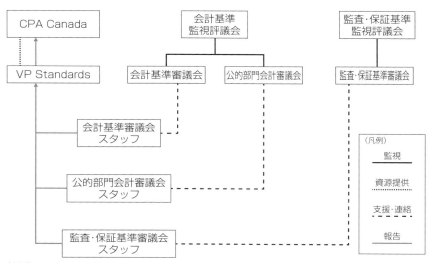

（出所）http://www.frascanada.ca/auditing-and-assurance-standards-board/what-we-do/about-the-aasb/index.aspx

---

3　CPA Canadaに関する説明は、CPA Canadaウェブサイト（https://www.cpacanada.ca/en/the-cpa-profession/about-cpa-canada）を参照。〈2018年3月1日アクセス〉

第2項　基準の体系

カナダの監査・保証業務基準は、以下の4つの業務領域に適用される基準からなる（CPA Canada, 2016, Preface to the CPA Canada Handbook - Assurance, para.13）。

(1) 財務諸表及びその他の過去財務情報の監査
(2) レビュー業務（例：財務諸表及びその他の過去財務情報のレビュー、期中財務諸表のレビュー）
(3) 財務諸表及び過去財務情報の監査又はレビュー以外の保証業務（例：非財務情報の監査及びレビュー）
(4) 関連業務（例：調製業務又は財務諸表以外の財務情報に特定の監査手続を適用した結果に関する報告業務）

また、これらの業務に関するAASBの正式な公表物は、以下のように整理できる（CPA Canada, 2016, Preface to the CPA Canada Handbook–Assurance, paras.3-34）。

(1) カナダ基準（Canadian standards）
　(a) カナダ品質管理基準（Canadian Standards on Quality Control：CSQCs）
　(b) カナダ監査基準（Canadian Auditing Standards：CASs）
　(c) その他のカナダ基準（Other Canadian Standards）
　　・カナダ保証業務基準（Canadian Standard on Assurance Engagements：CSAE）
　　・特殊領域（Section 7060 – 7600）
　　・カナダレビュー業務基準（Canadian Standard on Review Engagements：CSRE）
　　・カナダ関連業務基準（Canadian Standard on Related Services：CSRS）
　　・パブリック・セクター基準（Public Sector Auditing Standards：PS）
(2) 保証・関連業務ガイドライン（Assurance and Related Services Guidelines）

それぞれの業務に関連する基準とその関係は、［図表6-4］のように示されている。

[図表6-4] カナダの監査・証明基準の体系

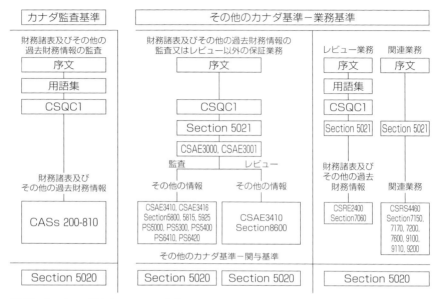

（凡例）　Section：CPA Canada ハンドブックの区分名称
（出所）　CPA Canada, Preface to the CPA Canada Handbook – Assurance, Appendix 4.

第4節　特別目的の財務情報に対する監査・証明業務に関する基準（任意を含む）

第1項　監査業務

CAS 800「特別な考慮事項―特別目的の枠組みに準拠して作成された財務諸表の監査」は、一般目的の財務諸表の監査に適用されるCASs 100-700を特別目的の枠組みに準拠して作成された完全な一組の財務諸表の監査に適用するに際しての、特別な考慮事項を示している。財務表（single financial statement）の監査、又は財務諸表の特定の要素、勘定若しくは項目の監査に関する特別な考慮事項は、CAS 805「特別な考慮事項―財務表及び特定の要素、勘定又は項目の監査」が規定している（CAS 800, paras.1-2）。

CAS 800は、特別目的の財務諸表を「特別目的の枠組みに準拠して作成された財務諸表」と定義し、特別目的の枠組みを「特定の利用者の財務情報に対するニーズ

を満たすことを意図した財務報告の枠組み」と定義している（CAS 800, para.6）。そして、特別目的の枠組みとして、以下を例示している（CAS 800, A1）。

(1) 事業体の税務申告書に添付される一組の財務諸表に関する税務会計基準
(2) 事業体が債権者のために作成を要請されるかもしれないキャッシュ・フロー情報に関する現金収支会計基準
(3) 規制当局の要件を満たすために当局によって定められた財務報告規定
(4) 社債契約、借入契約又はプロジェクト補助金のような契約上の財務報告規定

また、CAS 805によれば、財務表若しくは財務諸表の特定の要素、勘定又は項目は、一般目的又は特別目的の枠組みに準拠して作成される。もし特別目的の枠組みに準拠して作成されたならば、CAS 800も適用されることになる（CAS 805, para.1）。財務諸表の特定の要素、勘定又は項目としては、以下が例示されている（CAS 805、Appendix 1）。

(1) 売掛金、貸倒引当金、棚卸資産、私的年金制度の未払給付債務、識別した無形固定資産の帳簿価額、又は保険ポートフォリオの既発生未報告請求債務（関連する注記を含む）
(2) 私的年金制度の外部委託資産と損益の明細表（関連する注記を含む）
(3) 純有形資産の明細表（関連する注記を含む）
(4) リース資産に関する支払明細表（関連する注記を含む）
(5) 利益配当又は従業員賞与の明細表（関連する注記を含む）

第2項　レビュー業務

特別財務報告のレビューには、Section 7060「監査人による期中財務諸表のレビュー」とCSRE 2400「過去財務諸表のレビュー業務」が関係する[4]。Section 7060は、事業体の監査人による期中財務諸表の期中レビュー（interim review）の基準である（Section 7060, para.1）。CSRE 2400は、Section 7060が規定する状況を除く、年次過去財務諸表又は期中過去財務諸表のレビューに関する基準である（CSRE2400, para.1）。つまり、Section 7060とCSRE 2400は、いずれも過去財務諸表のレビュー

---

[4] Section 7060は、2014年12月15日以後に開始する年度の中間期間における期中財務諸表のレビューから適用されている。CSRE 2400は、2017年12月14日以後に終了する期間の財務諸表のレビューから適用される。早期適用は認められていない。

業務基準であるが、業務実施者がレビュー業務の対象となる財務諸表を作成する会社の監査人であるか否かが異なる。

第3項　合意された手続業務

　カナダにおける現在のAUP業務基準は、Section 9100「財務諸表以外の財務情報への特定の監査手続の適用結果に関する報告」及びSection 9910「財務報告に係る内部統制に対する合意された手続」である。ただし、IAASB基準の体系では、AUP業務は保証業務とは位置付けられておらず、関連業務に分類されている。

　Section 9100は、会計士が、財務諸表以外の財務情報に対する監査意見の表明又は消極的保証の提供を目的としないで、財務情報に特定の監査手続を適用した結果について報告する業務に関する指針である。AUP業務では、監査又はレビュー業務において必要となるすべての手続が実施されるのではなく、業務依頼者から要求された手続のみが実施される。Section 9910は、財務情報ではなく財務報告に係る内部統制を対象とした業務指針である。

　なお、AASBは、2017年9月にIAASBが開始したISRS4400「財務情報に関する合意された手続の実施業務」の改訂プロジェクトに対応し、改訂後のISRS 4400の採用を検討するプロジェクトを2017年10月に承認した。もし、改訂後のISRS 4400がAASBによって採用されれば、Section 9100は廃止される。また、改訂後のISRS 4400における非財務情報の取り扱い如何によっては、Section 9910も併せて廃止される可能性がある[5]。

第5節　要約

　カナダの法定監査・証明制度は、会社法に基づく制度と証券法に基づく制度を柱として構築されており、いずれの制度においても、一般目的財務諸表の監査が義務付けられている。それぞれの制度の特徴（作成・提出が求められる財務書類、当該財務書類に含まれる財務諸表の種類、監査その他の保証要求、会計基準その他の情

---

[5] 2018年8月現在、審議中である。CPA Canadaウェブサイト（http://www.frascanada.ca/assurance-and-relatedservices-standards/projects/active/item78158.aspx）を参照。（2018年8月19日アクセス）

報作成基準、及び監査・証明基準)を整理し、要約した［図表6-1］及び［図表6-2］からわかるように、カナダの監査・証明制度と、わが国の会社法及び金商法に基づく監査制度との間には、重要な点について特筆すべき差異はない。

また、基準設定主体であるAASBは、IAASBによる監査・保証業務基準の設定プロセスに関与する代わりに、IAASBの監査・保証業務基準をそのまま受け入れるという方針を採っており、CICAハンドブックから引き継いだ"section xxxx"という名称の基準も残っているが、IAASB基準の新設・改訂に対応して改廃されている。したがって、現在のカナダの監査・証明業務基準の体系と内容は、IAASBのそれに準じたものと理解して差し支えないであろう。

最後に、カナダにおける監査・証明業務(監査業務、レビュー業務、監査又はレビュー以外の保証業務、及びAUP業務)の基準の特徴を整理すると、［図表6-5］のようにまとめられる。

[図表6-5] カナダにおける特別目的の財務情報に対する監査・証明業務の基準

業務区分		監査対象	会計基準、作成基準等	依頼人	職業的専門家	想定利用者	監査基準	法定/任意	業務の結論	報告書の形態	その他（配布制限）
監査業務	財務諸表	完全な一組の財務諸表	一般的枠組み			利害関係者一般	CAS100-700	法定	適正性		
	財務表（注記含む）	財政状態計算書（貸借対照表）、包括利益計算書（損益計算書）、持分変動計算書（剰余金計算書）、キャッシュ・フロー計算書（財政状態変動表）					CAS800				
	要素、勘定、項目（注記含む）	受領金、貸倒引当金、棚卸資産、私的給付制度における発生給付債務、認識済み無形資産の帳簿価額、保険ポートフォリオ、私的年金未報告請求の受取一覧、委託管理資産からの受取一覧、項目の既発未報告請求の償却一覧、リース資産の償却表、利益配当一覧、従業員賞与一覧	特別目的枠組み 現金収支基準 税務基準 規制基準 契約基準 など	財務諸表作成者	会計専門家 計士	税務当局、規制当局、契約の相手方など	CAS805	任意	適正性／準拠性	監査報告書	配布制限をかける場合あり
レビュー業務	即時財務諸表		一般的枠組み		監査委員会		Section 7060	法定	適正性／準拠性	レビュー報告書（口頭報告書も含む確認）	レビュー報告書は原則として財務諸表に添付されない務基の制限あり
	年度財務諸表又は期中財務諸表（上記を除く）		一般的枠組み 特別目的枠組み	財務諸表作成者	会計専門家 計士	利害関係者	CSRE 2400	任意	適正性／準拠性	レビュー報告書	
監査又はレビュー以外の保証業務		内部統制		情報作成者	会計専門家 計士	利害関係者	CSAE 3000 CSAE 5825		有効性	監査報告書	財務諸表監査の監査報告書と一体型でも分離型でもよい
		温室効果ガス排出情報	規準の相応性 多額性 測定可能性 完全性 関連性 規準の入手可能性				CSAE 3000 CSAE 3410		準拠性	保証報告書	
		業務受託会社の内部統制報告書					CSAE 3000 CSAE 3416	任意	適正性 有効性	業務報告書	監査対象に主題頁を含む業務委託会社に配布先を制限する場合あり
		契約条件、法令又は規程の遵守に関する言明					CSAE 3000 Section 1815		準拠性		
合意された手続業務	財務諸表以外の財務情報		依頼人との合意に基づく	依頼人	会計専門家 計士	依頼人	Section 9100	任意	事実の確認	合意された手続業務報告書	報告書は内部利用が前提
	内部統制						Section 9110				

【参考文献】

Canadian Securities Administrators [CSA] (2008), *Securities Passport System Implemented: Regulators Introduce Steamlined Review Policies for Passport Jurisdictions and Ontario, January 25*, Available at: (https://www.securities-administrators.ca/aboutcsa.aspx?id = 201 &terms = Passport).

Chartered Professional Accountants of Canada [CPA Canada] (1992), Section 9100, Reports on the Results of Applying Specified Auditing Procedures to Financial Information Other than Financial Statements, CPA Canada.

____(2007), Section 9910, Agreed-upon Procedures regarding Internal Control over Financial Reporting, CPA Canada.

____(2015), Section 7060, Auditor Review of Interim Financial Statements, CPA Canada.

____(2016) Canadian Standard on Review Engagements 2400, Engagements to Review Historical Financial Statements, CPA Canada.

____(2017), *CPA Canada Handbook – Assurance*, CPA Canada.

____(2017), Canadian Auditing Standard (CAS) 800, Special Considerations—Audits of Financial Statements Prepared in Accordance with Special Purpose Frameworks, CPA Canada.

____(2017), CAS 805, Special Considerations—Audits of Single Financial Statements and Special Elements, Accounts or Items of a Financial Statement, CPA Canada.

International Auditing and Assurance Standards Board [IAASB] (2010), International Standards on Review Services 4400, Engagements to perform Agreed-upon procedures regarding financial information, International Federation of Accountants.

Ontario Securities Commission [OSC] (1998), National Instrument 71-101, The Multijurisdictional Disclosure System, OSC.

____(2004), Rule 51-801, Implementing National Instrument 51-102 Continuous Disclosure Obligations, OSC.

____(2015), National Instrument 51-102, Continuous Disclosure Obligations, OSC.

____(2016), National Instrument 52-107, Acceptable Accounting Principles and Auditing Standards, OSC.

(林　隆敏)

第7章　ドイツ基準

第1節　はじめに…監査・証明制度の概要（目的）

　ドイツにおいては、商法典（HGB: Handelsgesetzbuch：以下「ドイツ商法典」と称す。）に監査制度の規定が置かれている。ドイツ商法典は、日本の旧商法規定の範となった法律ではあるが、監査制度の規定に関してはわが国と少し異なっている。ドイツ商法典においては、すべての会社[1]（Gesellschaft mit beschränkter Haftung: GmbH［有限責任会社］や Aktiengesellschaft: AG［株式会社］など）、及び自然人が最終的に無限責任を負わないような商業組合等が監査の対象となっている。このため、無限責任出資者を含む有限責任会社である場合の有限株式合資会社（GmbH & Co. KG）であっても監査を受けなければならない。ドイツ商法典では、このようにすべての会社に対して監査を義務付けた上で、会社を規模別に区分し、監査の免除規定を次節のように設けている。なお、その監査の目的は、原則的に適正性意見の表明となっている[2]。

第2節　法定監査・証明制度の内容

　全ての会社は、小会社[3]、中規模会社、及び大会社にその規模に応じて、次の［図表7-1］のように区分される。つまり、すべての会社は、下記の3つの条件のうち、2つの条件に合致した会社区分に含まれることになる。そして、2年連続して、

---

[1] ここでは、GmbHを有限責任会社、AGを株式会社と翻訳することとし、これらを合わせて、会社と翻訳している。
[2] 小松義明（2006）98頁を参照されたい。
[3] 欧州連合の規定に基づく極小会社（従業員数が10名未満の零細企業等）（Micro enterprise）の概念がすでにドイツ商法典に導入されているが、今回の議論とは関係がないため、小会社に含めたままとする。

その区分以下の条件（つまり、売上、総資産若しくは従業員数が増加若しくは減少）に該当した場合に、会社区分の変更が行われる。

[図表7-1] 会社規模の区分に関する条件

	小会社	中規模会社	大会社
売上高（年間）	€12,000,000以下	€40,000,000以下	€40,000,000超
総資産合計	€6,000,000以下	€20,000,000以下	€20,000,000超
従業員数	50人以下	250人以下	250人超

[図表7-1]において、小会社は監査を必要とされていない。また、公告も要約貸借対照表と注記のみを電子開示することが求められているだけである。これに対して、中規模会社及び大会社は、財務諸表の監査を受けることが義務付けられているが、中規模会社による公告における開示内容が大会社に比べて簡略化されている点で両者は異なっている。通常、これらの公告は決算日から12か月以内に行う必要がある。

また上場会社に関しては、わが国と同様、決算日から4か月以内に監査を受け、必要開示書類を提出することが義務付けられている。当然ながら、上場会社[4]であれば、例え上記の小会社に該当しても、会計監査を受けることが義務付けられている。ドイツにおける上場会社数は、2014年時点で619社にすぎないが、監査の対象となる会社数は66,612社（大会社10,608社、中規模会社56,004社）となっており、ドイツの経済監査士の大半は、非上場会社の監査業務を中心として監査業務に従事している[5]。

第3節　監査・証明基準の体系と設定主体

第1項　ISA導入状況の概要

ドイツにおける監査基準の設定機関は、ドイツ経済監査士協会（Institut der Wirtschaftsprüfer in Deutschland e.V.：以下、IDW）である。ドイツの経済監査

4　上場会社であるためには、前述のAGである必要がある。
5　European Commission（2015）を参照されたい。

士（Wirtschaftsprüfer）は、IDWの監査基準に従って監査を実施しなければならず、もし実施した手続等と当該基準等との間に乖離があれば、その旨を監査報告書に記載することとなっている。

　IDWの監査基準は、基本的にはクラリティ版のISAを織り込んでおり、それ以降に発行されたISAも順次取り込んでいくようにしている。しかしながら、ドイツ国内の法的規制等があり、そのままでは取り込めないものもある。例として、ドイツにおいては、マネジメント・レポートに対しても保証の付与が要請されているが、当該保証業務は、ISA720（改訂）「その他の記載内容に関連する監査人の責任」からは逸脱している。また、ドイツにおける会計システム及びリスク評価に関するリスクの早期認識システム等の評価は、ISA315「企業及び企業環境の理解を通じた重要な虚偽表示リスクの識別と評価」から逸脱している。さらに、監査役会（Aufsichtsrat）に対する監査人の報告（長文式監査報告書）は、ISA260「統治責任者とのコミュニケーション」の要求を超えているし、短文式監査報告書における留保項目のない旨の追記事項は、ISA700「財務諸表に対する意見の形成と監査報告」の基準を満たしていない。

　IAASBが公表した監査報告書に関する基準（ISAs 700, 701, 706）は、すでに導入されており、本章の検討対象であるISA 800「特別目的の財務報告の枠組みに準拠して作成された財務諸表に対する監査」及びISA 805「個別の財務表又は財務諸表項目等に対する監査」に関してもすでに導入されている。次に、ISAのIDW監査基準への取り込みに際して、どのような項目がドイツ商法典において必要とされているか、またどのような事項が追加されているのかを詳しく検討していくこととする。

第2項　ISAとIDW監査基準の差異：監査範囲の差に基づく追加事項

　ドイツの監査人は、ISAの枠を超えて、マネジメント・レポート（特定の除外項目もある。）において提供された情報に関連して保証の付与を行うことを要請されている。ドイツの立法府は、監査報告書の中にマネジメント・レポートに関する証明を監査人に追加させることにより、財務諸表に加えてマネジメント・レポートのもう一つの報告書としての重要性を際立たせようとしている。すなわち、マネジメント・レポートは、監査人にとり、財務諸表とは全く別の項目として、監査報告の

対象とすることを求められている（ドイツ商法典第317条第2項）。監査人は会計システムの正確性の検証及び監査報告書におけるその結果の記載を要請されている。この要請はリスクの識別と評価に関するIDW監査基準に織り込まれている。財務報告は株主に関連する情報を提供し、簿記・会計は、税務計算の基本となる事項や報告期間内の取引の文書化のような機能を提供している。ドイツ商法典において要求されている会計システムの非準拠に関する情報は、監査役会の監視機能の強化に関連している（同第317条第1項）。

ドイツ商法典は、リスクの早期認識システムを上場会社が導入することを明確に要請しており、さらに監査人に対して当該リスク早期認識システムを評価することを求めている。当該システムの評価に係る監査人の発見事項は、監査役会がその監視機能を発揮することをサポートするためには必要な項目であるとしており、当該発見事項に関する監査人の監査結果報告は監査役会に対する長文式監査報告書に記載することが監査人に要求されている。しかし、監査人は、当該発見事項が財務諸表の重要な虚偽表示につながるものでない限り、標準（短文式）監査報告書に記載する必要はない（同第317条第4項）。さらに、監査人は、定款に定めのある会計条項（会計方針等）に会社が準拠しているかどうかを監査することが要求されている。監査報告書作成に当たっての要証命題には、財務諸表全体として「真実かつ公正な概観」を有しているかどうかだけでなく、法律に準拠しているかどうかの検討（準拠性の監査）も含まれる。監査報告書には、財務報告のフレームワークへの準拠に加えて、会社が定款の会計条項（会計方針等）に準拠しているかどうかの意見も含まれる（同第317条第1項第2段落）。

第3項　ISAとIDW監査基準の差異：特別の監査報告に係わる追加事項

IDW監査基準は、監査役会や取締役会に対して報告するために使用される長文式監査報告書の形式及び内容についても規定している。長文式監査報告書は、監査人が監査役会の監視機能を強化するとともにドイツのコーポレート・ガバナンス・システム（二層構造）における重要な道具となっている（ドイツ商法典第321条）。

また、IDW監査基準は、ドイツ商法典に基づいた標準（短文式）監査報告書の様式及び用語についても規定している。ドイツ商法典は、監査報告書において、明確に（追加的に）文言を加えることを要求しており、監査人は、監査業務にいかな

る留保項目（異議、異論）も残していないことを明確に確認した旨を監査報告書に追記することとなる。さらに、監査報告書には、マネジメント・レポートに対する監査結果を記載することとなる。具体的には、マネジメント・レポートの内容が年次財務諸表と整合しており、全体として会社の状態を適切に概観させるものであり、将来の展望と機会を適切に開示しているものであることを監査報告書に記載することとなる（同第322条第3項第1段落）。さらに、ISAとは異なり、監査報告書のドイツ語のタイトルは、無限定適正意見／限定付適正意見（Bestätigungsvermerk）か、あるいは不適正意見／意見差し控え（Versagungsvermerk）か、その内容が一目でわかるようなものでなければならないとされている。

第4節　特別目的の財務情報に対する監査・証明業務に関する基準（任意を含む）

第1項　監査業務（ドイツにおけるISA800及び805の導入状況）

　ISA800「特別目的の財務報告の枠組みに準拠して作成された財務諸表に対する監査」に関しては、2015年5月にIDW監査基準（IDW-Prüfungsstandards：IDW-PS）480として導入・公表されており、また、ISA805「個別の財務表又は財務諸表項目等に対する監査」に関しても、同時にIDW-PS 490として導入・公表されている。これらの基準は、わが国と同様、ISAの内容に大きな変更を加えずに導入されたが、その適用に関しては、2015年に制定された基準であり、実務的にそれほど成熟しておらず、適用指針等もこれから整備が行われるという状況にある。

　IDWによれば、現在のところ、金融機関（銀行等）からの借入を行う際に、特別目的の財務諸表についての監査若しくはレビューが行われている。しかし、それ以外については、税法に基づく監査の要請（前述の過少資本税制等）や再生可能エネルギー法に係る監査などが挙げられるのみである。これらを含めて、ドイツに導入されている監査業務とその他の保証業務等との関係は、その監査・証明対象、会計基準、業務の種類、報告書に関して［図表7-2］のようにまとめられる。なお、国際保証業務基準（ISAE）3000「過去財務情報の監査又はレビュー以外の保証業務」については、現在のところ導入されていない。

第2項　レビュー業務

　ドイツにおいては経済監査士の人数が15,000人未満と少なく、法定監査の枠組みがしっかりしているため、アメリカのようにその他の保証業務というものがあまり発達していない。したがって、レビュー業務の内容としては、ドイツ証券取引法に基づく四半期レビューや税務上の要請に基づくレビュー（以前行われていた過少資本関係のレビュー等）等が中心となっている。当該業務に関して、ドイツ証券取引法（Wertpapierhandelsgesetz）第37条w及び同条x第3パラグラフに基づき、経済監査士は、上場会社等の中間財務諸表のレビューを行うことができることとなっている。このレビューを行う場合、IDWのレビュー業務にかかる職業基準（IDW-ES）に準拠することとなる。

　IDW-ESは、このレビュー業務と後述するコンピレーション（財務諸表の調製）業務をも対象としている。このコンピレーションを含む業務に関しては、IDWによると、次の3つのタイプに区分されるとのことである。

・タイプⅠ：コンピレーション業務のみを対象。
・タイプⅡ：経済監査士等によって編纂された財務諸表を除く、帳簿や会計記録のレビューレベルの保証業務をも対象。
・タイプⅢ：経済監査士等によって編纂された財務諸表を除く、帳簿や会計記録の監査レベルの保証業務をも対象。

　IDW-PS 900「財務諸表のレビュー業務のための一般に公正妥当と認められる基準」は、消極的な結論表明形式を規定し、限定的保証を表明することとしており、いわゆるレビュー業務について規定している。このIDW-PS 900は、ISRE2400と同様の内容となっており、中間財務諸表のレビューにも適用される。

　前述のタイプⅠ、Ⅱ及びⅢに係るコンピレーション業務として、経済監査士が年次財務諸表を調製する場合に適用される、一般に公正妥当と認められる基準としてIDW ES7がある。そこで、次にIDW ES7の内容について検討してみたい。

　コンピレーション業務（タイプⅠ）は、ISRS4410「調製業務」に準拠して実施されている。このタイプに関して、経済監査士は、次の事項に留意する必要があるとされている。

・企業から提供された会計記録や証憑に基づいて財務諸表を作成する。

- 当該企業から入手した追加情報を考慮に入れて当該財務諸表の作成に臨む。
- 適切な財務報告のフレームワークの知識や、会社の定款ないしパートナーシップ契約書などの補足条項の理解が要求される。
- 当該企業の業務内容や産業を適切に理解していることも要求される。

さらに、経済監査士は次の事項にも留意しなければならないとされている。
- （当該経済監査士に対して）提供された会計記録、帳簿や証憑についていかなる意見も表明することはできない。
- いかなる資産評価やそれにかかる開示等にかかる業務も提供することはできない。また、経済監査士は、継続企業の前提にかかるいかなる意見も表明することはできない。
- 会計帳簿等が適切に維持されているかどうかについて疑義が生じた場合には、コンピレーション業務を通して気が付いた誤謬等について訂正を求める必要がある。もし必要が生じたなら、報告書の修正や経営陣に対して報告を行うこととなる。クライアントが当該修正や報告の記載に関する協力を拒む場合には、当該コンピレーション業務から降りることとなる。

次に、タイプⅡの業務に関し経済監査士が注意すべき事項としては、上記の事項に加えて、次の事項が挙げられている。
- 以下の事項を実施するために、会計帳簿、記録及び証憑に対して適切な質問及び分析手続を実施する。
  - 提出を受けた会計帳簿、記録及び証憑の信頼性について限定的な保証を得る。
  - 消極的な様式により、企業によって提出された会計帳簿、記録及び証憑に限定して当該事項の信頼性に関して意見を表明する。
- 適切な手続を行い、財務報告にかかる内部統制の効率的な理解を得る。
- 内部統制のデザイン、整備及び有効な運用に関するテストを実施する。
- 重要な虚偽記載あるいは虚偽情報が存在すると信じる理由がある場合にのみ、経済監査士は追加の手続を実施する。
- 財務諸表に関する意見の表明は行わない。

最後に、包括的な監査タイプの手続（タイプⅢ）を伴うコンピレーション業務には、次の事項が含まれるとされている。
・企業から提出された会計帳簿、記録及び証憑に関する監査類似の手続
・当該手続はIDW監査基準に類似している。つまり、
　－合理的な保証の入手
　－経済監査士に対して提出された情報及び資料の適否に関する意見の明確な表明
　－しかし、財務諸表に対する意見の表明は行わない。

　なお、レビュー業務等は、経済監査士でないと行うことができないが、その他のコンピレーション業務には、法的な制限はない。したがって、ドイツにおける税理士（Steuerberater）等も当該業務を行うことができる。また、これらのコンピレーション業務やレビュー業務は基本的に法律等によって、強制されるものではない。
　次に、これらの基準のドイツ国内における適用状況であるが、IDWによれば、中間財務諸表（四半期報告書）のレビューを除いて、レビュー業務というのはあまり行われていないとのことである。かつて税法上、過少資本であるかどうかの検証のために、監査証明若しくはレビューが必要との議論があったが、2008年に過少資本税制そのものが廃止されているため、これにかかる監査若しくはレビュー業務というものも現在は存在していない。ただし、コンピレーション業務に関してはドイツにおいて広く行われており、特に、前述のタイプⅡの業務は、ドイツにおいて銀行等の金融機関から資金を借り入れるための交渉時等に、幅広く使用されている。しかしながら、タイプⅢの業務に関しては、ほとんど行われていないとのことである。

第3項　合意された手続業務（Die Durchführung vereinbarter Untersuchungshandlungen）

　わが国と同様に、ドイツにおいても、法律等で制定された基準は存在しない[6]。わが国においては、日本公認会計士協会（監査・保証実務委員会）が、専門業務実務指針4400「合意された手続業務に関する実務指針」を2016年4月27日に公表している。これは、ドイツにおいても同様であり、ISRS4400「財務情報に関する合意さ

6　Federation of European Accountants（現 European Accountancy），（2016）．

れた手続の実施契約」に基づき、それに類似の基準がIDWと金融市場安定庁（Bundesanstalt für Finanzmarktstabilisierung）[7]によってガイドラインが制定され、業務範囲が規定されている[8]。

合意された手続の内容は、基本的にISRS4400と同じである。ドイツ国内の会計事務所のBig4等はすべてそのサービスメニューに合意された手続を挙げており、サービスの提供も活発に行おうとしている模様である[9]。具体的なサービス内容としては、次の2点を多くの会計事務所が挙げている[10]。

・EU研究開発フレームワーク・プログラムに基づく契約[11]に関連して提供する合意された手続
・会計記録（帳簿）や法定財務諸表に基づき計算された数値と銀行等への提出書類の金額とに関する合意された手続（例えば、財務制限条項に関わる事項等）

第5節　要約

以上がドイツにおける監査証明業務等の概要であり、これを要約すると次のようになる。

ドイツにおいては、ドイツ商法典に監査制度の規定が置かれている。ドイツにおける監査基準の設定機関は、ドイツ経済監査士協会（IDW）である。ドイツの経済監査士は、IDWの監査基準に従って監査を実施しなければならず、この監査基準は、基本的にはクラリティ版のISAを織り込んでおり、それ以降に発行された

7　ドイツ連邦の政府機関であり、財務省により管理監督されている。
8　IAASB Main Agenda（June 2015）Agenda Item 7-A.
9　PwCは（https://www.pwc.de/en/rechnungslegung-berichterstattung-pruefung/spezielle-pruefungen-und-zertifizierungen.html）において、KPMGは、（https://home.kpmg.com/gr/en/home/services/audit/agreed-upon-procedure.html）において、Deloitteは、（https://www2.deloitte.com/ro/en/pages/audit/solutions/audit-and-related-services.html）において、さらに、EYは、（http://www.ey.com/ee/en/services/assurance/agreed-upon-other-assurance-procedures）においてこれらのサービスの提供等について記載している。
10　同上
11　EUの多年次にわたる政策・助成プログラム（科学技術基本計画の策定・助成を含めたその実施の両面の包括的性格を持つ）を意味し、研究関連のすべてのEUイニシアチブを1つの傘下に管理しており、競争化段階前の研究開発の支援を行うことを目的としている。この申請書類等について、合意された手続が求められている。

ISAも順次取り込んでいくようにしている。しかしながら、ドイツ国内の法的規制等があり、そのままでは取り込めないものもある。

　特別目的の財務報告の枠組みに準拠して作成された財務諸表等に対する監査に関して、ISA800及び805は、それぞれIDW-PS 480及び490として、その内容をほとんど変えずに導入されている。次に、レビュー業務に関する基準としては、IDW-PS 900、消極的な結論表明形式を規定し、限定的保証を表明することとしており、いわゆるレビュー業務について規定している。このPS 900は、ISRE2400と同様の内容となっており、中間財務諸表のレビューにも適用される。さらに、合意された手続に関して、ISRS4400「財務情報に関する合意された手続の実施契約」に基づき、それに類似の基準が制定されている。

[図表7-2] ドイツの特別目的の財務情報に対する監査・証明業務の比較表

業務区分		監査対象		会計基準	依頼人	職業的専門家	想定利用者	監査基準	法定/任意	業務の結論	ARの形態	その他(配布制限)
監査業務(過去財務情報)	財務諸表	完全な一組の財務諸表(ドイツ商法典第242条及び第264条に基づく)		GAAP/特別目的的枠組み	財務諸表作成者	経済監査士(わが国でいう公認会計士)		IDW-PS480	法定			
	財務表	貸借対照表		特別目的枠組み(ただし、上場会社のみ)								
		損益計算書		現金基準								
		注記事項(ただし、営利企業のみが要求される)		税法基準(ただし、法的には要求されていない)								
		株主持分変動計算書		規制基準(一般目的)								
		キャッシュ・フロー計算書(ただし、上場会社のみ)		規制基準(ドイツ・エネルギー法等)								
		セグメント情報(ドイツ商法典に規定があるが、特に必要とする場合のみ対象となる)		契約基準								
		(上記は、あくまで一般的にドイツに基づいて財務表として記載されているものの、特別目的の財務表についての定義は存在しない)		その他基準								
	項目(注記含む)	売上勘定				経済監査士(わが国でいう公認会計士)	税務当局及びその他関連機関	IDW-PS480	ドイツエネルギー法に基づく監査は法定(小会社を除くすべての会社に対して強制)、あとは任意	真実かつ公正な概観	確認の付記(短文式監査報告書)	
		受取勘定(一般債権者しくは特定の得意先に対する債権)					契約当事者					
		引当金										
		棚卸資産										
		(上記は、あくまで一般的にドイツにおいての項目としてあげられる一例に過ぎない、基本的にはISA805に記載されているものと同様にIDWはまとめている。)										
証明業務(検証)(レビュー)(合意された手続)	主題事項	過去財務情報		規準の相応性(客観性)(測定可能性)(完全性)(関連性) 規準の入手可能性	当該書類作成者		利害関係者	ISRS(ドイツには該当基準が明確には存在しないため、各会計事務所は、その他の任意のレギュレーションと、業務は、経済監査士の独占業務ではなく、税理士を含め、誰でも携わることができる。) レビュー業務として原則は、経済監査士でないと行うことができないしかし、その他の任意のコンピレーション業務は、経済監査士の独占業務ではなく、税理士を含め、誰でも携わることができる。	任意	検証証拠・適正レビュー業務・準拠性合意された手続業務・契約次第	検証報告書レビュー報告書合意された手続報告書	
		将来財務情報										
		成果指標										
		蓄積データ										
		定性的特性										
		施設の広さ										
		特定日における商品市場の物価										
		損益分岐点分析										
		内部統制										
		コーポレート・ガバナンス										
		法規準拠										
		人事										
	主題情報	主題事項言明の全体 主題事項言明の一部										

【参考文献】

小松義明（2006）「ドイツにおける監査証明『確認の付記』の構造」『同志社商学』第57巻第6号。

小松義明（2012）「ドイツ監査制度改革論」大東文化大学経営研究所、2012年3月刊。

日本公認会計士協会（2014）「会計プロフェッションをめぐる国際動向⑨ 外国の職業会計専門家の受入れと団体間のアライアンスについて」『会計・監査ジャーナル』第712号。

弥永真生（2009）「商事法における会計基準の受容(3)ドイツ」『筑波ロー・ジャーナル』第5号。

European Commission (2015), 2014 SBA Fact Sheet.

Federation of European Accountants (2009), Survey on the Provision of Alternative Assurance and Related Services Across Europe.

Federation of European Accountants (2015), Overview of ISA Adoption in the European Union.

The Institut der Wirtschaftsprüfer in Deutschland e.V. (IDW) (2015a), IDW Pronouncements: IDW Auditing Standards.

The Institut der Wirtschaftsprüfer in Deutschland e.V. (IDW) (2015b), IDW Pronouncements: IDW Auditing Practice Statements (IDW AuPS).

The Institut der Wirtschaftsprüfer in Deutschland e.V. (IDW) (2015c), IDW Pronouncements: IDW Standards (IDW S).

The Institut der Wirtschaftsprüfer in Deutschland e.V. (IDW) (2015d), IDW Pronouncements: IDW Assurance Standards (IDW AssS).

PricewaterhouseCoopers (2016), Doing Business and Investing in Germany.

（小澤義昭）

第8章 オーストラリア基準

第1節 はじめに

　オーストラリアは、次章で取り上げるニュージーランドと地理的に近い国であるとともに、2014年12月には、両国の職業的専門家団体であるオーストラリア勅許会計士協会（Institute of Chartered Accountants Australia）とニュージーランド勅許会計士協会（New Zealand Institute of Chartered Accountants）が合併し、オーストラリア・ニュージーランド勅許会計士協会（Chartered Accountants Australia and New Zealand）が創設されている。しかし、両国で適用されている監査・証明業務に関する基準は、2018年3月時点で、それぞれの国における基準設定主体によって設定・公表されている。

　本章ではまず、オーストラリアにおける法定監査・証明制度の内容について、特に対象となる企業や免除規定を中心に紹介する。次に、オーストラリアにおける監査・証明基準の体系と設定主体について紹介し、その後、オーストラリアにおける特別目的の財務情報に対する監査・証明業務に関する基準の概要を紹介する。後述のように、オーストラリアでは原則として、IAASBが公表している国際的な基準が自国基準として採用されている。そこで、ここではオーストラリアで適用されている監査・証明業務に関する基準に特有の規定（すなわち、国際的な基準を採用する際に新設又は修正された規定）を中心に取り上げることとする。

第2節 法定監査・証明制度の内容

　オーストラリアでは、2001年会社法（Corporations Act 2001）に基づいて、全

ての証券公開企業（all disclosing entities[1]）、全ての公開会社（all public companies）、全ての大規模非公開会社（all large proprietary companies）、及び全ての登録スキーム（all registered schemes[2]）は、年次財務報告書（annual financial reports[3]）の作成が義務付けられている（第292条(1)）。また、小規模非公開会社（small proprietary companies[4]）は、(a)同法第293条又は第294条に基づいて指示されている場合、又は(b)外国企業によって支配されているものの、その会計期間の財務諸表において連結の範囲から外れている場合にのみ、財務報告書の作成が義務付けられている（第292条(2)）。さらに、小規模保証有限責任会社（small companies limited by guarantee[5]）は、同法第294A条又は第294B条に基づいて指示されてい

---

[1] 同法第111AC条によると、(1)ED証券（enhanced disclosure securities；第111AE条、第111AF条、第111AFA条、第111AG条、又は第111AI条に基づいて定められ、かつ、第111AJ条で除外されていない証券）を発行している団体、及び(2)ED証券を運用している運用型投資スキーム（managed investment scheme）を指す。

[2] 同法第9条によると、第601EB条に基づいて登録されている運営投資スキームを指す。

[3] 同法第295条によると、財務報告書は(a)年次財務諸表（financial statements）、(b)年次財務諸表に関する注記、及び(c)年次財務諸表とその注記に関する取締役の宣誓書（directors' declaration）で構成されている。

[4] 同法第45A条(2)によると、以下の条件のうち、少なくとも2つを満たす会社が該当する。
　(1) 当該会社（及び、もしあれば当該会社が支配する企業実体）の当年度の連結収益が2,500万ドル（又は規制によって定められたその他の任意の金額）未満である。
　(2) 当該会社（及び、もしあれば当該会社が支配する企業実体）の年度末連結総資産が1,250万ドル（又は規制によって定められたその他の任意の金額）未満である。
　(3) 当該会社（及び、もしあれば当該会社が支配する企業実体）の年度末従業員数が50人（又は規制によって定められたその他の任意の金額）未満である。

[5] 同法第45B条によると、特定の事業年度において、以下の条件を満たす会社が該当する。
　(1) 事業年度全体を通じて保証有限責任会社である。
　(2) 事業年度中は常に税控除対象贈与の受領者（deductible gift recipient）でない。
　(3) 当該会社が会計基準によって連結財務報告書の作成を要求されておらず、同社の当年度の収益が閾値未満であるか、又は当該会社が会計基準によって連結財務報告書の作成を要求されており、連結実体の当年度の連結収益が閾値未満である。
　(4) 2013年連邦政府ガバナンス・業績評価・説明責任法の目的のための連邦会社、そのような連邦会社の子会社、あるいは法人形態の連邦組織のいずれにも該当しない。
　(5) 2001年会社法附則4第1節の意義の範囲内において、州又は準州の振替金融機関（transferring financial institution）であったことはない。
　(6) 事業年度中は常に、1959年銀行法第66条のもとで、住宅金融組合（building society）や信用組合（credit society or credit union）という表現を使用することが許可されている会社ではない。

る場合にのみ、財務報告書の作成が義務付けられている（第292条(3)）。なお、証券公開企業については、年次財務報告書だけでなく、半期財務報告書[6]の作成も義務付けられている（第302条(a)）。

　そして、これらの事業体は、作成した年次財務報告書について監査を受けなければならない（第301条）。ただし、小規模非公開会社は、(a)同社の財務報告書が同法第293条の指示に応じて作成されており、かつ(b)その指示が監査済財務報告書を要求していない場合、同社の年次財務報告書については監査を受ける必要はない（第301条(2)）。また、保証有限責任会社（company limited by guarantee[7]）は、(a)同社が(i)2013年連邦政府ガバナンス・業績評価・説明責任法（Public Governance, Performance and Accountability Act 2013）の目的を達成するための連邦会社、(ii)そのような連邦会社の子会社、(iii)法人形態の連邦企業の子会社のいずれにも該当せず、かつ(b)同社が(i)連結財務報告書の作成を会計基準によって要求されておらず、かつ当年度の収益が100万豪ドル未満であるか、又は(ii)連結財務報告書の作成を会計基準によって要求されており、かつ当年度の連結収益が100万豪ドル未満であるかのいずれかに該当する場合、同社の年次財務報告書については監査よりもむしろレビューを実施することがある（第301条(3)）。さらに、小規模保証有限責任会社は、(a)当該財務報告書が同法第294A条の一部の指示に応じて作成されており、かつ(b)その指示が監査又はレビューを要求していない場合、同社の年次財務報告書については監査又はレビューを実施する必要はない（第301条(4)）。加えて、会社が(a)期末時点で同法第738ZI条の対象となっており、かつ(b)その会社が任意の時点で行ったすべてのCSF（crowd-sourced funding）の申込みによって調達した資金が100万豪ドル未満であった場合は、監査を受ける必要がない（第301条(5)）。なお、証券公開企業については、年次財務報告書だけでなく、半期財務報告書についても監査を受けなければならない（第302条(b)）。

　以上のように、オーストラリアでは、法定監査の対象となる上記の企業等の財務報告書について、監査人による監査の実施が義務付けられている。

6　同法第303条によると、半期財務報告書は、(a)半期財務諸表、(b)半期財務諸表に関する注記、及び(c)半期財務諸表とその注記に対する取締役の宣誓書で構成されている。
7　同法第9条によると、ある会社が解散する場合に、各構成員が当該会社に財産を提供することを保証している金額を限度として責任を負うという原則に基づいて設立された会社が該当する。

第3節　監査・証明基準の体系と設定主体

　オーストラリアでは、オーストラリア政府の独立法定代理人（independent statutory agency）である監査・保証基準審議会（Auditing and Assurance Standards Board：以下、AUASB）が監査・証明基準を設定し、公表している。AUASBは、監査・証明業務の結果を利用する者に提供される情報の関連性、信頼性、及び適時性を向上させるために、質の高い監査・証明基準及び関係する指針を構築することを使命としている。AUASBが設定する基準は、2001年会社法のもとで要求される財務報告書の監査又はレビューにおいて、その適用が法的に強制されている。

　AUASBは、オーストラリアの状況に照らして、一般に適用可能であり、かつ適切である場合に、IAASBによって公表されている国際的な基準を採用している。このアプローチは、実務における国際的な収斂を進めるために設計されており、AUASBは、元となる国際的な基準を採用すべきでない非常に強い理由が存在しない限り、当該国際的な基準を採用している。したがって、現在オーストラリアで採用されている監査・証明基準の多くは、IAASBによって公表されている国際的な基準を基礎としている。万が一、そのような理由が存在する場合、AUASBは、元となる国際的な基準よりも要求事項が緩和されないように、かつその基準の規定と矛盾しないように、元となる国際的な基準を修正する措置を取っている。

　［図表8-1］は、AUASBが公表する監査・証明基準の体系を示している。上述のように、AUASBは原則としてIAASBによって公表されている国際的な基準を採用していることから、監査・証明基準の体系もIAASBのそれに準拠したものとなっている。

[図表8-1] オーストラリアの監査・証明基準の体系

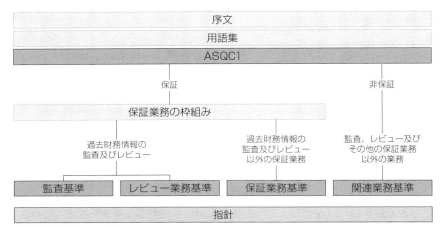

(出所) AUASB (2014), Appendix 1を元に筆者作成。

第4節 特別目的の財務情報に対する監査・証明業務に関する基準

第1項 監査業務

① 監査基準ASA第800号「特別な考慮事項―特別目的の枠組みに準拠して作成された財務報告書の監査」

オーストラリアにおける特別目的の枠組みに準拠して作成された完全な一組の財務諸表の監査には、監査基準ASA第800号「特別な考慮事項―特別目的の枠組みに準拠して作成された財務報告書の監査」(Auditing Standard ASA 800, *Special Considerations – Audits of Financial Reports Prepared in Accordance with Special Purpose Frameworks* (Compiled): 以下、ASA800) が適用される。より具体的には、ASA800は(a)2001年会社法に準拠して作成された年次財務報告書又は半期財務報告書の監査、及び(b)その他の任意の目的のために作成された財務報告書又は完全な一組の財務諸表の監査に適用される (par.Aus 0.1)。また、ASA800は必要に応じて、その他の過去財務情報の監査にも適用される (par.Aus 0.2)。

ASA800の内容は、IAASBによって公表されているISA800 (改訂版)「特別な考慮事項―特別目的の枠組みに準拠して作成された財務諸表の監査」(International

Standard on Auditing 800 (Revised), *Special Considerations – Audits of Financial Statements Prepared in Accordance with Special Purpose Frameworks*) に準拠している。ただし、ASA800とISA800の間には、参照されている他の監査基準などの名称がオーストラリアで使用されているものに変更されていること以外に、以下のような相違がある。

- ASA800では、同基準に特有の「特別目的の財務報告書」という用語を、「特別目的の枠組みに準拠して作成された、財務報告書に責任を負う者による主張の言明を含む、完全な一組の財務諸表」と定義している（par.Aus 6.1）。
- ASA800に含まれていて、ISA800に含まれていない適用指針には、以下のものがある。
  ▶ 会社法、オーストラリア会計基準、他の適用される法律又は規則、あるいは財務報告書の特定の利用者が、財務報告書の作成が要求されるかどうかを決定することがある。オーストラリア会計基準は、事業体が「報告が要求される事業体（reporting entity）」か「報告が要求されない事業体（non-reporting entity）」かどうか、及びその結果として財務報告書が一般目的と特別目的のいずれであることを要求されているかを確認するための、適用される財務報告の枠組みを提供する。2001年会社法のもとで財務報告書を作成している「報告が要求される事業体」にとって、適用される枠組みは一般目的である。2001年会社法のもとで財務報告書を作成している「報告が要求されない事業体」にとって、適用される枠組みは一般目的であるかもしれないし、あるいは特別目的であるかもしれない（par.Aus. A1.1）。
  ▶ 監査基準ASA第200号「独立監査人の総括的な目的及びオーストラリア監査基準に準拠した監査の実施」（Auditing Standard ASA 200, *Overall Objectives of the Independent Auditor and the Conduct of an Audit in Accordance with Australian Auditing Standards* (Compiled)：以下、ASA200）は、(a)独立性に関係するものを含む、財務報告書の監査業務に関係する倫理上の関連要求事項と、(b)監査に関連するすべてのオーストラリア監査基準に準拠することを、監査人に要求している。それはまた、監査の状況において、それが条件付であり、かつその条件が存在していないために、監査基準全体が関連しないか、又はその要求事項が関連しない限り、あるいは、監査人が決定した取引クラス、勘定

残高又は開示に関連するであろう要求事項の適用が重要でない限り、オーストラリア監査基準の各要求事項に準拠することを、監査人に要求している。例外的な状況において、監査人がある要求事項に準拠することを妨げる、監査人が制御できない要因が存在する場合、監査人は、可能であれば、適切な代替的な監査手続を実施する（par.Aus A9.1）。

▶監査報告書に含まれる業務担当パートナーの氏名に関する監査基準ASA第700号「意見の形成と財務報告書に関する報告」（Auditing Standard ASA 700, *Forming an Opinion and Reporting on a Financial Report* (Compiled)：以下、ASA700）の要求事項は、法律又は規則によって要求されている場合、特別目的の財務報告書の監査にも適用される（par.Aus A18.1）。

② 監査基準ASA第805号「特別な考慮事項―個々の財務表及び財務諸表における特定の要素、勘定又は項目の監査」

オーストラリアにおける個々の財務表の監査、及び財務諸表における特定の要素、勘定又は項目（以下、要素等）の監査には、監査基準ASA第805号「特別な考慮事項―個々の財務表及び財務諸表の特定の要素、勘定又は項目の監査」（Auditing Standard ASA 805, *Special Considerations – Audits of Single Financial Statements and Specific Elements, Accounts or Items of a Financial Statement* (Compiled)：以下、ASA805）が適用される。より具体的には、ASA805は個々の財務表の監査、又は財務諸表における特定の要素等の監査に適用される（par.Aus 0.1）。また、ASA805は必要に応じて、その他の過去財務情報の監査にも適用される（par.Aus 0.2）。なお、個々の財務表、又は財務諸表における特定の要素等は、一般目的の枠組みに準拠して作成される場合もあれば、特別目的の枠組みに準拠して作成される場合もある。したがって、もしそれらが特別目的の枠組みに準拠して作成されている場合、その監査にはASA800も適用される（par.1）。

ASA805の内容は、IAASBによって公表されているISA805（改訂版）「特別な考慮事項―個々の財務表及び財務諸表における特定の要素、勘定又は項目の監査」（International Standard on Auditing 805 (Revised), *Special Considerations – Audits of Single Financial Statements and Specific Elements, Accounts or Items of a Financial Statement*）に準拠している。ただし、ASA805とISA805の間には、参

照されている他の監査基準などの名称がオーストラリアで使用されているものに変更されていること以外に、以下のような相違がある。
- ASA805に含まれていて、ISA805に含まれていない適用指針には、以下のものがある。
  ▶ ASA200は、(a)独立性に関係するものを含む、財務報告書の監査業務に関係する倫理上の関連要求事項と、(b)監査に関連するすべてのオーストラリア監査基準に準拠することを、監査人に要求している。それはまた、監査の状況において、それが条件付であり、かつその条件が存在していないために、監査基準全体が関連しないか、又はその要求事項が関連しない限り、あるいは、監査人が決定した取引クラス、勘定残高又は開示に関連するであろう要求事項の適用が重要でない限り、オーストラリア監査基準の各要求事項に準拠することを、監査人に要求している。例外的な状況において、監査人がある要求事項に準拠することを妨げる、監査人が制御できない要因が存在する場合、監査人は、可能であれば、適切な代替的な監査手続を実施する（par.Aus A5.1）。
  ▶ 監査報告書に含まれる業務担当パートナーの氏名に関するASA700の要求事項は、法律又は規則によって要求されている場合、個々の財務表の監査及び財務諸表における特定の要素等の監査にも適用される（par.Aus A22.1）。

第2項　レビュー業務
① 　レビュー業務基準ASRE第2400号「当該企業の監査人ではない保証業務実施者によって実施される財務報告書のレビュー」

　2008年10月1日に、オーストラリアにおけるレビュー業務の基準が大幅に改正された。それまでのレビュー業務には、現在のAUASBの前身である監査・保証基準審議会（Auditing & Assurance Standard Board）によって公表された、基準AUS第902号「財務報告書のレビュー」（Standard AUS 902, *Review of Financial Reports*：以下、AUS902）が適用されていた。AUS902は、IAASBによって公表されていた当時の国際的な基準を基礎とした基準であったが、過去及び将来の財務情報、並びに非財務情報と、適用対象となるレビュー業務が非常に広範であった。その後の基準の発展に伴い、レビュー業務に適用される多くの新しい基準が、現在のAUASBによって公表されていった。その結果、従来はAUS902に準拠して実施

されていた様々な種類のレビュー業務が、関連する別の基準に準拠して実施されることとなった。

［図表8-2］は、業務実施者と保証対象によって、適用されるレビュー業務の基準が異なることを示している。［図表8-2］からもわかるように、オーストラリアにおける過去財務情報に対するレビュー業務の基準には、レビュー業務基準 ASRE 第2400号「当該企業の監査人ではない保証業務実施者によって実施される財務報告書のレビュー」(Standard on Review Engagement ASRE 2400, *Review of a Financial Report Performed by an Assurance Practitioner Who is Not the Auditor of the Entity*：以下、ASRE2400)、レビュー業務基準 ASRE 第2405号「財務報告書以外の過去財務情報のレビュー」(Standard on Review Engagement ASRE 2405, *Review of Historical Financial Information Other than a Financial Report*：以下、ASRE2405)、及びレビュー業務基準 ASRE 第2410号「当該企業の独立監査人によって実施される財務報告書のレビュー」(Standard on Review Engagement ASRE 2410, *Review of a Financial Report Performed by the Independent Auditor of the Entity*：以下、ASRE2410) がある。

［図表8-2］　適用されるレビュー業務の基準

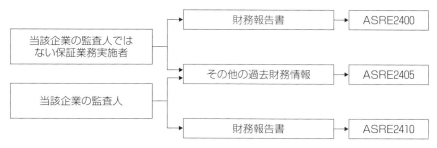

(出所)　ASRE2405, Diagram 1を元に筆者作成。

ASRE2400は、当該企業の監査人ではない保証業務実施者によって実施される、過去財務情報から構成されている財務報告書、あるいは完全な一組の財務諸表のレビューに適用される。ASRE2400の内容は、IAASBによって公表されているISRE2400（改訂版）「過去財務諸表のレビュー業務」(International Standard on

Review Engagements 2400（Revised），*Engagements to Review Historical Financial Statements*）に準拠している。ただし、ASRE2400とISRE2400の間には、参照されている他の監査基準などの名称がオーストラリアで使用されているものに変更されていること以外に、以下のような相違がある。

- ASRE2400に特有の用語とその定義は、以下のとおりである。
  ▶保証業務実施者―公共実務、産業、商業又は公的部門に従事する、保証業務を提供する人物又は組織。この用語は、業務担当パートナー又は業務チームの他の構成員、あるいは、必要に応じて、その事務所を含む。このASREが、ある要求事項又は責任が業務担当パートナーによって遂行されることを明確に意図している場合、「保証業務実施者」よりも「業務担当パートナー」という用語が使用される。「業務担当パートナー」及び「事務所」は、適切な場合に、公的部門における同等のものと読み替えられる（par.Aus 17.1(l)）。
  ▶完全な一組の財務諸表―適用される財務報告の枠組みの要求事項によって決定される、財務諸表及び関連する注記（par.Aus 17.1(m)）。
  ▶財務諸表―完全な一組の財務諸表又は財務報告書（par. Aus 17.1(n)）。
  ▶財務報告書―関連する注記、及び財務報告書に責任を負う者による主張の言明を含む、完全な一組の財務諸表（par.Aus 17.1(o)）。
- ASRE2400に含まれていて、ISREに含まれていない要求事項には、以下のものがある。
  ▶保証業務実施者の理解は、以下のものを含まなければならない。
    ((a)から(d)はISRE2400と同一であるため省略)
    (e) 財務諸表の作成と関係している内部統制（par.Aus 46.1）
  ▶企業の事業継続能力についての経営者の評価を検討する中で、保証業務実施者は、関連する期間を検討しなければならない。それは、適用される財務報告の枠組みによって要求される評価を実施するために経営者によって使用された期間と同じかもしれないし、あるいは異なるかもしれない。もし企業の事業継続能力についての経営者の評価が関連する期間よりも短い期間を対象としている場合、保証業務実施者は、経営者に対して、保証業務実施者によって使用された関連する期間に対応するように要求しなければならない（par.Aus 53.1）。
  ▶関連する期間とは、当期の保証業務報告書の発行日から、以下の期間に該当す

る保証業務報告書の発行予想日までの約12か月間を意味する（par.Aus 53.2）。
　　(a)　年次財務諸表における次の年次報告期間
　　(b)　期中報告期間における翌年の対応する報告期間
▶もし適切な開示が財務報告書の中で行われている場合、保証業務実施者は、重要な不確実性を強調するために、保証業務報告書に強調事項の区分を追加しなければならない。そこには、当該企業の事業継続能力に著しい疑いを生じさせるかもしれない、ある事象や条件に関係する１つ以上の重要な不確実性が含まれる（par.Aus 87.1）。
▶保証業務報告書は、保証業務実施者がその報告書に署名する日の日付が記載されなければならない（par.Aus 92.1）。

② 　レビュー業務基準ASRE第2410号「企業の独立監査人によって実施される財務報告書のレビュー」

　現行のASRE2410の内容は、IAASBによって公表されているISRE2410「企業の独立監査人によって実施される期中財務情報のレビュー」（International Standard on Review Engagements 2410, *Review of Interim Financial Information Performed by the Independent Auditor of the Entity*）に準拠している。しかし、その形式は、2008年８月に公表されたASRE2410「当該企業の独立監査人によって実施される期中及びその他の財務報告書のレビュー」、及びその基礎となっているIAASBによって「クラリティ」形式に起草される前のISRE2410を引き継いでいる。
　ASRE2410は、(a)当該企業の独立監査人による、2001年会社法に準拠した半期財務諸表のレビュー、及び(b)当該企業の独立監査人による、他の目的のために作成された、過去財務情報から構成されている、財務報告書又は完全な一組の財務諸表のレビューに適用される（par.1）。ASRE2410は、以下に挙げられる事項を除いて、ISRE2410が当該企業の監査人による財務諸表のレビューを取り扱う範囲で、ISRE2410に準拠することが意図されている。
• ASRE2410に含まれていて、ISRE2410に含まれていない要求事項には、以下のものがある。
　▶例外的な状況において、監査人が制御できない要因が、監査人が関連する要求事項に含まれる重要な手続に準拠することを妨げる場合、監査人は以下の行動

を取らなければならない。
(a) もし可能であれば、適切な代替手続を実施する
(b) 以下の事項を調書に記載する
 (ⅰ) 準拠できない状況
 (ⅱ) 準拠できない理由
 (ⅲ) どのような代替手続がその要求事項の目的を達成するかの根拠

監査人が適切な代替手続を実施できない場合、監査人はレビュー報告書に対する影響を検討しなければならない（par.7）。

▶監査人は、業務の約定項目に合意する前に、財務報告の枠組みが許容可能であるかどうかを判断し、経営者及び、適切な場合には、ガバナンスに責任を負う者から、彼らが負っている以下の事項に関する責任を認めて理解しているという合意を得なければならない（par.11）。
(a) 財務報告書を作成し、適正に表示することに関する責任
(b) 経営者及び、適切な場合には、ガバナンスに責任を負う者が重要な虚偽の表示を含まない財務報告書を作成するために必要であると考える内部統制に関する責任
(c) 監査人に以下のものを提供する責任
 ●財務報告書の作成に関連する情報を利用する権利
 ●監査人がレビュー業務の目的のために要求するかもしれない追加情報
 ●監査人が証拠を入手するために必要であると判断した人物に何の制限もなく接近できる権利を提供することに関する責任

▶監査人は、業務の約定項目について当該企業と合意しなければならない。それは、監査人によって書面で記録され、当該企業に送付されなければならない。レビュー業務が法令に従って受諾される場合、適用される最低限の約定項目はその法令に含まれているものである（par.12）。

▶監査人は、以下の場合に、専門的判断を用いて重要性を検討しなければならない（par.15）。
(a) レビュー手続の内容、時期、及び範囲を決定する場合
(b) 虚偽の表示の影響を評価する場合

▶比較情報が財務報告書の中にはじめて含まれる場合、監査人は、当期の財務

報告書に適用されるものと同様の手続を、その比較情報に実施しなければならない（par.21）。
▶経営者及び、適切な場合には、ガバナンスに責任を負う者が、監査人が必要と考える経営者確認書を提供することを拒否する場合、これは監査人の業務の範囲の制約とみなされ、監査人は必要に応じて、限定付結論を表明するか、あるいは結論を表明してはならない（par.24）。
▶財務報告書のレビューを実施した結果として、当該企業による不正又は法律及び規則への不遵守が存在すると監査人に信じさせる事項に監査人が気付いた場合、監査人は可及的速やかにその事項をガバナンスに責任を負う者に伝達するとともに、レビューへの影響を検討しなければならない（par.30）。
▶すべての重要な点において、適用される財務報告の枠組みに準拠して作成されるために、財務報告書に重要な修正が行われるべきであると監査人に信じさせる事項に監査人が気付いた場合、監査人は限定付結論又は否定的結論を表明しなければならない。監査人は、報告書の中に修正の根拠を示す区分を含めなければならない。そこでは、逸脱の内容を記載し、もし可能であれば、その財務報告書への影響を述べる。もしその影響又は考えられる影響が確実に測定できない場合、その影響及びその理由についての言明が修正の根拠を示す区分に含まれなければならない。結論の区分は、「限定付結論」又は「否定的結論」のいずれか適切な見出しを付けなければならない（par.33）。
▶逸脱の影響が非常に重大かつ財務報告書の広範にわたるために、監査人が、限定付結論は誤導を招く、あるいは不完全な内容の財務報告書を開示するのに適切ではないと結論付ける場合、監査人は否定的結論を表明しなければならない（par.34）。
▶法律又は規則によって要求されない限り、経営者が監査人のレビューの範囲に制約を課した場合、監査人は財務報告書をレビューする契約を受諾してはならない（par.36）。
▶もし、契約を受諾した後で、経営者がレビューの範囲に制約を課す場合、監査人は経営者にその制約を取り除くことを要求しなければならない。もし経営者がその制約の除去に関する監査人の要求を拒否する場合、監査人は適切な階層の経営者及びガバナンスに責任を負う者に対して、書面によって、そのレビュ

ーが完了できない理由を伝達しなければならない（par.37）。
- ▶もし、監査人に報告書を発行する法律又は規則の要求があるにもかかわらず、経営者及び、適切な場合には、ガバナンスに責任を負う者が、レビューの範囲に課された制約の除去に関する監査人の要求を拒否する場合、監査人は、必要に応じて、そのレビューが完了できない理由を含めて、結論を表明しないか、あるいは限定付結論を表明しなければならない（par.38）。
- ▶稀な状況において、監査人の業務の範囲に関する制約が存在し、それが重要ではあるが、監査人の判断によれば、財務報告書の広範にわたっておらず、1つ以上の特定の事項に限られている場合、及び監査人が無限定結論を表明できないと結論付けた場合、監査人は限定付結論を表明しなければならない。限定付結論は、その限定が関係する事項の影響を「除くもの」として表明されなければならない。結論の区分は、「限定付結論」と見出しを付けなければならない（par.39）。

- ASRE2410に含まれていて、ISRE2410に含まれていない適用指針には、以下のものがある。
  - ▶監査人は、重要性を決定する中で、専門的判断を使用し、質的要因と量的要因を検討する必要がある（par.A14）。
  - ▶通常、財務報告書のレビューのための重要性についての監査人の検討は、その期間の財務データを基礎とする。したがって、期中期間の財務データを基礎とする重要性は、年次財務データを基礎とする重要性よりも少ないかもしれない。もし当該企業の事業が季節変動に依存する、あるいはもし当期の財務業績が前期の財務業績及び当年度の業績予想と比較して異常な減少又は増加を示している場合、監査人は、例えば、重要性はその期間にとって標準化された形を用いて決定される方がより適切であると結論付けるかもしれない（par.A15）。
  - ▶虚偽の表示の影響を評価する中で、重要性についての監査人の検討は専門的判断の問題であり、財務報告書の利用者が有する財務情報のニーズについての監査人の知覚によって影響される（par.A16）。
  - ▶もし適用される財務報告の枠組みが重要性の定義を含んでいる場合、それは通常、レビューの計画及び実施のための重要性を決定する場合の参照枠を監査人に提供するだろう（par.A17）。

▶監査人は、関連がある場合、当該企業及び連結事業体の両方の視角から重要性を検討する必要がある（par.A18）。
▶比較情報が最初の財務報告書に含まれており、かつ監査人がレビューの目的を達成するための十分かつ適切なレビュー証拠を入手できない場合、レビューの範囲の制約が存在し、監査人はレビュー報告書を修正する必要がある。通常、監査人の業務の範囲の制約は、限定付（「除外事項付」）結論に帰着するだろう。そのような場合、通常、監査人は財務報告書の中で明確な開示を促す。それは、監査人が比較情報をレビューできていないということである。修正レビュー報告書の例が、付録4に含まれている（par.A28）。
▶比較情報が最初の財務報告書に含まれており、かつ監査人がその財務報告書に重要な修正を行うべきであると信じている場合、パラグラフ33のもとで、監査人はレビュー報告書を修正する必要がある（par.A29）。
▶当該企業が最初の財務報告期間内でのみ成立している場合、比較情報は最初の財務報告書の中に提供されず、修正レビュー報告書も要求されない（par.A30）。
▶オーストラリア会計基準AASB第101号「財務諸表の表示」は、オーストラリア会計基準に準拠して作成された財務報告書に含まれる比較情報に関連する要求事項及び解釈指針を提供している。オーストラリア会計基準AASB第1号「オーストラリア会計基準の初度適用」は、当該企業がオーストラリア会計基準を最初に適用する場合の比較情報に関連する要求事項及び指針を提供している（par.A31）。

③　レビュー業務基準ASRE第2405号「財務報告書以外の過去財務情報のレビュー」

ASRE2405は、財務報告書以外の過去財務情報のレビューに適用される。ASRE2405は、ISRE2400と同等になるように設計されてはいないが、以下の例外を除いて、財務報告書以外の過去財務情報のレビューを取り扱っているISRE2400の規定に準拠することを意図している。
● ASRE2405に含まれていて、ISRE2400に含まれていない要求事項には、以下のものがある。

▶例外的な状況において、保証業務実施者が制御できない要因が、保証業務実施者がこのASREの要求事項に準拠することを妨げる場合、保証業務実施者は以下の行動を取らなければならない。
  (a) もし可能であれば、適切な代替手続を実施する
  (b) 以下の事項を調書に記載する
    (ⅰ) 準拠できない状況
    (ⅱ) 準拠できない理由
    (ⅲ) どのような代替手続がその要求事項の目的を達成するかの根拠
  保証業務実施者が適切な代替手続を実施できない場合、保証業務実施者はレビュー報告書に対する影響を検討しなければならない（par.7）。
▶保証業務実施者は、個々の業務に関連する品質管理手続を実施しなければならない（par.11）。
▶保証業務実施者は、保証業務実施者が知るところとなった未修正の虚偽の表示が過去財務情報にとって重要であるかを、個別的及び総合的に、判断しなければならない（par.38）。
▶保証業務実施者は、以下の事項について、経営者から経営者確認書を入手するように努めなければならない（par.42）。
  (a) 不正及び誤謬を防止及び発見するために内部統制を構築及び運用することに対する責任を認める。
  (b) 過去財務情報は適用される規準に準拠して作成及び表示されている。
  (c) レビューの間に保証業務実施者によって収集された未修正の虚偽の表示の影響が、個別的にも総合的にも、過去財務情報全体から見て重要ではないと信じている。そのような項目の要約は経営者確認書の中に含められるか、あるいは添付される。
  (d) 当該企業に影響を与えるかもしれないことが知られているあらゆる不正又は不正と疑われるものに関係するすべての重大な事実を、保証業務実施者に開示している。
  (e) 不正に起因する重要な虚偽の表示が過去財務情報の中に存在するかもしれないリスクを評価した結果を、保証業務実施者に開示している。
  (f) 実際に生じている、あるいは生じる可能性があることが知られているすべ

ての法律又は規則への不遵守を、保証業務実施者に開示した。その影響は、過去財務情報を作成する際に検討されている。
(g) 過去財務情報に付された日付からレビュー報告書に付された日付までに生じた全ての重大な事象を、保証業務実施者に開示した。それらは、過去財務情報に修正又は開示を要求するかもしれない。

▶もしガバナンスに責任を負う者が、保証業務実施者が必要と考える経営者確認書の提供を拒否した場合、これは保証業務実施者の業務範囲の制限を構成し、保証業務実施者は限定付結論を表明するか、あるいは結論を不表明としなければならない（par.44）。

▶保証業務実施者は、過去財務情報を伴うその他の情報が過去財務情報と著しく矛盾しているかどうかを検討するために、そのような情報を読解しなければならない（par.45）。

▶その他の情報が重要な虚偽の表示を実際に含んでいるように思われると保証業務実施者に信じさせる事項が、保証業務実施者の知るところとなった場合、保証業務実施者は、当該企業の経営者とその事項について討議しなければならない（par.48）。

▶過去財務情報のレビューを実施した結果として、適用される規準に準拠して作成され、すべての重要な点において適正に表示されるために、過去財務情報に著しい修正が必要であると保証業務実施者に信じさせる事項が、保証業務実施者の知るところとなった場合、保証業務実施者は、この事項を可及的速やかに適切なレベルの経営管理者に伝達しなければならない（par.50）。

▶保証業務実施者が、経営者が合理的な期間の中で適切に対応しないと判断する場合、保証業務実施者はガバナンスに責任を負う者に通知しなければならない（par.51）。

▶保証業務実施者が、ガバナンスに責任を負う者が合理的な期間の中で適切に対応しないと判断する場合、保証業務実施者は以下のことを考慮しなければならない（par.53）。
(a) 報告書を修正するかどうか
(b) 業務から撤退する可能性
(c) 監査人でもある場合は、年次財務報告書の監査人を辞任する可能性

▶過去財務情報のレビューを実施した結果として、不正又は当該企業による法律及び規則への不遵守の存在を保証業務実施者に信じさせる事項が、保証業務実施者の知るところとなる場合、保証業務実施者は、その事項を可及的速やかにガバナンスに責任を負う者に伝達し、レビューへの影響を考慮しなければならない（par.54）。

▶保証業務実施者は、過去財務情報のレビューから生じたガバナンスの利害に関連する事項を、ガバナンスに責任を負う者に伝達しなければならない（par.56）。

④　レビュー業務基準ASRE第2415号「財務報告書のレビュー：有限責任保証会社、あるいはACNC法その他の適用される法令又は規則のもとで報告を要求されている企業」

　［図表8-2］には示されていないが、オーストラリアには、財務報告書に対するレビュー業務の基準として、レビュー業務基準ASRE第2415号「財務報告書のレビュー：有限責任保証会社、あるいはACNC法その他の適用される法令又は規則のもとで報告を要求されている企業」（Standard on Review Engagement ASRE 2415, *Review of a Financial Report: Company Limited by Guarantee or an Entity Reporting under the ACNC Act or Other Applicable Legislation or Regulation*：以下、ASRE2415）も設定されている。ASRE2415は、オーストラリア独自の基準であり、ISREにはこれに相当するものが存在しない。

　ASRE2415は、(a)2001年会社法に準拠した有限責任保証会社、(b)2012年オーストラリアチャリティ非営利委員会法（Australian Charities and Not-for-Profit Commission Act 2012：以下、ACNC法）のもとで報告が要求されている企業、及び(c)その他の適用される法律又は規則のもとで報告が要求されている企業の年次財務報告書のレビューに適用される。ただし、ASRE2415は、上記の会社又は企業が財務報告書の監査に代えてレビューを行うことを選択した場合に、その会社又は企業が過年度に監査を受けていた場合にはASRE2410、受けていなかった場合にはASRE2400が適用されることになるということを規定しているのみである（par.9 and 10）。

第3項　合意された手続業務―関連業務基準ASRS第4400号「手続結果を報告するための合意された手続業務」

　オーストラリアにおけるAUP業務には、関連業務基準ASRS第4400号「手続結果を報告するための合意された手続業務」（Standard on Related Service ASRS 4400, *Agreed-Upon Procedures Engagements to Report Factual Findings*：以下、ASRS4400）が適用される。より具体的には、ASRS4400は保証業務実施者によって実施される合意された手続業務に適用される（par.1）。また、ASRS4400は必要に応じて、保証業務実施者以外の業務実施者によって提供される合意された手続業務にも適用される（par.2）。

　ASRS4400の内容は、以下の例外を除き、IAASBによって公表されているISRS4400「財務情報に関して合意された手続を実施する業務」（International Standard on Related Services 4400, *Engagements to Perform Agreed-Upon Procedures Regarding Financial Information*）に準拠している。

- ISRS4400は財務情報に限定されているのに対して、ASRS4400は財務情報に関する手続に限定していない（par.4）。
- ISRS4400は「監査人」や「監査性質（audit nature）の手続」という用語を使用しているのに対して、ASRS4400は「保証業務実施者」や「保証性質（assurance nature）の手続」という用語を使用している。ただし、両者は同じ意味で使用されている（par.1, 4 and 11）。
- AUASBは、保証業務実施者は契約相手から独立しているか、あるいは契約相手との間で合意された独立性に関する修正規定を有していることを必要とし、かつ意図された利用者とそれらの修正された独立性について合意又は開示すると考えている。したがって、ASRS4400は、保証業務実施者に対して、他の保証業務に適用される独立性に関する規定と同様の独立性を維持すること、及びもし独立性に関する修正規定に合意している場合は、報告書の中に開示することを要求している（par.17）。
- ASRS4400に含まれていて、ISRS4400に含まれていない要求事項には、以下のものがある。
    - ▶意図された利用者の要求と目的を理解すること（par.18）
    - ▶規制当局又は典型的な利用者、業界又は会計専門職団体が、業務が意図してい

る利用者の集団を代表していることに、彼ら自身が納得すること（par.19）
▶業務を実施する者が総じて手続を実施する能力と適性を有している場合にのみ、業務を受諾すること（par.20）
▶以下の場合は、合意された手続業務を受諾しないこと（par.21）
　●意図された利用者の要求に合致しそうにない
　●利用者が業務の結果として保証が提供されていると解釈する可能性がある
　●保証業務のすべての要素が満たされている
　●業務に合理的な目的がない
　●保証業務実施者が実施される手続の十分性を決定し、リスク評価を実施し、証拠の十分性と適切性を評価し、あるいは結論に達することが必要である
▶業務の約定項目の中で、主題事項に関する結論に達することについての責任は意図された利用者が有していることを述べること（par.22）
▶一連の業務の中で実施される手続を決定又は修正するために専門的判断を行使しないこと（par.25）
▶代替的又は追加的な手続を実施されるべきである場合は、業務の約定項目の修正を要求すること（par.26）
▶業務の約定項目の中で合意された手続の計画を限定すること（par.28）
▶リスク評価を実施しないこと（par.29）
▶手続の設計又は実施結果の評価を行うために重要性を適用しないこと（par.30）
▶事務所内の品質管理システムを確立及び維持すること（par.31）
▶全体的な品質管理に責任を負い、かつその業務に対して品質管理手続を適用すること（業務チームによる職業倫理に関する規定の遵守を含む）（par.31 and 32）
▶業務チーム及び全ての専門家が、総じて合意された手続業務を実施するための適性、能力及び資源を有していることに、彼ら自身が納得すること（par.33）
▶業務の指導、監督及び実施、並びに手続結果の正確な報告、そして他者の業務を利用する場合は、彼らの業務及び伝達された発見事項の適切性の評価に対して責任を負うこと（par.34 and 35）
▶独立性、クライアントとの関係の受諾と継続、及び業務の受諾を含む、職業倫理に関する規定の遵守に関する事項を文書化すること（par.36）

- ▶業務の約定項目を保証の提供に拡張しないこと（par.38）
- ▶発見事項の評価、あるいは結論又は意見の提供を行わないこと（par.39）
- ▶手続結果報告書の中で、合意された手続業務の適切性を判断することの責任は、契約相手にあることを述べること（par.43(h)）
- ▶たとえ全ての誤謬又は例外がその後に修正される、あるいはいかなる合意された手続も実施できないとしても、修正報告書又は強調事項を発行するのではなく、代わりに手続結果の中のすべての誤謬又は例外を報告すること（par.46）
- ▶手続結果報告書から、保証が提供されていることを示唆するかもしれない表現を除くこと（par.47）

第5節　要約

　本章では、オーストラリアにおける特別目的の財務情報に対する監査・証明業務に適用される基準の内容について、特にIAASBによって公表されている国際的な基準との相違点を指摘することを中心に紹介してきた。その結果、オーストラリアにおいては、基本的には国際的な基準を自国基準として採用する傾向にあるものの、法律や規則の影響以外に、独自の規定を追加している箇所がいくつか確認された。最後に、本章で検討した各基準の内容をまとめると、[図表8-3]のようになる。なお、本章では国際的な基準と相違する規定を中心に紹介してきたため、[図表8-3]の中には本文中で取り上げていない項目もある（例えば、監査・証明対象の作成基準など）。ただし、それらについては国際的な基準との間に相違が見られなかった項目である。

[図表8-3] オーストラリアにおける特別目的の財務情報に対する監査・証明業務の基準

監査・証明業務	財務報告の枠組み	作成基準（例示）	監査・証明対象（財務情報）	業務基準	意見・結論	報告書	業務実施者
監査	特別目的	税法基準 現金基準 規制基準 契約基準 その他（州法など）	財務報告書	ASA100 - 700 series ASA800	適正性意見 準拠性意見 (present fairly / true and fair view) (prepared in accordance with)	監査報告書	事業体の監査人
監査	特別目的		個別の財務表及び財務諸表における特定の要素等	ASA100 - 700 series ASA800 ASA805		監査報告書	事業体の監査人
証明 レビュー	特別目的		財務報告書	ASRE2400	適正性結論 準拠性結論 (present fairly / true and fair view) (prepared in accordance with)	レビュー報告書	事業体の監査人以外の職業的専門家
証明 レビュー	特別目的		財務報告書以外の過去財務情報	ASRE2405		レビュー報告書	職業的専門家全般
証明 レビュー	特別目的		財務報告書	ASRE2410		レビュー報告書	事業体の監査人
証明 AUP	特別目的		財務情報全般	ASRS4400	（結果報告）	AUP結果報告書	職業的専門家全体

【参考文献】

AUASB (2008), Standard on Review Engagement ASRE 2405, *Review of Historical Financial Information Other than a Financial Report*, AUASB.

AUASB (2013a), Standard on Related Service ASRS 4400, *Agreed-Upon Procedures Engagements to Report Factual Findings*, AUASB.

AUASB (2013b), Standard on Review Engagement ASRE 2410, *Review of a Financial Report Performed by the Independent Auditor of the Entity*, AUASB.

AUASB (2013c), Standard on Review Engagement ASRE 2415, *Review of a Financial Report: Company Limited by Guarantee or an Entity Reporting under the ACNC Act or Other Applicable Legislation or Regulation*, AUASB.

AUASB (2014), *Framework for Assurance Engagements*, AUASB.

AUASB (2015), Auditing Standard ASA 200, *Overall Objectives of the Independent Auditor and the Conduct of an Audit in Accordance with Australian Auditing Standards* (Compiled), AUASB.

AUASB (2017a), *Auditing Standard ASA 700, Forming an Opinion and Reporting on a Financial Report* (Compiled), AUASB.

AUASB (2017b), Auditing Standard ASA 800, *Special Considerations – Audits of Financial Reports Prepared in Accordance with Special Purpose Frameworks* (Compiled), AUASB.

AUASB (2017c), Auditing Standard ASA 805, *Special Considerations – Audits of Single Financial Statements and Specific Elements, Accounts or Items of a Financial Statement* (Compiled), AUASB.

AUASB (2017d), Standard on Review Engagement ASRE 2400, *Review of a Financial Report Performed by an Assurance Practitioner Who is Not the Auditor of the Entity*, AUASB.

IAASB (1994), International Standard on Related Services 4400 (Previously ISA 920), *Engagements to Perform Agreed-Upon Procedures Regarding Financial Information*, IAASB.

IAASB (2008), International Standard on Review Engagements 2410, *Review of Interim Financial Information Performed by the Independent Auditor of the Entity*, IAASB.

IAASB (2012), International Standard on Review Engagements 2400 (Revised), *Engagements to Review Historical Financial Statements*, IAASB.

IAASB (2016a), International Standard on Auditing 800 (Revised), *Special Considerations – Audits of Financial Statements Prepared in Accordance with Special Purpose Frameworks*, IAASB.

IAASB (2016b), International Standard on Auditing 805 (Revised), *Special Considerations – Audits of Single Financial Statements and Specific Elements, Accounts or Items of a Financial Statement*, IAASB.

(堀古秀徳)

第9章 ニュージーランド基準

第1節 はじめに

　前章で述べたように、ニュージーランドはオーストラリアと地理的に隣接しており、現在では両国の間で単一の職業的専門家団体であるオーストラリア・ニュージーランド勅許会計士協会（Chartered Accountants Australia and New Zealand）が組織されている。しかし、ニュージーランドにおいても、監査・証明業務に関する基準は同国の基準設定主体によって設定・公表されており、かつ基本的には、IAASBによって公表されている国際的な基準を自国基準として採用している。ただし、元となる国際的な基準やオーストラリアで適用されている基準とは異なる、ニュージーランド独自の規定も存在している。

　本章では、ニュージーランドにおける監査・証明業務に関する基準について考察する。はじめに、ニュージーランドにおける法定監査・証明制度の内容について、特に対象となる企業や免除規定を中心に紹介する。次に、ニュージーランドにおける監査・証明基準の体系と設定主体について紹介し、その後、ニュージーランドにおける特別目的の財務情報に対する監査・証明業務に関する基準の概要を紹介する。上述のように、ニュージーランドでも原則として、IAASBが公表している国際的な基準を自国基準として採用しているため、ここではニュージーランドで適用されている監査・証明業務に関する基準に特有の規定（すなわち、国際的な基準を採用する際に新設又は修正された規定）を中心に取り上げることとする。

第2節 法定監査・証明制度の内容

　ニュージーランドでは、1993年会社法（Companies Act 1993）に基づいて、(a)すべての大会社、(b)すべての公益団体である会社、(c)すべての大規模外国会社、(d)

同法第207I条に準拠した条項への遵守を放棄していない10以上の株主がいるすべてのその他の会社、及び(e)同法第207K条に準拠した条項の遵守を放棄した10未満の株主を有するすべてのその他の会社は、財務諸表の作成が義務付けられている[1]（第200条(1)、第201条、及び第202条）。そして、これらの会社は、作成した財務諸表について監査を受けなければならない（第206条(1)、第207条(1)）。ただし、同法第207J条に準拠して同法第207条の遵守を放棄した大会社、又は貸借対照表日に以下の3つの用件を満たしている大規模外国会社は、財務諸表に対する監査を受ける必要はない（第206条(2)及び(3)）。

(a) 財務諸表が貸借対照表日に同法第201条又は第202条のもとで作成されていること
(b) 同法第204条が貸借対照表日時点で当該会社に適用されていないこと
(c) 当該会社が属する国において有効な法律のもとで、(i) 貸借対照表日において同法第201条(4)で規定されている適格財務諸表（qualifying financial statements）の作成が要求されているが、(ii) 作成された当該適格財務諸表に監査が要求されていないこと

また、上記とは別に、2013年金融市場事業法（Financial Market Conduct Act 2013）では、同法第451条に規定されているすべてのFMC報告企業に対して財務諸表の作成が義務付けられている（第460条、第461条）。そして、これらの企業は、作成した財務諸表について監査を受けなければならない（第461D条）。

以上のように、ニュージーランドでは、法定監査の対象となる上記の企業等の財務諸表について、監査人による監査の実施が義務付けられている。

第3節　監査・証明基準の体系と設定主体

ニュージーランドでは、独立的な政府認可法人（Crown Entity）である外部報告審議会（External Reporting Board：以下、XRB）の一委員会であるニュージーランド監査・保証基準審議会（New Zealand Auditing and Assurance Standards Board：以下、NZAuASB）が監査・保証基準を設定し、公表している。

1　同法第200条(2)によると、もしその会社又は外国会社が貸借対照表日時点で1社以上の子会社を有している場合には、当該会社又は外国会社は単体財務諸表の作成が免除されている。

NZAuASBは、監査人が準拠すべき監査・保証基準を設定又は採用、及び公表するために、XRBから代理権を与えられている。同時に、NZAuASBは、XRBによって確立された財務報告戦略に従って活動しなければならない。また、NZAuASBは商務大臣によって提供された権限（1993年財務報告法（Financial Reporting Act 1993）第24条(1)(b)(v)のもとで発行）に準拠して、「その他の保証基準」も公表している。

　NZAuASBは、ニュージーランドの状況に照らして、一般に適用可能であり、かつ適切である場合に、IAASBによって公表されている国際的な基準を採用している。このアプローチは、実務における国際的な収斂を進めるために設計されている。その結果、NZAuASBは、元となる国際的な基準を採用すべきでない非常に強い理由がない限り、その基準を採用している。万が一、そのような理由が存在する場合、NZAuASBは、元となる国際的な基準よりも要求事項が緩和されないように、かつその規定と矛盾しないように、元となる国際的な基準を修正する措置を取っている。ニュージーランドで採用されている監査・保証基準の多くは、現在、IAASBによって公表されている国際的な基準を基礎としている。

　［図表9-1］は、ニュージーランドにおける監査・証明基準の体系を示している。［図表9-1］からわかるように、XRB（NZAuASB）が設定・公表する基準は監査・保証基準のみであり、それ以外の業務（例えば、AUP業務）に関する基準は別の主体によって設定・公表されている。

[図表9-1] ニュージーランドにおける監査・証明基準の体系

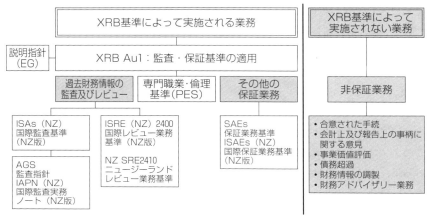

(出所) XRBウェブサイト（https://www.xrb.govt.nz/reporting-requirements/auditing-and-assurance-standards-framework/）を元に筆者作成。

第4節　特別目的の財務情報に対する監査・証明業務に関する基準

第1項　監査業務

① 国際監査基準（ニュージーランド）第800号（改訂版）「特別な考慮事項―特別目的の枠組みに準拠して作成された財務諸表の監査」

　ニュージーランドにおける特別目的の枠組みに準拠して作成された完全な一組の財務諸表の監査には、NZAuASBが公表している国際監査基準（ニュージーランド）第800号（改訂版）「特別な考慮事項―特別目的の枠組みに準拠して作成された財務諸表の監査」（International Standard on Auditing (New Zealand) 800 (Revised), *Special Considerations – Audits of Financial Statements Prepared in Accordance with Special Purpose Frameworks*：ISA（NZ）800）が適用される。

　ISA（NZ）800の内容は、IAASBによって公表されているISA800（改訂版）「特別な考慮事項―特別目的の枠組みに準拠して作成された財務諸表の監査」（International Standard on Auditing 800 (Revised), *Special Considerations – Audits of Financial Statements Prepared in Accordance with Special Purpose Frameworks*：ISA800）に準拠している。そして現在では、参照されている他の監

査基準などの名称がニュージーランドで適用されているものに変更されている点を除けば、ISA（NZ）800とISA800の間に相違は存在していない[2]。

② 国際監査基準（ニュージーランド）第805号（改訂版）「特別な考慮事項―個々の財務表及び財務諸表の特定の要素、勘定又は項目の監査」

　ニュージーランドにおける個々の財務表の監査、及び財務表における特定の要素等の監査には、NZAuASBが公表している国際監査基準（ニュージーランド）第805号（改訂版）「特別な考慮事項―個々の財務表及び財務諸表の特定の要素、勘定又は項目の監査」(International Standard on Auditing (New Zealand) 805 (Revised), *Special Considerations – Audits of Single Financial Statements and Specific Elements, Accounts or Items of a Financial Statement*：ISA（NZ）805）が適用される。なお、個々の財務表又は財務諸表における特定の要素等は、一般目的の枠組みに準拠して作成される場合もあれば、特別目的の枠組みに準拠して作成される場合もある。したがって、もしそれらが特別目的の枠組みに準拠して作成される場合、その監査にはISA（NZ）800も適用される（par.1）。

　ISA（NZ）805の内容は、IAASBによって公表されているISA805（改訂版）「特別な考慮事項―個々の財務表及び財務諸表の特定の要素、勘定又は項目の監査」(International Standard on Auditing 805 (Revised), *Special Considerations – Audits of Single Financial Statements and Specific Elements, Accounts or Items of a Financial Statement*：ISA805）に準拠している。そして現在では、ISA（NZ）800と同様に、参照されている他の監査基準などの名称がニュージーランドで使用されているものに変更されている点を除けば、ISA（NZ）805とISA805の間に相違

---

[2] ISA（NZ）800で参照されている国際監査基準（ニュージーランド）第700号（改訂版）「意見の形成と財務諸表に関する報告」(International Standard on Auditing (New Zealand) 700 (Revised), Forming an Opinion and Reporting on Financial Statements：ISA（NZ）700）では、その元となっているISA700（改訂版）「意見の形成と財務諸表に関する報告」(International Standard on Auditing 700 (Revised), Forming an Opinion and Reporting on Financial Statements：ISA700）において「上場企業（listed entity）」と表記されていた箇所が、「公に対する説明責任の水準が高いと考えられているFMC報告企業（FMC reporting entities considered to have a higher level of public accountability）」に変更されている。

は存在していない[3]。

第2項　レビュー業務

① 国際レビュー業務基準（ニュージーランド）第2400号「当該企業の監査人ではない保証業務実施者によって実施される過去財務諸表のレビュー」

　国際レビュー業務基準（ニュージーランド）第2400号「当該企業の監査人ではない保証業務実施者によって実施される過去財務諸表のレビュー」(International Standard on Review Engagements（New Zealand）2400, *Review of Historical Financial Statements Performed by an Assurance Practitioner who is Not the Auditor of the Entity*：ISRE（NZ）2400)は、ニュージーランドで実施されるレビュー業務のうち、当該企業の監査人ではない保証業務実施者によって実施される場合に適用される。そのため、ISRE（NZ）2400の内容は、IAASBによって公表されているISRE2400（改訂版）「過去財務情報のレビュー業務」(International Standard on Review Engagements 2400（Revised）, *Engagements to Review Historical Financial Statements*：ISRE2400）に準拠しているが、適用される業務の範囲を強調するために、タイトルは修正されている。

　ISA（NZ）800及び805とは異なり、ISRE（NZ）2400とISRE2400の間には、以下に示すいくつかの相違がみられる。

- ISRE（NZ）2400の目的に照らして、「経営者」という用語は、「経営者、又は適切な場合は、ガバナンスに責任を負う者」という意味で用いられている（par. NZ 3.1）。
- ニュージーランドにおいて、ガバナンスに責任を負う者はしばしば、財務諸表の作成に対する法的責任を有している。これらの場合、財務報告のプロセスは通常、経営者に委任されるが、それらに対する責任はガバナンスに責任を負う者に残っている。この基準を適用する中で、保証業務実施者は、この基準の要求事項が経営者又はガバナンスに責任を負う者、あるいはその両者に適用するかどうかを判断するために、法的な要求事項及びニュージーランドのコーポレート・ガバナン

---

[3] ISA（NZ）805で参照されているISA（NZ）700では、その元となっているISA700において「上場企業」と表記されていた箇所が、「公に対する説明責任の水準が高いと考えられているFMC報告企業」に変更されている。

ス実務並びに特定の契約状況についての知識を利用しながら、専門的判断を適用しなければならない（par.NZ 3.2）。
- ISRE（NZ）2400では、「保証業務実施者」という用語を「公共実務、産業、商業又は公的部門に従事する、保証業務を引き受けるために指名又は雇用された人物又は組織」と定義している（par.NZ 17.1）。
- ISRE（NZ）2400に含まれていて、ISRE2400に含まれていない要求事項は、以下のとおりである。
  ▶業務担当パートナーは、事務所の方針及びレビュー業務のための手続に準拠して、業務チームの業務をレビューする責任を負わなければならない（par.NZ 25.1）。
  ▶業務担当パートナーは、以下のことを行わなければならない（par.NZ 25.2）。
    (a) 業務チームから、難解又は議論を呼びそうな問題に関する適切な相談を受ける責任を負う。
    (b) 業務チームの構成員が、業務チームの中及び業務チームと事務所内外の適切なレベルの他の者との間の両方で、一連の業務の中で適切な相談を受けていたことを確信する。
    (c) 相談の内容と範囲、及び得られた結論が、相談を持ちかけてきた者によって同意されていることを確信する。
    (d) そのような相談から得られた結論が実行されたことを判断する。
  ▶業務チームは、次の事項を業務調書に含めなければならない（par.NZ 25.3）。
    (a) 関連する職業倫理に関する規定への準拠について識別した問題点及びそれらが解決された方法。
    (b) 保証業務に適用される独立性に関する規定への準拠についての結論、及びこれらの結論を支持する何らかの関連する事務所との討議。
    (c) クライアントとの関係及びレビュー業務の受諾及び継続について達した結論。
    (d) 一連のレビュー業務の中で行われた協議の内容と範囲及び得られた結論。
  ▶業務担当パートナーは、その業務に適用される独立性に関する規定への準拠に関する結論を形成しなければならない。そうするために、業務担当パートナーは、次のことを行わなければならない（par.NZ 27.1）。

(a) 独立性に対する脅威を生む状況及び関係を識別及び評価するために、事務所及び、適切な場合には、ネットワークファームから関連する情報を入手する。
(b) もしあれば、識別された事務所の独立性についての方針への違反、及びそれらがレビュー業務における独立性に対する脅威を生むかどうかを確認するための手続に関する情報を評価する。
(c) セーフガードを適用することによって、そのような脅威を排除するか、又は受容可能な水準まで減らすか、あるいは適用される法律又は規則のもとで契約解除が可能である場合、適切と考えられるならば、そのレビュー業務から撤退するための適切な行動を取る。業務担当パートナーは、適切な行動によってその問題を解決できないことを、事務所に対して直ちに報告しなければならない。

▶保証業務実施者の理解は、以下のものを含まなければならない（par.NZ 46.1）。
 （(a)から(d)はISRE2400と共通しているため省略）
(e) 財務諸表の作成と関係している内部統制

▶当該企業の事業継続能力についての経営者の評価を検討する中で、保証業務実施者は、関連する期間を検討しなければならない。それは、適用される財務報告の枠組みによって要求される評価を実施するために経営者によって使用された期間と同じかもしれないし、あるいは異なるかもしれない。もし当該企業の事業継続能力についての経営者の評価が関連する期間よりも短い期間を対象としている場合、保証業務実施者は、経営者に対して、保証業務実施者によって使用された関連する期間に対応するように要求しなければならない（par.NZ 53.1）。

▶関連する期間とは、当期の保証業務報告書の発行日から少なくとも12か月間を意味する（par.NZ 53.2）。

▶保証業務実施者は、経営者による評価の期間を過ぎて存在する、当該企業の事業継続能力に著しい疑いを生じさせるかもしれない事象又は状況に関する知識について、経営者に質問しなければならない（par.NZ 53.3）。

▶レビュー業務に対する保証業務報告書は、保証業務実施者が当該企業又はそのいずれの子会社と有する、（保証業務実施者として以外の）あらゆる関係、あ

るいは利害の存在についての言明を含まなければならない。NZ付録2Aは、当該企業とのあらゆる関係、又は利害を識別するために、保証業務報告書の中で使用されるかもしれない表現の例を提供している（par.NZ 86.1）。
- ▶もし適切な開示が財務諸表の中で行われている場合、保証業務実施者は、重要な不確実性を強調するために、保証業務報告書に強調事項の区分を追加しなければならない。そこには、当該企業の事業継続能力に著しい疑いを生じさせるかもしれない、ある事象又は状況に関係している1つ以上の重要な不確実性が含まれる（par.NZ 87.1）。
- ISRE（NZ）2400に含まれていて、ISRE2400に含まれていない適用指針は、以下のとおりである。
  - ▶専門職業・倫理基準第3号（改正）「財務諸表の監査及びレビュー、並びにその他の保証業務を実施する事務所の品質管理」(Professional and Ethical Standard 3 (Amended), Quality Control for Firms that Perform Audits and Reviews of Financial Statements, and Other Assurance Engagements) のもとで、業務チームによって実施される業務を査閲するための方針及び手続に対する事務所の責任は、経験の浅いチームの構成員の業務が経験豊富なチームの構成員によって査閲されるという前提で決定される（par.NZ A33.1）。
  - ▶業務チームによって実施される業務の査閲は、例えば、以下の考慮事項から構成される（par.NZ A33.2）。
    - (a) さらなる検討を必要とする著しい問題が生じたかどうか
    - (b) 実施された業務の性質、時期及び範囲を修正する必要があるかどうか
    - (c) 実施された業務が到達した結論を支持し、かつ適切に調書が作成されているかどうか
    - (d) 入手した証拠が保証業務報告書を支持するために十分かつ適切であるかどうか
    - (e) 業務手続の目的が達成されたかどうか
  - ▶業務の間の適切な段階で行われる、実施された業務における業務担当パートナーによる以下の事項についての適時的な査閲は、保証業務報告書の日付以前に業務担当パートナーが満足するように、著しい問題が適時に解決されるようにする（par.NZ A33.3）。

(a) 判断の重要な領域、特に一連の業務の中で識別された難解な議論を呼ぶ問題に関係するもの
(b) 著しいリスク
(c) 業務担当パートナーが重要だと考えるその他の領域
(d) 業務担当パートナーは、すべての業務調書を査閲する必要はないが、そうするかもしれない。しかし、業務担当パートナーは実施された業務の査閲の範囲及び時期を文書化する。

▶業務期間中に業務を引き継いだ業務担当パートナーは、業務担当パートナーの責任を引き受けるために、パラグラフNZ A33.2に記述されている実施された業務を査閲するための手続を、交代の日までに適用するかもしれない（par. NZ A33.4）。

▶会計又は保証についての特殊な領域における専門知識を有する業務チームの構成員が利用される場合、その業務チームの構成員の業務の指導、監督及び査閲は、以下のような事項が含まれるかもしれない（par.NZ A33.5）。
- その構成員の業務の内容、範囲及び目的、その構成員と業務チームの他の構成員のそれぞれの役割、及び両者の間のコミュニケーションの性質、時期及び範囲に関する、その構成員との合意
- その構成員の発見事項又は結論の関連性と合理性、及び他の業務証拠との一貫性を含む、その構成員の業務の適切性の評価

▶重要な技術的、倫理的、及びその他の問題に関する、事務所内、又は適切な場合は、事務所外の者との効果的な協議は、協議する相手が次のような場合に達成され得る（par.NZ A33.6）。
- 思慮深い助言の提供を可能にさせる、関連する事実が与えられている
- 適切な知識、勤務年数、及び経験を有している

▶業務チームにとって、例えば、事務所が十分な内部資源を有していない場合に、事務所外の者と協議することは適切であるかもしれない。彼らは、他の事務所、専門職団体及び外部規制当局、又は関連する品質管理サービスを提供する営利組織によって提供されるアドバイザリー業務を利用するかもしれない（par.NZ A33.7）。

▶難解又は議論を呼ぶ問題に関連する他の専門家との協議についての、十分に完

備されていて詳細な調書は、以下のことを理解するのに役立つ（par.NZ A33.8）。

(a) 協議が求められた問題
(b) 行われた意思決定、それらの意思決定の根拠、及びそれらが実行される方法を含む、協議の結果

▶業務担当パートナーは、レビュー業務に関して、セーフガードが排除又は許容水準まで減らすことができない独立性に対する脅威を識別するかもしれない。その場合、パラグラフNZ 27.1(c)によって要求されているように、業務担当パートナーは、適切な行動を決定するために、事務所内の関連する人物に報告しなければならない。それは、脅威を生み出す活動又は利害を排除すること、あるいは適用される法律又は規則のもとで契約解除が可能である場合には、レビュー業務から撤退することを含んでいるかもしれない（par.NZ A33.9）。

▶内部統制は、財務報告の信頼性、業務の有効性と効率性、適用される法律及び規則の遵守に関して、当該企業の目的の達成についての合理的な保証を提供するために、ガバナンスに責任を負う者、経営者及びその他の人物によって構築、実施及び整備されるプロセスであると定義される。「統制」という用語は、1つ以上の内部統制の構成要素のあらゆる側面を意味している。レビュー業務において、保証業務実施者は、統制の設計を評価する責任、それらが実施されたかどうかを判断する責任、又はそれらの運用の有効性を評価する責任を有していない。しかし、保証業務実施者は、当該企業の財務会計・報告システムに関係する統制が、財務諸表における重要な虚偽の表示を予防、又は発見及び是正していると経営者が信じているかどうかを、財務報告期間中の適当な時期に、経営者及び当該企業内の他の者への質問を行うべきである。そのような質問は、保証業務実施者が財務諸表の重要な虚偽の表示につながる可能性があるリスクを識別するのに役立つかもしれない。さらに、もし保証業務実施者が、財務諸表に重要な虚偽の表示が含まれていると信じさせる問題に気が付いた場合、当該企業の統制に関する保証業務実施者の知識は、彼らが追加的な手続を立案及び実施することを支援するかもしれない（par.NZ A78.1）。

▶保証業務実施者は、当該基準とは別に、又は当該基準の範囲を超えて、不正（fraud）を含む当該企業による法律及び規則の不遵守に関して、法律、規則、

又は関連する倫理規定のもとで追加的な責任を負うことがある。例えば、
- 経営者及びガバナンスに責任を負う者との特定のコミュニケーションに関する要求事項を含めて、識別された、又は疑わしい法律及び規則への不遵守に対応し、追加的な行動が必要であるかどうかを決定すること、
- 識別された、又は疑わしい法律又は規則への不遵守について、監査人、例えば業務担当パートナーとコミュニケーションを図ること、及び
- 識別された、又は疑わしい法律又は規則への不遵守についての要求事項を文書化すること

追加的な責任に従うことは、当該基準に準拠した保証業務実施者の業務に関連する追加的な情報を提供するかもしれない（例えば、経営者、又は適切な場合にはガバナンスに責任を負う者の誠実性に関する情報）（par.A88.1）。

▶ いくつかの裁判管轄においては、法律又は規則が特定の事項に関する保証業務実施者と経営者又はガバナンスに責任を負う者の間のコミュニケーションを制限することがある。例えば、保証業務実施者が識別された、又は疑わしい法律及び規則への不遵守を、マネーロンダリング防止法（anti-money laundering legislation）に従って適切な権威ある団体に報告することを要求されている場合に、当該企業に警告することを含めて、法律又は規則が、コミュニケーション又はその他の行動を明確に禁ずることがある。それは、適切な権威ある団体による、実際の、又は疑わしい違法行為に関する調査に、先入観を持たせるかもしれない。これらの状況においては、保証業務実施者によって検討されている問題は複雑かもしれず、保証業務実施者は法的な助言を得ることが適切であると考えるかもしれない（par.A93）。

▶ 識別された、又は疑わしい法律及び規則への不遵守を当該企業外部の適切な権威ある団体に報告することは、その状況において要求される、又は適切であるかもしれない。その理由は、次のとおりである（par.A94）。

(a) 法律、規則又は関連する倫理規定が保証業務実施者に報告することを要求しているから、

(b) 保証業務実施者が、報告は関連する倫理規定に準拠して、識別された、又は疑わしい不遵守に対応するための適切な行動だと決断したから（パラグラフ92(a)を参照）、あるいは、

(c) 法律、規則又は関連する倫理規定が保証業務実施者にそうするための権限を与えているから（パラグラフ92(b)を参照）

▶いくつかの場合に、関連する倫理規定は保証業務実施者に対して、識別された、又は疑わしい不正（fraud）又は法律及び規則への不遵守を、企業外部の適切な権威ある団体に報告すること、又は報告することがその状況において適切な行動かどうかを検討することを要求することがある。例えば、専門職業・倫理基準第1号（改訂版）「保証業務実施者のための倫理規則」(Professional and Ethical Standard 1 (Revised), Code of Ethics for Assurance Practitioners) は、保証業務実施者に対して、識別された、又は疑わしい不遵守に対応するための方策を講じ、そして追加的な行動が必要であるかどうかを判定することを要求している。それは、当該企業外部の適切な権威ある団体への報告を含むかもしれない。専門職業・倫理基準第1号（改訂版）は、そのような報告が同基準のもとでの守秘義務違反とは見られないだろうと説明している（par.NZ A95.1）。

▶法律、規則又は関連する倫理規定が識別された、又は疑わしい不遵守の報告を取り扱う要求事項を含んでいなくても、それらは保証業務実施者に、当該企業外部の適切な権威ある団体に識別された、又は疑わしい不正（fraud）又は法律及び規則への不遵守を報告する権限を与えることがある（par.A96）。

▶その他の状況において、識別された、又は疑わしい法律又は規則への不遵守を当該企業外部の適切な権威ある団体に報告することは、法律、規則又は関連する倫理規定のもとで、保証業務実施者の守秘義務によって妨げられることがある（par.A97）。

▶パラグラフ52(d)によって要求されている判定は、複雑な考慮事項と職業的専門家としての判断を伴うかもしれない。したがって、保証業務実施者は組織内部（例えば、事務所内部又はネットワーク事務所内部）での相談、又は規制当局あるいは専門職業団体への内部通報を検討するかもしれない（ただし、そうすることが法律又は規則によって禁止されない場合、あるいは守秘義務に違反しない場合に限る）。また、保証業務実施者は自身が有する選択肢と、何らかの特定の行動を取ることの専門的又は法的な含意を理解するために、法律の助言を得ることを検討するかもしれない（par.A98）。

② ニュージーランドレビュー業務基準第2410号「当該企業の独立監査人によって実施された財務諸表のレビュー」

ニュージーランドレビュー業務基準第2410号「当該企業の独立監査人によって実施された財務諸表のレビュー」(New Zealand Standard on Review Engagements 2410, *Review of Financial Statements Performed by the Independent Auditor of the Entity*：NZ SRE2410) は、ニュージーランドで実施されるレビュー業務のうち、当該企業の独立監査人によって実施される場合に適用される。これまで示してきた3つの基準とは異なり、NZ SRE2410はIAASBによって公表されているISRE2410「当該企業の独立監査人によって実施される期中財務情報のレビュー」(International Standard on Review Engagements 2410, *Review of Interim Financial Information Performed by the Independent Auditor of the Entity*：ISRE2410) ではなく、オーストラリアのレビュー業務基準ASRE2410「当該企業の独立監査人によって実施される財務報告書のレビュー」(Standard on Review Engagement ASRE 2410, *Review of a Financial Report Performed by the Independent Auditor of the Entity*：ASRE2410) を基礎として作成されている。これは、ISRE2410が未だIAASBの「クラリティ」形式で起草されていないのに対して、ASRE2410は「クラリティ」形式で起草されていることに拠る。ただし、ASRE2410はISRE2410に準拠して作成されていることから、それを基礎としているNZ SRE2410も、間接的にはISRE2410に準拠していることになる。以下では、国際的な基準との比較の観点から、NZ SRE2410とISRE2410の間の相違のみを取り上げることにする。

- ISRE2410では「期中財務諸表」という用語の定義は示されていたが、NZ SRE2410では、「期中財務諸表」に加えて、「財務諸表」と「適用される財務報告の枠組み」という用語の定義も示されている（par.6(b)及び(c)）。
- NZ SRE2410に含まれていて、ISRE2410に含まれていない要求事項には、以下のものがある。
    ▶監査人は、NZ SRE2410に従ってレビューを実施する場合、国際監査基準（ニュージーランド）第220号「財務諸表の監査のための品質管理」(International Standard on Auditing (New Zealand) 220, *Quality Control for an Audit of Financial Statements*) に規定されている業務品質管理に関する要求事項に準

拠しなければならない（par.10）。
▶監査人は、業務の約定項目に合意する前に、財務報告の枠組みが許容可能であるかどうかを判断し、ガバナンスに責任を負う者から、彼らが負っている以下の事項に関する責任を認めて理解しているという合意を得なければならない（par.12）。
 (a) 財務諸表を作成し、適正に表示することに関する責任
 (b) 経営者及びガバナンスに責任を負う者が重要な虚偽の表示を含まない財務諸表を作成するために必要であると考える内部統制に関する責任
 (c) 監査人に以下のものを提供する責任
  ● 財務諸表の作成に関連する情報を利用する権利
  ● 監査人がレビュー業務の目的のために要求するかもしれない追加情報
  ● 監査人が証拠を入手するために必要であると判断した人物に何の制限も無く接近できる権利を提供することに関する責任
▶監査人は、業務の約定項目についてガバナンスに責任を負う者と合意しなければならない。それは、監査人によって書面で記録され、当該企業に送付されなければならない。レビュー業務が法令に従って受諾される場合、適用される最低限の約定項目はその法令に含まれているものである（par.13）。
▶監査人は、以下の場合に、専門的判断を用いて重要性を検討しなければならない（par.16）。
 (a) レビュー手続の内容、時期、及び範囲を決定する場合
 (b) 虚偽の表示の影響を評価する場合
▶比較情報が財務諸表の中にはじめて含められる場合、監査人は、当期の財務諸表に適用されるものと同様の手続を、その比較情報に実施しなければならない（par.22）。
▶監査人は、ガバナンスに責任を負う者から経営者確認書を入手するように努力しなければならない。経営者確認書には、以下の内容が記載されている（par.24）。
  ((a)から(g)はISRE2410と共通しているため省略)
 (h) 彼らは、財務諸表において継続企業の前提を置くことに関連するすべての情報を、監査人に提供している
▶ガバナンスに責任を負う者が、監査人が必要と考える経営者確認書を提供する

ことを拒否する場合、これは監査人の業務の範囲の制約とみなされ、監査人は必要に応じて、限定付結論を表明するか、又は結論を表明してはならない（par.25）。

▶財務諸表のレビューを実施した結果として、当該企業による不正又は法律及び規則への不遵守が存在すると監査人に信じさせる事項に監査人が気付いた場合、監査人は可及的速やかにその事項をガバナンスに責任を負う者に伝達するとともに、レビューへの影響を検討しなければならない（par.31）。

▶監査人は、以下の項目を含む記述式の報告書を発行しなければならない（par.33）。

((a)から(n)まではISRE2410と共通しているので省略)

(o) 保証業務実施者が有する、（保証業務実施者以外の）当該企業又はその子会社とのいかなる関係、又はいかなる利害も存在しないことに関する言明

▶すべての重要な点において、適用される財務報告の枠組みに準拠して作成されるために、財務諸表に重要な修正が行われるべきであると監査人に信じさせる事項に監査人が気付いた場合、監査人は限定付結論又は否定的結論を表明しなければならない。監査人は、報告書の中に修正の根拠を示す区分を含めなければならない。そこでは、逸脱の内容を記載し、もし可能であれば、その財務諸表への影響を述べる。もしその影響又は考えられる影響が確実に測定できない場合、その影響及びその理由についての言明が修正の根拠を示す区分に含まれなければならない。結論の区分は、「限定付結論」又は「否定的結論」のいずれか適切な見出しを付けなければならない（par.34）。

▶法律又は規則によって要求されない限り、経営者及びガバナンスに責任を負う者が監査人のレビューの範囲に制約を課した場合、監査人は財務諸表をレビューする契約を受諾してはならない（par.37）。

▶もし、監査人に報告書を発行する法律又は規則の要求があるにもかかわらず、経営者及び、適切な場合には、ガバナンスに責任を負う者が、レビューの範囲に課された制約の除去に関する監査人の要求を拒否する場合、監査人は、必要に応じて、そのレビューが完了できない理由を含めて、結論を表明しないか、あるいは限定付結論を表明しなければならない（par.39）。

• NZ SRE2410に含まれていて、ISRE2410に含まれていない適用指針は、以下のと

おりである。
- 監査人は、重要性を決定する中で、職業的専門家としての判断を使用し、質的要因と量的要因を検討する必要がある（par.A14）。
- 通常、財務諸表のレビューのための重要性についての監査人の検討は、その期間の財務データを基礎とする。したがって、期中期間の財務データを基礎とする重要性は、年次財務データを基礎とする重要性よりも少ないかもしれない。もし当該企業の事業が季節変動に依存する、あるいはもし当期の財務業績が前期の財務業績及び当年度の業績予想と比較して異常な減少又は増加を示している場合、監査人は、例えば、重要性はその期間にとって標準化された形を用いて決定される方がより適切であると結論付けるかもしれない（par.A15）。
- 虚偽の表示の影響を評価する中で、重要性についての監査人の検討は専門的判断の問題であり、財務諸表の利用者が有する財務情報のニーズについての監査人の知覚によって影響される（par.A16）。
- もし適用される財務報告の枠組みが重要性の定義を含んでいる場合、それは通常、レビューの計画及び実施のための重要性を決定する場合の参照枠を監査人に提供するだろう（par.A17）。
- 監査人は、関連がある場合、当該企業及び連結事業体の両方の視角から重要性を検討する必要がある（par.A18）。
- 比較情報が最初の財務諸表に含まれており、かつ監査人がレビューの目的を達成するための十分かつ適切なレビュー証拠を入手できない場合、レビューの範囲の制約が存在し、監査人はレビュー報告書を修正する必要がある。通常、監査人の業務の範囲の制約は、限定付（「除外事項付」）結論に帰着するだろう。そのような場合、通常、監査人は財務諸表の中で明確な開示を促す。それは、監査人が比較情報をレビューできていないということである。修正レビュー報告書の例が、付録3に含まれている（par.A28）。
- 比較情報が最初の財務諸表に含まれており、かつ監査人がその財務諸表に重要な修正を行うべきであると信じている場合、パラグラフ34のもとで、監査人はレビュー報告書を修正する必要がある（par.A29）。
- 当該企業が最初の財務報告期間内でのみ成立している場合、比較情報は最初の財務諸表の中に提供されず、修正レビュー報告書も要求されない（par.A30）。

▶ニュージーランド版国際会計基準第1号「財務諸表の表示」は、ニュージーランド会計基準に準拠して作成された財務諸表に含まれる比較情報に関連する要求事項及び解釈指針を提供している。ニュージーランド版国際財務報告基準第1号「ニュージーランド版国際財務報告基準の初度適用」は、当該企業がニュージーランド版国際財務報告基準を最初に適用する場合の比較情報に関連する要求事項及び指針を提供している（par.A31）。

第3項　合意された手続（AUP）業務―合意された手続業務基準書第1号「合意された手続業務基準書」

これまで述べてきた他の基準とは異なり、ニュージーランドにおけるAUP業務に関する基準は、IAASBによって公表されているISRS4400「財務情報に関して合意された手続を実施する業務」（International Standard on Related Services 4400, *Engagements to Perform Agreed-Upon Procedures Regarding Financial Information*）を自国の基準として取り入れていない。その代わり、ニュージーランドでは、1992年にニュージーランド会計士協会（New Zealand Society of Accountants）によって公表された、合意された手続業務基準書第1号「合意された手続業務基準書」（Statement of Agreed Upon Procedures Engagement Standards 1, *Statement of Agreed Upon Procedures Engagement Standards*：APS-1）が現在でも適用されている。

APS-1は、序説、合意された手続業務の機能、及び財務情報に対する責任の各節に加えて、以下の8つの基準及びそれに連なる適用指針から構成されている。

- 基準1―誠実性、客観性及び独立性

  会員は、専門業務の実施に当たって、実直かつ正直であるべきである。会員は、公正であるべきであり、客観性を無視するような先入観又は偏向、あるいは他者の影響を許すべきではない。会員は、どんな現実の影響でも、誠実性及び客観性と矛盾するとみなされる、あらゆる利害も有するべきではない。

- 基準2―守秘義務

  会員は、一連の業務の中で得た情報を漏洩しないことを重視すべきであり、特別な権限もなく、あるいは開示すべき法的又は専門職業上の義務がない限り、そのような情報のすべてを第三者に開示すべきではない。

- 基準3—技術と能力

  合意された手続業務は、そのような業務の実施に当たって、十分な訓練、経験及び能力を有する人物によって、職業的専門家としての正当な注意を保持しながら実施されるべきである。

- 基準4—補助者及びその他の者によって実施された業務

  会員が補助者又はその他の者に業務を委任する場合、会員は実施された手続に対する責任を負い続ける。会員は、補助者に委任された業務を注意深く指導、監督、及び査閲すべきであり、補助者又はその他の者によって実施された業務が会員の目的に適していることを保証するために、質問を実施すべきである。

- 基準5—計画

  会員の業務は、合意された手続が効率的かつ適時に実行され得るように計画されるべきである。計画は、クライアントの事業についての理解に基づくべきであり、一連の業務の中で必要がある場合には修正されるべきである。

- 基準6—調書作成

  会員は、合意された手続がAPS-1に準拠して実施されたという証拠を提供する中で重要である事項を、調書に記載すべきである。会員は、業務から得られた手続結果に関する報告書を提供する中で会員が利用した重大な情報の源泉についての記録を保管すべきである。

- 基準7——一般基準

  すべての会員は、会員が虚偽である、適切でない、又は誤導すると知っている、あるいは信じている言明、若しくは虚偽表示、不作為あるいは重要事実の隠蔽その他を理由に誤解を招きやすい言明を作成、準備してはならず、又はそれらに関与してはならない。

- 基準8—報告

  会員は、実施された手続から導き出された発見事項を、手続結果報告書を作成する根拠として評価すべきである。手続結果報告書は手続結果についての明確な言明を含むべきであり、かつ会員がそのような言明を作成できるように、実施された業務の内容を識別すべきである。

第5節　要約

　本章では、ニュージーランドにおける特別目的の財務情報に対する監査・証明業務に適用される基準の内容について、特にIAASBによって公表されている国際的な基準との相違点を指摘することを中心に紹介してきた。その結果、ニュージーランドにおいても、基本的には国際的な基準を自国の基準として採用する傾向にあるものの、法律や規則の影響以外に、独自の規定を追加している箇所がいくつか確認された。とりわけ、2つの監査基準については、元となる国際的な基準との相違がほとんど存在しない状況である。他方、2つのレビュー業務基準と1つのAUP業務基準については、未だに元となる国際的な基準との間に多くの相違が見られる。最後に、本章で検討した各基準の内容をまとめると、［図表9-2］のようになる。なお、前章と同様に、本章では国際的な基準との比較に重点を置いて検討を行ってきたため、［図表9-2］の項目の中には本文中で取り扱っていないものもある（例えば、監査・証明対象の作成基準など）。ただし、それらについては国際的な基準との間に相違が見られなかった項目である。

[図表9-2] ニュージーランドにおける特別目的の財務情報に対する監査・証明業務の基準

監査・証明業務	財務報告の枠組み	作成基準（例示）	監査・証明対象（財務情報）	業務基準	意見・結論	報告書	業務実施者
監査	特別目的	税法基準 現金基準 規制基準 契約基準 その他 (州法など)	完全な一組の財務諸表	ISA(NZ)100 - 700 series ISA(NZ)800(Revised)	適正性意見 (present fairly / true and fair view) 準拠性意見 (prepared in accordance with)	監査報告書	当該企業の監査人
監査	特別目的	税法基準 現金基準 規制基準 契約基準 その他 (州法など)	個別の財務表 財務諸表の特定の要素等	ISA(NZ)100 - 700 series ISA(NZ)800(Revised) ISA(NZ)805(Revised)	適正性意見 (present fairly / true and fair view) 準拠性意見 (prepared in accordance with)	監査報告書	当該企業の監査人
レビュー	特別目的	税法基準 現金基準 規制基準 契約基準 その他 (州法など)	完全な一組の過去財務諸表 個別の過去財務表	ISRE(NZ) 2400	適正性結論 (present fairly / true and fair view) 準拠性結論 (prepared in accordance with)	レビュー報告書	当該企業の監査人以外の職業的専門家
レビュー	特別目的	税法基準 現金基準 規制基準 契約基準 その他 (州法など)	完全な一組の過去財務諸表 個別の過去財務表	NZ SRE2410	適正性結論 (present fairly / true and fair view) 準拠性結論 (prepared in accordance with)	レビュー報告書	事業体の監査人
AUP	特別目的	税法基準 現金基準 規制基準 契約基準 その他 (州法など)	財務情報全般	APS-1	（結果報告）	AUP結果報告書	職業的専門家全体

第9章 ニュージーランド基準

【参考文献】

AUASB (2013), Standard on Review Engagement ASRE 2410, *Review of a Financial Report Performed by the Independent Auditor of the Entity*, AUASB.

IAASB (1994), International Standard on Related Services 4400 (Previously ISA 920), *Engagements to Perform Agreed-Upon Procedures Regarding Financial Information*, IFAC.

IAASB (2008), International Standard on Review Engagements 2410, *Review of Interim Financial Information Performed by the Independent Auditor of the Entity*, IFAC.

IAASB (2012), International Standard on Review Engagements 2400 (Revised), *Engagements to Review Historical Financial Statements*, IFAC.

IAASB (2016a), International Standard on Auditing 700 (Revised), *Forming an Opinion and Reporting on Financial Statements*, IFAC.

IAASB (2016b), International Standard on Auditing 800 (Revised), *Special Considerations – Audits of Financial Statements Prepared in Accordance with Special Purpose Frameworks*, IFAC.

IAASB (2016c), International Standard on Auditing 805 (Revised), *Special Considerations – Audits of Single Financial Statements and Specific Elements, Accounts or Items of a Financial Statement*, IFAC.

NZAuASB (2016a), International Standard on Auditing (New Zealand) 220, *Quality Control for an Audit of Financial Statements*, XRB.

NZAuASB (2016b), International Standard on Auditing (New Zealand) 700 (Revised), *Forming an Opinion and Reporting on Financial Statements*, XRB.

NZAuASB (2016c), International Standard on Auditing (New Zealand) 800 (Revised), *Special Considerations – Audits of Financial Statements Prepared in Accordance with Special Purpose Frameworks*, XRB.

NZAuASB (2016d), International Standard on Auditing (New Zealand) 805 (Revised), *Special Considerations – Audits of Single Financial Statements and Specific Elements, Accounts or Items of a Financial Statement*, XRB.

NZAuASB (2016e), International Standard on Review Engagements (New Zealand) 2400, *Review of Historical Financial Statements Performed by an Assurance Practitioner who is Not the Auditor of the Entity*, XRB.

NZAuASB (2016e), New Zealand Standard on Review Engagements 2410, *Review of Financial Statements Performed by the Independent Auditor of the Entity*, XRB.

New Zealand Society of Accountants (2013), Statement of Agreed Upon Procedures Engagement Standards 1, *Statement of Agreed Upon Procedures Engagement Standards*, New Zealand Society of Accountants.

(堀古秀徳)

第2部

実態調査に基づく監査・証明業務の概要

第1章 わが国監査・証明業務の実態

第1節 実態調査の目的と経緯

　本実態調査は、2014年改訂監査基準で導入された複数の監査意見表明の枠組みについて、その改訂趣旨・内容がわが国監査実務にもたらした影響を明らかにし、どの程度監査・証明業務として導入されているか、を明らかにすることを目的とした。現段階でわが国の監査事務所において、どのような監査・証明業務、特に任意の監査・証明業務が提供されているのかに関する先進的かつ体系的な情報を入手することができれば、わが国監査業界全体において幅広い監査・証明業務に関する知識を共有できる、と考えられる。

　この調査では、監査基準並びに日本公認会計士協会実務指針による「特別目的の財務情報の監査」が制度導入に伴い、どの程度、展開・普及しているかに関して、その実態を把握しようと試みた。わが国における利害関係者、特に監査・証明業務を提供するわが国の監査事務所に対して、当該監査・証明業務のニーズの存在、存在するとした場合、対象となる情報、監査・証明手続、確信の程度、報告の形式について調査を行っている。

　実際に行った実態調査の経緯は、以下のとおりである。

　2017年1月から実際に実態調査を行うに当たり、調査票と回答票の項目及び内容を確定するため、2016年11月から12月にかけて3つの監査事務所に対して、パイロット・テストを依頼しコメントを聴取した。その上で、実態調査のための調査票と回答票を改訂し完成させた。

　このような会社法や金商法による法定監査以外の監査・証明業務に関する実務の状況についての調査はこれまで実施されたことがなかったため、日本公認会計士協会による調査協力が欠かせないと判断し、日本公認会計士協会に対し調査協力の依頼を行うとともに、特に中小監査事務所連絡協議会への調査内容の説明を行うと同

時に調査への協力を依頼した。そして上記の中小監査事務所連絡協議会の協力のもと、391監査事務所（157監査法人及び234共同・個人事務所）に対して、2月1日付けでeメールによる調査協力依頼と調査票・回答票の送付を行った。しかし中小監査事務所からの回答票の回収は、締切期限であった2月14日時点での回収状況が13事務所に留まった。

その後、改めて3月14日に391監査事務所に対する中小監査事務所連絡協議会からの調査への協力依頼とともに調査票と回答票を配布し、回答督促を実施することで、3月31日時点で先の13事務所と併せて43事務所から回答を得た。

以上のような中小監査事務所に対する調査協力依頼とは別に、大手4監査法人に対しては、それぞれの監査法人に対して、個別に訪問し調査趣旨・内容を説明した上で、調査協力を依頼した結果、3月14日の期限までに4法人の全てから回答を入手することができた。

最終的に5月2日まで回収締切を待った結果、さらに6事務所の回答を得ることができたため、今回の実態調査の対象となる監査事務所は、合計53事務所となっている。

その後、今回の実態調査の対象となった監査事務所による監査・証明業務のクライアントに、金商法ないし会社法の被監査会社である場合と両法定監査先でない場合が含まれているため、特に後者（両法定監査に基づく完全な一組の財務諸表の監査業務を提供していないクライアント）に対して監査事務所が監査・証明業務を単独で提供している内容と契約可否の判断根拠について、追加調査に協力依頼が可能な15事務所に調査票を8月2日付けで送付し、8月14日時点で11事務所から回答が得られた。その結果については、完全な一組の財務諸表、単一ないし複数の財務表、特定の財務諸表項目、それぞれの監査・証明業務に関する説明に追加的に反映されている。

第2節　回答監査事務所の特徴

実態調査に対して回答のあった監査事務所は、大手監査法人4事務所、準大手監査法人6事務所、中小規模監査事務所43事務所の合計53事務所である。

任意の監査・証明業務を新規に契約する場合に、そのための受嘱の体制を予め備

えているか否かについて回答を求めたところ、以下の［図表1-1］ように、大手監査法人では、常に受嘱可能な体制を備えているのに対して、準大手並びに中小事務所では、依頼のあった時点で体制を整備するという事務所も存在した。

［図表1-1］ 受嘱体制

法人区分	受嘱体制	事務所数
大手監査法人	常に受嘱可能な体制を取っている。	4
準大手監査法人	常に受嘱可能な体制を取っている。	4
	依頼があった時点で受嘱の体制を整備する。	2
中小規模監査事務所	常に受嘱可能な体制を取っている。	29
	依頼があった時点で受嘱の体制を整備する。	12
	原則として受嘱はしない。	1
	無回答	1
	合計	53

また監査・証明業務の依頼があった場合に、当該依頼を検討する特定の担当者を置いているか否かについては、以下の［図表1-2］のように、準大手と中小事務所では必ずしも特定の担当者を置いていないことが明らかとなった。

［図表1-2］ 特定の担当者の有無

法人区分	担当者の有無	事務所数
大手監査法人	特定の担当者を置いている。	4
準大手監査法人	特定の担当者を置いている。	4
	特定の担当者を置いていない。	2
中小規模監査事務所	特定の担当者を置いている。	12
	特定の担当者を置いていない。	30
	無回答	1
	合計	53

［図表1-2］で確認した契約の受嘱可能性を検討する特定の担当者が理事長であるかどうかも同様に確認したところ、［図表1-3］のように監査事務所の規模の大小にかかわらず理事長以外のものの関与が多数を占めており、契約の受嘱が収益獲得に過度な偏重が生じないような相対的に客観的な判断によって行われる環境が整備されていることが示唆される。

［図表1-3］　特定の担当者が理事長か否か

法人区分	特定の担当者が理事長か否か	事務所数
大手監査法人	理事長以外の特定の者	4
準大手監査法人	理事長以外の特定の者	3
	理事長	1
	無回答	2
中小規模監査事務所	理事長以外の特定の者	9
	理事長	3
	無回答	31
	合計	53

　［図表1-3］に対し、受嘱の可否を決定する理事長以外の担当者がどのような役職に就く者か、を確認したところ、契約を審査する部門を設けているのは2事務所に限られており、多くは品質管理部門がその可否を決定している。
　さらに、本実態調査に回答された監査事務所の規模について確認するため、パートナー数、公認会計士数、出資額、上場企業クライアント数、大会社クライアント数について、それらの平均を示したものが、次頁の［図表1-4］である。

[図表1-4] 回答事務所の規模[1]（大手4、準大手6、中小41、合計51事務所）

法人区分	パートナー数	公認会計士数	出資額 （千円）	上場企業クライアント数	大会社クライアント数
大手監査法人	477.50	2663.75	1,474,250	710.3	870.3
準大手監査法人	43.33	143.50	230,400*	72.3	96.2
中小規模監査事務所	8.83	16.44	18,492†	6.3‡	6.1**
全体平均	49.65	239.02	158,953	69.3	84.5

*回答のなかった事務所が1事務所あるため52事務所の平均となっている。
†異常に低い単位の金額を記載した1事務所があるため、40事務所の平均となっている。
‡中小事務所において、上場企業のクライアントを持たない8事務所が存在している。それらを除いた上場企業クライアント数の平均は7.8社となる。
**中小事務所において、大会社のクライアントを持たない4事務所が存在している。それらを除いた平均は、大会社クライアント数の平均6.7社となる。

（松本祥尚）

1 調査票に対するアンケート結果に基づいて作成している。

第2章 完全な一組の財務諸表に対する監査・証明業務

第1節　個々の業務の特徴

第1項　業務の概要

　本章では、特別目的の財務報告のうち、完全な一組の財務諸表に対する監査・証明業務を扱う。ここで、「完全な一組の財務諸表」（a complete set of financial statements）とは、本来、国際会計基準の表示に関する用語であり、以下のものから構成されるとされている（IAS1, par.10）。

(a) 財政状態計算書（a statement of financial position）
(b) 包括利益計算書（a statement of comprehensive income）
(c) 持分変動計算書（a statement of changes in equity）
(d) キャッシュ・フロー計算書（a statement of cash flows）
(e) 重要な会計方針の概要及びその他の説明情報で構成される注記
(f) 企業が会計方針を遡及適用する場合、又は財務諸表項目を遡及して修正再表示を行う場合には、比較対象期間のうちもっとも早い年度の期首時点の財政状態計算書

なお、個々の財務表の名称に関しては、(a)は貸借対照表、(b)は損益計算書であっても構わないとされている。

　ただし、わが国の会社法のもとでの会計の場合、会社計算規則においては、キャッシュ・フロー計算書の作成が求められていないことから、上記の要件を満たさない。その意味では、会社法のもとでの計算書類を完全な一組の財務諸表と考えるという前提に立つ限りにおいて、わが国における「完全な一組の財務諸表」とは、やや緩やかな概念として、貸借対照表、損益計算書、及びそれらにかかる重要な会計

方針とその注記からなる一組の財務諸表と解する必要がある[1]。

完全な一組の財務諸表に関しては、わが国における法定監査業務として広く実施されている、金商法のもとでの公認会計士又は監査法人による監査、及び会社法のもとでの会計監査人による監査がよく知られている。しかしながら、それらの監査業務は、一般目的の財務諸表、すなわち、利用者が一切の制限を受けずに利用可能なものとして作成された財務諸表に対するものであり、ここで検討するのは、特別目的の財務諸表、すなわち、特定の利用者を念頭に作成された財務諸表に対して実施される監査・証明業務である。

したがって、そこで利用される財務諸表の作成基準（会計基準）は、一般に公正妥当と認められる企業会計の基準や会社計算規則が想定され、特別目的の監査・証明業務の業務実施基準（監査基準）としては、監基報800及びその他の一般に公正妥当と認められる監査の基準が該当すると考えられる。

ここでは、以下の6つの業務対象に対する監査・証明業務を取り上げる。

業務対象(1)　取引先との契約に基づいて作成された特別目的の財務諸表

業務対象(2)　金融機関との借入契約の申請・更新のために作成された財務諸表

業務対象(3)　財務諸表の特定の利用者との合意に基づく会計の基準に従って作成された財務諸表

業務対象(4)　年金基金の財務諸表

業務対象(5)　M&Aや事業・営業譲渡・譲受に伴う事業会社の財務諸表

業務対象(6)　任意に作成された（連結）財務諸表

①　業務対象(1)「取引先との契約に基づいて作成された特別目的の財務諸表」

「取引先との契約に基づいて作成された特別目的の財務諸表に対する監査・証明

---

[1] 例えば、次のような見解が示されている。

「財務諸表が我が国において完全な一組の財務諸表を構成しているかどうかを判断する場合には、最低限必要な内容として、財政状態を示す貸借対照表、経営成績を示す損益計算書、重要な会計方針及びその他の関連する注記によって構成されているかどうかについて検討するものと考えられる。」（結城、2014、28頁）

他方、会社法のもとでの計算書類は、多大な注記省略によって、すでに「完全な一組の財務諸表」と呼ぶべきではないとする考え方も採り得るであろう。この場合、会社法の計算書類に対する会計監査人の監査意見について、現状の適正性意見ではなく、当該計算書類を特別目的の財務諸表と見なして準拠性意見を表明すべき、とする見解も採り得るであろう。

業務」とは、例えば、非上場企業かつ非大会社である企業において、販売又は請負契約等の前提として、取引先に対して、一般に公正妥当と認められる企業会計の基準や会社計算規則等に基づいて作成された財務諸表を提出する際に、販売又は請負契約の規定に基づく任意監査として実施されるものである。この場合、会社計算規則では要求されていないキャッシュ・フローにかかる情報やセグメント情報、その他事業活動に大きく影響する注記等の情報も財務諸表と併せて求められる場合がある。かかるキャッシュ・フロー計算書については、比較情報を除いた財務諸表等規則が利用されることもある。

② 業務対象(2)「金融機関との借入契約の申請・更新のために作成された財務諸表」

「金融機関との借入契約の申請・更新のために作成された財務諸表に対する監査・証明業務」は、金融機関からの借入契約において、新規の借入、又は借換による契約の更新に当たって、金融機関が借り手となる企業の経営者に対して、一般に公正妥当と認められる企業会計の基準又は会社計算規則等に基づいて財務諸表を作成し、提出することを求める場合に実施される任意監査である。かかる財務諸表は、金融機関の信用目的で作成されるものの、金融機関以外の取引先との取引開始に当たっての与信管理の目的にも利用可能であると考えられる。

③ 業務対象(3)「財務諸表の特定の利用者との合意に基づく会計の基準に従って作成された財務諸表」

「財務諸表の特定の利用者との合意に基づく会計の基準に従って作成された財務諸表に対する監査・証明業務」とは、例えば、親会社等の要請に基づいて、子会社に当たる非上場かつ非大会社の企業が、その要請又は契約書の定めによる会計基準に基づいて財務諸表を作成し、親会社等に提出する際に実施されるものである。この場合、かかる財務諸表は、親会社等のような特定の利用者によって利用されることを前提として作成されるものであるため、その特定の利用者のニーズに合致し、かつ、要請又は契約上の規定があれば、一般目的の財務報告では認められていない会計処理・開示の方法が採用されることもある。

④ 業務対象(4)「年金基金の財務諸表」

　「年金基金の財務諸表に対する監査・証明業務」は、企業会計審議会において、特別目的の財務報告にかかる監査・証明業務を監査基準において規定するべく、監査基準の改訂の審議が行われていた際に、日本公認会計士協会による説明において挙げられていた業務である。近年、年金基金において、運用の失敗等による巨額の損失が生じるケースが明らかとなったが、年金基金に関しては法定監査の枠組みが用意されておらず、任意監査に依らざるを得ない。そこで、日本公認会計士協会においても、公認会計士等による「会計監査の活用」を提言したりしているところである（日本公認会計士協会、2012）。したがって、かかる業務は、年金基金が自らの基金の健全性を明らかにするために、一般に公正妥当と認められる企業会計の基準又は会社計算規則等に基づいて財務諸表を作成し、それに対して監査業務を行うことであり、業務実施基準（監査基準）としては、監基報800の他に、日本公認会計士協会から、業種別委員会実務指針第53号「年金基金の財務諸表に対する監査に関する実務指針」及び業種別委員会研究報告第10号「年金基金に対する監査に関する研究報告」が公表されている。

⑤ 業務対象(5)「M&Aや事業・営業譲渡・譲受に伴う事業会社の財務諸表」

　「M&Aや事業・営業譲渡・譲受に伴う事業会社の財務諸表に対する監査・証明業務」は、M&Aや事業・営業譲渡・譲受に際して、買い手又は受け手の会社からの求めに応じて、自社の財政状態、経営成績及びキャッシュ・フローの状況等を示すために財務諸表を作成し、それに対して実施される任意監査である。財務諸表の作成基準（会計基準）としては、一般に公正妥当と認められる企業会計の基準及び会社計算規則等が考えられるが、会社計算規則による場合であっても、キャッシュ・フロー計算書については、別途、財務諸表等規則に基づいて作成される場合がある他、買い手又は受け手の会社からの要請に応じる限りにおいて、個別の財務表を追加することが考えられる。業務実施基準としては、監基報800及びその他の一般に公正妥当と認められる監査の基準が該当する。

⑥ 業務対象(6)「任意に作成された（連結）財務諸表」

　「任意に作成された（連結）財務諸表に対する監査・証明業務」は、主に、非上

場企業において、将来の上場に向けて、連結財務諸表を作成する場合等が考えられる。その場合、財務諸表の作成基準（会計基準）は、一般に公正妥当と認められる企業会計の基準となり、特に財務諸表の表示規則は、財務諸表等規則に従うこととなる。また、業務実施基準（監査基準）としては、監基報800に限らず、広く一般に公正妥当と認められる監査の基準が適用されると考えられる。

第2項　構成要素への対応

前項で述べてきた6つの業務について、以下、各業務の実施状況を述べていくこととする。

その際に、留意すべき点がある。すなわち、われわれは、当初の実態調査に加えて、回答の内容を明確化するための追加調査を実施しているという点である。

追加調査は、当初の調査において、法定監査契約先以外の企業等に対して各種の監査・証明業務を提供していると回答した監査事務所を対象に行われた。その主な目的は、監基報805を適用して実施されている監査業務、すなわち、個別の財務表、財務諸表項目及び財務数値を対象とした監査業務が、一般目的の財務報告の枠組みに準拠して作成された完全な一組の財務諸表に対する監査業務の提供と同時に行われているのか否かを明らかにすることにあった。

本章の検討対象は、完全な一組の財務諸表に対する監査・証明業務であるため、監基報800等と併用で適用される場合を除き、監基報805が単独で業務基準として適用されることは、本来、想定されていない。しかしながら、後述するように、監基報805のみを業務基準として適用しているとの回答がいくつか見られた。この点については、回答結果を尊重して集計している。

他方、追加調査の回答を得た監査事務所の中には、監基報805のみを業務基準として適用しているとの回答をした監査事務所は含まれていなかったことから、本章の以下の記述では、この点については触れていない。

さらに、追加調査で得た回答から、業務対象(1)と業務対象(6)に対する監査・証明業務について、それぞれ1事務所ずつ（同一事務所ではない）が、当該業務を完全な一組の財務諸表に対する監査・証明業務としてではなく、単体又は複数の財務表に対する監査・証明業務として実施している可能性があることが明らかとなった。ただし、本章では、当初の調査票における監査事務所による回答結果を尊重し、こ

れらの事務所の回答を含めて件数を集計するとともに、これらの回答を除外（無回答として集計）した場合の結果を、各図表の下に注記している。

① 業務を提供した経験の有無（質問１）

まず、業務を提供した経験の有無を尋ねた設問に対する回答結果は、［図表２-１］のとおりである。

もっとも多い回答でも業務対象(6)に対する監査・証明業務の場合の16事務所である。これは、上場準備の企業を抱える監査事務所であれば必ず経験するものであることから、当然といえよう。その他の業務については、53事務所の回答のうち、いずれも10事務所以下であることから、完全な一組の財務諸表に対する監査・証明業務は、かなり限定的な実施に留まっていると見受けられる。

［図表２-１］　業務を提供した経験の有無

	ある	ない	無回答	計
業務対象(1)取引先との契約	10[*1]	42	1[*1, *2]	53
業務対象(2)金融機関との借入契約	9	42	2[*2, *3]	53
業務対象(3)特定の利用者との合意	6	46	1[*3]	53
業務対象(4)年金基金	2	50	1[*3]	53
業務対象(5)M&A等	8	44	1[*3]	53
業務対象(6)任意に作成	16[*4]	36	1[*3, *4]	53
計	51[*5]	260	7[*5]	318

[*1]：追加調査の結果を踏まえて、該当する事務所の回答を除外した場合、「ある」は９事務所、無回答は２事務所となる。
[*2]：「無回答」とした１事務所については、この調査において使用した業務の分類がその事務所で使用されているものと異なり、集計が困難であることから「無回答」としたこと、及びこの分類に該当する業務を別の業務に含めて集計している可能性があることを指摘している。
[*3]：上記と別の１事務所については、特別目的の財務諸表に対する業務が多くはないこと、また、複数のニーズのために特別目的の財務諸表が作成されているケースがあることから、回答を業務対象(1)の調査票にまとめて記載しているため、業務対象(2)以降が「無回答」となっている。
[*4]：追加調査の結果を踏まえて、該当する事務所の回答を除外した場合、「ある」は15事務所、無回答は２事務所となる。
[*5]：追加調査の結果を踏まえて、該当する事務所の回答を除外した場合、「ある」は延べ49事務所、無回答は延べ９事務所となる。

② 業務の依頼を断った経験の有無（質問２）

続いて、当該業務を断った経験について尋ねたところ、[図表２-２]のとおりの回答結果であった。

業務提供の経験があるという監査事務所が限られていることから、少ない回答数となっているものの、業務対象(1)に対する監査・証明業務において４事務所等、一定数の回答が見受けられる。それに対して、業務対象(2)、(3)、及び(5)に対する監査・証明業務については、断ったことがないと回答するケースがほとんどである。これは、前者が、個別の様々な用途や契約形態によって、財務諸表が作成され、利用されようとするのに対して、後者は、一定の経験知が監査業界内で蓄積されているとも考えられる。また、前者に対しては、業務を実施することができない被監査企業の受け入れ体制（内部統制や監査報酬等）であった場合も考えられ得るであろう。

また、回答者（大手監査法人）からは、業務対象(3)及び(5)に対する監査・証明業務に関して、それぞれ、次のような回答も示された（いずれも同一の回答者）。
「これらの監査（業務対象(3)に対する監査・証明業務──筆者註）においては、適用される財務報告の枠組みについて、会計方針を含め、企業の経営資源及びその変動の状況を説明するに足る十分な情報が提供できるかどうか検討する上で、想定利用者が明確に特定されているため、必要と判断した場合には、当監査法人から、財務報告の枠組みの見直しを提言した上で、財務報告の枠組みを受入可能な内容として、監査を行い、監査の依頼を断る可能性を相対的に低めることが可能な側面がある。」
「会社合併における消滅会社に対する任意監査においては、その適用される財務報告の枠組みは会社計算規則が多く、適用される財務報告の枠組みを理由に断ることは少ないと考えられる。」

すなわち、実務においては、会計の基準の硬度が業務の依頼を断る際の大きな判断規準となっているものと解される。

[図表2-2] 業務の依頼を断った経験の有無

業務提供の経験	ある			ない			計
断った経験	ある	ない	無回答	ある	ない	無回答	
業務対象(1)取引先との契約	4[*1]	6[*2]		1[*3]	36	5	52[*2]
業務対象(2)金融機関との借入契約	1[*3]	8			37	5	51
業務対象(3)特定の利用者との合意		6			40	6	52
業務対象(4)年金基金		1	1		42	8	52
業務対象(5)M&A等	1[*4]	7		1[*5]	38	5	52
業務対象(6)任意に作成	1[*4]	13[*6]	2		31	5	52[*6]
計	7	41[*7]	3	2	224	34	311[*7]

[*1]：依頼を断った理由として、「適用される財務報告の枠組みが受入不可」が2事務所、「信頼性」が1事務所、及び「内部統制の整備状況」が1事務所であった。
[*2]：追加調査の結果を踏まえて、該当する事務所の回答を除外した場合、「提供経験あり─断った経験なし」が5事務所、業務対象(1)に関する回答件数合計が51事務所となる。
[*3]：依頼を断った理由として、「遠方、金額が合わない、チーム編成不可等」が1事務所であった。
[*4]：依頼を断った理由として、「適用される財務報告の枠組みが受入不可」が1事務所であった。
[*5]：依頼を断った理由として、「遠方」が1事務所であった。
[*6]：追加調査の結果を踏まえて、該当する事務所の回答を除外した場合、「提供経験あり─断った経験なし」が12事務所、業務対象(6)に関する回答件数合計が51事務所となる。
[*7]：追加調査の結果を踏まえて、該当する事務所の回答を除外した場合、「提供経験あり─断った経験なし」が延べ39事務所、回答事務所数合計が延べ309事務所となる。

③ 業務の提供先（質問3）

　業務の提供先についての回答は、［図表2-3パネルA］のとおりである。複数回答ながら、法定監査契約先よりも、それ以外の企業等からの依頼が上回っていることがわかる。ただし、業務対象(4)に対する監査・証明業務については、そもそも法定監査の枠組みがなく、業務対象(6)に対する監査・証明業務については、法定監査契約先という場合でも、子会社上場を控えた親会社からの依頼等が含まれる可能性があることに留意する必要がある。

[図表2-3パネルA] 業務の提供先（重複回答有り）

	法定監査契約先	それ以外	回答事務所数
業務対象(1)取引先との契約	3	8[*1]	10[*1]
業務対象(2)金融機関との借入契約	4	3	9
業務対象(3)特定の利用者との合意	1	3	6
業務対象(4)年金基金		2	2
業務対象(5)M&A等	2	4	8
業務対象(6)任意に作成	8	10[*2]	16[*2]
計	18	30[*3]	51[*3]

[*1]：追加調査の結果を踏まえて、該当する事務所の回答を除外した場合、「それ以外」は7事務所、業務対象(1)に関する回答事務所数は9事務所となる。
[*2]：追加調査の結果を踏まえて、該当する事務所の回答を除外した場合、「それ以外」は9事務所、業務対象(6)に関する回答事務所数は15事務所となる。
[*3]：追加調査の結果を踏まえて、該当する事務所の回答を除外した場合、「それ以外」は延べ28事務所、回答事務所数は延べ49事務所となる。

　なお、業務の提供先に関連して、法定監査契約先以外の企業等に対して当該業務を提供している事務所のうち、個別の質問に対応可能との回答を得ていた事務所に対して、次のような追加調査を行った。すなわち、法定監査契約先以外の業務提供先について、①別事務所が一般目的の完全な一組の財務諸表に対する法定監査を実施しているのか、②同事務所が一般目的の完全な一組の財務諸表に対する任意・業法等に基づく監査を実施しているのか、あるいは③一般目的の完全な一組の財務諸表に対する監査は実施されていないのかを質問した。その結果が［図表2-3パネルB］であり、ほとんどの場合、一般目的の完全な一組の財務諸表に対する監査が実施されていないような企業等からの依頼に基づいて各種の業務対象に対する監査・証明業務を提供していることが明らかとなった。なお、1つの事務所が同一業務について複数の業務提供先を有している場合は複数回答になる可能性があったが、追加調査で回答を得た事務所については、複数回答はなかった。

[図表２-３パネルＢ]　法定監査契約先以外の業務提供先に関する追加調査の結果

	別事務所 ・法定	同事務所 ・任意	監査 不実施	回答事務所数
業務対象(1)取引先との契約			3[*1]	3[*1]
業務対象(2)金融機関との借入契約			1	1
業務対象(3)特定の利用者との合意			2	2
業務対象(4)年金基金			2	2
業務対象(5)M&A等				0
業務対象(6)任意に作成		1	5[*2]	6[*2]
計	0	1	13[*3]	14[*3]

[*1]：追加調査の結果を踏まえて、該当する事務所の回答を除外した場合、法定監査契約先以外の企業等に業務を提供したことのある事務所数は２事務所、業務対象(1)に関する回答事務所数は２事務所となる。
[*2]：追加調査の結果を踏まえて、該当する事務所の回答を除外した場合、法定監査契約先以外の企業等に業務を提供したことのある事務所数は４事務所、業務対象(6)に関する回答事務所数は５事務所となる。
[*3]：追加調査の結果を踏まえて、該当する事務所の回答を除外した場合、法定監査契約先以外の企業等に業務を提供したことのある事務所数は延べ11事務所、回答事務所数は延べ12事務所となる。

　また、法定監査契約先以外の企業等に業務を提供する際に、当該業務を受嘱可能と判断した根拠について、自由記述形式で回答を得た。表現にバラつきはあるものの、主な回答の内容としては、「予備調査の結果、受嘱可能と判断した」、「企業及び企業環境を十分に理解できる」、「適用される財務報告の枠組みが適切であった」、「会計の基準が明確であった」、「業務の基準が明確であった」、「報告書に配布及び利用制限が課されている」といったものが挙げられていた。

④　会計の基準（質問４）
　本項④から後述の⑨までの項目では、業務の対象となる財務諸表が作成される際の代表的な会計の基準、監査事務所が提供する業務の種類、当該業務を提供する際の基準、業務の報告書に記載される結論の形態、報告書の配布制限の有無、及び結論等に対する確信の程度について、回答者たる監査事務所ごとに、代表的な業務を２つまで挙げて回答することを求めている。したがって、以下での回答数は、その範囲内での回答数であることに留意する必要ある。
　まず、会計の基準に関しては、［図表２-４］のとおりである。
　ほとんどのケースで会社計算規則が多いことがわかる。これは、会社計算規則では、キャッシュ・フロー計算書の作成が求められていないことに加え、注記省略に

よって財務諸表等規則に比べて大幅に開示項目が少ないことが、作成者の負担を軽減することになっているといえよう。なお、その他に含まれるいくつかの回答では、一般に公正妥当と認められる企業会計の基準と会社計算規則の組合せというケースが一定の程度で見受けられた。これは、キャッシュ・フロー計算書のみを一般に公正妥当と認められる企業会計の基準に従って作成しているものと解される。

　なお、回答者（大手監査法人）から、次のような留意事項が述べられていた。
「任意監査は、多くの場合、会社法第436条第2項第1号の規定を準用して『一般目的の財務報告の枠組みで、適正性の枠組み』とするか、会社計算規則第98条第2項第1号（又は第2号、あるいは第5号）に基づき、注記の一部を省略することで、適用される財務報告の枠組みを『一般目的の財務報告の枠組みで、準拠性の枠組み』となっています。」

　こうした一意的な組合せの理解が、実務家の間では、一般的なのかもしれない。
　また、他の回答者（大手監査法人）からは、次のような回答も示された。
「一般に特別目的の財務諸表に対する監査に関しては、財務報告の枠組みが明確でなく、会計方針を含め、必要な注記を財務諸表に記載しない等、企業の経営資源及びその変動の状況を説明するに足る十分な情報が提供できない場合には、財務報告の枠組みの受け入れ可能性の観点から、監査を行わないことがある。ただし、その過程で、当監査法人から、財務報告の枠組みの見直しを提言し、受け入れられた場合には監査を行うことがある。」

　特別目的の財務諸表にかかる監査に慎重な大手監査法人の姿勢が垣間見えるものといえよう。

[図表2-4] 会計の基準（1回答者当たり2件までの業務の回答を求める形式）

	a. 計規	c. 税法	d. 規制	e. 財規	f. 中小	h. その他	無回答	計
業務対象(1)取引先との契約	4		2[*1]	2	1	8[*2, *3]		17[*3]
業務対象(2)金融機関との借入契約	4		1[*4]	3		5[*5]		13
業務対象(3)特定の利用者との合意	2			2		5[*6]		9
業務対象(4)年金基金						2[*7]		2
業務対象(5)M&A等	5	1	1[*8]	1		2[*9]	1	11
業務対象(6)任意に作成	11[*10]			6		6[*11]	1	24[*10]
計	26[*12]	1	4	14	1	28[*12]	2	76[*12]

注：図表中の「会計の基準」の内容は、以下のとおりである。a. 会社計算規則、b. 現金基準、c. 税法基準、d. 規制基準、e. 財務諸表等規則、f. 中小企業会計要領ないし中小会計指針、g. 国際会計基準（IFRS）、h. その他。なお、b.とg.を選択した回答はなかったため、列を省略している。

[*1]：具体的には、「財務諸表作成基準」1件、及び「投資事業有限責任組合契約に関する法律」1件である。
[*2]：「その他」は、「会社計算規則の一部適用」1件、「国際会計基準（IFRS）の一部適用」1件、「処理基準：J-GAAP、開示基準：会社計算規則」1件、「処理基準：J-GAAP、開示基準：財務諸表等規則」1件、「中小企業等投資事業有限責任組合会計規則及び投資事業有限責任組合契約」1件、「確定給付企業年金法及び同施行規則」1件、「労働組合会計基準」1件、及び「重要な会計方針」1件である。
[*3]：追加調査の結果を踏まえて、該当する事務所の回答を除外した場合、「h. その他」は7件、業務対象(1)に関する回答件数合計は16件となる。
[*4]：具体的には、「連結会社計算規則」1件である。
[*5]：「その他」は、「会社計算規則の一部適用」1件、「会社計算規則及び財務諸表等規則（キャッシュ・フロー計算書）」1件、「会社計算規則及び現金基準」1件、及び「処理基準：J-GAAP、開示基準：会社計算規則」2件である。
[*6]：「その他」は、「会社計算規則の一部適用」1件、「処理基準：J-GAAP、開示基準：会社計算規則」1件、「中小企業等投資事業有限責任組合会計規則等」1件、「入札主催者・外資企業が指定する規準」1件、及び「匿名組合契約に定められている財務報告に関する取り決め」1件である。
[*7]：具体的には、「当該年金基金において適用される財務報告の枠組み」1件、及び「確定給付企業年金法及び同施行規則」1件である。なお、後者については、調査票上は選択肢を指定せずに具体的な基準の名称が記入されていたが、意味内容から「その他」に分類した。
[*8]：具体的には、「連結会社計算規則」1件である。
[*9]：「その他」は、「処理基準：J-GAAP、開示基準：財務諸表等規則」1件、及び「処理基準：国際会計基準（IFRS）、開示基準：会社計算規則」1件である。
[*10]：追加調査の結果を踏まえて、該当する事務所の回答を除外した場合、「a. 会社計算規則」は10件、業務対象(6)に関する回答件数合計は23件となる。
[*11]：「その他」は、「会社計算規則の一部適用」1件、「国際会計基準（IFRS）の一部適用」1件、「処理基準：J-GAAP、開示基準：会社計算規則」1件、「処理基準：J-GAAP、開示基準：財務諸表等規則」1件、「消費生活協同組合法及び同施行規則」1件、及び「社会福祉法人会計基準」1件である。
[*12]：追加調査の結果を踏まえて、該当する事務所の回答を除外した場合、「a. 会社計算規則」は延べ25件、「h. その他」は延べ27件、回答件数合計は延べ74件となる。

⑤ 業務の種類（質問5）

業務の種類に関しては、[図表2-5]のとおりである。

業務対象(6)に対する監査・証明業務では、上場準備のケースが多いことから適正性意見が圧倒的であるが、それ以外は、準拠性意見が多いことがわかる。その他、合意された手続や、レビュー業務も散見された。

[図表2-5] 業務の種類（1回答者当たり2件までの業務の回答を求める形式）

	a. 適正監査	b. 準拠監査	c. 適正レビュー	d. 準拠レビュー	e. AUP	f. その他	無回答	計
業務対象(1)取引先との契約	4	13[*1]						17[*1]
業務対象(2)金融機関との借入契約	3	4	2	1	1	1[*2]	1	13
業務対象(3)特定の利用者との合意	4	4				1[*3]		9
業務対象(4)年金基金		1			1			2
業務対象(5)M&A等	3	4		1	2		1	11
業務対象(6)任意に作成	14[*4]	4	2		1		3	24[*4]
計	28[*5]	30[*5]	4	2	5	2	5	76[*5]

注：図表中の「業務の種類」の内容は、以下のとおりである。a. 適正性監査、b. 準拠性監査、c. 適正性レビュー、d. 準拠性レビュー、e. 合意された手続、f. その他。

[*1]：追加調査の結果を踏まえて、該当する事務所の回答を除外した場合、「b. 準拠性監査」は12件、業務対象(1)に関する回答件数合計は16件となる。

[*2]：「その他」は、「デューデリジェンス」1件である。

[*3]：「その他」は、「（単に）準拠性」1件であった。当該回答について、調査票の留意点の欄には、「公共工事の入札に参加する目的でBS、PLに加えてCF計算書を作成する業務でした。財務諸表等規則に従って作成しますが注記の一部省略があったため準拠性の意見となりました。」と記載されていた。

[*4]：追加調査の結果を踏まえて、該当する事務所の回答を除外した場合、「a. 適正性監査」は13件、業務対象(6)に関する回答件数合計は23件となる。

[*5]：追加調査の結果を踏まえて、該当する事務所の回答を除外した場合、「a. 適正性監査」は延べ27件、「b. 準拠性監査」は延べ29件、回答件数合計は延べ74件となる。

⑥ 業務の基準（質問６）

業務の基準については、［図表２-６パネルＡ］のとおりである。

回答としては、圧倒的に監基報800が多い。ただし、業務対象(6)に対する監査・証明業務については、上場準備という性格から、一般に公正妥当と認められる監査の基準、特に監基報700という回答が多く見受けられた。その他、最近公表されたレビュー業務基準や、業務対象(4)に対する監査・証明業務においては、先に述べた年金基金固有の実務指針が挙げられていた。

［図表２-６パネルＡ］ 業務の基準（１回答者当たり２件までの業務の回答を求める形式）

	a. 監基報 800	b. 監基報 805	c. 保証実 2400	d. 専業実 4400	e. その他	無回答	計
業務対象(1)取引先との契約	13[*1]	1	1	1	1[*2]		17[*1]
業務対象(2)金融機関との借入契約	7		1	1	3[*3]	1	13
業務対象(3)特定の利用者との合意	6				3[*4]		9
業務対象(4)年金基金				1	1[*5]		2
業務対象(5)M&A等	4	2		1	2[*6]	2	11
業務対象(6)任意に作成	9[*7]	2	1		8[*8]	4	24[*7]
計	39[*9]	5	3	4	18	7	76[*9]

注：図表中の「業務の基準」の内容は、以下のとおりである。a. 監査基準委員会報告書800、b. 監査基準委員会報告書805、c. 保証業務実務指針2400、d. 専門業務実務指針4400、e. その他。

[*1]：追加調査の結果を踏まえて、該当する事務所の回答を除外した場合、「a. 監査基準委員会報告書800」は12件、業務対象(1)に関する回答件数合計は16件となる。
[*2]：「その他」は、「監査基準委員会報告書800及び業種別委員会実務指針第38号」１件である。
[*3]：「その他」は、「国際レビュー業務基準2410」１件、「四半期レビューに準ずる基準」１件、及び「基準無し」１件である。
[*4]：「その他」は、「一般目的の財務諸表に対する監査の基準（監査基準委員会報告書200-720）」１件、及び「GAAS」２件である。
[*5]：「その他」は、「監査基準委員会報告書800及び業種別委員会報告書第53号」１件である。
[*6]：「その他」は、「一般目的の財務諸表に対する監査の基準（監査基準委員会報告書200-720）」１件、及び「依頼者との合意に基づく基準」１件である。
[*7]：追加調査の結果を踏まえて、該当する事務所の回答を除外した場合、「a. 監査基準委員会報告書800」は8件、業務対象(6)に関する回答件数合計は23件となる。
[*8]：「その他」は、「監査基準委員会報告書700」３件、「一般目的の財務諸表に対する監査の基準（監査基準委員会報告書200-720）」２件、「GAAS」１件、「通常の原則的な監査基準」１件、及び具体的な記載の無い回答が１件である。
[*9]：追加調査の結果を踏まえて、該当する事務所の回答を除外した場合、「a. 監査基準委員会報告書800」は延べ37件、回答件数合計は延べ74件となる。

なお、回答中、監基報805を挙げている回答がいくつかあった。監基報805は、業務の対象として、特別目的の財務報告のうち、個別の財務表、財務諸表項目、及び財務数値を対象とする実務指針であることから、監基報800と併せて利用されてい

るのではないかと考えて再度確認してみることとした。

監基報805を挙げているケースは、業務対象(1)で1件、(5)で2件、(6)で2件の合計5件であった。調査票を再度確認した結果、いずれも単独、すなわち、他の業務基準との併用なく利用されていることがわかった。後述の分析とも関係するが、ここで、別途分析をすることとする。

これら5件について、監査事務所の規模、業務の提供先、及び業務のその他の構成要素を見てみると、以下のとおりであった。

まず、監査事務所の規模については、全5件はすべて異なる監査事務所であり、1件は準大手、4件は中小であり、大手監査法人には業務実施者はいなかった。

また、業務の提供先としては、5件のうち、法定監査契約先に業務を提供しているケースが3事務所、それ以外の顧客に業務を提供している事務所が4事務所であった[2]。

後述の分析項目として取り上げられる、業務の構成要素、すなわち、会計の基準、業務の種類、結論の形態、配布制限、及び確信の程度については、次の[図表2-6パネルB]のとおりであった。

[図表2-6パネルB] 監基報805を業務基準としているケースの業務のその他の構成要素等

事務所規模	業務対象	会計の基準	業務の種類	結論の形態	配布制限	確信の程度
準大手	(1)	財務諸表等規則	準拠性監査	準拠（適法）	あり	不明
中小	(5)	財務諸表等規則	準拠性監査	準拠（適法）	あり	100
中小	(5)	会社計算規則	適正性監査	不表明	なし	70
中小	(6)	会社計算規則	適正性監査	無限定適正	あり	95
中小	(6)	その他（社会福祉法人会計基準）	適正性監査	無限定適正	あり	100

少ない件数であるため、特徴を見出すのは難しいものの、「財務諸表等規則—準拠性監査」、「会社計算規則—適正性監査」という組合せがあることが見て取れる。これらの業務については、追加質問等によるさらなる分析が必要であろう。

---

2 本調査では、前述したような追加調査を実施しているが、追加調査の回答を得た事務所の中にこれらの事務所が含まれていなかったため、本章ではこの点について触れていない。

⑦ 結論の形態（質問7）

結論の形態に関する回答は、［図表2-7］のとおりである。

業務の種類に準じて、準拠性監査であれば、準拠（適法）性意見、適正性監査であれば、適正性意見がほとんどであったが、一部、適正性意見でありながら、合意された手続に固有の「事実の確認」とか、結論不表明という回答もあった。

［図表2-7］ 結論の形態（1回答者当たり2件までの業務の回答を求める形式）

	a. 無限定適正	d. 不表明	e. 準拠（適法）	g. 事実の確認	h. その他	無回答	計
業務対象(1)取引先との契約	5		12*1				17*1
業務対象(2)金融機関との借入契約	3		5	2	2*2	1	13
業務対象(3)特定の利用者との合意	4		5				9
業務対象(4)年金基金			1	1			2
業務対象(5)M&A等	1	1	4	3		2	11
業務対象(6)任意に作成	15*3		5	1		3	24*3
計	28*4	1	32*4	7	2	6	76*4

注：図表中の「結論の形態」の内容は、以下のとおりである。a. 無限定適正、b. 限定付適正、c. 不適正、d. 不表明、e. 準拠（適法）、f. 不準拠（不適法）、g. 事実の確認（実施結果の報告）、h. その他。なお、b.、c.、及びf.を選択した回答はなかったため、列を省略している。
*1：追加調査の結果を踏まえて、該当する事務所の回答を除外した場合、「e. 準拠（適法）」は11件、業務対象(1)に関する回答件数合計は16件となる。
*2：「その他」は、「結論の表明」1件、及び「意見表明前」1件である。
*3：追加調査の結果を踏まえて、該当する事務所の回答を除外した場合、「a. 無限定適正」は14件、業務対象(6)に関する回答件数合計は23件となる。
*4：追加調査の結果を踏まえて、該当する事務所の回答を除外した場合、「a. 無限定適正」は延べ27件、「e. 準拠（適法）」は延べ31件、回答件数合計は延べ74件となる。

⑧ 配布制限の有無（質問8）

特別目的の財務報告における監査・証明業務では、利用の範囲を限定するため、報告書に配布制限を付すことができる。配布制限の記載を行ったかどうかについて尋ねた設問に対する回答は、［図表2-8］のとおりである。

まず、回答結果からわかるように、比較的多くの回答者が配布制限を記載していることがわかる。他方、業務対象(6)に対する監査・証明業務のように後日の上場準備のようなケースでは、広く配布されることが想定されるとして配布制限が記載されない場合もある他、業務対象(1)に対する監査・証明業務についても、その後の利用について明確に記載することができない等の理由から、配布制限が記載されない

場合がある。

[図表2-8] 配布制限の有無（1回答者当たり2件までの業務の回答を求める形式）

	ある	ない	無回答	計
業務対象(1)取引先との契約	11[*1]	5	1	17[*1]
業務対象(2)金融機関との借入契約	11	1	1	13
業務対象(3)特定の利用者との合意	7	2		9
業務対象(4)年金基金	2			2
業務対象(5)M&A等	8	1	2	11
業務対象(6)任意に作成	10	8[*2]	6	24[*2]
計	49[*3]	17[*3]	10	76[*3]

[*1]：追加調査の結果を踏まえて、該当する事務所の回答を除外した場合、「ある」は10件、業務対象(1)に関する回答件数合計は16件となる。
[*2]：追加調査の結果を踏まえて、該当する事務所の回答を除外した場合、「ない」は7件、業務対象(6)に関する回答件数合計は23件となる。
[*3]：追加調査の結果を踏まえて、該当する事務所の回答を除外した場合、「ある」は延べ48件、「ない」は延べ16件、回答件数合計は延べ74件となる。

⑨ 確信の程度（質問9）

「報告書に記載した結論等」を形成するに当たって、どの程度の根拠（確信）を有していたかを、0～100％までの数値（概数）で回答を求めたところ、回答は、[図表2-9]のとおりであった。

本調査項目は、過去にもいくつかの調査研究において実施されている[3]。監査においては、合理的保証業務として、概ね80ないし95％程度の保証の水準、四半期レビューにおいては、限定的保証業務として、概ね60ないし70％程度の保証の水準が提供されているという考え方があるのに対して、一般の実務家は必ずしもそうした理解をしていないことが多いことが過去の調査から判明している。それは、保証の水準に対する一定の共通理解がない、という側面があると同時に、実務家の回答においては、「監査証明を行う以上、（理論的な保証の水準には関係なく）100％の確信をもって行っている」という意味での回答が見られること等が理由である。

今回の回答についても6つの業務対象のうちの4つにおいて「100％」という回

---

[3] IAASB（2002）の調査では、平均値で、高水準の保証を88％、中程度の水準の保証を60％とする回答が得られたことが報告されている。また、わが国における四半期レビューに関する調査については、松本・町田（2011）や松本・町田（2014）を参照されたい。

答がもっとも多かった。他方で、70％という回答を示し、準拠性意見に関しては、保証水準が低いとの理解に立っているのではないか、ともとれる回答も見受けられた。

[図表2-9] 確信の程度（1回答者当たり2件までの業務の回答を求める形式）

	100%	95%	90%	70%	無回答	計
業務対象(1)取引先との契約	10	1[*1]	1		5	17[*1]
業務対象(2)金融機関との借入契約	5	1	2		5	13
業務対象(3)特定の利用者との合意	3	2	1	1	2	9
業務対象(4)年金基金		2				2
業務対象(5)M&A等	3	1	1	2	4	11
業務対象(6)任意に作成	5	7	3[*2]		9	24[*2]
計	26	14[*3]	8[*3]	3	25	76[*3]

[*1]：追加調査の結果を踏まえて、該当する事務所の回答を除外した場合、「95％」は0件、業務対象(1)に関する回答件数合計は16件となる。
[*2]：追加調査の結果を踏まえて、該当する事務所の回答を除外した場合、「90％」は2件、業務対象(6)に関する回答件数合計は23件となる。
[*3]：追加調査の結果を踏まえて、該当する事務所の回答を除外した場合、「95％」は延べ13件、「90％」は延べ7件、回答件数合計は延べ74件となる。

第2節　監査事務所規模との関係

第1項　構成要素を軸とした「規模×業務」のクロス分析

① 業務を提供した経験の有無（質問1）

［図表2-10］は、各業務を提供した経験がある事務所の数を、監査事務所の規模ごとに示している。

［図表2-10］からわかることとして、監査事務所の規模ごとに、同じ規模の監査事務所が共通して提供している業務の種類が異なっていることが挙げられる。すなわち、大手監査法人であれば業務対象(1)、(3)及び(5)、準大手監査法人であれば業務対象(2)及び(6)、そして中小規模監査事務所であれば業務対象(6)に対する監査・証明業務がもっとも多くなっている。この傾向は、監査事務所の規模に応じて提供可能な業務の種類が増減することを示しているかもしれない。

[図表2-10] 業務を提供した経験の有無

		対象(1)	対象(2)	対象(3)	対象(4)	対象(5)	対象(6)	計
大手	ある	3	2	3	1	3	2	14
	ない				2		1	3
	無回答	1[*1]	2[*1, *2]	1[*2]	1[*2]	1[*2]	1[*2]	7
準大手	ある	2	4	1		1	4	12
	ない	4	1	5	6	5	2	24
	無回答							
中小	ある	5[*3]	3	2	1	4	10[*4]	25[*5]
	ない	38	40	41	42	39	33	233
	無回答	[*3]					[*4]	[*5]
計		53	53	53	53	53	53	318

[*1]:「無回答」とした1事務所については、この調査において使用した業務の分類がその事務所で使用されているものと異なり、集計が困難であることから「無回答」としたこと、及びこの分類に該当する業務を別の業務に含めて集計している可能性があることを指摘している。
[*2]: 上記と別の1事務所については、特別目的の財務諸表に対する業務が多くはないこと、また、複数のニーズのために特別目的の財務諸表が作成されているケースがあることから、回答を業務対象(1)の調査票にまとめて記載しているため、業務対象(2)以降が「無回答」となっている。
[*3]: 追加調査の結果を踏まえて、該当する事務所の回答を除外した場合、「中小—提供経験あり」は4事務所、「中小—無回答」は1事務所となる。
[*4]: 追加調査の結果を踏まえて、該当する事務所の回答を除外した場合、「中小—提供経験あり」は9事務所、「中小—無回答」は1事務所となる。
[*5]: 追加調査の結果を踏まえて、該当する事務所の回答を除外した場合、「中小—提供経験あり」は延べ23事務所、「中小—無回答」は延べ2事務所となる。

② 業務の依頼を断った経験の有無(質問2)

[図表2-11]は、各業務の依頼を断った経験がある事務所の数を、監査事務所の規模ごとに示している。

[図表2-11]から明らかなように、大手監査法人や中小規模監査事務所は業務の依頼を断った経験があるとの回答があったが、準大手監査法人は6種類のいかなる業務についてもその依頼を断った経験があるという回答がなかった。また、大手監査法人と中小規模監査事務所の間で、業務の依頼を断った理由に違いが見られた。すなわち、大手監査法人は、当該依頼が「財務報告の枠組みに適合していない」ことを理由に業務の依頼を断っているのに対して、中小規模監査事務所は、「信頼性がない」、「内部統制の整備状況に問題がある」、「業務実施上の制約」等を理由に業務の依頼を断っている。

[図表2-11]　業務の依頼を断った経験の有無

提供経験	断った経験	対象(1)	対象(2)	対象(3)	対象(4)	対象(5)	対象(6)	計
大手 ある	ある	2[*1]	1[*2]			1[*2]	1[*2]	5
大手 ある	ない	1	1	3		2	1	8
大手 ある	無回答				1			1
大手 ない	ある							
大手 ない	ない							
大手 ない	無回答				2		1	3
準大手 ある	ある							
準大手 ある	ない	2	4	1		1	4	12
準大手 ある	無回答							
準大手 ない	ある							
準大手 ない	ない	4	2	4	5	5	2	22
準大手 ない	無回答			1	1			2
中小 ある	ある	2[*3]						2
中小 ある	ない	3[*4]	3	2	1	4	8[*5]	21[*8]
中小 ある	無回答						2	2
中小 ない	ある	1[*6]				1[*7]		2
中小 ない	ない	32	35	36	37	33	29	202
中小 ない	無回答	5	5	5	5	5	4	29
計		52[*4]	51	52	52	52	52[*5]	311[*8]

[*1]：依頼を断った理由として、「適用される財務報告の枠組みが受入不可」が2事務所であった。
[*2]：依頼を断った理由として、「適用される財務報告の枠組みが受入不可」が1事務所であった。
[*3]：依頼を断った理由として、「信頼性」が1事務所、「内部統制の整備状況が不十分」が1事務所であった。
[*4]：追加調査の結果を踏まえて、該当する事務所の回答を除外した場合、「中小―提供経験あり―断った経験なし」は2事務所、業務対象(1)に関する回答件数合計は51事務所となる。
[*5]：追加調査の結果を踏まえて、該当する事務所の回答を除外した場合、「中小―提供経験あり―断った経験なし」は7事務所、業務対象(6)に関する回答件数合計は51事務所となる。
[*6]：依頼を断った理由として、「遠方、金額が合わない、チーム編成不可等」が1事務所であった。
[*7]：依頼を断った理由として、「遠方」が1事務所であった。
[*8]：追加調査の結果を踏まえて、該当する事務所の回答を除外した場合、「中小―提供経験あり―断った経験なし」は延べ19事務所、回答件数合計は延べ309事務所となる。

③ 業務の提供先（質問３）

［図表２-12パネルＡ］は、法定監査契約先企業又はそれ以外の企業に各業務を提供している事務所の数を示している。

［図表２-12パネルＡ］を見ると、監査事務所の規模が小さくなるにつれて、これらの業務を法定監査契約先企業ではなく、それ以外の企業に提供する割合が増えていく傾向があることがわかる。ただし、ここでは、調査票において１以上の実数を回答している事務所の数を集計しており、「不明」及び無回答は除外している。したがって、それらを正確に「０」又は「１以上」に分類した場合に、このような傾向が観察されなくなる可能性がある。

[図表２-12 パネルＡ]　業務の提供先（重複回答有り）

		対象(1)	対象(2)	対象(3)	対象(4)	対象(5)	対象(6)	計
大手	法定監査先			1		1	1	3
	それ以外	1			1		1	3
準大手	法定監査先	1	2				3	6
	それ以外	2	2	1		1	3	9
中小	法定監査先	2	2			1	4	9
	それ以外	5[*1]	1	2	1	3	6[*2]	18[*3]
回答事務所数		10[*1]	9	6	2	8	16[*2]	51[*3]

[*1]：追加調査の結果を踏まえて、該当する事務所の回答を除外した場合、「中小―それ以外」は４事務所、業務対象(1)に関する回答事務所数は９事務所となる。
[*2]：追加調査の結果を踏まえて、該当する事務所の回答を除外した場合、「中小―それ以外」は５事務所、業務対象(6)に関する回答事務所数は15事務所となる。
[*3]：追加調査の結果を踏まえて、該当する事務所の回答を除外した場合、「中小―それ以外」は延べ16事務所、回答事務所数は延べ49事務所となる。

なお、［図表２-12パネルＢ］は、業務の提供先に関連して実施した追加調査の結果を、事務所の規模ごとに示したものである。サンプルサイズは小さいが、［図表２-12パネルＢ］を見る限り、事務所の規模にかかわらず、各種の業務対象に対する監査・証明業務は、一般目的の財務報告の枠組みに準拠して作成された完全な一組の財務諸表に対する監査が実施されていないような企業等に対して、単独の契約に基づいて実施されていることがわかる。

[図表2-12 パネルB]　法定監査契約先以外の業務提供先に関する追加調査の結果

		対象(1)	対象(2)	対象(3)	対象(4)	対象(5)	対象(6)	計
大手	別事務所・法定							
	同事務所・任意							
	監査不実施				1		1	2
準大手	別事務所・法定							
	同事務所・任意							
	監査不実施	1	1	1			2	5
中小	別事務所・法定							
	同事務所・任意						1	1
	監査不実施	2*¹		1	1		2*²	6*³
	回答事務所数	3*¹	1	2	2	0	6*²	14*³

*¹：追加調査の結果を踏まえて、該当する事務所の回答を除外した場合、「中小―監査不実施」は1事務所、業務対象(1)に関する回答事務所数は2事務所となる。
*²：追加調査の結果を踏まえて、該当する事務所の回答を除外した場合、「中小―監査不実施」は1事務所、業務対象(6)に関する回答事務所数は5事務所となる。
*³：追加調査の結果を踏まえて、該当する事務所の回答を除外した場合、「中小―監査不実施」は延べ4事務所、回答事務所数は延べ12事務所となる。

④　会計の基準（質問4）

　[図表2-13]は、各業務において監査・証明の対象となる財務諸表の代表的な作成基準について、監査事務所の規模ごとに回答を示したものである。

　[図表2-13]を見ると、監査事務所の規模によって、業務の対象となる財務諸表の作成基準に一定の傾向があるように思われる。すなわち、中小規模監査事務所の回答では「a. 会社計算規則」がもっとも多くなっているのに対して、大手監査法人の回答では「h. その他」がもっとも多くなっている。この傾向は、監査事務所の規模が大きくなるにつれて、より特殊な作成基準で作成された財務諸表の監査・証明業務の依頼が増加することを示唆していると考えられる。

[図表2-13] 会計の基準（1回答者当たり2件までの業務の回答を求める形式）

		対象(1)	対象(2)	対象(3)	対象(4)	対象(5)	対象(6)	計
大手	a. 計規	1	1	1		1	1	5
	d. 規制	1[*1]	1[*2]			1[*2]		3
	e. 財規			1			1	2
	h. その他	4[*3]	2[*4]	3[*5]	1[*6]	2[*7]	2[*8]	14
準大手	a. 計規	1	1			1	3	6
	e. 財規	1					3	4
	h. その他	2[*9]	3[*10]	1[*11]			2[*9]	8
中小	a. 計規	2	2	1		3	7[*12]	15[*18]
	c. 税法					1		1
	d. 規制	1[*13]						1
	e. 財規	1		1			1	3
	f. 中小	1						1
	h. その他	2[*14]		1[*15]	1[*16]		2[*17]	6[*18]
	無回答					1	1	2
	計	17[*14]	13	9	2	11	24[*12]	76[*18]

注：図表中の「会計の基準」の内容は、以下のとおりである。a. 会社計算規則、b. 現金基準、c. 税法基準、d. 規制基準、e. 財務諸表等規則、f. 中小企業会計要領ないし中小会計指針、g. 国際会計基準（IFRS）、h. その他。なお、回答がなかった場合は行を省略している。

[*1]：具体的には、「財務諸表等作成基準」1件である。
[*2]：具体的には、「連結会計計算規則」1件である。
[*3]：「その他」は、「処理基準：J-GAAP、開示基準：会社計算規則」1件、「処理基準：J-GAAP、開示基準：財務諸表等規則」1件、「重要な会計方針」1件、及び「中小企業等投資事業有限責任組合会計規則及び投資事業有限責任組合契約」1件である。
[*4]：「その他」は、「処理基準：J-GAAP、開示基準：会社計算規則」2件である。
[*5]：「その他」は、「処理基準：J-GAAP、開示基準：会社計算規則」1件、「中小企業等投資事業有限責任組合会計規則等」1件、及び「入札主催者・外資企業が指定する規準」1件である。
[*6]：「その他」は、「当該年金基金において適用される財務報告の枠組み」1件である。
[*7]：「その他」は、「処理基準：J-GAAP、開示基準：財務諸表等規則」1件、及び「処理基準：国際会計基準（IFRS）、開示基準：会社計算規則」1件である。
[*8]：「その他」は、「処理基準：J-GAAP、開示基準：会社計算規則」1件、及び「処理基準：J-GAAP、開示基準：財務諸表等規則」1件である。
[*9]：「その他」は、「会社計算規則の一部適用」1件、及び「国際会計基準（IFRS）の一部適用」1件である。
[*10]：「その他」は、「会社計算規則の一部適用」1件、「会社計算規則及び財務諸表等規則（キャッシュ・フロー計算書）」1件、及び「会社計算規則及び現金基準」1件である。
[*11]：「その他」は、「会社計算規則の一部適用」1件である。
[*12]：追加調査の結果を踏まえて、該当する事務所の回答を除外した場合、「中小―a. 会社計算規則」は6件、業務対象(6)に関する回答件数合計は23件となる。
[*13]：具体的には、「投資事業有限責任組合契約に関する法律」1件である。
[*14]：「その他」は、「確定給付企業年金法及び同施行規則」1件、「労働組合会計基準」1件である。なお、追加調査の結果を踏まえて、該当する事務所の回答を除外した場合、「確定給付企業年金法及び同施行規則」1件が除外され、業務対象(1)に関する回答件数合計は16件となる。
[*15]：「その他」は、「匿名組合契約に定められている財務報告に関する取り決め」1件である。
[*16]：「その他」は、「確定給付企業年金法及び同施行規則」1件である。なお、調査票の回答では、選択肢から選ばれずに具体的な基準の名称が記入されていたものの、内容に基づいて、「その他」に分類した。
[*17]：「その他」は、「消費生活協同組合法及び同施行規則」1件、及び「社会福祉法人会計基準」1件である。
[*18]：追加調査の結果を踏まえて、該当する事務所の回答を除外した場合、「中小―a. 会社計算規則」は延べ14件、「中小―h. その他」は延べ5件、回答件数合計は延べ74件となる。

⑤ 業務の種類（質問5）

［図表2-14］は、各業務において監査事務所が提供した監査・証明業務の種類について、監査事務所の規模ごとに回答を示したものである。

［図表2-14］によると、大手及び準大手監査法人においては、これら6種類の業務として監査業務又はレビュー業務が提供される傾向が高いことがわかる。特に、大手監査法人は、6種類の業務のいずれについても、準拠性監査業務を提供する割合が高くなっている。これに対して、中小規模監査事務所においては、監査業務やレビュー業務に加えてAUP業務が提供される割合が増えている。

［図表2-14］ 業務の種類（1回答者当たり2件までの業務の回答を求める形式）

		対象(1)	対象(2)	対象(3)	対象(4)	対象(5)	対象(6)	計
大手	a. 適正監査	1		1		1	2	5
	b. 準拠監査	5	3	3	1	3	2	17
	d. 準拠レビュー		1					1
	f. その他			1*¹				1
準大手	a. 適正監査		3				5	9
	b. 準拠監査	3	1	1			2	7
	c. 適正レビュー		1					1
	e. AUP					1		1
中小	a. 適正監査	2		3		2	7*²	14*⁵
	b. 準拠監査	5*³				1		6*⁵
	c. 適正レビュー		1				2	3
	d. 準拠レビュー					1		1
	e. AUP	1		1	1		1	4
	f. その他		1*⁴					1
	無回答		1			1	3	5
	計	17*³	13	9	2	11	24*²	76*⁵

注：図表中の「業務の種類」の内容は、以下のとおりである。a. 適正性監査、b. 準拠性監査、c. 適正性レビュー、d. 準拠性レビュー、e. 合意された手続、f. その他。なお、回答がなかった場合は行を省略している。

*¹：「その他」は、「(単に)準拠性」1件である。当該回答について、調査票の留意点の欄には、「公共工事の入札に参加する目的でBS、PLに加えてCF計算書を作成する業務でした。財務諸表等規則に従って作成しますが注記の一部省略があったため準拠性の意見となりました。」と記載されていた。

*²：追加調査の結果を踏まえて、該当する事務所の回答を除外した場合、「中小—a. 適正性監査」は6件、業務対象(6)に関する回答件数合計は23件となる。

*³：追加調査の結果を踏まえて、該当する事務所の回答を除外した場合、「中小—b. 準拠性監査」は4件、業務対象(1)に関する回答件数合計は16件となる。

*⁴：「その他」は、「デューデリジェンス」1件である。

*⁵：追加調査の結果を踏まえて、該当する事務所の回答を除外した場合、「中小—a. 適正性監査」は延べ13件、「中小—b. 準拠性監査」は延べ5件、回答件数合計は延べ74件となる。

⑥ 業務の基準（質問6）

[図表2-15]は、監査事務所が各業務を提供した際に準拠した業務の基準について、監査事務所の規模ごとに回答を示したものである。

[図表2-15] 業務の基準（1回答者当たり2件までの業務の回答を求める形式）

		対象(1)	対象(2)	対象(3)	対象(4)	対象(5)	対象(6)	計
大手	a. 監基報800	5	3	4		3	2	17
	e. その他	1[*1]	1[*2]	1[*3]	1[*4]	1[*3]	2[*5]	7
準大手	a. 監基報800	3	4	1			5	13
	b. 監基報805	1						1
	d. 専業実4400					1		1
	その他		1[*6]				2[*7]	3
中小	a. 監基報800	5[*8]		1		1	2[*9]	9[*14]
	b. 監基報805				2		2	4
	c. 保証実2400	1				1	1	3
	d. 専業実4400	1		1				3
	e. その他		1[*10]	2[*11]		1[*12]	4[*13]	8
	無回答		1			2	4	7
	計	17[*8]	13	9	2	11	24[*9]	76[*14]

注：図表中の「業務の基準」の内容は、以下のとおりである。a. 監査基準委員会報告書800、b. 監査基準委員会報告書805、c. 保証業務実務指針2400、d. 専門業務実務指針4400、e. その他。なお、回答がなかった場合は行を省略している。

[*1]：「その他」は、「監査基準委員会報告書800及び業種別委員会実務指針第38号」1件である。
[*2]：「その他」は、「国際レビュー業務基準2410」1件である。
[*3]：「その他」は、「一般目的の財務諸表に対する監査の基準（監査基準委員会報告書200-720）」1件である。
[*4]：「その他」は、「監査基準委員会報告書800及び業種別委員会報告書第53号」1件である。
[*5]：「その他」は、「一般目的の財務諸表に対する監査の基準（監査基準委員会報告書200-720）」2件である。
[*6]：「その他」は、「四半期レビューに準ずる」1件である。
[*7]：「その他」は、「監査基準委員会報告書700」2件である。
[*8]：追加調査の結果を踏まえて、該当する事務所の回答を除外した場合、「中小－a. 監査基準委員会報告書800」は4件、業務対象(1)に関する回答件数合計は16件となる。
[*9]：追加調査の結果を踏まえて、該当する事務所の回答を除外した場合、「中小－a. 監査基準委員会報告書800」は1件、業務対象(6)に関する回答件数合計は23件となる。
[*10]：「その他」は、具体的な記載の無い回答が1件である。
[*11]：「その他」は、「GAAS」2件である。
[*12]：「その他」は、「依頼者と合意したもの」1件である。
[*13]：「その他」は、「監査基準委員会報告書700」1件、「GAAS」1件、「通常の原則的な監査基準」1件、及び具体的な記載の無い回答が1件である。
[*14]：追加調査の結果を踏まえて、該当する事務所の回答を除外した場合、「中小－a. 監査基準委員会報告書800」は延べ7件、回答件数合計は延べ74件となる。

⑦ 結論の形態（質問7）

さらに、［図表2-16］は、監査事務所が提供した各業務の報告書に記載される結論の形態について、監査事務所の規模ごとに回答を示したものである。

監査事務所がどの業務基準に準拠して監査・証明業務を提供するか、及びその結果としてどのような形態の結論を表明するかは、提供される監査・証明業務の種類に依存する。そのため、［図表2-15］及び［図表2-16］の結果は、［図表2-14］と同様の傾向を示していることが見て取れる。

［図表2-16］　結論の形態（1回答者当たり2件までの業務の回答を求める形式）

		対象(1)	対象(2)	対象(3)	対象(4)	対象(5)	対象(6)	計
大手	a. 無限定適正	1		1		1	2	5
	e. 準拠（適法）	5	4	4	1	3	2	19
準大手	a. 無限定適正	1	2				5	8
	e. 準拠（適法）	3	1	1			2	7
	g. 事実の確認					1		1
	h. その他		2[*1]					2
中小	a. 無限定適正	3	1	3			8[*2]	15[*4]
	d. 不表明					1		1
	e. 準拠（適法）	4[*3]				1	1	6[*4]
	g. 事実の確認		2		1	2	1	6
	無回答		1			2	3	6
	計	17[*3]	13	9	2	11	24[*2]	76[*4]

注：図表中の「結論の形態」の内容は、以下のとおりである。a. 無限定適正、b. 限定付適正、c. 不適正、d. 不表明、e. 準拠（適法）、f. 不準拠（不適法）、g. 事実の確認（実施結果の報告）、h. その他。なお、回答がなかった場合は行を省略している。

[*1]：「その他」は、「意見表明前」1件、及び「結論の表明」1件である。
[*2]：追加調査の結果を踏まえて、該当する事務所の回答を除外した場合、「中小―a. 無限定適正」は7件、業務対象(6)に関する回答件数合計は23件となる。
[*3]：追加調査の結果を踏まえて、該当する事務所の回答を除外した場合、「中小―e. 準拠（適法）」は3件、業務対象(1)に関する回答件数合計は16件となる。
[*4]：追加調査の結果を踏まえて、該当する事務所の回答を除外した場合、「中小―a. 無限定適正」は延べ14件、「中小―e. 準拠（適法）」は延べ5件、回答件数合計は延べ74件となる。

⑧ 配布制限の有無（質問8）

［図表2-17］は、監査事務所が提供した業務の報告書に配布制限が付されるかどうかについて、監査事務所の規模ごとに回答を示したものである。

[図表2-17]から明らかなように、大手監査法人が提供する業務の報告書には、すべて配布制限が付されているとの回答を得ている。これに対して、中小規模監査事務所においては、業務の報告書に配布制限が付されない場合も多いことがわかる。

[図表2-17]　配布制限の有無

		対象(1)	対象(2)	対象(3)	対象(4)	対象(5)	対象(6)	計
大手	ある	5	4	5	1	4	4	23
	ない							
	無回答	1						1
準大手	ある	3	4	1		1	2	11
	ない	1	1				3	5
	無回答						2	2
中小	ある	3[*1]	3	1	1	3	4	15[*3]
	ない	4		2		1	5[*2]	12[*3]
	無回答		1			2	4	7
計		17[*1]	13	9	2	11	24[*2]	76[*3]

[*1]：追加調査の結果を踏まえて、該当する事務所の回答を除外した場合、「中小─ある」は2件、業務対象(1)に関する回答件数合計は16件となる。
[*2]：追加調査の結果を踏まえて、該当する事務所の回答を除外した場合、「中小─ない」は4件、業務対象(6)に関する回答件数合計は23件となる。
[*3]：追加調査の結果を踏まえて、該当する事務所の回答を除外した場合、「中小─ある」は延べ14件、「中小─ない」は延べ11件、回答件数合計は延べ74件となる。

⑨　確信の程度（質問9）

　[図表2-18]は、提供した業務に対する確信の程度に関して、監査事務所の規模ごとに回答を示したものである。

　[図表2-18]に見られるように、監査事務所の規模によって大きな差異は見られない。

[図表2-18] 確信の程度

		対象(1)	対象(2)	対象(3)	対象(4)	対象(5)	対象(6)	計
大手	100%	4	2	1		1		8
	95%			2	1	1	2	6
	90%							
	70%							
	無回答	2	2	2		2	2	10
準大手	100%	2	2	1			2	7
	95%		1				2	3
	90%					1		1
	70%							
	無回答	2	2				3	7
中小	100%	4	1	1		2	3	11
	95%	1[*1]			1		3	5[*3]
	90%	1	2				3[*2]	7[*3]
	70%			1		2		3
	無回答	1	1			2	4	8
計		17[*1]	13	9	2	11	24[*2]	76[*3]

[*1]: 追加調査の結果を踏まえて、該当する事務所の回答を除外した場合、「中小―95%」は0件、業務対象(1)に関する回答件数合計は16件となる。
[*2]: 追加調査の結果を踏まえて、該当する事務所の回答を除外した場合、「中小―90%」は2件、業務対象(6)に関する回答件数合計は23件となる。
[*3]: 追加調査の結果を踏まえて、該当する事務所の回答を除外した場合、「中小―95%」は延べ4件、「中小―90%」は延べ6件、回答件数合計は延べ74件となる。

第2項 業務を軸とした「規模×構成要素」のクロス分析

以上に記述してきた第1項の個々の業務の特徴の検討に続いて、われわれは、さらなる分析のため、監査事務所の規模と監査・証明業務の構成要素とのクロス分析を実施した。該当件数が少ないため、統計的な数値を見るというよりも、それぞれの業務についての概観を示すに留まると解されるものの、本章で扱う6種類の業務対象（特別目的の財務諸表）に関して、監査事務所の規模ごとに、いかなる業務の構成要素からなる監査・証明業務が実施されているのかを垣間見ることができると考えられる。

① 業務対象(1) 「取引先との契約に基づいて作成された特別目的の財務諸表」

まず、取引先との契約に基づいて作成された特別目的の財務諸表についてである。

[図表2-19] に見られるように、典型的な組合せは、「業務の種類：準拠性監査—業務基準：監基報800—結論の形態：準拠（適法）—配布制限：あり」というものであり、会計の基準については、かなりバラつきがあるというものであった。また、確信の程度については、「100％」という回答が多く見受けられる。こうした傾向は、監査事務所の規模によって、ほとんど差異は認められない。

[図表2-19] 取引先との契約に基づいて作成された特別目的の財務諸表

	会計の基準	業務の種類	業務基準	結論の形態	配布制限	確信の程度
大手	計規	準拠性監査	監基報800	準拠（適法）	あり	100%
	規制基準[*1]	準拠性監査	監基報800	準拠（適法）	あり	100%
	その他[*2]	適正性監査	監基報800	無限定適正	あり	無回答
	その他[*3]	準拠性監査	監基報800	準拠（適法）	あり	100%
	その他[*4]	準拠性監査	監基報800	準拠（適法）	無回答	無回答
	その他[*5]	準拠性監査	その他[*6]	準拠（適法）	あり	100%
準大手	計規	適正性監査	監基報800	無限定適正	なし	無回答
	財規	準拠性監査	監基報805	準拠（適法）	あり	無回答
	その他[*7]	準拠性監査	監基報800	準拠（適法）	あり	100%
	その他[*8]	準拠性監査	監基報800	準拠（適法）	あり	100%
中小[*12]	計規	適正性監査	監基報800	無限定適正	あり	100%
	計規	適正性監査	保証実2400	無限定適正	なし	100%
	財規	準拠性監査	専業実4400	準拠（適法）	なし	100%
	規制基準[*9]	準拠性監査	監基報800	無限定適正	あり	100%
	中小会計	準拠性監査	監基報800	準拠（適法）	なし	90%
	その他[*10]	準拠性監査	監基報800	準拠（適法）	あり	95%
	その他[*11]	準拠性監査	監基報800	準拠（適法）	なし	無回答

[*1]：財務諸表作成基準
[*2]：処理基準：J-GAAP、開示基準：会社計算規則
[*3]：重要な会計方針
[*4]：処理基準：J-GAAP、開示基準：財務諸表等規則
[*5]：中小企業等投資事業有限責任組合会計規則及び投資事業有限責任組合契約
[*6]：監査基準委員会報告書800及び業種別委員会実務指針第38号
[*7]：会社計算規則の一部適用
[*8]：国際会計基準（IFRS）の一部適用
[*9]：投資事業有限責任組合契約に関する法律
[*10]：確定給付企業年金法及び同施行規則
[*11]：労働組合会計基準
[*12]：追加調査の結果を踏まえた場合、網掛け部分（中小の下から2行目）の回答が除外される。本章の以下の図表における同様の網掛け部分も、同じ趣旨である。

② 業務対象(2)「金融機関との借入契約の申請・更新のために作成された財務諸表」

次に、金融機関との借入契約の申請・更新のために作成された財務諸表の場合である。

[図表2-20]に見られるように、業務の構成要素には、「業務基準：監基報800―配布制限：あり」という点は、かなり共通しているものの、会計の基準については、計規と財規が多いもののバラつきがあり、業務の種類も、準拠性監査と適正性監査に分かれ、したがって、結論の形態も、準拠（適法）と無限定適正に分かれているように見受けられる。また、確信の程度については、90％から100％の間の回答が見受けられる。

監査事務所の規模による相違は、中小規模監査事務所において、保証実2400や専業実4400を利用する等、監査ではない業務が提供されていることが特徴的な点として指摘できる。

[図表2-20] 金融機関との借入契約の申請・更新のために作成された財務諸表

	会計の基準	業務の種類	業務基準	結論の形態	配布制限	確信の程度
大手	計規	準拠性監査	監基報800	準拠（適法）	あり	100％
	規制基準[*1]	準拠性監査	監基報800	準拠（適法）	あり	100％
	その他[*2]	準拠性監査	監基報800	準拠（適法）	あり	無回答
	その他[*2]	準拠性レビュー	その他[*3]	準拠（適法）	あり	無回答
準大手	計規	適正性レビュー	その他[*4]	その他[*5]		無回答
	財規	適正性監査	監基報800	その他[*6]	あり	95％
	その他[*7]	適正性監査	監基報800	無限定適正	あり	100％
	その他[*8]	適正性監査	監基報800	無限定適正	なし	無回答
	その他[*9]	準拠性監査	監基報800	準拠（適法）	あり	100％
中小	計規	適正性レビュー	保証実2400	無限定適正	あり	90％
	計規	その他[*10]	その他[*11]	事実の確認	あり	90％
	財規	合意された手続	専業実4400	事実の確認	あり	100％
	財規	無回答	無回答	無回答	無回答	無回答

*1：連結会社計算規則
*2：処理基準：J-GAAP、開示基準：会社計算規則
*3：国際レビュー業務基準2410
*4：四半期レビューに準ずる
*5：結論の表明
*6：意見表明前
*7：会社計算規則及び財務諸表等規則（キャッシュ・フロー計算書）
*8：会社計算規則及び現金基準
*9：会社計算規則の一部適用
*10：デューデリジェンス
*11：具体的な記載無し

③ 業務対象(3)「財務諸表の特定の利用者との合意に基づく会計の基準に従って作成された財務諸表」

財務諸表の特定の利用者との合意に基づく会計の基準に従って作成された財務諸表については、[図表2-21]のとおりである。

[図表2-21]に見られるように、「業務基準：監基報800―配布制限：あり」という点以外は、かなりバラつきのある結果であった。会計の基準については、計規と財規の他にも様々な基準が用いられており、業務の種類及び結論の形態は、「適正性監査―無限定適正」と「準拠性監査―準拠（適法）」に二分されている。また、確信の程度は、一部を除いてやはり90～100％の範囲となっている。

当該監査対象に関して、監査事務所の規模による差異は認められないといえよう。

[図表2-21] 財務諸表の特定の利用者との合意に基づく会計の基準に従って作成された財務諸表

	会計の基準	業務の種類	業務基準	結論の形態	配布制限	確信の程度
大手	計規	適正性監査	その他[*1]	無限定適正	あり	95%
	財規	その他[*2]	監基報800	準拠(適法)	あり	100%
	その他[*3]	準拠性監査	監基報800	準拠(適法)	あり	無回答
	その他[*4]	準拠性監査	監基報800	準拠(適法)	あり	無回答
	その他[*5]	準拠性監査	監基報800	準拠(適法)	あり	95%
準大手	その他[*6]	準拠性監査	監基報800	準拠(適法)	あり	100%
中小	計規	適正性監査	その他[*7]	無限定適正	なし	70%
	財規	適正性監査	その他[*7]	無限定適正	なし	90%
	その他[*8]	適正性監査	監基報800	無限定適正	あり	100%

[*1]:一般目的の財務諸表に対する監査の基準(監査基準委員会報告書200-720)
[*2]:(単に)準拠性。当該回答について、調査票の留意点の欄には、「公共工事の入札に参加する目的でBS、PLに加えてCF計算書を作成する業務でした。財務諸表等規則に従って作成しますが注記の一部省略があったため準拠性の意見となりました。」と記載されていた。
[*3]:処理基準:J-GAAP、開示基準:会社計算規則
[*4]:中小企業等投資事業有限責任組合会計規則等
[*5]:入札主催者・外資企業が指定する規準
[*6]:会社計算規則の一部適用
[*7]:GAAS
[*8]:匿名組合契約に定められている財務報告に関する取り決め

④ 業務対象(4)「年金基金の財務諸表」

年金基金の財務諸表に関する回答は、[図表2-22]のとおりであるが、回答数が2件であり、比較することは難しい。

[図表2-22] 年金基金の財務諸表

	会計の基準	業務の種類	業務基準	結論の形態	配布制限	確信の程度
大手	その他[*1]	準拠性監査	その他[*2]	準拠(適法)	あり	95%
中小	その他[*3]	合意された手続	専業実4400	事実の確認	あり	95%

[*1]:当該年金基金において適用される財務報告の枠組み
[*2]:監査基準委員会報告書800及び業種別委員会報告書第53号
[*3]:確定給付企業年金法及び同施行規則。調査票上は選択肢を指定せずに具体的な基準の名称が記入されていたが、意味内容から「その他」に分類した。

⑤ 業務対象(5)「M&Aや事業・営業譲渡・譲受に伴う事業会社の財務諸表」

M&Aや事業・営業譲渡・譲受に伴う事業会社の財務諸表については、[図表

2-23]のとおりである。

ここでは、「会計の基準:計規又は財規—配布制限:あり」という点は、若干の共通性が認められるが、全体として、様々な業務が提供されていることがわかる。また、確信の程度について、中小において、70%という回答が複数あることも注目される点である。

監査事務所の規模による差異としては、大手監査法人が適正性又は準拠性の監査業務を提供しているのに対して、準大手以下の監査事務所では、合意された手続や準拠性レビュー等の多様な業務を提供していることがわかる。

[図表2-23] M&Aや事業・営業譲渡・譲受に伴う事業会社の財務諸表

	会計の基準	業務の種類	業務基準	結論の形態	配布制限	確信の程度
大手	計規	適正性監査	その他[*1]	無限定適正	あり	95%
	規制基準[*2]	準拠性監査	監基報800	準拠（適法）	あり	100%
	その他[*3]	準拠性監査	監基報800	準拠（適法）	あり	無回答
	その他[*4]	準拠性監査	監基報800	準拠（適法）	あり	無回答
準大手	計規	合意された手続	専業実4400	事実の確認	あり	90%
中小[*6]	計規	適正性監査	監基報800	事実の確認	あり	100%
	計規	適正性監査	監基報805	不表明	なし	70%
	計規	合意された手続	その他[*5]	事実の確認	あり	70%
	財規	準拠性監査	監基報805	準拠（適法）	あり	100%
	税法基準	準拠性レビュー	無回答	無回答	無回答	無回答
	無回答	無回答	無回答	無回答	無回答	無回答

[*1]：一般目的の財務諸表に対する監査の基準（監査基準委員会報告書200-720）
[*2]：連結会社計算規則
[*3]：処理基準：J-GAAP、開示基準：財務諸表等規則
[*4]：処理基準：国際会計基準（IFRS）、開示基準：会社計算規則
[*5]：依頼者と合意したもの
[*6]：中小規模の事務所のうち1事務所は、当該業務を提供した経験が「ある」と回答していたものの、その後の質問項目にはすべて無回答であった。

⑥ 業務対象(6)「任意に作成された（連結）財務諸表」

最後に、任意に作成された（連結）財務諸表については、[図表2-24]のとおりである。

当該業務は、6つの業務対象のうちもっとも回答件数が多かったが、「会計の基準：計規又は財規」という以外に共通点は見出せない。業務の種類及び結論の形態

第2章 完全な一組の財務諸表に対する監査・証明業務　195

[図表2-24] 任意に作成された（連結）財務諸表

	会計の基準	業務の種類	業務基準	結論の形態	配布制限	確信の程度
大手	計規	適正性監査	その他*1	無限定適正	あり	95%
	財規	適正性監査	その他*1	無限定適正	あり	95%
	その他*2	準拠性監査	監基報800	準拠（適法）	あり	無回答
	その他*3	準拠性監査	監基報800	準拠（適法）	あり	無回答
準大手	計規	適正性監査	監基報800	無限定適正	なし	無回答
	計規	適正性監査	監基報800	無限定適正	なし	無回答
	計規	適正性監査	その他*4	無限定適正	無回答	95%
	財規	適正性監査	監基報800	無限定適正	なし	無回答
	財規	適正性監査	その他*4	無限定適正	無回答	95%
	その他*5	準拠性監査	監基報800	準拠（適法）	あり	100%
	その他*6	準拠性監査	監基報800	準拠（適法）	あり	100%
中小*12	計規	適正性監査	監基報800	無限定適正	なし	90%
	計規	適正性監査	監基報800	無限定適正	なし	90%
	計規	適正性監査	監基報805	無限定適正	あり	95%
	計規	適正性監査	その他*7	無限定適正	あり	95%
	計規	適正性監査	その他*1	無限定適正	なし	95%
	計規	適正性レビュー	保証実2400	無限定適正	なし	90%
	計規	合意された手続	その他*8	事実の確認	あり	100%
	財規	適正性監査	その他*9	無限定適正	なし	100%
	財規	適正性レビュー	無回答	準拠（適法）	無回答	無回答
	財規	無回答	無回答	無回答	無回答	無回答
	その他*10	適正性監査	監基報805	無限定適正	あり	100%
	その他*11	無回答	無回答	無回答	無回答	無回答
	無回答	無回答	無回答	無回答	無回答	無回答

*1：一般目的の財務諸表に対する監査の基準（監査基準委員会報告書200-720）
*2：処理基準：J-GAAP、開示基準：会社計算規則
*3：処理基準：J-GAAP、開示基準：財務諸表等規則
*4：監査基準委員会報告書700
*5：会社計算規則の一部適用
*6：国際会計基準（IFRS）の一部適用
*7：GAAS
*8：具体的な記載無し
*9：通常の原則的な監査基準
*10：社会福祉法人会計基準
*11：消費生活協同組合法及び同施行規則
*12：中小規模の事務所のうち1事務所は、当該業務を提供した経験が「ある」と回答していたものの、その後の質問項目にはすべて無回答であった。また、追加調査の結果を踏まえた場合、網掛け部分（中小の上から1行目）の回答が除外される。

は、「適正性監査─無限定適正」と「準拠性監査─準拠（適法）」に二分されている他、業務基準も、監基報800が用いられるケースが多いものの、その他の基準が使われているケースも少なからずある。また、配布制限に関しては、「あり」と「なし」の双方の回答が一定程度認められる。他方、確信の程度は、回答のあるものについては、90～100％に収まっている。

監査事務所の規模による相違は、若干、中小事務所において、業務の種類が監査以外の業務を提供しているように見受けられるが、必ずしも大きな差異とは言えないであろう。

第3項　業務の基準として、監基報800を利用した場合とそれ以外の業務の基準を利用した場合によるクロス分析

続いて、別の観点からのクロス分析として、業務の基準として、監基報800を利用した場合と、それ以外の業務の基準を利用した場合を比較してみることとした。

ここでは、業務対象のうち、監基報800を利用したケースのない業務対象(4)を除く5業務について、以下、両者のケースを比較して見ていくこととする。

①　業務対象(1)「取引先との契約に基づいて作成された特別目的の財務諸表」

取引先との契約に基づいて作成された特別目的の財務諸表については、以下の［図表2-25 パネルA］及び［図表2-25 パネルB］のとおりである。

監基報800を利用しているケースは、概ね、「準拠性監査」─「準拠性意見」、「適正性監査」─「適正性意見」という業務提供で整理されるように見受けられる。

他方、それ以外の業務の基準を利用しているケースについては、先に本章第1節第2項⑥で検討したように、監基報805を用いて「準拠性監査」─「準拠性意見」を実施しているものや、専業実4400を用いて、「準拠性監査」─「準拠性意見」を実施しているものが見られた。また、保証実2400を利用しながら、「適正性監査」を実施しているというケースもあった。

[図表2-25 パネルA] 取引先との契約に基づいて作成された特別目的の財務諸表
（監基報800のみ）

	会計の基準	業務の種類	業務基準	結論の形態	配布制限	確信の程度
大手	計規	準拠性監査	監基報800	準拠（適法）	あり	100%
	規制基準[*1]	準拠性監査	監基報800	準拠（適法）	あり	100%
	その他[*2]	適正性監査	監基報800	無限定適正	あり	無回答
	その他[*3]	準拠性監査	監基報800	準拠（適法）	あり	100%
	その他[*4]	準拠性監査	監基報800	準拠（適法）	無回答	無回答
準大手	計規	適正性監査	監基報800	無限定適正	なし	無回答
	その他[*5]	準拠性監査	監基報800	準拠（適法）	あり	100%
	その他[*6]	準拠性監査	監基報800	準拠（適法）	あり	100%
中小[*10]	計規	適正性監査	監基報800	無限定適正	あり	100%
	規制基準[*7]	準拠性監査	監基報800	無限定適正	あり	100%
	中小会計	準拠性監査	監基報800	準拠（適法）	なし	90%
	その他[*8]	準拠性監査	監基報800	準拠（適法）	あり	95%
	その他[*9]	準拠性監査	監基報800	準拠（適法）	なし	無回答

[*1]：財務諸表作成基準
[*2]：処理基準：J-GAAP、開示基準：会社計算規則
[*3]：重要な会計方針
[*4]：処理基準：J-GAAP、開示基準：財務諸表等規則
[*5]：会社計算規則の一部適用
[*6]：国際会計基準（IFRS）の一部適用
[*7]：投資事業有限責任組合契約に関する法律
[*8]：確定給付企業年金法及び同施行規則
[*9]：労働組合会計基準
[*10]：追加調査の結果を踏まえた場合、網掛け部分（中小の下から2行目）の回答が除外される。

[図表2-25 パネルB] 取引先との契約に基づいて作成された特別目的の財務諸表
（監基報800以外）

	会計の基準	業務の種類	業務基準	結論の形態	配布制限	確信の程度
大手	その他[*1]	準拠性監査	その他[*2]	準拠（適法）	あり	100%
準大手	財規	準拠性監査	監基報805	準拠（適法）	あり	無回答
中小	計規	適正性監査	保証実2400	無限定適正	なし	100%
	財規	準拠性監査	専業実4400	準拠（適法）	なし	100%

[*1]：中小企業等投資事業有限責任組合会計規則及び投資事業有限責任組合契約
[*2]：監査基準委員会報告書800及び業種別委員会実務指針第38号

② 業務対象(2)「金融機関との借入契約の申請・更新のために作成された財務諸表」

金融機関との借入契約の申請・更新のために作成された財務諸表については、以下の［図表2-26 パネルA］及び［図表2-26 パネルB］のとおりである。

監基報800を利用しているケースでは、「適正性監査」―「適正意見」と「準拠性監査」―「準拠性意見」に二分される。

他方、それ以外の業務の基準を利用しているケースでは、監査ではなく、レビューやAUPが多いことがわかる。

［図表2-26 パネルA］　金融機関との借入契約の申請・更新のために作成された財務諸表（監基報800のみ）

	会計の基準	業務の種類	業務基準	結論の形態	配布制限	確信の程度
大手	計規	準拠性監査	監基報800	準拠（適法）	あり	100%
	規制基準[*1]	準拠性監査	監基報800	準拠（適法）	あり	100%
	その他[*2]	準拠性監査	監基報800	準拠（適法）	あり	無回答
準大手	財規	適正性監査	監基報800	その他[*3]	あり	95%
	その他[*4]	適正性監査	監基報800	無限定適正	あり	100%
	その他[*5]	適正性監査	監基報800	無限定適正	なし	無回答
	その他[*6]	準拠性監査	監基報800	準拠（適法）	あり	100%

[*1]：連結会社計算規則
[*2]：処理基準：J-GAAP、開示基準：会社計算規則
[*3]：意見表明前
[*4]：会社計算規則及び財務諸表等規則（キャッシュ・フロー計算書）
[*5]：会社計算規則及び現金基準
[*6]：会社計算規則の一部適用

[図表2-26 パネルB]　金融機関との借入契約の申請・更新のために作成された財務諸表（監基報800以外）

	会計の基準	業務の種類	業務基準	結論の形態	配布制限	確信の程度
大手	その他[*1]	準拠性レビュー	その他[*2]	準拠（適法）	あり	無回答
準大手	計規	適正性レビュー	その他[*3]	その他[*4]	あり	無回答
中小	計規	適正性レビュー	保証実2400	無限定適正	あり	90%
中小	計規	その他[*5]	その他[*6]	事実の確認	あり	90%
中小	財規	合意された手続	専業実4400	事実の確認	あり	100%
中小	財規	無回答	無回答	無回答	無回答	無回答

[*1]：処理基準：J-GAAP、開示基準：会社計算規則
[*2]：国際レビュー業務基準2410
[*3]：四半期レビューに準ずる
[*4]：結論の表明
[*5]：デューデリジェンス
[*6]：具体的な記載無し

③　業務対象(3)「財務諸表の特定の利用者との合意に基づく会計の基準に従って作成された財務諸表」

財務諸表の特定の利用者との合意に基づく会計の基準に従って作成された財務諸表については、以下の［図表2-27パネルA］及び［図表2-27パネルB］のとおりである。

監基報800を利用しているケースでは、「準拠性監査」―「準拠性意見」がほとんどである。

また、その他の業務の基準を利用しているケースでは、当該業務対象の場合、いずれも一般に公正妥当と認められる監査の基準全般を利用しているという回答となっている。

特定の利用者との合意に基づくものであることから、監基報800に準拠するか、一般に公正妥当と認められる監査の基準全般に準拠するか、という選択になっているのではないかと解される。

[図表2-27 パネルA] 財務諸表の特定の利用者との合意に基づく会計の基準に従って作成された財務諸表（監基報800のみ）

	会計の基準	業務の種類	業務基準	結論の形態	配布制限	確信の程度
大手	財規	その他*1	監基報800	準拠（適法）	あり	100%
	その他*2	準拠性監査	監基報800	準拠（適法）	あり	無回答
	その他*3	準拠性監査	監基報800	準拠（適法）	あり	無回答
	その他*4	準拠性監査	監基報800	準拠（適法）	あり	95%
準大手	その他*5	準拠性監査	監基報800	準拠（適法）	あり	100%
中小	その他*6	適正性監査	監基報800	無限定適正	あり	100%

*1：(単に) 準拠性。当該回答について、調査票の留意点の欄には、「公共工事の入札に参加する目的でBS、PLに加えてCF計算書を作成する業務でした。財務諸表等規則に従って作成しますが注記の一部省略があったため準拠性の意見となりました。」と記載されていた。
*2：処理基準：J-GAAP、開示基準：会社計算規則
*3：中小企業等投資事業有限責任組合会計規則等
*4：入札主催者・外資企業が指定する規準
*5：会社計算規則の一部適用
*6：匿名組合契約に定められている財務報告に関する取り決め

[図表2-27 パネルB] 財務諸表の特定の利用者との合意に基づく会計の基準に従って作成された財務諸表（監基報800以外）

	会計の基準	業務の種類	業務基準	結論の形態	配布制限	確信の程度
大手	計規	適正性監査	その他*1	無限定適正	あり	95%
中小	計規	適正性監査	その他*2	無限定適正	なし	70%
	財規	適正性監査	その他*2	無限定適正	なし	90%

*1：一般目的の財務諸表に対する監査の基準（監査基準委員会報告書200-720）
*2：GAAS

④ 業務対象(5)「M&Aや事業・営業譲渡・譲受に伴う事業会社の財務諸表」

M&Aや事業・営業譲渡・譲受に伴う事業会社の財務諸表については、以下の[図表2-28パネルA]及び[図表2-28パネルB]のとおりである。

監基報800を利用しているケースでは、「準拠性監査」―「準拠性意見」が3件であるが、「適正性監査」でありながら結論が「事実の確認」となっているケースが1件ある。これについては、詳細を確認する必要があろう。

また、その他の業務の基準を利用しているケース7件のうち、ここでも監基報805を利用しているとするものが2件ある他、AUPの利用が2件ある。

[図表２-28 パネルＡ] M&Aや事業・営業譲渡・譲受に伴う事業会社の財務諸表（監基報800のみ）

	会計の基準	業務の種類	業務基準	結論の形態	配布制限	確信の程度
大手	規制基準[※1]	準拠性監査	監基報800	準拠（適法）	あり	100%
	その他[※2]	準拠性監査	監基報800	準拠（適法）	あり	無回答
	その他[※3]	準拠性監査	監基報800	準拠（適法）	あり	無回答
中小	計規	適正性監査	監基報800	事実の確認	あり	100%

[※1]：連結会社計算規則
[※2]：処理基準：J-GAAP、開示基準：財務諸表等規則
[※3]：処理基準：国際会計基準（IFRS）、開示基準：会社計算規則

[図表２-28 パネルＢ] M&Aや事業・営業譲渡・譲受に伴う事業会社の財務諸表（監基報800以外）

	会計の基準	業務の種類	業務基準	結論の形態	配布制限	確信の程度
大手	計規	適正性監査	その他[※1]	無限定適正	あり	95%
準大手	計規	合意された手続	専業実4400	事実の確認	あり	90%
中小[※3]	計規	適正性監査	監基報805	不表明	なし	70%
	計規	合意された手続	その他[※2]	事実の確認	あり	70%
	財規	準拠性監査	監基報805	準拠（適法）	あり	100%
	税法基準	準拠性レビュー	無回答	無回答	無回答	無回答
	無回答	無回答	無回答	無回答	無回答	無回答

[※1]：一般目的の財務諸表に対する監査の基準（監査基準委員会報告書200-720）
[※2]：依頼者と合意したもの
[※3]：中小規模の事務所のうち１事務所は、当該業務を提供した経験が「ある」と回答していたものの、その後の質問項目にはすべて無回答であった。

⑤　業務対象(6)「任意に作成された（連結）財務諸表」

任意に作成された（連結）財務諸表については、以下の［図表２-29パネルＡ］及び［図表２-29パネルＢ］のとおりである。

監基報800を利用しているケースでは、「準拠性監査」―「準拠性意見」と「適正性監査」―「適正性意見」に二分される。

一方、その他の業務の基準を利用しているケースでは、レビュー等も何件か見られるものの、「適正性監査」―「適正性意見」、しかも、一般に公正妥当と認められた監査の基準全般を業務の基準として利用するというケースが多くを占めているという特徴がある。

[図表2-29 パネルA] 任意に作成された（連結）財務諸表（監基報800のみ）

	会計の基準	業務の種類	業務基準	結論の形態	配布制限	確信の程度
大手	その他[*1]	準拠性監査	監基報800	準拠（適法）	あり	無回答
	その他[*2]	準拠性監査	監基報800	準拠（適法）	あり	無回答
準大手	計規	適正性監査	監基報800	無限定適正	なし	無回答
	計規	適正性監査	監基報800	無限定適正	なし	無回答
	財規	適正性監査	監基報800	無限定適正	なし	無回答
	その他[*3]	準拠性監査	監基報800	準拠（適法）	あり	100%
	その他[*4]	準拠性監査	監基報800	準拠（適法）	あり	100%
中小[*5]	計規	適正性監査	監基報800	無限定適正	なし	90%
	計規	適正性監査	監基報800	無限定適正	なし	90%

[*1]：処理基準：J-GAAP、開示基準：会社計算規則
[*2]：処理基準：J-GAAP、開示基準：財務諸表等規則
[*3]：会社計算規則の一部適用
[*4]：国際会計基準（IFRS）の一部適用
[*5]：追加調査の結果を踏まえた場合、網掛け部分（中小の上から1行目）の回答が除外される。

[図表2-29 パネルB] 任意に作成された（連結）財務諸表（監基報800以外）

	会計の基準	業務の種類	業務基準	結論の形態	配布制限	確信の程度
大手	計規	適正性監査	その他[*1]	無限定適正	あり	95%
	財規	適正性監査	その他[*1]	無限定適正	あり	95%
準大手	計規	適正性監査	その他[*2]	無限定適正	無回答	95%
中小[*8]	計規	適正性監査	監基報805	無限定適正	あり	95%
	計規	適正性監査	その他[*3]	無限定適正	あり	95%
	計規	適正性監査	その他[*1]	無限定適正	なし	95%
	計規	適正性レビュー	保証実2400	無限定適正	なし	90%
	計規	合意された手続	その他[*4]	事実の確認	あり	100%
	財規	適正性監査	その他[*5]	無限定適正	なし	100%
	財規	適正性レビュー	無回答	準拠（適法）	無回答	無回答
	財規	無回答	無回答	無回答	無回答	無回答
	その他[*6]	適正性監査	監基報805	無限定適正	あり	100%
	その他[*7]	無回答	無回答	無回答	無回答	無回答
	無回答	無回答	無回答	無回答	無回答	無回答

[*1]：一般目的の財務諸表に対する監査の基準（監査基準委員会報告書200-720）
[*2]：監査基準委員会報告書700
[*3]：GAAS
[*4]：具体的な記載無し
[*5]：通常の原則的な監査基準
[*6]：社会福祉法人会計基準
[*7]：消費生活協同組合法及び同施行規則
[*8]：中小規模の事務所のうち1事務所は、当該業務を提供した経験が「ある」と回答していたものの、その後の質問項目にはすべて無回答であった。

任意に作成された（連結）財務諸表の場合、監基報800以外を利用しているケースについては、上場準備の企業における財務諸表について、通常の監査の基準に準拠して監査を実施しているものと解される。

上記のことから、監基報800を利用しているケースには、どの業務対象においても、あまり特徴は見出せないものの、その他の業務の基準を利用しているケースについては、業務対象ごとに、その業務対象の特性に応じて、利用される業務の基準の相違があるように思われる。

ただし、ここでの分析においても、前述の他の分析同様に、実務において一定のコンセンサスが生じているというよりも、まだ業務実施者に応じてのバラつきの方が目立つ状況にあるように見受けられる。

第3節　小括

本章では、以下の6つの業務対象に対する監査・証明業務について、調査票の結果を分析してきた。

業務対象(1)　取引先との契約に基づいて作成された特別目的の財務諸表
業務対象(2)　金融機関との借入契約の申請・更新のために作成された財務諸表
業務対象(3)　財務諸表の特定の利用者との合意に基づく会計の基準に従って作成された財務諸表
業務対象(4)　年金基金の財務諸表
業務対象(5)　M&Aや事業・営業譲渡・譲受に伴う事業会社の財務諸表
業務対象(6)　任意に作成された（連結）財務諸表

本章の小括として、クロス分析も含めて、当該6業務対象に対する監査・証明業務について、明らかになった点をまとめることとしたい。

● **業務の経験は限定的で、監査事務所の規模によって業務対象が棲み分けされている**

業務の経験は、もっとも多い回答でも業務対象(6)に対する監査・証明業務の場合の16事務所であり、それ以外は、いずれも10事務所以下であることから、完全な一組の財務諸表に対する監査・証明業務は、かなり限定的な実施に留まっている。

また、大手監査法人であれば業務対象(1)、(3)及び(5)、準大手監査法人であれば業務対象(2)及び(6)、そして中小規模監査事務所であれば業務対象(6)に対する監査・証明業務がもっとも多くなっており、監査事務所の規模ごとに、同じ規模の監査事務所が共通して提供している業務の種類が異なって、棲み分けが生じているように見受けられる。

- **業務の依頼を断った経験は、業務ごと、及び監査事務所の規模ごとに差異がある**

業務の依頼を断った経験については、業務対象(1)に対する監査・証明業務において4事務所ある一方、業務対象(2)、(3)、及び(5)に対する監査・証明業務については、断ったことがないと回答するケースがほとんどであった。これは、前者が、個別の様々な用途や契約形態によって、財務諸表が作成され、利用されようとするのに対して、後者は、一定の経験知が監査業界内で蓄積されているとも考えられる。また、適用されている会計の基準の硬度が業務の依頼を断る際の大きな判断規準となっていると解される記述回答もあった。

また、断る理由については、大手監査法人では、当該依頼が「財務報告の枠組みに適合していない」ことが挙げられ、中小規模監査事務所は、「信頼性がない」、「内部統制の整備状況に問題がある」、「業務実施上の制約」等が挙げられていた。

- **業務の提供先については、法定監査契約先以外にも提供されており、監査事務所の規模が小さくなるにつれ、法定監査契約先以外への提供が増える傾向にある**

業務の提供先については、法定監査契約先よりも、それ以外の企業等からの依頼が上回っていることがわかる。ただし、業務対象(4)に対する監査・証明業務については、そもそも法定監査の枠組みがなく、業務対象(6)に対する監査・証明業務については、法定監査契約先という場合でも、子会社上場を控えた親会社からの依頼等が含まれる可能性があることに留意する必要がある。

監査事務所の規模が小さくなるにつれて、これらの業務を法定監査契約先企業ではなく、それ以外の企業に提供する割合が増えていく傾向があることがわかる。

法定監査契約先以外の企業等が業務の提供先である場合、監査事務所の規模にかかわらず、そのほとんどで、当該業務の提供先との単独の契約に基づいて各種の業務が提供されている。

- **会計の基準は、ほとんどが会社計算規則であるが、大手監査法人では、その他の基準を利用するケースも多い**

会計の基準としては、ほとんどのケースで会社計算規則となっている。これは、会社計算規則では、キャッシュ・フロー計算書の作成が求められていないことに加え、注記省略によって財務諸表等規則に比べて大幅に開示項目が少ないことが、作成者の負担を軽減することになっていることが理由と考えられる。

　また、監査事務所の規模による相違もある。中小規模監査事務所では会社計算規則がもっとも多いものの、大手監査法人の回答では「f. その他」がもっとも多くなっており、より個別・特殊な作成基準による財務諸表に対する監査・証明業務の依頼があることを示唆するものかもしれない。

- **業務の種類としては、適正性監査、準拠性監査の他、AUPやレビュー業務も行われているが、大手監査法人では、準拠性監査が多くなっている**

　業務の種類としては、上場準備のケースが多い業務対象(6)が適正性監査を主とすることを除けば、準拠性監査がもっとも多い。

　大手監査法人は、6種類の業務のいずれについても、準拠性監査業務を提供する割合が高くなっているのに対して、中小規模監査事務所においては、監査業務やレビュー業務に加えて合意された手続業務が提供される割合が増えている。

- **業務の基準としては、監基報800がほとんどであるが、業務によって、GAAS又は特定の実務指針を利用しているケースや、監基報805を適用しているという回答もあった**

　業務の基準については、圧倒的に監基報800が多いが、業務対象(6)に対する監査・証明業務については、上場準備という性格から、一般に公正妥当と認められる監査の基準が多く、業務対象(4)に対する監査・証明業務においては、先に述べた年金基金固有の実務指針が挙げられていた。

　監基報805を挙げている回答5件についても確認したところ、監基報800と併せて利用されているのではなく、監基報805が単独で利用されていることがわかった。これは、実務指針の公表に当たって想定されているところとは異なる適用状況といえる。ただし、1件は準大手監査法人、4件は中小規模監査事務所であり、大手監査法人には業務実施者はいなかった。

- **結論の形態については、監査・証明業務の種類に応じて提供されている**

　結論の形態に関しては、提供されている業務の種類に応じて提供されている。すなわち、準拠性監査であれば準拠（適法）性意見、適正性監査であれば適正性意見

等である。ただし、一部に適正性意見でありながら、結論の形態がAUPに固有の「事実の確認」や、結論不表明という回答も示されていた。この点については、個々の業務が実施された状況を含めて、改めて検討が必要かもしれない。

- **配布制限については、比較的多くのケースで配布制限が付されている**

特別目的の財務報告における監査・証明業務の報告書に付すことができる配布制限については、比較的多くのケースで配布制限が付されていることがわかった。

ただし、上場準備が含まれる業務対象(6)や、配布制限の先を明確に記載できない業務対象(1)については、配布制限が記載されていない場合がある。

また、大手監査法人が提供する業務の報告書には、すべて配布制限が付されているのに対して、中小規模監査事務所においては、業務の報告書に配布制限が付されない場合も多い。

- **確信の程度については、100％の確信という回答も見られたが、概ね90ないし95％に集約されていた**

提供した業務に対する確信の程度を尋ねた質問への回答では、100％の確信という回答も見られたが、概ね90ないし95％に集約されていた。

また、業務対象ごと、監査事務所の規模ごとに、回答に大きな差異は見られなかった。

以上のように、業務の実施の経験が少ない状況にあるため、多くの回答が得られたわけではないが、監査事務所の規模に応じて、監査・証明業務を提供する業務対象や、それらに対して適用する業務、会計の基準や業務の基準、さらには、配布制限の記載等に相違が見受けられた。

また、いくつかの回答では、本来、特別目的の財務諸表に係る監査の規範の策定時に想定していた組合せと異なる業務の構成要素が示されているケースが見られた。このことは、本調査の実施時点において、業務の実施状況は、業務実施者間において一定のコンセンサスが得られている段階にあるというよりも、まだ業務実施者に応じたバラつきの方が目立つ状況にある、と解するべきかもしれない。

〈参考文献〉

日本公認会計士協会（2012）「年金資産の消失事案を受けての 監査及び会計の専門家としての提言」、2012年5月16日。

松本祥尚・町田祥弘（2011）「第15章 わが国四半期情報開示の現状に関する検討」、古賀智敏編著『IFRS時代の最適開示制度―日本の国際的競争力と持続的成長に資する情報開示制度とは―』千倉書房、2011年10月1日、323-338頁。

松本祥尚・町田祥弘（2014）「わが国四半期レビュー手続に関する実験的研究」、『現代監査』（日本監査研究学会）24号、2014年3月、115-125頁。

結城秀彦（2014）「改訂監査基準並びに監査基準委員会報告書800及び805の概要（その6）」『会計情報』第457巻、2014年9月号、24-28頁。

International Auditing and Assurance Standards Board［IAASB］（2002）, *Study 1 The Determination and Communication of Levels of Assurance Other than High*, June 2002.

International Accounting Standard Board［IASB］（2011）, *International Accounting Standard 1: Presentation of Financial Statements*, IASB.

（町田祥弘・堀古秀徳）

単一ないしは複数の財務表に対する監査・証明業務

　本章では、特別目的の財務情報の監査・証明業務と位置付けることのできる業務のうち、「単一ないしは複数の財務表に対する監査・証明業務」に関するアンケート調査結果を報告する。

　財務表とは、完全な一組の財務諸表を構成する、貸借対照表、損益計算書、キャッシュ・フロー計算書等のそれぞれを指し、関連する注記が含まれる（監基報805第5項）。関連する注記は、通常、重要な会計方針の要約とその他の説明情報から構成される。また、企業全体を対象とするのではなく、企業活動の特定の側面のみを対象として、財務表が作成される場合もある（例えば、災害義捐金・補助金・寄付金等の収支結果を報告・開示するために作成される資金収支計算書や、事業売却において契約に基づき作成される、買手に譲渡予定の資産及び負債のみを示した計算書）。なお、財務表の監査において監査対象以外の完全な一組の財務諸表を構成する他の財務表が作成されていることは必ずしも求められないため、完全な一組の財務諸表は作成せず財務表のみ作成し、当該財務表の監査を監査人に依頼する場合も、監基報における「財務表」に該当する（以上、監基研第3号Q14）。

　このような財務表に対する監査・証明業務につき、本章で分析する業務の対象は、以下の7つである。参照を容易にするため、各業務対象には、調査票で用いた番号を付している。

　業務対象(8)　「金融機関との契約に基づいて作成されたキャッシュ・フロー計算書」
　業務対象(9)　「災害義捐金・補助金・寄付金等にかかる資金収支計算書」
　業務対象(10)　「事業（拠点）廃止に伴う貸借対照表」
　業務対象(11)　「その他の目的による貸借対照表」
　業務対象(12)　「電力業、ガス業、電気通信業における部門別収支計算書等」
　業務対象(13)　「中小協同組合の決算関係書類」

業務対象⑭ 「臨時計算書類」

これらの業務は、そのような業務が提供されていることを想定して調査票を個別に用意し、回答を求めたものである。上記7つの業務以外に提供したことのある「単一ないしは複数の財務表に対する監査・証明業務」として具体的な回答が得られたものについては、第2部第5章で報告する。

第1節　個々の業務の特徴

本節では、単一ないしは複数の財務表に対する監査・証明業務の特徴を明らかにするため、上記7つの業務対象に対して実施される業務それぞれの概要を説明するとともに、アンケート調査結果に基づき、各業務の提供状況及び業務の特徴を示す構成要素（業務の提供先、会計の基準、業務の種類など）の状況を示す。

第1項　業務の概要

ここではまず、上記7つの業務対象ごとに、業務の概要を述べることとする。

① 業務対象⑻「金融機関との契約に基づいて作成されたキャッシュ・フロー計算書」

監基報805付録の文例2に例示されている業務を想定している。金商法非適用の会社法上の大会社が、キャッシュ・フロー情報に対する金融機関からの要請に応じるため、会社計算規則に基づく計算書類等の他に、借入契約に基づいて個別の財務表として作成するキャッシュ・フロー計算書に対する任意監査である。業務の依頼者は経営者であり、想定利用者は金融機関である。

② 業務対象⑼「災害義捐金・補助金・寄付金等にかかる資金収支計算書」

監基報805付録の文例3に例示されている業務を想定している。災害義捐金・補助金・寄付金等の収支結果を報告・開示するために作成される資金収支計算書が業務の対象である。業務の依頼者は、災害義捐金・補助金・寄付金等の資金を取り扱う団体等の責任者（理事者や経営者等）であり、想定利用者は資金提供者である。業務対象である資金収支計算書は、責任者（理事者や経営者等）が定める基準に基

づいて作成される。

③　業務対象⑩「事業（拠点）廃止に伴う貸借対照表」
　アンケート調査に当たってのパイロット・テストで示された業務対象である。回答者から得られた情報では、例えば、会社分割における分割事業の財政状態を、事業を譲り受ける分離先企業へ報告する目的で作成される貸借対照表を業務の対象とする。業務の依頼者は会社分割を行う企業であり、想定利用者は分離先企業である。

④　業務対象⑪「その他の目的による貸借対照表」
　アンケート調査に当たってのパイロット・テストで示された業務対象である。回答者から得られた情報では、例えば、①海外における建設業免許を申請する目的で作成され、海外の規制当局に提出される貸借対照表、②親会社の連結財務諸表作成目的（買収した子会社の取得時の取込みのため）で作成された子会社の貸借対照表、③財務諸表等規則に基づく財務諸表に対して初年度の監査を行う際の初年度期首の貸借対照表、④完全な一組の財務諸表のうち貸借対照表及び関連注記（財務諸表作成者と想定利用者である出資者との合意に基づく）、などが業務の対象である。このことからも明らかなように、依頼者、想定利用者ともに様々である。

⑤　業務対象⑫「電力業、ガス業、電気通信業における部門別収支計算書等」
　監基報805の文例4に例示されている業務を想定している。電力業、ガス業、電気通信業では、自由化部門と規制部門を区分した部門別収支計算書の作成が義務付けられており、部門別収支計算書の監査業務は法定である（一般電気事業部門別収支計算規則第3条、みなし小売電気事業者部門別収支計算規則第3条、ガス事業部門別収支計算規則第3条、電気事業託送供給等収支計算規則第3条）。業務の依頼者は経営者であり、想定利用者は規制当局である。業務対象である部門別収支計算書等は、一般電気事業部門別収支計算規則等、監査を受けることを求めている業法に基づいて作成される。業務実施基準として、日本公認会計士協会より、以下の実務指針が公表されている。
● 業種別委員会実務指針第48号「電気通信事業者が作成する基礎的電気通信役務損益明細表等に係る監査上の取扱い」

- 業種別委員会実務指針第49号「一般電気事業者が作成する部門別収支計算書に係る監査上の取扱い」（調査実施時点）[1]
- 業種別委員会実務指針第50号「一般送配電事業者が作成する送配電部門収支計算書等に係る監査上の取扱い」
- 業種別委員会実務指針第51号「大口供給を行う一般ガス事業における部門別収支計算書に係る監査上の取扱い」（調査実施時点）[2]
- いずれの実務指針でも、完全な一組の財務諸表に対する監査を担当する監査人と同一の監査人が部門収支計算書等に対する監査を実施することが前提とされている（第48号第9項、第49号第7項、第50号第6項、第51号第7項）。

⑥　業務対象⒀「中小協同組合の決算関係書類」

　中小企業等協同組合法が定める中小企業等協同組合には、事業協同組合、事業協同小組合、信用協同組合、協同組合連合会、企業組合がある（第3条）。共済事業を行う組合で、最終の貸借対照表の負債の部に計上した額の合計額が200億円を超える組合は、各事業年度に係る決算関係書類（財産目録、貸借対照表、損益計算書、剰余金処分案、又は損失処理案）について、主務省令で定めるところにより、会計監査人の監査を受けなければならない（第40条の2、同施行令第23条）。会計監査人の監査を要する組合については、会社法の規定が準用される（同施行令第24条）。業務の依頼者は経営者であり、想定利用者は組合員である。

⑦　業務対象⒁「臨時計算書類」

　株式会社は、臨時決算日における当該株式会社の財産の状況を把握するため、臨時計算書類を作成することができる。臨時計算書類とは、最終事業年度の直後の事業年度に属する一定の日（臨時決算日）における貸借対照表、及び臨時決算日の属する事業年度の初日から臨時決算日までの期間に係る損益計算書をいう（以上、会社法第441条第1項）。会計監査人設置会社においては、臨時計算書類は、法務省令

---

[1]　業種別委員会実務指針第49号は、平成29年3月28日に改正され、「みなし小売電気事業者が作成する部門別収支計算書に係る監査上の取扱い」に改称された。
[2]　業種別委員会実務指針第51号は、平成30年3月20日に改正され、「みなしガス小売事業者が作成する部門別収支計算書に係る監査上の取扱い」に改称された。

で定めるところにより、会計監査人の監査を受けなければならない（会社法第441条第2項）。業務の依頼者は経営者であり、想定利用者は株主である。業務対象である臨時計算書類は、会社法と会社計算規則に基づいて作成される。また、日本公認会計士協会より、会計制度委員会研究報告第12号「臨時計算書類の作成基準について」も公表されている。

第2項　構成要素への対応

本項では、アンケート調査結果に基づき、各業務対象への監査・証明業務の提供状況及び業務の特徴を示す構成要素の状況を示す。

特別目的の財務情報に対する監査契約の締結時には、完全な一組の一般目的の財務諸表に対する監査契約の締結時と同様、適用される財務報告の枠組みの受入可能性について、職業的専門家としての正当な注意を払いつつ慎重に検討しなければならない。個別の財務表又は財務諸表項目等に対する監査については、監基報210「監査業務の契約条件の合意」第4項(1)に従い、財務諸表の作成において適用される財務報告の枠組みが受入可能なものであるかどうかを判断することが求められる（監基報805第7項）。

また、個別の財務表又は財務諸表項目等に対する監査のみを行い、対象となる事業体の完全な一組の財務諸表の監査を実施しない場合には、一般に公正妥当と認められる監査の基準に準拠して個別の財務表又は財務諸表項目等に対する監査が実務的な観点から実行可能であるかどうかを判断することが求められる（監基研第3号Q19、監基報805第6項）とともに、対象となる事業体の完全な一組の財務諸表の監査を行わずに個別の財務表又は財務諸表項目等に対する監査契約の新規締結又は更新を行う場合には、倫理規則に照らした慎重な検討が必要となる（監基研第3号Q18、日本公認会計士協会「倫理規則」第3条、第20条及び注解17）。

このような観点から、アンケート調査では、7つの業務対象それぞれについて、業務を提供した経験（質問1）、業務提供の依頼を断った経験及び理由（質問2）、並びに、金商法又は会社法に基づく完全な一組の財務諸表に対する監査契約を締結している企業とそれ以外の企業に対する業務提供件数（質問3）を問うている。

具体的な回答の分析に進む前に、まず、「単一ないしは複数の財務表に対する監査・証明業務」に関する回答状況を確認しておこう。［図表3-1］を参照されたい。

[図表3-1] 回答状況

(単位:事務所、括弧内は業務)

監査事務所	大手	準大手	中小	計
回答事務所数	3	5	6	14
業務対象(8)	3(3)	2(2)		5(5)
業務対象(9)	2(2)		1(1)	3(3)
業務対象(10)	1(1)			1(1)
業務対象(11)	2(3)	3(3)		5(6)
業務対象(12)	3(4)	2(3)	3(5)	8(12)
業務対象(13)				
業務対象(14)	1(1)	1(1)	3(3)	5(5)
計	12(14)	8(9)	7(9)	27 (32)

注1:業務対象(8)「金融機関との契約に基づいて作成されたキャッシュ・フロー計算書」
　　業務対象(9)「災害義捐金・補助金・寄付金等にかかる資金収支計算書」
　　業務対象(10)「事業(拠点)廃止に伴う貸借対照表」
　　業務対象(11)「その他の目的による貸借対照表」
　　業務対象(12)「電力業、ガス業、電気通信業における部門別収支計算書等」
　　業務対象(13)「中小協同組合の決算関係書類」
　　業務対象(14)「臨時計算書類」
注2:監査事務所の区分については、公認会計士・監査審査会による以下の分類を用いている(以下、同じ)。
　　大手(大手監査法人):あずさ、あらた、新日本、トーマツ(調査実施時点)
　　準大手(準大手監査法人):仰星、PwC京都、三優、太陽、東陽、優成(調査実施時点)
　　中小(中小監査事務所):その他の法人・事務所

「単一ないしは複数の財務表に対する監査・証明業務」については、14の監査事務所(のべ27事務所)から合計32業務について回答を得た。

なお、1つの事務所から業務対象(13)「中小協同組合の決算関係書類」の提供経験(1件)があるとの回答が得られたが、その内容は労働組合の計算書類の監査であったため、[図表3-1]には含めていない(この回答は第2部第5章で報告する)。業務対象(13)については、他の事務所から、調査対象年度ではなく過年度には中小協同組合の決算関係書類に対する監査の契約締結についての相談事例があったとの記述回答が寄せられている。

① 業務提供の経験(質問1)

[図表3-2]は、7つの業務対象それぞれについて、監査、レビュー、AUP、又はその他の業務を提供した経験の有無をまとめたものである。

[図表3-2]　業務提供の経験　　　　　　　　　　　　　（単位：事務所、括弧内は業務）

業務提供の経験	ある	ない	無回答	計
業務対象(8)金融機関へのCFS	5(5)	47	1	53
業務対象(9)資金収支計算書	3(3)	49	1	53
業務対象(10)事業廃止BS	1(1)	51	1	53
業務対象(11)その他目的BS	5(6)	45	3	53
業務対象(12)部門別収支計算書等	8(12)	44	1	53
業務対象(13)中小協同組合	0(0)	52	1	53
業務対象(14)臨時計算書類	5(5)	47	1	53

注：CFSはキャッシュ・フロー計算書、BSは貸借対照表を示す。以下、同じ。

　業務を提供した経験があると回答した監査事務所が最も多かったのは、業務対象(12)「電力業、ガス業、電気通信業における部門別収支計算書等」である（8事務所）。これは、業務対象(12)は、会計監査人設置会社の場合には法定監査の対象であり、これに該当する会社が多いためであると考えられる。次いで、業務対象(8)「金融機関との契約に基づいて作成されたキャッシュ・フロー計算書」、業務対象(11)「その他の目的による貸借対照表」及び業務対象(14)「臨時計算書類」に業務を提供した経験を有する事務所がそれぞれ5事務所であった。

　調査票では、業務対象(8)～(14)のそれぞれについて、業務提供に当たって留意した点を問うている（質問10）。この質問に対する記述回答のうち、業務提供の経験に関連するものをみてみよう。

　業務対象(9)「災害義捐金・補助金・寄付金等にかかる資金収支計算書」については、「東日本大震災直後の年度には、義捐金収支計算書に対する監査の実施についての相談事例があった。ただし、当時は監基報805の公表前であり監査業務の提供は困難であった。」との回答があった。義捐金の会計報告と監査の必要性については、1995年の阪神・淡路大震災の頃から指摘されており、監査基準の改訂により監査実務に拡がりが見られる事例といえよう。

　業務対象(10)「事業（拠点）廃止に伴う貸借対照表」については、「事業（拠点）を廃止した場合の貸借対照表については、当該事業（拠点）の属する法人全体の財務諸表に元々含まれているため、監査を実施する誘因に乏しいことが想定される。」及び「本業務に該当する監査業務は、法人における業務の集計上、『任意に作成さ

れた（連結）財務諸表』を対象とした業務に含まれていることがある。」とのコメントがあり、事業（拠点）廃止に伴う貸借対照表に対する監査・証明業務は、業務に対するニーズが少ないか、あるいは、法人・事務所の経営管理上、この業務は他のカテゴリーに分類されている可能性が示唆されている。

② 業務提供依頼を断った経験（質問２）

［図表３‐３］は、７つの業務対象に対する監査・証明業務の提供依頼を断った経験があるかという質問に対する回答を示している。断った経験がある場合には、その理由も問うている。

[図表３‐３] 業務提供の依頼を断った経験　　　　　　　　　　　　　　　　（単位：事務所）

業務提供の経験	ある			ない			計
断った経験	ある	ない	無回答	ある	ない	無回答	
業務対象(8)金融機関へのCFS	4	1			40	7	52
業務対象(9)資金収支計算書	3	0			40	9	52
業務対象(10)事業廃止BS	1	0			41	10	52
業務対象(11)その他目的BS	4	1			37	8	50
業務対象(12)部門別収支計算書等	7	1			36	8	52
業務対象(13)中小協同組合					41	11	52
業務対象(14)臨時計算書類	4	1			37	10	52

注：業務提供の経験（質問１）及び業務提供の依頼を断った経験（質問２）のいずれにも無回答の事務所が、業務対象(11)については３事務所、それ以外の業務については１事務所ある。

単一ないしは複数の財務表に対する監査・証明業務について、業務提供の依頼を断った経験が「ある」と回答した監査事務所はなかった。「無回答」には「不明」を含む。「不明」とは、当該業務を経営管理上区分していないため集計ができないという回答である。また、業務契約の締結数は把握できるが、依頼を断った件数は把握できない事務所もあると推測される。

われわれとしては、業務提供を依頼されたが、適用される財務報告の枠組みの受入可能性や完全な一組の財務諸表の監査を実施していないことを理由として依頼を断ることがあると想定し、どのような理由・状況で断るのかを確認したかったが、今回の調査では明らかにできなかった。

なお、業務対象⑿「電力業、ガス業、電気通信業における部門別収支計算書等」については、「法令に基づく監査であるため、財務諸表監査を実施している場合には断る事例は少ないと思われる。」との記述回答が寄せられた。

また、業務提供に当たって留意した点（質問10）について、「経営者が立案する財務報告の枠組みについて財務諸表の利用者と合意があるとしている点について、文書等により確認すること（経営者が財務報告の枠組みについて選択肢を有するか、もしくは重要な解釈をなし得るかという点）。」、及び「財務報告の枠組みの受入可能性をよく検討し、契約締結時に状況を把握するように努めた。」という記述回答が得られた。契約の締結に当たって、適用される財務報告の枠組みの受入可能性が考慮されていることが窺える。

③ 業務の提供先（質問３）

監基報805は、単一ないしは複数の財務表と完全な一組の財務諸表の監査人が同一でない場合も想定している。監基報805第６項では、個別の財務表又は財務諸表項目等に対する監査のみを行い、対象となる事業体の完全な一組の財務諸表の監査を実施しない場合には、業務契約の新規締結又は更新に当たって特段の検討、判断が必要となる、と述べられている。

そこで、アンケート調査では、７つの業務対象について監査・証明業務を提供した経験があると回答した事務所に対して、当該業務は金商法又は会社法に基づく完全な一組の財務諸表に対する監査契約を締結している企業に提供されたものか否かを問うている。［図表３-４］は、この質問に対する回答状況を示している。

なお、これ以降は、業務経験に関する回答の得られなかった業務対象⒀「中小協同組合の決算関係書類」は除外して分析を進める。

[図表3-4] 業務の提供先 (単位：事務所)

業務の提供先	完全一組監査先	それ以外	無回答	計
業務対象(8)金融機関へのCFS	3	1	2	6
業務対象(9)資金収支計算書			3	3
業務対象(10)事業廃止BS		1	1	2
業務対象(11)その他目的BS	1	3	1	5
業務対象(12)部門別収支計算書等	5	2	1	8
業務対象(14)臨時計算書類	5			5
計	14	7	8	29

注：業務(8)と業務(12)について、1つの事務所が、金商法又は会社法に基づく完全な一組の財務諸表に対する監査契約を締結している企業とそれ以外の企業の両方に業務提供の経験があると回答しているため、回答事務所の総計が29事務所となっている。

　アンケート調査に先立つヒアリングでは、完全な一組の財務諸表に対する監査業務を提供している会社でなければ、単一ないしは複数の財務表に対する監査・証明業務（特に監査業務）は提供しないことを方針としている監査事務所もあるとのコメントを得た。しかし、回答によれば、完全な一組の財務諸表に対する監査業務を提供している会社に対してのみ提供されているのは、業務対象(14)「臨時計算書類」に対する業務だけであった。一方で、業務対象(8)「金融機関との契約に基づいて作成されたキャッシュ・フロー計算書」、業務対象(10)「事業（拠点）廃止に伴う貸借対照表」、業務対象(11)「その他の目的による貸借対照表」、及び業務対象(12)「電力業、ガス業、電気通信業における部門別収支計算書等」に対する業務については、完全な一組の財務諸表に対する監査業務を提供していない会社に提供されている事例が5事務所のべ7例確認された[3]。この7例の監査事務所の内訳は、大手1事務所（のべ2例）、準大手3事務所（のべ4例）、中小1事務所（1例）である。

　ただし、調査票では、業務対象(8)から業務対象(14)について、監査、レビュー、AUP又はその他の業務を提供した経験がある事務所に対して、当該業務は、<u>金商法又は会社法に基づく完全な一組の財務諸表に対する監査契約を締結している企業</u>

---

[3] 先述のとおり、業務対象(12)「電力業、ガス業、電気通信業における部門別収支計算書等」に対する業務に関する実務指針は、完全な一組の財務諸表に対する監査を担当する監査人と同一の監査人が部門収支計算書等に対する監査を実施することを前提としているが、必ずしも同一であることを要求しているわけではない。

に対するものであるか否かを質問している。この質問では、<u>任意又は業法等に基づく完全な一組の財務諸表に対する監査契約を締結している企業に対して</u>、単一ないしは複数の財務表に対する監査、レビュー、AUP又はその他の業務を提供している場合などを区別できない。

　そこで、上記の5事務所に対して追加調査を実施し、3事務所から4業務5例について回答を得た。具体的な質問内容は以下のとおりである。単一ないしは複数の財務表に対して提供した監査・証明業務について、①金商法又は会社法に基づく完全な一組の財務諸表の法定監査を別の監査事務所が実施、②任意又は業法等に基づく完全な一組の財務諸表の監査を当該事務所が実施、③完全な一組の財務諸表の監査は実施されていない、のいずれであるか、及び、当該単一ないしは複数の財務表に対する監査・証明業務を受嘱可能と判断した根拠を質問した。回答内容については［図表3-5］を参照されたい。

　回答の得られた5例のうち3例は、任意又は業法等に基づく完全な一組の財務諸表の監査契約を締結している企業に対して、単一ないしは複数の財務表に対する監査・証明業務が提供されている。残り2例は、完全な一組の財務諸表の監査が実施されていない状況で、単一ないしは複数の財務表に対する監査・証明業務（準拠性監査とAUP）が提供されている。それぞれの業務契約に当たって、利用者のニーズ、財務報告の枠組み、業務の基準などを考慮し、単一ないしは複数の財務表に対する監査・証明業務の実施可能性を判断していることが窺える。

　また、業務提供に当たって留意した点（質問10）に関する記述回答には、以下のように業務の提供先に関連するものが多く見られる。

　業務対象(8)「金融機関との契約に基づいて作成されたキャッシュ・フロー計算書」については、以下の記述回答が得られた。

- 間接法に基づくキャッシュ・フロー計算書に対しては、貸借対照表・損益項目に対する監査手続の実施が求められることに留意している。そのため、別途、会社計算書類に対して監査意見の表明が行われていることが多いと思われる（任意又は業法等に基づく完全な一組の財務諸表の監査を実施している企業に対して準拠性監査業務を提供した経験のある監査事務所の回答）。

[図表3-5] 業務の提供先に関する追加調査の結果

業務対象 (事務所の分類) (業務提供件数)	完全な一組の 財務諸表の監査の実施	単一ないしは複数の財務表に対する 監査・証明業務を受嘱可能と 判断した根拠等
業務対象(8) 金融機関へのCFS (大手) (1件)	任意又は業法等に基づく完全な一組の財務諸表の監査を当該事務所が実施。	金融機関との業務契約において適用される財務報告の枠組みが特定されており、また、適用される財務報告の枠組みが「一般目的」であるため。さらに、監査報告書の配布及び利用を制限しているため。
業務対象(10) 事業廃止BS (準大手) (3件)	任意又は業法等に基づく完全な一組の財務諸表の監査を当該事務所が実施。	利用者のニーズを理解し、業務対象に適用される財務報告の枠組みが適切であることを確かめ、監査基準に準拠した監査が実施できることを検討した。
業務対象(11) その他目的BS (準大手) (1件)	任意又は業法等に基づく完全な一組の財務諸表の監査を当該事務所が実施。	利用者のニーズを理解し、業務対象に適用される財務報告の枠組みが適切であることを確かめ、監査基準に準拠した監査が実施できることを検討した。
業務対象(11) その他目的BS (中小) (3件)	完全な一組の財務諸表の監査は実施されていない。	予備調査の結果、品質管理基準委員会報告書第1号、監基報220等が要求する事項を満たしていると総合的に判断。
業務対象(12) 部門別収支計算書等 (大手) (4件)	完全な一組の財務諸表の監査は実施されていない。	法令に基づく完全な一組の財務諸表に対する監査が実施されていない企業に対する業務(AUP業務)であり、業種別委員会報告書第11号により、業務実施のための実務指針が明らかにされているため。また、AUPの内容が複雑なものではなく、実施結果報告書に配布及び利用を制限しているため。

- 十分な手続が実施できるかに留意している。実際には貸借対照表や損益計算書を別に監査している場合に業務提供の依頼を引き受けられる(任意又は業法等に基づく完全な一組の財務諸表の監査を実施している企業に対して、準拠性監査業務を提供した経験のある監査事務所の回答)。
- キャッシュ・フロー計算書を間接法で作成する場合、期首と期末の貸借対照表残高が計算の基礎になるので、貸借対照表も同時に監査しないといけないのではな

いかと議論になった。貸借対照表は損益計算書とともに法定監査を受けているので、残高の検証はできているということで解決した（単一ないしは複数の財務表に対する監査・証明業務の提供先についての回答は「不明」である監査事務所の回答）。

また、業務対象(12)「電力業、ガス業、電気通信業における部門別収支計算書等」については、「監基報800に文例が掲載されており、法定監査であるため、財務諸表監査を別途実施している場合には、業務提供依頼を受け入れて実施する場合がほとんどと思われる。財務諸表監査を別途実施していない場合には、AUPの実施について、手続の立案・実施の可能性等について、慎重な検討が必要と考えられる。」（完全な一組の財務諸表に対する監査が実施されていない企業に対してAUP業務を提供した経験のある監査事務所の回答）との記述回答があった。

これらの記述回答から、業務の対象や業務の種類によっては、業務提供の可否を判断するに当たって、完全な一組の財務諸表に対する監査契約を締結しているか否かを考慮事項とする場合があることがわかる。

ここまで示したように、現行実務では、単一ないしは複数の財務表に対する監査・証明業務は、当該事務所が完全な一組の財務諸表の監査を実施している企業に対して提供されている場合だけでなく、実施していない企業に対して提供されている場合もある。また、業務提供の可否を判断するに当たって、完全な一組の財務諸表に対する監査契約を締結しているか否かを考慮事項とする監査事務所もあれば、完全な一組の財務諸表に対する監査業務の提供とはかかわりなく、業務の実施可能性を判断している監査事務所もある。

もとより、どのような条件のもとでどのような業務を提供するかは各監査事務所が判断すべきことである。ここでは、特別目的の監査の枠組みを規定した「監査基準」も、それを受けて用意された監基報805も、単一ないしは複数の財務表に対する監査・証明業務を提供する前提として、完全な一組の財務諸表の監査を実施していることを要求してはいない、ということをあらためて確認しておきたい。また、先述のとおり、日本公認会計士協会が公表する実務指針の中には、完全な一組の財務諸表に対する監査を担当する監査人と同一の監査人が単一ないしは複数の財務表に対する監査・証明業務を実施することを前提としているものがある。そのこと自体には問題はないが、今回の調査で明らかになった実態を踏まえると、今後のさら

なる業務の広がりを念頭に置いて、完全な一組の財務諸表に対する監査が実施されていない場合や、完全な一組の財務諸表に対する監査を別の監査人が実施している場合の追加的な考慮事項を示す等の配慮が望まれるところである。

④ 会計の基準（質問4）

以下では、業務対象の会計の基準（質問4）、提供した業務の種類（質問5）、業務の基準（質問6）、業務の結論等（質問7）、業務報告書の配布制限（質問8）、及び業務報告書に記載した結論についての確信の程度（質問9）についての調査結果を報告する。

なお、質問4から質問9は同一の業務対象について回答を求めている。つまり、例えば業務対象(8)に対して提供した業務について、会計の基準、提供した業務の種類、当該業務の基準等を問うたものである。

まずは、業務対象がいかなる会計基準に基づいて作成されたものかを質問した。繰り返しになるが、個別の財務表又は財務諸表項目等に対する監査については、財務諸表の作成において適用される財務報告の枠組みが受入可能なものであるかどうかを判断することが求められる。回答は、複数の選択肢の中から該当するものを選ぶ形式で求めた。該当する選択肢がない場合には、具体的に説明を求めた。［図表3-6］を参照されたい。

[図表3-6] 会計の基準

(単位：業務)

会計の基準	a. 計規	c. 税法	d. 規制	e. 財規	h. その他	計
業務対象(8)金融機関へのCFS	1			3	1	5
業務対象(9)資金収支計算書			1		2	3
業務対象(10)事業廃止BS					1	1
業務対象(11)その他目的BS	1			2	3	6
業務対象(12)部門別収支計算書等	1	1	3*	3	4	12
業務対象(14)臨時計算書類	5					5
計	8	1	4	8	11	32

注：調査票に示した「会計の基準」の選択肢は、a. 会社計算規則、b. 現金基準、c. 税法基準、d. 規制基準、e. 財務諸表等規則、f. 中小企業会計要領ないし中小会計指針、g. 国際会計基準（IFRS）、h. その他、である。なお、図表には回答の得られた選択肢のみを記載している。

＊3件のうち1件は、回答では「h. その他」が選択されていたが、記述回答欄に「ガス事業部門別収支計算規則」が記入されていたため、「d. 規制基準」として取り扱ったものである。

また、[図表 3 - 7]は、「その他」として回答を得た具体的な会計基準の内容を示している。

[図表 3 - 7] 「その他」の会計基準の具体的な内容

業務の対象	具体的な会計の基準
業務対象(8)金融機関へのCFS	①処理はJ-GAAP*、開示は財務諸表等規則
業務対象(9)資金収支計算書	①処理は公益法人会計基準、開示は公益法人会計基準＋利用者との合意に基づく開示規則 ②公益法人会計における内部管理事項について ③会社が定めた基準
業務対象(10)事業廃止BS	①処理はJ-GAAP、開示は会社計算規則
業務対象(11)その他目的BS	①処理はJ-GAAP、開示は会社計算規則 ②処理はJ-GAAP、開示は会社計算規則（注記は会計方針のみ） ②処理はJ-GAAP、開示は財務諸表等規則
業務対象(12)部門別収支計算書等	①処理はJ-GAAP、開示はJICPAの業種別委員会実務指針第48号から第51号 ②会社が決めた基準 ③会社計算規則＋業法に基づき会社が定めた費用配賦規準等（2件）

*GAAPには処理と開示の基準が含まれるという理解のもと、開示の妥当性に関するチェックは会社計算規則や財務諸表等規則に則って行っているので、会計処理の基準をJ-GAAPとし、それと明示的に区別される開示の規則として会社計算規則や財務諸表等規則が示されていると解釈している。

[図表 3 - 6]と[図表 3 - 7]から、個々のニーズに応じた会計基準が用いられるという特別目的の財務報告の枠組みの特徴が読み取れる。会社計算規則及び財務諸表等規則が多く用いられているが、その他を見ると会計処理と開示で異なる基準を組み合わせることも多く、あるいは会社が定めた基準を用いるケースもある。

また、業務提供に当たって留意した点（質問10）について、いくつかの業務対象における会計の基準に関して、以下の記述回答が得られた。

- 監基報805に従い、貸借対照表に係る注記として、財務諸表等規則にいう「貸借対照表に係る注記」のみならず、必要な情報を開示することが求められていることに留意する。（業務対象(11)）
- 適正性監査を実施するが、監基研第 3 号のQ8及び会計制度委員会研究報告第12

号「臨時計算書類の作成基準について」に基づき、所定の注記を行うことが求められていることに留意が必要である。(業務対象(14))
- 電力・ガス業ではないが、部門別の収支について会社が定めた費用の基準に準拠しているかという監査業務があった。

⑤ 業務の種類(質問5)

アンケート調査では、単一ないしは複数の財務表に対する監査・証明業務の種類として、適正性監査、準拠性監査、AUP[4]など5つの選択肢を示して、回答を求めた。回答結果をまとめたものが[図表3-8]である。

[図表3-8] 業務の種類

(単位:業務)

業務の種類	a. 適正監査	b. 準拠監査	d. 準拠レビュー	e. 合意手続	無回答	計
業務対象(8)金融機関へのCFS	1	4				5
業務対象(9)資金収支計算書		3*				3
業務対象(10)事業廃止BS		1				1
業務対象(11)その他目的BS	2	4				6
業務対象(12)部門別収支計算書等		6	1	4	1	12
業務対象(14)臨時計算書類	5					5
計	8	18	1	4	1	32

注:調査票に示した「業務の種類」の選択肢は、a. 適正性監査、b. 準拠性監査、c. 適正性レビュー、d. 準拠性レビュー、e. 合意された手続、f. その他、である。なお、図表には回答の得られた選択肢のみを記載している。

*3件のうち1件は、回答では「f. その他」が選択されていたが、記述回答欄に「非営利法人委員会研究報告第28号(公益法人・一般法人の収支計算書に対する監査に関する研究報告)」と記入されていたため、「b. 準拠性監査」として取り扱ったものである。

業務対象は様々であるが、全体として見れば、提供された32業務のうち半数以上(56.3%)が準拠性監査業務である。臨時計算書類の監査は法定の適正性監査であることを考慮すれば、準拠性監査業務は全体の66.7%を占めることになる。特別目的の財務情報の監査には適正性監査と準拠性監査が想定されるが、準拠性監査の方

---

[4] AUPを保証業務(監査・証明業務)の一種と理解するかについては議論がある。本研究では、保証業務の1つとしているが、回答者から、「AUPは保証を得る業務ではない」とのコメントも寄せられている(後述)。

が主流であることとともに、特別目的の財務情報に対して適正性監査が実施される場合もあることが確認できる。また、業務対象(12)「電力業、ガス業、電気通信業における部門別収支計算書等」に対してAUP業務が4件実施されていることも特徴といえよう。

⑥ 業務の基準（質問6）

［図表3-9］は、業務を提供するときの基準をまとめたものである。

［図表3-9］ 業務の基準　　　　　　　　　　　　　　　　　　　　　　（単位：業務）

業務の基準	a. 監基報800	b. 監基報805	c. 保証2400	d. 専門4400	e. その他	計
業務対象(8)金融機関へのCFS	1	3			1	5
業務対象(9)資金収支計算書		2			1	3
業務対象(10)事業廃止BS		1				1
業務対象(11)その他目的BS		5			1	6
業務対象(12)部門別収支計算書等	1	6	1	1	3	12
業務対象(14)臨時計算書類	2				3	5
計	4	17	1	1	9	32

注：調査票に示した「業務の基準」の選択肢は、a. 監査基準委員会報告書800、b. 監査基準委員会報告書805、c. 保証業務実務指針2400、d. 専門業務実務指針4400、e. その他、である。

監基報800は「特別目的の財務報告の枠組みに準拠して作成された財務諸表に対する監査」に関する実務指針であり、監基報805は「個別の財務表又は財務諸表項目等に対する監査」に関する実務指針である。本章では、「単一ないしは複数の財務表に対する監査・証明業務」を対象としているので、業務の基準として監基報805が多く用いられていることは当然といえよう。

ここで、業務の基準は提供する業務の種類（質問5）と結びついているので、業務の種類ごとに業務基準を整理すると、［図表3-10］のようになる。

[図表3-10] 業務の種類と業務の基準

(単位:業務)

業務の種類	業務の基準	件数
適正性監査	監査基準委員会報告書 800	2
	監査基準委員会報告書 805	3
	その他	3
準拠性監査	監査基準委員会報告書 800	2
	監査基準委員会報告書 805	13
	その他	3
準拠性レビュー	保証業務実務指針 2400	1
合意された手続	専門業務実務指針 4400	1
	その他	3
無回答	監査基準委員会報告書 805	1
計		32

　[図表3-10]からは、単一ないしは複数の財務表に対する監査・証明業務の実施に当たり、監基報805だけでなく監基報800が業務の基準として用いられる場合があることがわかる。
　[図表3-11]は、「その他」として回答を得た具体的な業務の基準の内容を示している。

[図表3-11] 「その他」の業務の基準の具体的な内容

業務の対象	具体的な業務の基準
業務対象(8)金融機関へのCFS	①監基報800と805
業務対象(9)資金収支計算書	①非営利法人委員会研究報告第28号「公益法人・一般法人の収支計算書に対する監査に関する研究報告」
業務対象(11)その他目的BS	①監基報800と805
業務対象(12)部門別収支計算書等*	①関連する業種別委員会実務指針 ②「電気事業者による再生可能エネルギー電気の調達に関する特別措置法第17条第1項」及び「同法施行規則第21条」の規定並びに「同法施行規則様式第10」(2件)
業務対象(14)臨時計算書類**	①「監査報700番台まで」及び「監査基準」(2件) ②会社法

*この他に、業務提供に当たって留意した点(質問10)について、「JICPAの業種別委員会実務指針第48号から51号に基づいた監査であり、当該基準に準拠しているか留意する。」との記述回答があった。
**この他に、業務提供に当たって留意した点(質問10)について、「通常の会社法の期末監査と同水準の監査手続を実施した。」との記述回答があった。

⑦ 報告書に記載した結論等（質問7）

質問7では、業務の結果、報告書に記載した結論等について、無限定適正、準拠（適法）、不表明など7つの選択肢を示して、回答を求めた。回答結果をまとめたものが［図表3-12］である。

［図表3-12］ 報告書に記載した結論等 (単位：業務)

結論の形態	a.無限定適正	b.限定付適正	e.準拠（適法）	g.事実の確認	計
業務対象(8)金融機関へのCFS	1		4		5
業務対象(9)資金収支計算書			3		3
業務対象(10)事業廃止BS			1		1
業務対象(11)その他目的BS	2	1	3		6
業務対象(12)部門別収支計算書等	3		5	4	12
業務対象(14)臨時計算書類	5				5
計	11	1	16	4	32

注：調査票に示した「結論の形態」の選択肢は、a.無限定適正、b.限定付適正、c.不適正、d.不表明、e.準拠（適法）、f.不準拠（不適法）、g.事実の確認（実施結果の報告）、h.その他、である。なお、図表には回答の得られた選択肢のみを記載している。

ここで、業務の種類と結論の形態の関係を確認しよう。［図表3-13］を参照されたい。

［図表3-13］ 業務の種類と結論の形態 (単位：業務)

業務の種類	結論の形態	件数
適正性監査	無限定適正	8
準拠性監査	無限定適正	2
	限定付適正	1
	準拠（適法）	15
準拠性レビュー	準拠（適法）	1
合意された手続	事実の確認（実施結果の報告）	4
無回答	無限定適正	1
	計	32

［図表3-13］に示されているとおり、適正性監査、準拠性レビュー及びAUPについては、当該業務に適合する結論が表明されているが、準拠性監査18件のうち3件について、無限定適正意見（2件）と限定付適正意見が表明されている。実務上混乱が生じているのか、回答に当たって誤解が生じたのかは不明である。

⑧ 配布制限の有無（質問8）

特定の利用者の財務情報に対するニーズを満たすように作成される特別目的の財務情報の監査・証明業務においては、業務の結論を記載した報告書についても特定の利用者のみを想定し、その配布又は利用に制限を付すことがある。監基報800は、そのような場合、適切な見出しを付して、配布又は利用に制限がある旨を記載しなければならないとしている（第14項）。

［図表3-14］は、業務契約上、業務の報告書に配布制限が付されていたか否かについての調査結果を示している。

［図表3-14］配布制限の有無

(単位：業務)

配布制限	あり	なし	無回答	計
業務対象(8)金融機関へのCFS	4	1		5
業務対象(9)資金収支計算書	3			3
業務対象(10)事業廃止BS	1			1
業務対象(11)その他目的BS	4	1	1	6
業務対象(12)部門別収支計算書等	8	4		12
業務対象(14)臨時計算書類	2	3		5
計	22	9	1	32

今回の調査では、無回答を除く31件中22件（71.0％）に配布制限が付されていることが判明した。［図表3-15］は、配布制限と業務の種類をクロス集計したものである。

[図表3-15] 業務の形態と配布制限の有無　　　　　　　　　　　　　　　　(単位：業務)

配布制限	あり	なし	無回答	計
適正性監査	3	5		8
準拠性監査	15	2	1	18
準拠性レビュー	1			1
合意された手続	3	1		4
無回答		1		1
計	22	9	1	32

　［図表3-15］から、特別目的の財務情報に対する準拠性監査、準拠性レビュー及びAUP業務では、配布制限が付される傾向が確認できる[5]。

　なお、業務対象(14)「臨時計算書類」について、業務提供に当たって留意した点（質問10）として、「特別目的の監査の場合、配布利用制限を原則的に入れることを事務所ポリシーとした。」との記述回答があった。

⑨　結論等の確信の程度（質問9）

　公認会計士が実施する監査・証明業務は、業務の結論の伝達によって、業務対象である情報の信頼性等について一定の保証を与える業務（保証業務）である。「監査基準」は、財務諸表監査による保証を「合理的な保証」と表現し（「監査基準の改訂について」（平成14年）三・1及び「監査基準」第一）、その裏付けとなる監査人の心証の程度を「絶対的ではないが相当程度の心証」（「監査基準の改訂について」（平成14年）三・一）と表現している。また、財務諸表のレビュー業務については、「業務実施者の結論は、業務実施者が得た限定的保証に基づいて表明されるものであり、財務諸表監査の場合に監査人が得る合理的な保証とは異なる。」とされ（保証実2400第6項）、限定的保証の水準は合理的保証よりも低いと想定されている（同第14項(8)）。

　このように、監査・証明業務による保証の水準は業務の形態によって異なるが、どの程度の水準であるかは明確ではない。また、保証水準は、完全な一組の財務諸

---

[5] 表には示していないが、適正性監査とそれ以外（準拠性監査、準拠性レビュー及びAUP業務）について、配布制限の有無に差があるかどうか2×2のクロス表検定を実施したところ、統計的有意水準で後者のほうが配布制限を付しやすいことを示唆する証拠が得られている。

表、財務表又は財務諸表項目という業務対象により異なるのかということにも関心がある。そこで、本調査では、特別目的の財務情報の監査・証明業務において、業務報告書に記載した結論等についてどの程度の根拠（確信）を得たかを、0～100％の範囲内で概数により回答を求めた。[図表3-16] を参照されたい。

[図表3-16] 結論等の確信の程度

(単位：業務)

結論等の確信の程度	100%	95%	90%	80%	その他	無回答	計
業務対象(8)金融機関へのCFS	2	1				2	5
業務対象(9)資金収支計算書	2					1	3
業務対象(10)事業廃止BS						1	1
業務対象(11)その他目的BS	1	2			1	2	6
業務対象(12)部門別収支計算書等	4	4		2	1	1	12
業務対象(14)臨時計算書類	1	1	1		2		5
計	10	8	1	2	4	7	32

　最も多かった回答は100％（31.3％）、次いで95％（25.0％）である。「その他」は、「80～100％」、「数字で把握していない」、「総合的な意見を表明するに当たり高い心証は得ているが％の数値で回答するのは困難」、「（AUP業務は）保証を得る業務ではない」である。

　結論の確信度は「100％」であるという回答があること、かつそれが最も多い回答であることには、留意すべきであろう。業務実施者の感覚としては100％の確信を得て結論を表明しているという意味なのかもしれないが、監査業務にしろレビュー業務にしろ、業務の固有の限界等により100％の確信を得られない（監査リスク又は保証業務リスクが存在する）という理解が業務実施基準の根底にあるからである。

第2節　監査事務所規模との関係

　本節では、業務の提供先、会計の基準、業務の種類などの構成要素ごとに監査事務所規模と業務対象で回答をクロス集計した結果と、業務ごとに監査事務所規模と構成要素でクロス集計した結果を報告する。

第1項　構成要素を軸とした「規模×業務」のクロス分析
① 業務提供の経験（事務所規模ごと）

　［図表３-17］によれば、事務所の規模が大きいほど業務を提供した経験のある業務対象が多い。言い換えれば、規模の大きい事務所には様々な業務の依頼があるということを意味する。大規模事務所ほど、幅広い業務に対応することが可能であろうとの直観的理解と整合する回答結果である。また、中小規模の監査事務所は、業務(12)「電力業、ガス業、電気通信業における部門別収支計算書等」及び業務(14)「臨時計算書類」の提供経験が多い。

[図表３-17] 業務提供の経験　　　　　　　　　　　　　　　　　　（単位：事務所、括弧内は業務）

業務対象	対象(8)	対象(9)	対象(10)	対象(11)	対象(12)	対象(14)	計
大手	3(3)	2(2)	1(1)	2(3)	3(4)	1(1)	12(14)
準大手	2(2)			3(3)	2(3)	1(1)	8(9)
中小		1(1)			3(5)	3(3)	7(9)
計	5(5)	3(3)	1(1)	5(6)	8(12)	5(5)	27(32)

② 業務提供依頼を断った経験（事務所規模ごと）

　業務対象(8)～(14)について、業務提供の依頼を断った経験のある事務所はなかった（［図表３-３］参照）。

③ 業務の提供先（事務所規模ごと）

［図表3-18］からは、特別目的の財務情報に対する監査・証明業務の提供先が金商法又は会社法に基づく完全な一組の財務諸表に対する監査契約を締結している企業か否かについて、事務所規模による特段の傾向・特徴は確認できない。

[図表3-18] 業務の提供先

（単位：事務所）

	業務対象	対象(8)	対象(9)	対象(10)	対象(11)	対象(12)	対象(14)	計
大手	a. 完全一組	1			1	1	1	4
	b. それ以外	1				1		2
	無回答	1	2	1	1	1		6
準大手	a. 完全一組	2				2	1	5
	b. それ以外				3			3
中小	a. 完全一組					2	3	5
	b. それ以外					1		1
	無回答		1					1
	計	5	3	1	5	8	5	27

注：調査票に示した「業務の提供先」の選択肢は、a. 金商法又は会社に基づく監査契約先の企業に対するもの、b. それ以外の企業に対するもの、である。

④ 会計の基準（事務所規模ごと）

［図表3-19］から、大手事務所は「その他」の会計基準により作成された財務表を対象とする業務を相対的に多く引き受けていることが読み取れる（「その他」の具体的内容については［図表3-7］参照）。このことも、規模の大きな事務所ほど様々な業務に対応する能力が高いことを示している。

[図表3-19] 会計の基準

(単位：業務)

業務対象		対象(8)	対象(9)	対象(10)	対象(11)	対象(12)	対象(14)	計
大手	a. 計規						1	1
	e. 財規	2			1			3
	h. その他	1	2	1	2	4		10
準大手	a. 計規	1			1		1	3
	b. 現金					1		1
	d. 規制					1		1
	e. 財規	1			1	1		3
	h. その他					1		1
中小	a. 計規					1	3	4
	c. 税法					1		1
	d. 規制					1		1
	e. 財規					2		2
	h. その他		1					1
計		5	3	1	6	12	5	32

注：調査票に示した「会計の基準」の選択肢は、a. 会社計算規則、b. 現金基準、c. 税法基準、d. 規制基準、e. 財務諸表等規則、f. 中小企業会計要領ないし中小会計指針、g. 国際会計基準（IFRS）、h. その他、である。なお、図表には回答の得られた選択肢のみを記載している。

⑤ 業務の種類（事務所規模ごと）

［図表3-20］からは、提供した業務の種類について、事務所規模による特段の傾向・特徴は確認できないが、あえて言えば、中小規模の監査事務所がAUPを相対的に多く実施している。

[図表3-20] 業務の種類

(単位:業務)

	業務対象	対象(8)	対象(9)	対象(10)	対象(11)	対象(12)	対象(14)	計
大手	a. 適正性監査	1			1		1	3
	b. 準拠性監査	2	2	1	2	3		10
	e. 合意された手続					1		1
準大手	a. 適正性監査				1		1	2
	b. 準拠性監査	2			2	2		6
	無回答					1		1
中小	a. 適正性監査						3	3
	b. 準拠性監査					1		1
	d. 準拠性レビュー					1		1
	e. 合意された手続					3		3
	f. その他		1					1
	計	5	3	1	6	12	5	32

注:調査票に示した「業務の種類」の選択肢は、a. 適正性監査、b. 準拠性監査、c. 適正性レビュー、d. 準拠性レビュー、e. 合意された手続、f. その他、である。なお、図表には回答の得られた選択肢のみを記載している。

⑥ 業務の基準(事務所規模ごと)

[図表3-21]からは、業務の基準について、事務所規模による特段の傾向・特徴は確認できない。

[図表3-21] 業務の基準

(単位:業務)

	業務対象	対象(8)	対象(9)	対象(10)	対象(11)	対象(12)	対象(14)	計
大手	a. 監基報800						1	1
	b. 監基報805	3	2	1	3	3		12
	e. その他					1		1
準大手	a. 監基報800	1						1
	b. 監基報805				2	3		5
	e. その他	1			1		1	3
中小	a. 監基報800		1			1	1	3
	c. 保証実2400					1		1
	d. 専門実4400					1		1
	e. その他					2	2	4
	計	5	3	1	6	12	5	32

注:調査票に示した「業務の基準」の選択肢は、a. 監査基準委員会報告書800、b. 監査基準委員会報告書805、c. 保証業務実務指針2400、d. 専門業務実務指針4400、e. その他、である。なお、図表には回答の得られた選択肢のみを記載している。

⑦ 報告書に記載した結論等（事務所規模ごと）

［図表3-22］からは、結論の形態について、事務所規模による特段の傾向・特徴は確認できない。

[図表3-22] 結論の形態

(単位：業務)

	業務対象	対象(8)	対象(9)	対象(10)	対象(11)	対象(12)	対象(14)	計
大手	a. 無限定適正	1			1		1	3
	e. 準拠（適法）	2	2	1	2	3		10
	g. 事実の確認					1		1
準大手	a. 無限定適正				1	2	1	4
	b. 限定付適正				1			1
	e. 準拠（適法）	2			1	1		4
中小	a. 無限定適正					1	3	4
	e. 準拠（適法）		1			1		2
	g. 事実の確認					3		3
	計	5	3	1	6	12	5	32

注：調査票に示した「結論の形態」の選択肢は、a.無限定適正、b.限定付適正、c.不適正、d.不表明、e.準拠（適法）、f.不準拠（不適法）、g.事実の確認（実施結果の報告）、h.その他、である。なお、図表には回答の得られた選択肢のみを記載している。

⑧ 配布制限（事務所規模ごと）

［図表3-23］からは、配布制限について、事務所規模による特段の傾向・特徴は確認できない。

[図表3-23] 配布制限

(単位：業務)

	業務対象	対象(8)	対象(9)	対象(10)	対象(11)	対象(12)	対象(14)	計
大手	あり	2	2	1	3	4	1	13
	なし	1						1
準大手	あり	2			1			3
	なし				1	3	1	5
	無回答				1			1
中小	あり		1			4	1	6
	なし					1	2	3
	計	5	3	1	6	12	5	32

⑨ 結論等の確信の程度（事務所規模ごと）

［図表３-24］からは、結論等の確信の程度について、事務所規模による特段の傾向・特徴は確認できない。

［図表３-24］　結論等の確信の程度　　　　　　　　　　　　　　　　　　　　　　（単位：業務）

業務対象		対象(8)	対象(9)	対象(10)	対象(11)	対象(12)	対象(14)	計
大手	100%	1				1		3
	95%	1			1	1	1	4
	その他					1		1
	無回答	1	1	1	2	1		6
準大手	100%	1			1		1	3
	95%				1	3		4
	その他	1			1			2
中小	100%		1			3		4
	90%						1	1
	80%					2		2
	その他						2	2
計		5	3	1	6	12	5	32

第２項　業務対象を軸とした「規模×構成要素」のクロス分析

以下では、回答が得られなかった業務対象(13)を除く６つの業務対象ごとに、業務対象の会計の基準（質問４）、提供した業務の種類（質問５）、業務の基準（質問６）、業務の結論（質問７）、業務報告書への配布制限の記載の有無（質問８）、及び業務報告書に記載した結論についての確信の程度（質問９）についての回答を監査事務所でクロス集計した結果を報告する。

① 業務対象(8)「金融機関との契約に基づいて作成されたキャッシュ・フロー計算書」

この業務の提供経験があると回答した事務所は５つであり、それぞれ業務の代表例を１件ずつ回答しているので、合計５件の業務について回答が得られた。［図表３-25］を参照されたい。

[図表3-25] 金融機関との契約に基づいて作成されたキャッシュ・フロー計算書

	会計の基準	業務の種類	業務基準	結論の形態	配布制限	確信の程度
大手	財規	適正性監査	監基報805	無限定適正	なし	100%
	財規	準拠性監査	監基報805	準拠（適法）	あり	95%
	その他	準拠性監査	監基報805	準拠（適法）	あり	無回答
準大手	計規	準拠性監査	監基報800	準拠（適法）	あり	不明
	財規	準拠性監査	監基報800と805	準拠（適法）	あり	100%

　[図表3-25]からは、業務対象(8)について、事務所規模による特段の傾向・特徴は確認できない。

　業務対象の会計の基準は、「会社計算規則」が1件、「財務諸表等規則」が3件、「その他」として「会計処理はJ-GAAP、開示規則は財務諸表等規則」が1件である。5件のうち4件は「準拠性監査」で「準拠（適法）意見」が表明されており、残り1件は「適正性監査」で「無限定適正意見」が表明されている。業務実施基準は、監基報800が1件、同805が3件、800と805が1件である。配布制限は、適正性監査の1件だけ配布制限が無く、他の4件は制限がかけられている。確信の程度は95%ないし100%であった。

② 業務対象(9)「災害義捐金・補助金・寄付金等にかかる資金収支計算書」

　この業務の提供経験があると回答した事務所は3つであり、それぞれ業務の代表例を1件ずつ回答しているので、合計3件の業務について回答が得られた。[図表3-26]を参照されたい。

[図表３-26] 災害義捐金・補助金・寄付金等にかかる資金収支計算書

	会計の基準	業務の種類	業務基準	結論の形態	配布制限	確信の程度
大手	その他	準拠性監査	監基報805	準拠（適法）	あり	100%
	その他	準拠性監査	監基報805	準拠（適法）	あり	無回答
準大手	その他	準拠性監査	その他	準拠（適法）	あり	100%

　［図表３-26］からは、業務対象(9)について、事務所規模による特段の傾向・特徴は確認できない。

　業務対象の会計の基準は３件とも「その他」であり、「処理基準は公益法人会計基準、開示規則は公益法人会計基準＋利用者との合意に基づく開示規則」、「会社が定めた基準」及び「公益法人会計における内部管理事項について」（公益法人等の指導監督等に関する関係省庁連絡会議幹事会申合せ、平成17年３月23日）が具体的な基準として示された。３件とも「準拠性監査」で「準拠（適法）意見」が表明されており、かつ、配布制限がかけられている。業務実施基準は、監基報805が２件で、残り１件は、非営利法人委員会研究報告第28号「公益法人・一般法人の収支計算書に対する監査に関する研究報告」である。確信の程度は、100％が２件、１件は無回答であった。

③　業務対象(10)「事業（拠点）廃止に伴う貸借対照表」

　この業務の提供経験があると回答した事務所は１つであり、１件の業務について回答が得られた（［図表３-27］参照）。

[図表３-27] 事業（拠点）廃止に伴う貸借対照表

	会計の基準	業務の種類	業務基準	結論の形態	配布制限	確信の程度
大手	その他	準拠性監査	監基報805	準拠（適法）意見	あり	無回答

　業務対象の会計の基準は、「その他」として「処理基準はJ-GAAP、開示規則は会社法と会社計算規則」が示されている。業務の種類は「準拠性監査」、業務実施基準は「監基報805」で、「準拠（適法）意見」が表明されており、かつ、配布制限

がかけられている。確信の程度については無回答であった。

④ 業務対象(11)「その他の目的による貸借対照表」

この業務の提供経験があると回答した事務所は5つであり、うち4事務所はそれぞれ業務の代表例を1件ずつ回答し、残り1事務所は代表例を2件回答しているので、合計6件の業務について回答が得られた。［図表3-28］を参照されたい。

[図表3-28] その他の目的による貸借対照表

	会計の基準	業務の種類	業務基準	結論の形態	配布制限	確信の程度
大手	財規	適正性監査	監基報805	無限定適正	あり	95%
	その他	準拠性監査	監基報805	準拠（適法）	あり	無回答
	その他	準拠性監査	監基報805	準拠（適法）	あり	無回答
準大手	計規	適正性監査	監基報805	無限定適正	なし	95%
	財規	準拠性監査	その他	準拠（適法）	あり	100%
	その他	準拠性監査	監基報805	限定付適正	無回答	その他

［図表3-28］からは、業務対象(11)について、事務所規模による特段の傾向・特徴は確認できない。

会計の基準のうち「その他」は、「処理基準はJ-GAAP、開示規則は会社計算規則」、「処理基準はJ-GAAP、開示規則は財務諸表等規則」、及び「会計処理はJ-GAAP、開示は会社計算規則かつ注記は会計方針のみ」という回答であった（順不同）。6件の業務のうち4件は「準拠性監査」であるが、そのうち1件で貸借対照表の準拠性監査において「限定付適正意見」を表明したとの回答がある。これは何らかの誤解に基づく回答であると思われる。業務実施基準は、監基報805が5件であり、1件だけ同800及び805がある。配布制限については、適正性監査2件のうち1件だけ配布制限がかけられていない。確信の程度は95％ないし100％であった。

この業務対象は、分類名称のとおり「その他の貸借対照表」であり、貸借対照表がどのようなときにどのような目的で作成されるか、それに対してどのような監査・証明業務が提供されるかをアンケート調査の回答から確認することはできないため、回答事務所に個別に追加質問を行った。そこから得られた回答は以下のとおりであ

る。
(1) 初年度期首の貸借対照表

　財務諸表等規則に基づく財務諸表に対して初年度の監査を行う際に、初年度期首残高についての信頼性を高めるために、初年度期首の貸借対照表に対して任意監査を実施した。想定利用者は、財務諸表作成者である会社の取締役会及び監査役会であった。これは、初年度の監査を行うに際して初年度期首残高に対する監査手続の実施に併せて、初年度期首の貸借対照表に対する監査意見の表明を会社の取締役会及び監査役会から求められ、そのニーズに応える業務である。

(2) 海外の規制当局に提出される貸借対照表

　海外における建設業免許を申請するために海外の当局に提出する貸借対照表の監査を実施した。海外の規制当局により財務諸表のフォーマットは指定されていたが、貸借対照表の作成に使用する会計基準は指定されていなかったので、わが国において一般に公正妥当と認められる企業会計の基準及び会社計算規則により作成されていた。また、監査報告書の文章も指定されていた。

(3) 完全な一組の財務諸表のうち貸借対照表及び関連注記のみ

　会社計算規則に基づく貸借対照表（会計方針及びその他の注記含む）に対する任意監査である。作成者は完全な一組の財務諸表を作成しているが、作成者と想定利用者である出資者との合意により、任意監査の対象が貸借対照表及び関連注記に限定されていた。注記等の省略はなく、完全な一組の財務諸表のうち、単純に意見表明の対象が貸借対照表関連情報に限定された業務である。

(4) 親会社の連結財務諸表作成目的で作成された子会社の貸借対照表

　買収した会社の取得時貸借対照表を連結財務諸表に取り込むため、親会社の依頼により子会社の貸借対諸表及び会計方針の注記のみを監査した。

⑤　業務対象⑿「電力業、ガス業、電気通信業における部門別収支計算書等」

　この業務は、今回調査した業務の中では回答数が最も多い。この業務の提供経験があると回答した事務所は8つであり、うち4事務所はそれぞれ業務の代表例を1件ずつ回答し、残り4事務所は代表例を2件回答しているので、合計12件の業務について回答が得られた。［図表3-29］を参照されたい。

[図表３-29]　電力業、ガス業、電気通信業における部門別収支計算書等

	会計の基準	業務の種類	業務基準	結論の形態	配布制限	確信の程度
大手	その他	準拠性監査	監基報805	準拠（適法）	あり	無回答
	その他	準拠性監査	監基報805	準拠（適法）	あり	100%
	その他	準拠性監査	監基報805	準拠（適法）	あり	95%
	その他	合意された手続	その他	事実の確認	あり	その他
準大手	財規	無回答	監基報805	無限定適正	なし	95%
	規制基準	準拠性監査	監基報805	無限定適正	なし	95%
	規制基準*	準拠性監査	監基報805	準拠（適法）	なし	95%
中小	計規	合意された手続	その他	事実の確認	あり	100%
	税法基準	合意された手続	専門実4400	事実の確認	なし	100%
	規制基準	準拠性監査	監基報800	無限定適正	あり	80%
	財規	準拠性レビュー	保証実2400	準拠（適法）	あり	80%
	財規	合意された手続	その他	事実の確認	あり	100%

＊回答では「その他」が選択され、具体的な名称として「ガス事業部門別収支計算規則」が記入されていたが、筆者の判断で「規制基準」と分類した。

　[図表３-29]からは、業務対象(12)について、事務所規模による特段の傾向・特徴は確認できない。
　業務対象の会計の基準の「その他」は、「処理基準はJ-GAAP、開示規則はJICPAの業種別委員会実務指針第48号から第51号」[6]、「会社が決めた基準」、及び「会社計算規則＋業法に基づき会社が定めた費用配賦規準等」（２件）である。
　部門別収支計算書等に対する業務では、適正性監査はなく、準拠性監査の他にAUPと準拠性レビューが実施されている。AUPの業務実施基準として、専門実4400「合意された手続業務に関する実務指針」の他に、「その他」として「関連する業種別委員会実務指針」と「電気事業者による再生可能エネルギー電気の調達に関する特別措置法第17条第１項」及び「同法施行規則第21条」の規定並びに「同法施行規則様式第10」が示されている。後者は、再生可能エネルギーで発電した電気を電力会社が一定価格で買い取る制度において、電力会社が買い取る費用を電気利用者から賦課金として徴収するに当たり、賦課金の負担を減らす特例に関連して実

6　業種別委員会実務指針第48号から第51号については、本章第１節第１項⑤を参照されたい。

施された業務であると考えられる。

　業務の結論については、準拠性監査と準拠性レビューは「準拠性意見」、AUPは「事実の確認」と整理できるが、規制基準で作成された部門別収支計算書等の準拠性監査において「無限定適正意見」を表明したとの回答がある。これは何らかの誤解に基づく回答であると思われる。配布制限については、制限ありが8件、制限なしが4件であるが、特段の傾向は見られない。確信の程度は80％ないし100％と回答されているが、AUPについて「保証を得る業務ではない」との記述回答が1件あった。

⑥　業務対象⒁「臨時計算書類」

　この業務の提供経験があると回答した事務所は5つであり、それぞれ業務の代表例を1件ずつ回答しているので、合計5件の業務について回答が得られた。[図表3-30] を参照されたい。

[図表3-30]　臨時計算書類

	会計の基準	業務の種類	業務基準	結論の形態	配布制限	確信の程度
大手	計規	適正性監査	監基報800	無限定適正意見	あり	95％
準大手	計規	適正性監査	その他	無限定適正意見	なし	100％
その他	計規	適正性監査	監基報800	無限定適正意見	あり	90％
	計規	適正性監査	その他	無限定適正意見	なし	その他
	計規	適正性監査	その他	無限定適正意見	なし	80-100％

［図表 3-30］からは、業務対象(14)について、事務所規模による特段の傾向・特徴は確認できない。

臨時計算書類の作成と会計監査人による監査は会社法に定められているので、5件とも業務対象の作成基準は「会社計算規則」[7]、業務の種類は「適正性監査」であり、「無限定適正意見」が表明されている。しかし、業務実施基準の理解にはバラツキが見られる。5件のうち2件は特別目的の財務情報の監査に関する「監基報800」と回答し、2件は一般目的の財務諸表の監査に関する「監基報700番台まで」及び「監査基準」と回答している。残り1件は「会社法」である。配布制限については、制限あり2件、制限なし3件で、業務実施基準として「監基報800」と回答した場合、配布制限が付されている。最後に、確信の程度は80％ないし100％の範囲であり、「総合的な意見を表明するに当たり高い心証を得ているが、％の数値で回答するのは困難」との記述回答があった。

第3節　小括

本章では、「単一ないしは複数の財務表に対する監査・証明業務」に関するアンケート調査結果を報告した。

まず、個々の業務については、業務対象(13)「中小協同組合の決算関係書類」を除く6つの業務について、提供経験ありとの回答が得られた。業務提供経験が最も多いのは、業務対象(12)「電力業、ガス業、電気通信業における部門別収支計算書等」である。会計監査人設置会社の場合、この業務対象は会計監査が法定されていることによると思われる。業務対象(9)「災害義捐金・補助金・寄付金等にかかる資金収支計算書」は、監査基準の改訂により監査実務領域が拡張した事例といえよう。契約の締結に当たって、適用される財務報告の枠組みの受入可能性と、完全な一組の財務諸表に対する監査契約を締結している企業からの依頼か否かが考慮されている

---

[7]　会社計算規則に、臨時計算書類の作成に係る期間、作成方法及び表示等に関する事項が規定されているが（会社計算規則第60条等）、具体的な作成基準については、各事業年度に係る計算書類と同様に規定されていない。臨時計算書類制度は、平成17年成立、平成18年施行の会社法で新たに導入された制度であることから、日本公認会計士協会が、実務の参考に資することを目的として、平成18年11月に会計制度委員会研究報告第12号「臨時計算書類の作成基準について」を公表している。

ことが確認された。しかし、業務提供を依頼されたが、適用される財務報告の枠組みの受入可能性や完全な一組の財務諸表の監査を実施していないことを理由として依頼を断ったという回答は得られなかった。また、完全な一組の財務諸表に対する監査業務を提供していない会社に対して、単一ないしは複数の財務表に対する監査・証明業務を提供している事例が6例確認された。

　次に、業務の構成要素の1つである会計の基準については、個々のニーズに応じた会計基準が用いられるという特別目的の財務報告の枠組みの特徴が確認された。業務対象は様々であるが、全体として見れば、回答のあった32業務のうち半数以上（56.3％）を準拠性監査業務が占めており、AUP業務も4件実施されている。「個別の財務表又は財務諸表項目等に対する監査」に関する実務指針は監基報805であり、監基報805に準拠して実施された業務が多く確認されたが、監基報800に準拠した業務もみられた。業務の結論では、適正性監査、準拠性レビュー及びAUPについては、当該業務に適合する結論が表明されている。しかし、実務上混乱が生じているのか、回答に当たって誤解が生じたのかは不明であるが、準拠性監査18件のうち3件について、無限定適正意見（2件）と限定付適正意見が表明されている。配布制限については、71.0％に制限が付されていることが判明した。結論等の確信の程度については、100％という回答が最も多く31.3％を占め、次いで95％が25.0％であった。業務実施基準の基礎には監査リスクないし保証業務リスクの存在が認識されていることを考えると、3割強の業務実施者が結論等の確信の程度を100％と回答していることは注目に値する。

　最後に、監査事務所規模との関係については、事務所の規模が大きいほど業務を提供した経験のある業務対象が多く、また、大手事務所は「その他」の会計基準によって作成された財務表を対象とする業務を相対的に多く引き受けているという傾向を除けば、監査事務所の規模と構成要素の関係、及び監査事務所の規模と業務対象の関係には、特段の傾向や特徴は見られなかった。つまり、本章の分析対象である単一ないしは複数の財務表に対する監査・証明業務の依頼先は、事務所規模により業務の提供状況には偏りが見られるが、提供された業務の内容は、会計の基準を除いて事務所規模による差異は見られないといえる。

【参考文献】

総務省（2005）公益法人等の指導監督等に関する関係閣僚会議幹事会申合せ「公益法人会計における内部管理事項について」（平成17年3月23日）http://warp.ndl.go.jp/info:ndljp/pid/283520/www.soumu.go.jp/s-news/2005/pdf/050323_5_2.pdf

日本公認会計士協会（2009）「臨時計算書類の作成基準について」会計制度委員会研究報告第12号。

日本公認会計士協会（2014）「監査基準委員会報告書800及び805に係るQ&A」監査基準委員会研究報告第3号。

日本公認会計士協会（2014）「特別目的の財務報告の枠組みに準拠して作成された財務諸表に対する監査」監査基準委員会報告書800。

日本公認会計士協会（2014）「個別の財務表又は財務諸表項目等に対する監査」監査基準委員会報告書805。

日本公認会計士協会（2014）「倫理規則」。

日本公認会計士協会（2015）「監査業務の契約条件の合意」監査基準委員会報告書210。

日本公認会計士協会（2015）「電気通信事業者が作成する基礎的電気通信役務損益明細表等に係る監査上の取扱い」業種別委員会実務指針第48号。

日本公認会計士協会（2015）「大口供給を行う一般ガス事業における部門別収支計算書に係る監査上の取扱い」業種別委員会実務指針第51号。

日本公認会計士協会（2016）「合意された手続業務に関する実務指針」専門業務実務指針4400。

日本公認会計士協会（2016）「公益法人・一般法人の収支計算書に対する監査に関する研究報告」非営利法人委員会研究報告第28号。

日本公認会計士協会（2016）「財務諸表のレビュー業務」保証業務実務指針2400。

日本公認会計士協会（2017）「一般電気事業者が作成する部門別収支計算書に係る監査上の取扱い」業種別委員会実務指針第49号。

日本公認会計士協会（2017）「一般送配電事業者が作成する送配電部門収支計算書等に係る監査上の取扱い」業種別委員会実務指針第50号。

（林　隆敏・浅野信博）

特定の財務諸表項目に対する監査・証明業務

　本章では、特別目的の財務報告の監査・保証と位置付けることのできる業務のうち、「特定の財務諸表項目」に関するアンケート調査結果の分析・検証を行う。本章でとりあげる業務の具体的な対象は以下の2つである。業務番号は調査票で用いたものである。
　　業務対象(16)　海外への出向者の給与支払明細表
　　業務対象(17)　ロイヤリティ契約の売上高計算書
　なお、上記以外に「特定の財務諸表項目」に対する業務に該当する業務として具体的な回答が得られたものについては、第2部第5章で詳述する。
　以下、本章では、上記の2つの業務対象について概説した上で、わが国の監査事務所が当該項目に対して実際にどのような業務を提供しているのかについての実態調査の結果を分析・検証する。

第1節　個々の業務の特徴

第1項　業務の概要

　業務対象(16)「海外への出向者の給与支払明細表」は監基報805の掲げる「規制当局への報告」の文例の1つである。この文例は、海外への出向者に対する日本国内における給与の支払額を記載した明細表に対する監査であり、出向先の国の税務当局に提出することを想定している。海外出向者の給与支払明細表の監査とは、関与先から依頼され、海外に出向している役員・従業員に対して、個々の出向者に対して日本国内で支払っている給与額を対象に監査等を実施し、報告（証明）するものである。当該関与先は、この監査人の報告（証明）書を海外の税務当局に提出することが求められている。わが国の所得税法において、役員や従業員が海外の支店などに1年以上の予定で転勤した場合には、一般的には所得税法でいう非居住者、1

年未満であれば居住者になる[1]。親会社が海外現地法人に出向する役員・従業員に対して支払う給与格差補てん金等海外勤務に対する報酬に関して、内国法人の役員として受ける報酬は、国内源泉所得に該当し、わが国において給与所得として課税されるが、非居住者となった従業員が受け取る国内給与は、わが国の国内源泉所得に該当しないことから所得税及び復興特別所得税は課税されない[2]。その反面、各国との租税条約等に基づき、現地においては、わが国に所在する親会社において支払われた給与補てん金等に関しても、現地の国内源泉所得として、現地での支払額と合算して課税されることとなる。現地の税務当局としては、わが国内において支払われた金額を把握するのが困難なため、公認会計士・監査法人等に当該金額の妥当性の検証を求めていると考えられる。ただし、このような要請を課しているのは、従来、東南アジア及び中国等の一部の税務当局のみであった。監基報805は、監査対象として給与支払明細表（重要な会計方針及びその他注記を含む。）を、会計の基準として明細表の注記に記載された会計の基準（例えば、出向先の国の税務当局の要求事項を満たすように経営者が決定した基準）を掲げている。「海外への出向者の給与支払明細表」に対する監査人の業務の枠組みは、税務当局に提出するために経営者が決定した枠組みを使用しており、追加開示の要請がないことから、特別目的の「準拠性の枠組み」となる。給与支払明細書以外にも外国で納税申告のために作成される書類について外部の第三者による保証を付すことを求める場合がある。例えば、わが国の親会社と海外子会社との間の取引額や、海外子会社が現地の規制当局からの要求を満たすために作成する書類に関連して、第三者による保証の入手が求められることがある（伏谷（2014）19頁）。

それに対して、業務対象⒄「ロイヤリティ契約の売上高計算書」は、監基報805の掲げる「契約等に基づいた報告」の文例の１つである。この文例は、ロイヤリティ契約の要求事項を満たすために、特定の商品に係る売上高計算書に対して実施される任意監査を想定しており、当該売上高計算書は、ライセンサーに提出するために作成される。ライセンシーがロイヤリティ契約に基づいてロイヤリティの対象となる商品を販売した際、商品の販売数や売上高にロイヤリティ率を乗じて算出した金額をライセンシーに支払う必要があるが、ライセンサーはロイヤリティの支払い

---

1 所法２、３、所令13〜15、所基通2-1、3-3参照
2 所法２、178参照

の元となる販売数や売上高に係るライセンシーからの報告が正確なものであることの保証を要求する場合がある（榎本（2014）25頁）。ロイヤリティ契約の売上高計算書の監査とは、海外等からの技術供与に伴い、ライセンス使用料等のロイヤリティに関して、ライセンス等の提供を受けたわが国企業が正確に計算を行い、ロイヤリティを支払っているか否か、支払っているとすればいくらかを第三者である監査事務所等が、当該ライセンス契約書の条項に基づいて、分析・調査を行うものである。これは通常、ロイヤリティ監査（Royalty Audit）と海外では呼ばれている業務である。具体的には、会計帳簿や証憑との突合作業や分析手続が中心となる[3]。当該業務は、海外の大手会計事務所と業務提携等を行っているわが国の監査事務所において広く実施されていたものであった。監基報805は監査対象として特定商品の売上を示した売上高計算書（重要な会計方針及びその他の注記を含む。）を、会計の基準として計算書の注記に記載された会計の基準や契約書の条項で定められた会計の基準を掲げている。「ロイヤリティ契約の売上高計算書」に対する監査人の業務の枠組みは、契約当事者間で合意した枠組みであり、報告する財務諸表項目等が契約に基づいて限定されているため、特別目的の「準拠性の枠組み」となる。本章の［図表4-19］に示したように、この「ロイヤリティ契約の売上高計算書」は、企業の財務諸表全体の中で、一部の取引を抜き出して作成された財務報告についての監査という点で特徴的であり、当該監査の実施は、定款で定められることもあれば、当事者が報告を行う際に自主的に監査を利用することもあると考えられる。

第2項　構成要素への対応

以下、各業務の実施状況について述べる。

① 業務を提供した経験の有無

業務を提供した経験の有無に関する質問の回答結果は、［図表4-1］のとおりである。

---

[3] Brett Brandenburg, CPA, CFA, ASA, and Daniel Wetzel, CPA（2010）参照。

[図表4-1] 業務を提供した経験の有無

業務提供の経験	ある	ない	無回答	計
業務対象(16)海外明細表	6	46	1	53
業務対象(17)ロイヤリティ計算書	4	48	1	53

　特定の財務諸表項目に対する監査・証明業務を提供した経験の有無について、「無回答」が1事務所あったものの、52の監査事務所から回答が寄せられた。そのうち、6事務所が業務対象(16)に、4事務所が業務対象(17)に何らかの業務を提供した「経験がある」ことが判明した。逆にいうと、46事務所（46/53＝86.8％）が業務対象(16)に、また、48事務所（48/53＝90.6％）が業務対象(17)に業務を提供した「経験がない」ことが明らかとなった。これらのことから、現時点では、特定の財務諸表項目に対する監査・証明業務はまだ普及していない状況にあるといえる。

② 業務の依頼を断った経験の有無

　続いて、当該業務を断った経験について質問した。業務提供の経験があるという監査事務所が少ないため、有効な回答は限定されているが、業務対象(16)及び業務対象(17)のいずれも「無回答」の1事務所を除く全ての監査事務所が「業務の依頼を断ったことがない」と回答している。

[図表4-2] 業務の提供を断った経験の有無

| 業務提供の経験 | ある | | | ない | | | 計 |
断った経験	ある	ない	無回答	ある	ない	無回答	
業務対象(16)海外明細表		5	1		37	9	52
業務対象(17)ロイヤリティ計算書		3	1		39	9	52

(注)　業務提供の経験及び断った経験についてともに「回答しない」が1件あったため、合計が52となっている。詳細については後述する。

③ 業務の提供先

　特定の財務諸表項目に何らかの業務を提供したことのある監査事務所に対し、業務の提供先を質問したところ、[図表4-3]のような回答が得られた。

[図表4-3] 業務の提供先（複数回答あり）

業務の提供先	法的監査契約先	それ以外	回答数
業務対象(16)海外明細表	11	1	12
業務対象(17)ロイヤリティ計算書	3	2	5

複数回答であるが、業務対象(16)については全回答数12件のうち11件（91.7％）が、業務対象(17)については全回答数5件のうち3件（60％）が「法定監査契約先」との契約であることが判明した。つまり、特定の財務諸表項目に何らかの業務を提供する場合、「法定監査契約先」（既存の契約先）と契約するケースが多いと考えられる。

④ 会計の基準

加えて、特定の財務諸表項目の作成に当たって採用された代表的な会計の基準について質問した。回答の結果は［図表4-4］のとおりである。

[図表4-4] 会計の基準

会計の基準	b.現金基準	d.規制基準	h.その他	回答数
業務対象(16)海外明細表	2	2	2	6
業務対象(17)ロイヤリティ計算書			3	3

(注)「会計の基準」の選択肢の内容は、a.会社計算規則、b.現金基準、c.税法基準、d.規制基準、e.財務諸表等規則、f.中小企業会計要領ないし中小会計指針、g.国際会計基準（IFRS）、h.その他である。なお、回答のなかった選択肢については図表に掲載していない。

業務対象(16)については「b.現金基準」、「d.規制基準」、及び「h.その他」がそれぞれ2件あった。「d.規制基準」と回答した2件のうち1件については「処理基準は現金基準、開示規則は海外税務当局指定のフォーマット」と具体的な回答が寄せられた。また、「h.その他」の2件のうち1件には「中華民国の税務当局の要求事項を満たすように経営者が決定」と具体的な記載があったが、残りの1件は「特になし」であった。

業務対象(17)については寄せられた3件の回答すべて「h.その他」であった。そのうち1件は「特になし」とされていたが、「処理基準はJ-GAAP、開示規則はライセンサーとの契約書において規定されたひな形に基づく」という回答と「会計規則＋ロイヤリティ契約先との合意に基づく会計の基準」という具体的な回答が寄せら

れている。

⑤ 業務の種類

次に、特定の財務諸表項目に対してどのような業務を提供しているかについて質問したところ、[図表4-5]のような回答が得られた。

[図表4-5] 業務の種類

業務の種類	b.準拠性監査	d.準拠性レビュー	e.AUP	回答数
業務対象(16)海外明細表	3	1	2	6
業務対象(17)ロイヤリティ計算書	2		1	3

(注) 「業務の種類」の選択肢の内容は、a.適正性監査、b.準拠性監査、c.適正性レビュー、d.準拠性レビュー、e.合意された手続、f.その他である。なお、回答のなかった選択肢については図表に掲載していない。

[図表4-5]に示すように、業務対象(16)については、「b.準拠性監査」が3件、「d.準拠性レビュー」が1件、残りの2件が「e.合意された手続」（以下、AUP）であり、業務対象(17)については、「b.準拠性監査」が2件、「e.AUP」が1件であった。

⑥ 業務基準

また、上記の業務を提供する際の基準について質問したところ、[図表4-6]のような回答が得られた。

[図表4-6] 業務基準

業務基準	a.監基報800	b.監基報805	d.専門実4400	回答数
業務対象(16)海外明細表	1	3	2	6
業務対象(17)ロイヤリティ計算書		2	1	3

(注) 「業務基準」の選択肢の内容は、a.監基報800、b.監基報805、c.保証実2400、d.専門実4400、e.その他である。なお、回答のなかった選択肢については図表に掲載していない。

特定の財務諸表項目に業務を提供する際、業務対象(16)については、1件が「a.監基報800」に、3件が「b.監基報805」に、2件が「d.専門業務実務指針（以下、専門実）4400」に準拠しており、業務対象(17)については、2件が「b.監基報805」に、残りの1件が「d.専門実4400」に準拠しているという回答が寄せられている。

⑦ 結論の形態

さらに、特定の財務諸表項目に対する業務の結論の形態としては、[図表4-7]のような回答が得られた。

[図表4-7] 結論の形態

結論の形態	d.不表明	e.準拠 (適法)	g.事実の確認 (実施結果の報告)	回答数
業務対象(16)海外明細表	1	3	2	6
業務対象(17)ロイヤリティ計算書		2		2

(注) 「結論の形態」の選択肢の内容は、a.無限定適正、b.限定付適正、c.不適正、d.不表明、e.準拠(適法)、f.不準拠(不適法)、g.事実の確認(実施結果の報告)、h.その他である。なお、回答のなかった選択肢については図表に掲載していない。

業務対象(16)については、「d.不表明」が1件、「e.準拠(適法)」意見が3件、「g.事実の確認(実施結果の報告)」が2件であった。他方、業務対象(17)については、回答のあった2件がともに「e.準拠(適法)」意見であった。

⑧ 配布制限

配布制限の有無についても質問した。

[図表4-8] 配布制限

配布制限	あり	なし	回答数
業務対象(16)海外明細表	4	2	6
業務対象(17)ロイヤリティ計算書	2		2

[図表4-8]より、業務対象(16)については、配布制限があったのが4件、なかったのは2件であったのに対し、業務対象(17)については、2件すべてに配布制限が付されていた。このことから、特定の財務諸表項目に対する業務については配布制限が付されることが多いことがわかる。

⑨ 確信の程度

最後に確信の程度について質問したところ、[図表4-9]のような回答が得られ

た。

[図表4-9] 確信の程度

確信の程度	100%	95%	90%	回答数
業務対象(16)海外明細表	1	2	1	4
業務対象(17)ロイヤリティ計算書		1		1

　業務対象(16)については確信の程度が90%から100%であり、業務対象(17)については95%の確信の程度であった。このことから、監査事務所は特定の財務諸表項目に対する業務を提供する際に、90%以上の高い確信度をもっていることが判明した。

第2節　監査事務所規模との関係

　前節では、各質問に対して寄せられた回答を個別に集計・分析したが、本節では、まず構成要素を軸とした「規模×業務」のクロス分析を行い、次に業務を軸とした「規模×構成要素」の2つのクロス分析を行う。なお、無回答のもの（回答が記されていないもの）については図表に記載していない。

第1項　構成要素を軸とした「規模×業務」のクロス分析

　構成要素を軸に特定の財務諸表項目に対して何らかの業務を提供している監査事務所の規模とその提供業務とのクロス分析をすると、以下の［図表4-10］から「図表4-17」のようになる。

[図表4-10] 業務を提供した経験がある監査事務所の数

	業務対象(16)海外明細表	業務対象(17)ロイヤリティ計算書
大手	2	2
準大手	1	1
中小	3	1

(注)　図表中の大手1法人と準大手1法人は、業務対象(16)及び業務対象(17)の両方の業務を提供した経験があると回答している。また、中小の監査事務所について、業務対象(16)の3事務所と業務対象(17)の1事務所はすべて別々の監査事務所であり、両方の業務を提供した経験があると回答した監査事務所はない。

［図表4-10］は特定の財務諸表項目に対する業務を提供した「経験がある」と回答した監査事務所の数である。

業務の提供を断った「経験がない」とする監査事務所は業務対象(16)が37事務所、業務対象(17)が39事務所あった。実際に業務対象(16)を提供したことがあるのは、大手監査法人のうち2法人、準大手のうち1法人、中小の3事務所であった。なお、大手2法人及び準大手1法人は、業務対象(16)と業務対象(17)の両方を提供した「経験がある」と回答している。

［図表4-10］より、業務対象(16)及び業務対象(17)について、それぞれ大手監査法人が2件、準大手監査法人が1件であり、中小の監査事務所は業務対象(16)に対して3件、業務対象(17)に対して1件と、規模による監査事務所の数の違いは見られない。

しかしながら、監査事務所の割合でみると、規模による相違を看取することができる。具体的には、大手4法人の50％（4法人中2法人）が、準大手6法人の16.7％（6法人中1法人）が特定の財務諸表項目に対する業務を提供している[4]。回答の得られた中小の43事務所[5]は業務対象(16)に7％（43事務所中3事務所）が、業務対象(17)に2.3％（43事務所中1事務所）、業務対象(16)若しくは業務対象(17)のいずれかに9.3％（43事務所中4事務所）が業務を提供した「経験がある」ことがわかった。

業務対象(16)に関して、大手監査法人は多くのグローバル企業を関与先としていることから、4法人とも業務対象(16)を提供していると想定していた。そのため、当該業務を提供しているのは2法人のみという結果は予想外のものであった。海外の税務当局の要請が変化してきているのか、海外出向者に対する給与格差補てん金の支払いが減少してきているのではないかと推測できる。また、準大手の6法人のうち1法人から当該業務を実施しているとの回答を得た。準大手であればもっと多くの法人が当該業務を提供していると想定していたため、意外な結果であった。その理由は上記大手法人の場合と同様である。

業務対象(17)に関して、大手監査法人はBig4のメンバーファームとなっているため、4法人とも当該業務を行っていると想定していた。そのため、実際には当該業務を提供しているのが半分の2法人のみというのは意外であった。最近は、欧米の企業から技術供与を受け、多額のロイヤリティを支払うことが減少しているのかも

4　大手4法人と準大手6法人からはすべて回答が得られているため割合を算出することができる。
5　全回答53から前掲の注1に掲げた大手4法人と準大手6法人を減じた数である。

しれない。準大手監査法人については、準大手6法人のうち当該業務を提供していたのは1法人のみであった。準大手監査法人の業務対象(17)の提供数が少ないのは、準大手監査法人は、欧米の会計事務所との提携関係が強い監査事務所が少ないことに起因すると考えられる。

また、業務の依頼を断った「経験がある」と回答した監査事務所はなかったが、大手1法人が「回答しない」としつつも、「断った経験の有無は定量的に集計していないため、不明。ただし、別途、法的監査業務を実施している監査関与先の場合、法的監査における監査手続を基礎に、業務を実施することがある。」との具体的な記載があった。

次に業務の提供先企業について監査事務所の規模と業務対象とのクロス分析をすると［図表4-11］のようになる。

[図表4-11] 業務の提供先企業

		業務対象(16)海外明細表	業務対象(17)ロイヤリティ計算書
大手	法定監査先	2	1
	それ以外		2
準大手	法定監査先	5	2
	それ以外		
中小	法定監査先	4	
	それ以外	1	

業務の提供先企業としては、大手監査法人が法定監査先企業に対して2件の業務対象(16)を、1件の業務対象(17)を、法定監査先以外の企業に対して2件の業務対象(17)を提供していた。準大手監査法人は法定監査先企業に対して5件の業務対象(16)と2件の業務対象(17)を提供しており、中小の監査事務所は業務対象(16)を法定監査先企業に対して4件、法定監査先以外に対して1件提供していることが判明した。なお、法定監査先以外のクライアントに対して特定項目の監査を提供している事務所に対して、追加調査を行った結果、法定監査先以外のクライアントに対して特定項目の監査を提供している中小の監査事務所から、当該業務とは別に、完全な一組の財務諸表の監査は実施していないという回答が寄せられた。つまり、本調査及び追加調

査の結果、実務において、「完全な一組の財務諸表の監査」契約が存在しなくても、特定の財務諸表項目に対して何らかの業務が提供されていることが判明したといえる。

採用している会計の基準については、［図表 4 -12］のような回答が寄せられた。

［図表 4 -12］　会計の基準

		業務対象(16)海外明細表	業務対象(17)ロイヤリティ計算書
大手	b.現金基準	1	
	h.その他	1	2
準大手	h.その他	1	1
中小	b.現金基準	1	
	d.規制基準	1	
	h.その他	1	

(注)　「会計の基準」の選択肢の内容は、a.会社計算規則、b.現金基準、c.税法基準、d.規制基準、e.財務諸表等規則、f.中小企業会計要領ないし中小会計指針、g.国際会計基準（IFRS）、h.その他である。なお、回答のなかった選択肢については図表に掲載していない。

業務対象(16)に何らかの業務を提供している監査事務所のうち、会計の基準として「b.現金基準」を採用しているのは、大手監査法人の 1 件と中小監査事務所の 1 件であり、「d.規制基準」と回答しているのが中小監査事務所の 1 件、「h.その他」と回答しているのが大手監査法人 1 件、準大手監査法人 1 件、中小監査事務所 1 件であった。「h.その他」と回答した監査事務所のうち、大手監査法人は「処理基準は現金基準、開示規則は海外税務当局指定のフォーマット」と、準大手監査法人は「特になし」と、中小監査事務所は「中華民国の税務当局の要求事項を満たすように経営者が決定」と回答している。

また、業務対象(17)へ業務を提供する際に採用している会計の基準はいずれも「その他」であった。「h.その他」と回答した大手監査法人のうち 1 件は「処理基準はJ-GAAP、開示規則はライセンサーとの契約書において規定されたひな形に基づく」と記載しており、もう 1 件の大手監査法人は「会社計算規則＋その他（ロイヤリティ契約先との合意に基づく会計の基準）」と記載している。「h.その他」と回答した準大手監査法人は会計の基準として「特になし」と記載している。

業務の種類については［図表 4 -13］のとおりである。

[図表4-13] 業務の種類

		業務対象(16)海外明細表	業務対象(17)ロイヤリティ計算書
大手	b.準拠性監査	2	2
準大手	b.準拠性監査	1	1
中小	b.準拠性監査	1	
	d.準拠性レビュー	1	
	e.AUP	1	

(注)　「業務の種類」の選択肢の内容は、a.適正性監査、b.準拠性監査、c.適正性レビュー、d.準拠性レビュー、e.合意された手続、f.その他である。なお、回答のなかった選択肢については図表に掲載していない。

[図表4-13]から、大手監査法人と準大手監査法人は業務対象(16)及び業務対象(17)のいずれに対しても「b.準拠性監査」を提供している一方で、中小監査事務所は業務対象(16)に対して、「b.準拠性監査」の他、「d.準拠性レビュー」1件と「e.AUP」1件を提供していることがわかった。

採用している業務基準については、[図表4-14]のとおりである。

[図表4-14] 業務基準

		業務対象(16)海外明細表	業務対象(17)ロイヤリティ計算書
大手	a.監基報800	1	
	b.監基報805	1	2
準大手	d.専門実4400	1	1
中小	b.監基報805	2	
	d.専門実4400	1	

(注)　「業務基準」の選択肢の内容は、a.監基報800、b.監基報805、c.保証実2400、d.専門実4400、e.その他である。なお、回答のなかった選択肢については図表に掲載していない。

採用している業務基準は、大手監査法人が業務対象(16)について「a.監基報800」と「b.監基報805」がそれぞれ1件[6]、業務対象(17)について「b.監基報805」が2件であり、準大手監査法人は業務対象(16)と業務対象(17)ともに「d.専門実4400」1件ずつであった。また、中小監査事務所は業務対象(16)について「b.監基報805」が2件、「d.専門実4400」が1件であった。なお、業務対象(16)と業務対象(17)について「d.専

---

[6] 業務対象(16)を提供する場合の業務基準が、「監基報800」と「監基報805」に分かれているが、「監基報800」の適用というのは何かの誤解である可能性がある。

門実4400」とした準大手監査法人は同一であり、どちらの業務についても「今までの業務では規範性ある基準はなかった。今後はこうなると見込まれる。」と記しており、現時点で業務基準として専門実4400を採用しているわけではない。

また、結論の形態についての回答をまとめると［図表4-15］のようになる。

[図表4-15]　結論の形態

		業務対象(16)海外明細表	業務対象(17)ロイヤリティ計算書
大手	e.準拠（適法）	2	2
準大手	g.事実の確認	1	
中小	d.不表明	1	
	e.準拠（適法）	1	
	g.事実の確認	1	

(注)　「結論の形態」の選択肢の内容は、a.無限定適正、b.限定付適正、c.不適正、d.不表明、e.準拠（適法）、f.不準拠（不適法）、g.事実の確認（実施結果の報告）、h.その他である。なお、回答のなかった選択肢については図表に掲載していない。

結論の形態を、「e.準拠（適法）」としているのは、業務対象(16)及び業務対象(17)に対する大手監査法人のそれぞれ2件と、業務対象(16)に対する中小監査事務所の1件、「d.不表明」は中小監査事務所の1件、「g.事実の確認」をしているのは業務対象(16)に対する準大手監査法人1件と中小監査事務所の1件であった。なお、「g.事実の確認」と回答した準大手監査法人は「結論は出さず、事実を報告するのみ」としている。

配布制限については［図表4-16］のとおりである。

[図表4-16]　配布制限

		業務対象(16)海外明細表	業務対象(17)ロイヤリティ計算書
大手	あり	2	2
準大手	あり	1	
中小	あり	1	
	なし	2	

［図表4-16］より、業務対象(16)に対して「配布制限なし」とする中小監査事務所の2件を除き、大手監査法人の業務対象(16)と業務対象(17)に対するそれぞれ2件、業務対象(16)に対する準大手監査法人1件と中小監査事務所1件が「配布制限あり」と回答している。

加えて、確信の程度を尋ねたところ、［図表4-17］のような回答が得られた。

［図表4-17］ 確信の程度

		業務対象(16)海外明細表	業務対象(17)ロイヤリティ計算書
大手	95%	1	1
中小	100%	1	
	95%	1	
	90%	1	

確信の程度として、大手監査法人は業務対象(16)と業務対象(17)についてそれぞれ95％と回答している。中小監査事務所は業務対象(16)に対して100％と95％と90％がそれぞれ1件ずつあった。なお、準大手監査法人からは回答が得られていない。

第2項　業務を軸とした「規模×業務」のクロス分析

業務を軸に特定の財務諸表項目に対して何らかの業務を提供している監査事務所を対象に監査事務所の規模とその提供業務とのクロス分析をする。

① 業務対象(16)海外明細表

［図表4-18］は業務対象(16)に関して監査事務所の規模と業務の内容についてクロス分析したものである。

[図表4-18]　業務対象⑯海外明細表

	会計の基準	業務の種類	業務基準	結論の形態	配布制限	確信の程度
大手	その他	準拠性監査	監基報805	準拠(適法)	あり	無回答
	現金基準	準拠性監査	監基報800	準拠(適法)	あり	95%
準大手	特になし	AUP	専門実4400	事実の確認	あり	無回答
中小	規制基準	準拠性レビュー	監基報805	不表明	なし	100%
	現金基準	AUP	専門実4400	事実の確認	なし	90%
	その他	準拠性監査	監基報805	準拠(適法)	あり	95%

　大手監査法人は業務対象⑯について、いずれも「準拠性監査」を提供するとともに結論の形態は「準拠（適法）」意見であり、どちらも配布制限があるなど共通項が多いが、異なる点もある。採用した会計の基準が「その他」の1法人は業務基準が「監基報805」を採用し、昨年度の業務提供数と確信の程度については無回答であった。それに対して、会計の基準として「現金基準」を採用している1法人は昨年度において法定監査先に2件の業務を提供しており、その際、業務基準として「監基報800」[7]を採用し、確信の程度は95％であった。

　準大手監査法人は、昨年度、業務対象⑯について5件の業務を提供している。その際、会計の基準を特に採用しておらず、業務の種類として「AUP」を採用して「事実の確認（実施結果の報告）」を行い、配布制限をしている。また、業務基準として「専門実4400」と回答しているが、「今までの業務では規範性ある基準はなかった。今後はこうなると見込まれる。」と記している。

　中小の3事務所による業務対象⑯への提供業務に共通点はない。会計の基準として「規制基準」を採用している1事務所は、昨年度3件の法定監査先に対し、「監基報805」に従って「準拠性レビュー」を実施しており、確信の程度100％で「不表明」の結論を配布制限なく付している。会計の基準として「現金基準」を採用している1件は、昨年度1件の法定監査先以外に対し、「専門実4400」に従って「AUP」を実施しており、確信の程度90％で「事実の確認（実施結果の報告）」を配布制限なく行っている。最後に会計の基準として「その他」を採用している1件は、昨年度1件の法定監査先に対し、「その他」の選択肢の内容について「中華民国の税務

7　前掲の注6を参照されたい。

当局の要求事項を満たすように経営者が決定」と具体的に記した上で、「監基報805」に従って「準拠性監査」を実施し、95％の確信の程度をもって「準拠（適法）」意見を付している。なお、この「準拠（適法）」意見には配布制限が付されている。

② 業務対象(17) ロイヤリティ計算書

［図表4-19］は、業務対象(17)について監査事務所の規模と業務の内容についてクロス分析したものである。

[図表4-19] 業務対象(17)ロイヤリティ計算書

	会計の基準	業務の種類	業務基準	結論の形態	配布制限	確信の程度
大手	その他	準拠性監査	監基報805	準拠（適法）	あり	無回答
	その他	準拠性監査	監基報805	準拠（適法）	あり	95％
準大手	特になし	AUP	専門実4400	無回答	無回答	無回答

(注) 業務対象(17)に何らかの業務を提供した経験があると回答した中小の監査事務所が1事務所あった。ただし、この事務所は業務を提供した「経験がある」という項目以外の質問項目（昨年度の業務提供先、会計の基準、業務の種類、業務基準、結論の形態、配布制限、及び確信の程度）すべてについて無回答であったため、図表に記載していない。

業務対象(17)に何らかの業務を提供した経験のある大手2監査法人はいずれも会計の基準として「その他」と回答しており、「監基報805」に従って、「準拠性監査」を実施し、配布制限のある「準拠（適法）」意見を付している。一方の大手監査法人は会計の基準を「その他」と回答しつつも、「処理基準はJ-GAAP、開示規則はライセンサーとの契約書において規定されたひな形に基づく」と具体的に記載している。また、この監査法人は昨年度の業務提供数と確信の程度については無回答であった。他方の大手監査法人は、昨年度、法的監査先1件、法定監査先以外2件が業務対象(17)で何らかの業務を提供しており、確信の程度は95％であった。

準大手監査法人は昨年度2件の法定監査先に業務対象(17)で何らかの業務を提供している。会計の基準は「特になし」であり、業務の形態については「今までの業務では規範性ある基準はなかった。今後はこうなると見込まれる。」と記した上で、「専門実4400」を掲げるとともに、「AUP」を実施しているが、結論の形態、配布制限の有無、及び確信の程度については無回答であった。

第3節　小括

本アンケートの回答結果をまとめると以下のようになる。

現時点では、特定の財務諸表項目に対する監査・証明業務の件数は少なく、監査事務所の規模が大きいほど、特定の財務諸表項目に対する監査・証明業務を提供しことがあること、既存の契約先と契約するケースが多いこと、及び「完全な一組の財務諸表の監査」契約が存在しなくても、特定の財務諸表項目に対して何らかの業務が提供されているケースがあることが判明したといえる。

業務対象(16)の海外への出向者の給与支払明細表に対する業務として、大手の2法人はどちらも準拠性監査を実施し、「準拠（適法）」意見を報告書に記載するという共通点がみられたが、準大手の1法人及び中小の3事務所については、共通点がみられなかった。

特定の財務諸表項目に対する監査・証明業務は、基準化されて日が浅いこともあって、まだそれほど普及していないが、クライアントごとのオーダーメイドの業務を提供することが出来るため、業務の拡大の可能性は無限であり、今後の展開に注目したい。

付記

　本章は、科学研究費（基盤研究(b)16H03684（研究課題：監査報告書変革のあり方に関する理論的・実証的研究）研究代表者　朴大栄氏）による研究成果の一部である。

【参考文献】

榎本征範（2014）「新しい領域（特別目的・準拠性）の監査の想定事例―第1回：契約関係に関連して生じる特別目的の財務諸表等の監査―」『会計・監査ジャーナル』No.711、23-25頁。

日本公認会計士協会（2014a）「特別目的の財務報告の枠組みに準拠して作成された財務諸表に対する監査」監査基準委員会報告書800。

日本公認会計士協会（2014b）「個別の財務表又は財務諸表項目等に対する監査」監査基準委員会報告書805。

日本公認会計士協会（2015）「合意された手続業務に関する実務指針」専門業務実務指針

4400。

伏見充二郎（2014）「新しい領域（特別目的・準拠性）の監査の想定事例―第2回：規制当局への報告のために作成された特別目的の財務諸表等の監査―」『会計・監査ジャーナル』No.712、19-20頁。

Brett Brandenburg, CPA, CFA, ASA, and Daniel Wetzel, CPA, (January 2010) "Performing a License Agreement Royalty Audit: A CPA's Perspective, " *AUTM Technology Transfer Practice Manual* ® 3rd Edition.

（異島須賀子・小澤義昭）

第5章 その他の業務対象に対する監査・証明業務

　今回の実態調査では、われわれが予め想定した完全な一組の財務諸表に対する監査・証明業務として6つ、単一ないしは複数の財務表に対する監査・証明業務として7つ、さらに特定の財務諸表項目に対する監査・証明業務として2つ以外に、われわれが想定していなかった監査・証明業務を個々の監査事務所が提供している可能性を考慮し、「その他」業務として個別に回答を要請した。本章では、監査事務所が「その他」業務として、完全な一組の財務諸表に対するもの、単一ないしは複数の財務表に対するもの、特定の財務諸表項目に対するものに、どのような具体的業務を回答されたかを検討したい。

　「その他」業務として回答された監査・証明業務は、回答票において、完全な一組の財務諸表に対するものが業務対象(7)、単一ないしは複数の財務表に対するものが業務対象(15)、そして特定の財務諸表項目に対するものを業務対象(18)として、具体的に列挙されている。それらを一覧表にまとめたものが、[図表5-1]である。

[図表5-1]　「その他」業務として列挙された具体的業務一覧

業務対象 S/N*	その他の具体的な業務対象	業務対象 (7)	業務対象 (15)	業務対象 (18)	総計
7-1	ホテルのフランチャイザーやホテル・オーナーに対する報告目的	1（大手）			1
7-2	会計監査人非設置会社の計算書類の監査	1（準大手）			1
7-3	会社計算規則に基づく計算書類と連結財務諸表規則に基づくキャッシュ・フロー計算書	1（大手）			1
7-4	会社計算規則第98条第1項第1号又は第2号に基づき注記を省略した計算書類	1（大手）			1
7-5	会社計算書類に対する任意監査	1（中小）			1
7-6	学校法人の計算書類（資金収支計算書、消費収支計算書、貸借対照表）	1（中小）			1
7-7	規制機関への報告目的	1（大手）			1

枝番号	業務対象				合計
7-8	公益法人の任意監査	1（中小）			1
7-9	産業競争力強化法第2条第13項、経済産業省関係産業競争力強化法施行規則第5条第1項・様式第1	1（準大手）			1
7-10	任意監査	1（中小）			1
7-11	非営利法人（社会福祉法人、医療法人、健康保険組合・団体連合会、公益法人、特殊法人等）の財務諸表	1（大手）			1
7-12	非営利法人等（商工会議所や生協等）の会員への報告目的	1（大手）			1
7-13	本社や親会社への報告目的	1（大手）			1
7-14	労働組合法第5条第2項第7号の規定に基づく監査・証明業務	1（準大手）			1
15-1	一般労働者派遣事業の許可の有効期間の更新に係る審査の申請に関連して会社が使用する月次決算書又は年度決算書		1（中小）		1
15-2	海外本社への現金収支明細の報告		1（大手）		1
15-3	管理目的で作成された部門損益計算書（ホテル業におけるブランド使用契約に基づく）		1（大手）		1
15-4	月次貸借対照表と月次損益計算書		1（準大手）		1
15-5	国民健康保険組合の財務表		1（中小）		1
15-6	貸借対照表と損益計算書（会計方針その他の注記なし）		1（準大手）		1
15-7	連結パッケージに対する監査		1（準大手）		1
18-1	オープンブックにおける業務原価支払明細表			1（大手）	1
18-2	ガス供給事業用LNG払出単価の計算の正確性			1（中小）	1
18-3	一般労働者派遣事業の許可に係る申請に際し利用されるための実施結果報告書			1（中小）	1
18-4	海外税務申告添付書類（輸出売上高・特定プロジェクトの収支・駐在員事務所経費）			1（大手）	1
	合計	14	7	4	25
	大手監査法人	7	2	2	11
	準大手監査法人	3	3	0	6
	中小監査事務所	4	2	2	8

*枝番号は、以下の各節における業務対象の説明と対応させるために追記している。
（　）内は、大手監査法人、準大手監査法人、中小規模監査事務所の別を示している。

第1節　その他財務情報に対する監査・証明業務の概要

その他財務情報に対する監査・証明業務としては、調査票では、［図表5-1］の

ように「その他」業務として個別具体的に回答を求めた。そこで、以下では、完全な一組の財務諸表、単一ないしは複数の財務表、並びに特定の財務諸表項目、に対する監査・証明業務ごとに、その内容を確認したい。

第1項　完全な一組の財務諸表に対する監査・証明業務の概要

完全な一組の財務諸表に対する監査・証明業務は、大手法人で7業務、準大手法人が3業務、中小事務所[1]が4つの業務として、以下のような内容を提供している。

① 業務対象（7-1）ホテルのフランチャイザーやホテル・オーナーに対する報告目的

主にアメリカに本社機能を置くホテルチェーンのフランチャイザーやホテル・オーナーからフランチャイジーないしは被支配会社に提供されるブランドやノウハウの見返りとして、ライセンス料等の支払いとともに情報提供とそれに対する監査が行われている。このような情報開示と監査は、企業グループ管理の一環として監査業務が利用されているものであり、監査の自発的生成の歴史に沿ったものと解し得る。

回答票でも、フランチャイザーやホテル・オーナーの利益を保護するための監査業務であることが示されている。

② 業務対象（7-2）会計監査人非設置会社の計算書類の監査

会計監査人を必要とする会社は、①監査等委員会設置会社及び指名委員会等設置会社（会社法第327条第5項）、②大会社（会社法第328条）、③上記に記載の任意適用会社であり、それ以外の会社は会計監査人を必要とされていない。この会計監査人を必要とされていない会社の計算書類等に対して、任意に会計監査が行われている。

---

[1] 中小規模監査事務所1事務所からの回答で、単一ないしは複数の財務表に対する業務の13. 中小協同組合の決算関係書類に対する監査・証明業務として、本章の業務対象（7-14）労働組合法第5条第2項第7号の規定に基づくに基づく監査・証明業務が挙げられていたため、当該回答（中小規模監査事務所1事務所で、2業務）を本章「その他」業務（7-14）に含めて対応している。

③ 業務対象（7-3）会社計算規則に基づく計算書類と連結財務諸表規則に基づくキャッシュ・フロー計算書

会計監査人は対象となる株式会社の計算書類及びその附属明細書、臨時計算書類、並びに連結計算書類を監査することになっている（会社法第396条第1項、同第436条第2項第1号、同第441条第2項、同第444条第4項）が、当該計算書類等にはキャッシュ・フロー計算書は含まれていない。そこで、連結キャッシュ・フロー計算書等の作成基準及び連結キャッシュ・フロー計算書の作成に関する実務指針に基づいて追加的に作成された連結キャッシュ・フロー計算書等に関して、連結財務諸表規則等に基づき開示されているかどうかを任意で会計監査を行うものである。

④ 業務対象（7-4）会社計算規則第98条第1項第1号又は第2号に基づき注記を省略した計算書類

大会社で会計監査人を設置しなければならない会社等の場合は、すべての注記事項について記載が求められる一方で、ほとんどの中小企業が該当するような会計監査人非設置会社で、かつ非公開会社である場合は、多くの注記事項について省略することができる。通常、このような会社の作成する計算書類等は、会計監査の対象とはならないが、注記を省略した計算書類に対して、会社等の依頼に基づき監査法人等が会計監査を実施するものである。

⑤ 業務対象（7-5）会社計算書類に対する任意監査

株式会社において作成が義務付けられている計算書類（会社法第435条第2項、会社計算規則（以下、計規）第59条第1項）に対して、通常、大会社以外の株式会社では公認会計士又は監査法人による監査は義務付けられていない。しかしながら、大会社以外の株式会社であっても定款の定めによって、会計監査人を置くことができる（会社法第326条第2項）ことから、このような任意で会計監査人として関与した業務に相当するものと考えられる。

⑥ 業務対象（7-6）学校法人の計算書類（資金収支計算書、消費収支計算書、貸借対照表）

国立大学法人では、その自主的、自律的な業務運営を行わせるとともに、業務の

状況について適切な事後評価を行うために、当該法人の業務の特性に即した効率性、質の向上や透明性の確保を図ることが肝要であり、特に法人の財務運営に関する真実の情報が報告され、この情報に対して適切な事後チェックを行う仕組みが必要とされている（国立大学法人会計基準等検討会議［2004］）。国立大学法人では、その国立大学法人法第35条で独立行政法人通則法を準用し、財務諸表の作成と文部科学大臣による承認を受けるために当該財務諸表及び決算報告書に対する会計監査人の監査報告を添付すること（同通則法第38条）、並びに財務諸表と事業報告書（会計に関する部分に限る）及び決算報告について、監事監査に加えて会計監査人の監査を受けること（同通則法第39条）が義務付けられている。

一方、私立学校に対しては、私立学校振興助成法第14条により、補助金の交付を受ける学校法人に対して、貸借対照表、収支計算書その他の財務計算に関する書類を作成し、公認会計士又は監査法人による監査報告書を添付した上で所轄庁に提出することを義務付けている。

このような法定監査に対応するため日本公認会計士協会では、学校法人委員会実務指針第36号「私立学校振興助成法第14条第3項の規定に基づく監査の取扱い」並びに公会計委員会実務指針第6号「国立大学法人等監査に関する実務上の留意点」といった実務指針が公表されている。

上記のような法規及び実務指針は所轄庁ないしは文部科学大臣への提出を目的とした法定監査が対象であるが、回答票の学校法人の計算書類（資金収支計算書、消費収支計算書、貸借対照表）に対する監査・証明業務は、必要に応じて任意契約で合意された手続業務として提供されている。

⑦ 業務対象（7-7）規制機関への報告目的

許認可権限を有する規制当局に対しては、学校法人監査や公益法人の監査のように、許認可ないしは補助金収受に伴い、規制機関である所轄庁や主務大臣への情報の開示による受託責任の適切な履行の証明が求められている。

回答票においても、規制機関によって予め定められたマニュアルや会計基準・開示規則に則っているか否かの監査業務として提供されていることがわかる。

⑧ 業務対象（7-8）公益法人の任意監査

　公益法人の場合、一般社団法人及び一般財団法人に関する法律（以下、一般社団・財団法人法）では、大規模一般社団・財団法人（負債総額が200億円以上の法人）は会計監査人を置かなければならない（同法第62条、第171条）とされる。また公益法人であることの認定を受けるためには、原則として会計監査人を置くことが求められてはいる。しかし、収益の合計額が1,000億円以上、費用及び損失の合計額が1,000億円以上、負債総額50億円以上の何れにも該当しない法人は、その義務が免除される（公益社団法人及び公益財団法人の認定等に関する法律［以下、認定法］第5条第12号ただし書、認定法施行令第6条）。

　一方、旧民法第34条に基づく設立された社団法人又は財団法人は、2008年12月1日施行の「一般社団法人及び一般財団法人に関する法律及び公益社団法人及び公益財団法人の認定等に関する法律の施行に伴う関係法律の整備等に関する法律」（以下、整備法）に基づき5年間の移行期間中にある特殊民法法人として、資産額が100億円以上若しくは負債額が50億円以上、又は収支決算額が10億円以上の場合、公認会計士等による監査が義務付けられていた（整備法第61条）。

　これら公益法人においては、理事は、監査済みの計算書類を理事会で承認後、定時社員総会での報告・承認を受けねばならないこととされていた（一般社団・財団法人法第126条、整備法第62条）。

　上記のような法定監査を義務付けられた法人と異なり、会計監査人を置かない法人においても、公益認定の基準となる経理的基礎や財務諸表等の適正性を確保するため、自主的に任意監査としての財務諸表監査を受けることが望ましい、とされてきた。回答票における公益法人に対する任意監査は、正しくこの趣旨を汲んだものと捉えられる。

⑨ 業務対象（7-9）産業競争力強化法第2条第13項、経済産業省関係産業競争力強化法施行規則第5条第1項・様式第1

　産業競争力強化法における産業競争力とは、産業活動において、高い生産性及び十分な需要を確保することにより、高い収益性を実現する能力（産業競争力強化法第2条第13項）であり、これを強化することを目的として種々の措置を講じることを認める法令である。この特例措置の適用を申請する者は、新事業の目標・内容・

時期、必要な特例措置、並びに資金繰り等を記載した要望書を主務大臣に提出することとなっている（経済産業省関係産業競争力強化法施行規則第5条第1項・様式第1）。

　2014年1月20日付けで施行された産業競争力強化法と監査業務との関係は、同法が投資計画に対して年次報告及び半期報告において監査を受けた貸借対照表と損益計算書の添付を求めていることに基づいている（監査・保証実務委員会実務指針第89号「産業競争力強化法に基づく会計監査に係る監査上の取扱い」）。また産業競争力強化法施行規則では、事業再編計画（同施行規則第12条第3項）又は特定事業再編計画（同施行規則第17条第3項）の認定の申請のために、申請事業者が申請書に添付する「資金計画に係る公認会計士又は監査法人の報告書」の添付が求められる。日本公認会計士協会では、この報告書作成業務を合意された手続業務と位置付け、監査・保証実務委員会研究報告第27号「産業競争力強化法における事業再編計画及び特定事業再編計画の認定申請書に添付する「資金計画に係る公認会計士又は監査法人の報告書」に関する研究報告」を公表している。

　回答票における監査・証明業務は、この強化法に基づいた事業再編計画のための資金計画に係る報告書作成業務として契約された合意された手続業務として理解される。

⑩　業務対象（7-10）任意監査

　回答票によると、業務対象（7-8）の会計監査人を置かない公益法人としての公益認定の根拠となる経理的基礎や財務諸表等の適正性を確保するために、自主的に任意監査としての財務諸表監査を受けているものと理解される。

⑪　業務対象（7-11）非営利法人（社会福祉法人、医療法人、健康保険組合・団体連合会、公益法人、特殊法人等）の財務諸表

　非営利法人、殊に健康保険組合・団体連合会では、厚生労働省による「健康保険組合における経理事故防止の事務取扱について」（2011年12月26日付け保保発1226第1号）において、経理事故防止等の観点から事務処理の点検体制として内部監査の徹底等によるチェック体制の一層の強化により、会計帳簿の突合・点検を確実に行うだけでなく、必要に応じて監事の補助者として外部の経理事務に精通した者の

活用を指導している。この外部者には、公認会計士等や母体企業や適用事務所の財務・監査部が該当する。

医療法人については、事業報告書、財産目録、貸借対照表、損益計算書、その他厚生労働省令で定める書類を作成し、これらのうち財産目録、貸借対照表、損益計算書について公認会計士又は監査法人に提出し、その監査を受けなければならない（医療法第51条）。その上で、これらの書類は各事務所に備え置き閲覧に供するとともに（同法第51条の２）、都道府県知事に提出することが義務付けられている（同法第52条）[2]。

社会福祉法人は、その事業の規模が政令で定める基準を超える特定社会福祉法人において、2017年度より会計監査人の設置が義務付けられた[3]。

回答票では、健康保険組合・団体連合会に対する監査業務とその他の公益法人向けの監査業務が挙げられている。

⑫ 業務対象（7-12）非営利法人等（商工会議所や生協等）の会員への報告目的

商工会議所は、商工会議所及び日本商工会議所の組織及び運営に関して定めた商工会議所法第33条に基づき、商工会議所の業務及び経理を監査し、その結果を会員総会に報告することを目的とした監事の設置が義務付けられているが、公認会計士等による外部監査は法令上、義務付けられていない。

一方、消費生活協同組合（以下、生協）に対しては、厚生省（当時）が1997年３月28日付けで「……組合の規模に応じ、公認会計士又は監査法人による監査を受けるように努めること。また、組合が行う事業の経営状況及び財務の状況について、必要に応じ公認会計士等の専門家に相談し、意見を求める等組合の運営の健全化に努める」（社援地第39号）ことを指導したり、1998年６月25日には生協のあり方検討会報告書「今後の生協のあり方について」において、「……一定規模以上の事業者に対する公認会計士等第三者による監査の導入等について生協の自主性も配慮しつつ、……」法的措置の必要性を指摘している（厚生省社会援護局地域福祉課

---

[2] 事業報告書等や公認会計士等による監査報告書の都道府県知事への届出は、公益性の高い医療を提供する社会医療法人に限定される。

[3] 特定社会福祉法人として会計監査人の設置が段階的に義務付けられるのは、2017年と2018年が収益30億円超又は負債60億円を超える法人、2019年と2020年が収益20億円超又は負債40億円超の法人、2021年以降は収益10億円超又は負債20億円超の法人とされる。

［1998］)。また共済事業を行う生協であって事業規模が一定の基準（負債総額200億円）を超えるもの（消費生活協同組合法施行令第11条）や、共済事業を行う連合会については、決算関係書類及びその附属明細書について、監事監査に加えて、「会計監査人監査組合」として会計監査人の監査を受けることが義務付けられている（消費生活協同組合法第31条の８、同施行規則第130条）。

　この会計監査人監査組合以外でも、「組合員への経営成績や財政状態に関する情報開示の内容を担保するために、自主的に監査法人又は公認会計士による会計監査」を任意で導入しているところもあることから、日本公認会計士協会は非営利法人委員会研究報告第20号「消費生活協同組合等の任意監査上の取扱い」を2009年４月14日に公表している（2011年４月１日廃止）。

　回答票では「会員への報告目的」による監査業務との回答であるため、法定か任意かは必ずしも明らかではないものの、会員若しくは組合員たる委託者への情報開示の信頼性確保を目的とした監査業務といえる。

⑬　業務対象（7-13）本社や親会社への報告目的

　本社や親会社に対する支社や子会社からの財務報告とそれに対する監査は、本社や親会社からの資金・権限の受委託関係に基づく財務情報の開示とその監査であり、企業グループ管理の一環として財務報告と監査が利用されていることになる。

　回答票でも、本社や親会社の利益を保護するための監査業務として提供されており、会計基準や開示規則については、経営者の意向に基づくことを示している。

⑭　業務対象（7-14）労働組合法第５条第２項第７号の規定に基づく監査・証明業務

　本業務については、１準大手監査法人と１中小事務所[4]から回答が寄せられている。労働組合法では、労働者が使用者と対等の立場で交渉できるように労働者の地位を向上させること、労働者がその労働条件について交渉するために自ら代表者を

4　回答票原票では、単一ないしは複数の財務表に対する業務の13. 中小協同組合の決算関係書類に対する監査・証明業務として、１中小事務所から２社に対して提供している旨が回答されていた。原票において、財務諸表の作成基準が労働組合会計基準とされているため、労働組合法に基づくものと解釈し、業務対象（7-14）として紹介している。但し、業務としての分類上、完全な一組の財務諸表に対する業務なのか、単一ないしは複数の財務表に対する業務なのかが、判然としないため、以下の分析からは除いている。

選出すること、その他の団体行動を行うために自主的に労働組合を組織し、団結することを擁護すること、使用者と労働者との関係を規制する労働協約を締結するための団体交渉をすること及びその手続を助成することを目的（労働組合法第1条）としている。そこでは、労働組合の規約に、全ての財源と使途、主要な寄付者の氏名、現在の経理状況を示す会計報告が、公認会計士等による証明書とともに組合員に公表されることが義務付けられている（同法第5条第2項第7号）。

回答票における監査・証明業務は、労働組合員向けの会計報告の信頼性を確保するための監査業務と捉えられる。

第2項　単一ないしは複数の財務表に対する監査・証明業務の概要

単一ないしは複数の財務表に対する監査・証明業務は、大手法人で2業務、準大手法人で3業務、中小事務所で2業務が回答された。以下、それぞれの業務の概要を明らかにしたい。

① 業務対象（15-1）一般労働者派遣事業の許可の有効期間の更新に係る審査の申請に関連して会社が使用する月次決算書又は年度決算書

一般労働者派遣事業は、派遣労働者の雇用に関する保障が存在しないため、新規許可及び許可の有効期間の更新に係る申請に当たっては、特定労働者派遣よりも厳しい法規制と財産的要件が課せられた上で、厚生労働大臣の許可が必要とされる。この事業の財産的要件の充足を担保するために、純資産額が2,000万円×事業所数以上であること（基準資産要件）、総資産が総負債の7分の1以上あること（負債比率要件）、自己名義の現預金額が1,500万円×事業所数以上であること（現預金要件）、を示す決算書の作成・提出が、「労働者派遣事業関係業務取扱要領」と「職業紹介事業の業務運営要領」（以下、取扱要領等）において要求されるが、これら決算書については、公認会計士又は監査法人の監査は求められていない。

しかしながら、上記3つの要件のうち1つでも満たさない場合には、基準資産額及び現預金額を増額して、許可要件を満たした中間又は月次の貸借対照表と損益計算書に公認会計士等の監査証明を添付して所轄労働局に提出して審査を受ける、という事後申立が認められている。また、有効期間の更新に限り、監査証明ではなくて、公認会計士による「合意された手続実施結果報告書」による取扱いも可能とさ

れている。

このような新規許可及び許可の有効期間の更新に係る申請が許可される条件の充足を証明するため、日本公認会計士協会では、監査・保証実務委員会研究報告第24号「一般労働者派遣事業等の許可審査に係る中間又は月次決算書に対して公認会計士等が行う監査及び合意された手続業務に関する研究報告」を公表している。

回答票では、法定監査のクライアント企業に対して、一般労働者派遣事業の許可有効期間の更新に係る審査申請のために必要な財産的要件の充足を証明するために、合意された手続業務が提供されたと解される。

② 業務対象（15-2）海外本社への現金収支明細の報告

不正の発見・防止を目的として、外国企業の日本国内に所在する駐在員事務所や支店の現金収支に関して、当該外国企業の指示した内容に基づき、現金収支明細が作成されているか否かについて、本社が指定した会計監査人に準拠性の意見表明を求めるものである。

③ 業務対象（15-3）管理目的で作成された部門損益計算書（ホテル業におけるブランド使用契約に基づく）

法定監査のクライアント企業において、内部管理目的で作成される部門損益計算書が、ホテル業におけるブランド使用契約に基づき定められた部門損益計算書の会計の基準に従って作成されているか否か、に関する準拠性意見を表明する監査業務として提供されている。

④ 業務対象（15-4）月次貸借対照表と月次損益計算書

本業務では、月次に作成された貸借対照表と損益計算書の2つの財務表が、わが国の会社計算規則に代表される会計基準に準拠して作成されたものであるか否かについて、任意に契約された監査・証明業務として準拠性に関する結論を表明するものである。

⑤ 業務対象（15-5）国民健康保険組合の財務表

国民健康保険組合は、国の事業である国民皆保険制度を代行する国民健康保険法

に基づく公法人であり、同種の事業又は業務に従事する者で当該組合の地区内に住所を有するものを組合員として組織され（同法第13条）、その事業運営は各地区の組合会によって決定されており、国民健康保険法に基づく法定給付と組合が任意に行う出産・死亡等に対する給付という保険給付事業と、組合員や家族の健康の保持・増進、疾病予防等を目的とした保険事業からなる。対象となる組合数は、2014年度で164保険組合（厚生労働省保険局［2016］）となっている。これら保険組合において、組合員に対して提供される収支状況等の財務表に関しては、その信頼性を保証する仕組みが必要である。

回答票によれば、法定監査のクライアント以外に対して、国民健康保険法に準拠して国民健康保険組合の財務表が作成されているか否か、に関する準拠性の意見が表明される監査業務として提供されている[5]。

⑥ 業務対象（15-6）貸借対照表と損益計算書（会計方針その他の注記なし）

第1項でみた業務対象（7-4）では、貸借対照表や損益計算書以外にも、株主資本等変動計算書の作成や重要な会計方針の注記は行われているものと推定されるが、本業務では、会社計算規則に準拠して作成された損益計算書と貸借対照表の2つの財務表に対して、重要な会計方針その他の注記のないものの、その準拠性について監査人が結論を表明し信頼性を付与する任意の監査・証明業務と考えられる。

⑦ 業務対象（15-7）連結パッケージに対する監査

連結財務諸表作成会社（親会社）が、子会社及び関連会社の会計情報を収集して連結財務諸表を作成する場合、子会社等から入手する開示情報等に関して、連結レポーティングパッケージを介して当該情報の受け渡しが行われるのが通常である。当該レポーティングパッケージ上の会計情報の正確性を担保するために、親会社の監査人が子会社の監査人に当該レポーティングパッケージ自体の監査や合意された手続の実施を求めることがある。これが連結パッケージに対する監査である。当該監査を子会社側で受けることにより、連結財務諸表作成会社においても、レポーティングパッケージの入手時点において、当該数字の正確性を担保でき、決算の早期

---

5 但し、全ての保険組合において、収支計算書等の財務表に対する公認会計士等による監査が行われていることを示す情報は存在しない。

化にもつながる。子会社からは、後日、監査済みの財務諸表を入手するのが通常であるが、基本的には当該レポーティングパッケージ入手時点において数字を確定することができている。

第3項　特定の財務諸表項目に対する監査・証明業務の概要

特定の財務諸表項目に対する監査・証明業務に含まれる具体的な業務として、回答者54法人のうち大手1法人が2つの業務、また大手・準大手監査法人以外の中小2事務所が、それぞれ1つの業務を提供しているとの回答があった。

① 業務対象（18-1）オープンブックにおける業務原価支払明細表

オープンブックにおける業務原価支払明細表の監査は、オープンブック方式（マークアップによる変動予算方式）のもとで実施される地方公共団体の工事契約に関して、その工事代金のマークアップ算定の基礎となる業務原価支払明細表に対して監査を実施するものである。この場合、オープンブック方式とは、工事費用を施工者に支払う過程において、支払金額とその対価の公正さを明らかにするため、施工者が発注者にすべてのコストに関する情報を開示し、発注者又は第三者が監査を行う方式（国土交通省［2015］）、とされている。回答票における監査は、この工事費用の第三者による監査に相当するものと理解できる。

② 業務対象（18-2）ガス供給事業用LNG払出単価の計算の正確性

その他2監査法人による業務として、1法人は、「ガス供給事業用LNG払出単価の計算の正確性」について、会社が指定する計算基準に基づき計算の正確性に関する監査業務を受託している。当該業務は、ガス事業における大口供給を行う一般ガス事業の「部門別収支計算書」に関する会計監査人の証明制度に関連したものと理解される。このような証明業務の基準の必要性は、1994年6月24日に改正されたガス事業法が大口需要家向けのガス料金の弾力的な設定を認めたことに起因する。同改正法により、大口需要家については料金規制等が自由化されたことから、自由化部門の赤字が規制部門の小口需要家の料金設定に悪影響を及ぼすことを阻止する趣旨で、大口供給を行う一般ガス事業者はガス事業会計規則の様式による部門別収支

計算書を作成し、通商産業大臣（当時）に提出しなければならなくなった[6]。この部門別収支計算書は、その適正性に関する公認会計士又は監査法人による証明書とともに提出しなければならない（ガス事業部門別収支計算規則第3条、第4条）[7]とされている。

　この監査・証明業務に関しては本調査時において、2015年に改正された日本公認会計士協会の業種別委員会実務指針第11号「大口供給を行う一般ガス事業における部門別収支計算書に関する公認会計士等による合意された手続業務に係る実務指針」と2015年に策定された同実務指針第51号「大口供給を行う一般ガス事業における部門別収支計算書に係る監査上の取扱い」が実務指針として存在していた[8]。ガス事業における財務表に対する証明業務に関する実務指針であるが、前者（第11号）が合意された手続業務に関するものであるのに対して、後者（第51号）は監査業務に関するものである。

　もともとガス事業法上の「証明書発行業務」に対応するため、1995年に日本公認会計士協会は、業種別委員会報告第11号として「大口供給を行う一般ガス事業における部門別収支計算書に関する公認会計士等による証明書発行業務に係る実務指針」を公表していた。改正前の報告第11号は、証明書発行業務として、合理的保証業務として実施し証明書を発行する「検証報告書」と、合意された手続業務を実施し「合意された手続実施結果報告書」として証明書を発行する業務の両者を規定したものであった。この同報告第11号では、財務諸表監査を担当する公認会計士等（以下、本体監査人）が当該証明業務を実施する場合は、財務諸表監査の実施過程で得られた監査証拠を利用することができるため、合理的保証業務として実施できるが、本体監査人以外の公認会計士等が提供する場合には、部門別収支計算書の前

6　2003年6月18日に公布された改正ガス事業法でも、大口供給を行う一般ガス事業者は経済産業大臣に部門別収支計算書を提出することが義務付けられている。

7　なお、本調査時の「ガス事業部門別収支計算規則」は平成29年3月28日に廃止されている。現在は、「みなしガス小売事業者部門別収支計算規則」第3条を参照されたい。

8　これらガス事業における財務表に対する証明業務に関する実務指針は、2014年2月の監査基準の改訂、並びに同年4月における監基報800「特別目的の財務報告の枠組みに準拠して作成された財務諸表に対する監査」及び監基報805「個別の財務表又は財務諸表項目等に対する監査」が公表されたこと等を受け、当時行われていた大口供給を行う一般ガス事業における部門別収支計算書に関する証明書発行業務として、特別目的の監査に対応するために改正・策定が行われたものである。

提となる財務諸表に対して合理的保証を付与する監査業務を実施していないことから、部門別収支計算書に対しては合理的保証業務ではなく合意された手続業務として提供するものとしていた。

このため、回答票の「ガス供給事業用LNG払出単価の計算の正確性」に関する監査・証明業務は、法定監査のクライアント企業が作成する部門別収支計算書の前提となるLNG払出単価について、その正確性を証明し保証する任意の監査業務として位置付けられよう。

③ 業務対象（18-3）一般労働者派遣事業の許可に係る申請に際し利用されるための実施結果報告書

　もう1つの監査法人による特定の財務諸表項目の監査・証明業務としては、「一般労働者派遣事業の許可に係る申請に際し利用されるための実施結果報告書」の作成に係わる監査・証明業務が挙げられている。当該業務の対象は、労働者派遣法において、一般労働者派遣事業を行おうとする者は、厚生労働大臣の許可を受けなければならないものとされている（「労働者派遣事業の適正な運営の確保及び派遣労働者の保護等に関する法律」（以下、労働者派遣法）第5条）。また、対象業者が新規許可又は有効期間の更新を予定する場合、許可要件を満たした中間又は月次の貸借対照表及び損益計算書、並びに事業年度における法人税の税務申告書と納税証明書を提出することが、取扱要領等において定められているが、必ずしも公認会計士又は監査法人による監査は求められていない。しかし、同取扱要領等でも、申請後に労働者派遣事業を的確かつ安定的に遂行する目的で基準資産額や自己名義の現預金額の増加によって財産的基礎を確保する場合には、公認会計士等による監査証明を受けた中間決算又は月次決算が必要とされる。このため、一般に公認会計士による監査証明を添付して審査を受けるという手続が行われている、とされる。ただし、有効期間の更新に限り、監査証明ではなくて、公認会計士による「合意された手続実施結果報告書」による取扱いも可能とされている。

　このような業務に対応するため、2012年1月に、日本公認会計士協会から監査・保証実務委員会研究報告第24号「一般労働者派遣事業等の許可審査に係る中間又は月次計算書に対して公認会計士等が行う監査及び合意された手続業務に関する研究報告」が公表されており、公認会計士が行うべき手続が規定されている。

回答票による「一般労働者派遣事業の許可に係る申請に際し利用されるための実施結果報告書」作成業務は、この研究報告第24号に基づいた合意された手続業務の提供と理解される。

④　業務対象（18-4）海外税務申告添付書類（輸出売上高・特定プロジェクトの収支・駐在員事務所経費）
　海外の税務当局（特に東南アジア）においては、反面調査等を容易に行うことができないと考えられる管轄外の外国との取引や残高に関して、対象国の会計監査人に監査や合意された手続を実施させ、その結果を徴税若しくは税務調査業務に利用することがある。当該要請に応じて、わが国の会計監査人が監査を実施したものと理解される。

第2節　監査・証明業務の構成要素との関係

　本節では、第1節でみた監査・証明業務が有する特徴を明らかにするため、監査・証明業務の構成要素が各業務においてどのように充足されているのか、を分析することにする。

第1項　完全な一組の財務諸表に対する監査・証明業務
① 業務の提供先（質問3）
　2014年改訂監査基準では、完全な一組の財務諸表に対する業務を別途提供しているか否かにかかわらず、完全な一組の財務諸表に対する監査・証明業務の契約を締結することも想定している。そこで、調査票における構成要素として、「その他」業務として完全な一組の財務諸表に対する業務を提供した先が、金商法又は会社法に基づいた法定監査先に当たるか否かを尋ねた。その結果をまとめたものが、［図表5-2］である。

[図表5-2] 業務の提供先　　　　　　　　　　　　　　　　　　　　　　　　（単位：提供件数）

	法定監査先	非法定監査先	計
業務対象7-1	無回答	無回答	不明
業務対象7-2	無回答	10	10
業務対象7-3	3	1	4
業務対象7-4	0	54	54
業務対象7-5	0	2	2
業務対象7-6	無回答	1	1
業務対象7-7	無回答	無回答	不明
業務対象7-8	無回答	4	4
業務対象7-9	2	無回答	2
業務対象7-10	無回答	1	1
業務対象7-11	0	31	31
業務対象7-12	無回答	無回答	不明
業務対象7-13	無回答	無回答	不明
業務対象7-14	無回答	11	11
計	5	115	120

7-1　ホテルのフランチャイザーやホテル・オーナーに対する報告目的
7-2　会計監査人非設置会社の計算書類の監査
7-3　会社計算規則に基づく計算書類と連結財務諸表規則に基づくキャッシュ・フロー計算書
7-4　会社計算規則第98条第1項第1号又は第2号に基づき注記を省略した計算書類
7-5　会社計算書類に対する任意監査
7-6　学校法人の計算書類（資金収支計算書、消費収支計算書、貸借対照表）
7-7　規制機関への報告目的
7-8　公益法人の任意監査
7-9　産業競争力強化法第2条第13項、経済産業省関係産業競争力強化法施行規則第5条第1項・様式第1
7-10　任意監査
7-11　非営利法人（社会福祉法人、医療法人、健康保険組合・団体連合会、公益法人、特殊法人等）の財務諸表
7-12　非営利法人等（商工会議所や生協等）の会員への報告目的
7-13　本社や親会社への報告目的
7-14　労働組合法第5条第2項第7号の規定に基づく監査・証明業務

　［図表5-2］からわかるように、完全な一組の財務諸表に対する監査業務を受嘱している件数の合計は120件となっており、そのうち法定監査先に提供している件数が5件、法定監査先以外のクライアントに対して完全な一組の財務諸表に対する監査・証明業務を提供している件数が115件ある。また、これらの業務を提供する監査事務所は、大手7業務・準大手3業務・中小4業務となっている（［図表5-1］参照）。

回答票では、当該業務を提供するに当たって、特に留意した事項として、以下のような事項を回答で得られた。

- 非営利法人の財務諸表に対する監査契約締結に当たっては、当該財務諸表が監督当局向けの報告目的であることが多いため、財務諸表の様式以外の財務報告の枠組みが十分に定められていないことが多い点、並びに特殊法人等においては当該法人のために策定された財務報告の枠組みが存在しないことから、類似する形態の法人の財務報告の枠組みを準用して財務諸表が作成されることがある点により、監査契約締結に当たって財務報告の枠組みの受入可能性に関する慎重な検討を要している。
- 会社計算規則に基づいて注記が省略された計算書類に対する監査業務を受嘱する場合、監基報800に文例が掲載されているため、想定利用者の利用目的を勘案しながら、業務の実施が可能かどうかを判断して対応しており、もし計算書類における注記の省略が、想定利用者の監査報告書の利用目的を達成しないと判断される場合には、業務を提供しないこともある。
- 経営者が立案した財務報告の枠組みについて、経営者が財務諸表の利用者と合意があるとしている場合に、経営者が当該枠組みに関する選択肢を有するか、重要な解釈をなし得るか、という点について文書等により確認すること、さらに採用された会計処理基準が一般に認められた会計基準と一部相違したり、大幅に注記を省略するようなケースである場合に、それらが意図的な会計基準等への不準拠を目的としたものでないか、に留意している。

これらの留意事項より、何れにおいても、特に完全な一組の財務諸表に対する監査業務を提供していないクライアントに対して提供される場合には、財務報告の枠組みの妥当性に関する検討が重要であると解されていることがわかる。

② 会計の基準（質問4）

完全な一組の財務諸表に対する監査・証明業務を契約するに当たって、監査基準でも、上記の回答でも、クライアント側が採用する財務報告の枠組みの妥当性は重要な判断要素となっている。このため、具体的な会計の基準としてどのようなものを認めて契約したのか、に関する回答をまとめたものが［図表5-3］である。

[図表5-3]　会計の基準

(単位：業務件数)

	a. 計規	e. 財規	h. その他	基準の内容
業務対象7-1			2	処理基準：わが国会計基準、開示規則：米国ホテル会計基準を元にホテル運営者と合意された規則
業務対象7-2	1			但し、注記省略
業務対象7-3			1	計規＋財規
業務対象7-4	1			
業務対象7-5	1			
業務対象7-6			1	学校法人会計基準
業務対象7-7			2	①　処理基準・開示規則とも規制機関から発出されたマニュアルによる会計処理又は開示規則 ②　処理基準：わが国会計基準、開示規則：利用者（規制機関）との合意に基づく開示規則
業務対象7-8			1	公益法人会計基準
業務対象7-9		1		
業務対象7-10			1	公益法人会計基準
業務対象7-11			2	①　健康保険組合・団体連合会の指定 ②　公益法人会計基準
業務対象7-12			1	処理基準・開示規則とも商工会議所会計基準や内規等
業務対象7-13			2	①　処理基準：わが国会計基準、開示規則：計規 ②　処理基準：国際会計基準、開示規則：インストラクションに基づく会計基準
業務対象7-14			1	公益法人委員会報告第5号「労働組合会計基準」

※調査票に示した「会計の基準」の選択肢は、a．会社計算規則、b．現金基準、c．税法基準、d．規制基準、e．財務諸表等規則、f．中小企業会計要領ないし中小会計指針、g．国際会計基準、h．その他、である。また業務件数が2となっている場合で、かつ基準が2つある場合には、業務ごとに①②を付している。なお、図表には、回答のあった選択肢及び回答のみを記載している。

　[図表5-3]で特徴的な点は、通常、一般に認められた会計基準は、認識と測定を扱う会計処理の基準と表示に関する開示規則を合わせた概念として捉えられるが、回答票から両者が区別して適用されていることがわかる。一般に認められた会計基準から、開示に関する規則のみを抜き出し、それを開示規則として実務上、取り扱っていると解される。完全な一組の財務諸表に対する監査業務であっても、契約上、会計処理の基準と開示の規則を別個に合意することができ、監査人にはその

妥当性の検討が重要な契約締結の際の判断基準となるといえる。

③ 業務の種類（質問5）

質問票では、「その他」業務に関しても、それが適正性監査か、準拠性監査か、合意された手続（AUP）[9]か、あるいはその他の証明業務に相当するものなのか、について回答を求めた。その結果をまとめたものが［図表5-4］となる。

［図表5-4］ 業務の種類　　　　　　　　　　　　　　　　　　　（単位：業務件数）

	a. 適正性監査	b. 準拠性監査	e. 合意された手続
業務対象7-1		2	
業務対象7-2		1	
業務対象7-3	1		
業務対象7-4		1	
業務対象7-5	1		
業務対象7-6			1
業務対象7-7		2	
業務対象7-8	1		
業務対象7-9			1
業務対象7-10	1		
業務対象7-11	1	1	
業務対象7-12		1	
業務対象7-13		2	
業務対象7-14		1	

※調査票に示した「業務の種類」の選択肢は、a. 適正性監査、b. 準拠性監査、c. 適正性レビュー、d. 準拠性レビュー、e. 合意された手続（AUP）、f. その他の6つである。これらのうち回答のあったもののみ示している。

［図表5-4］において、回答のあった件数は計18件となっているが、その半数以上（11件）が準拠性に関する結論の表明を目的とした監査業務であり、それに続き、適正性監査（5件）、合意された手続業務（2件）として、完全な一組の財務諸表

---

[9] 今回の実態調査では、アメリカ公認会計士協会のSSAEがAUPを証明業務として位置付けていることや、わが国でも監査業務を契約できない場合に、監査に代えて合意された手続として契約されるケースがあることから、本調査でも監査・証明業務の1つとして合意された手続業務を含めている。

に対する監査・証明業務が契約されていることがわかる。特別目的の財務情報の監査・証明業務における監査の枠組みは、適正性監査と準拠性監査に優劣なく認められているが、［図表5-4］から見る限りでは、特別目的の監査では親和性がヨリ高いとされる準拠性監査の方が相対的に多く契約されていることになる。

④ 業務の基準（質問6）

提供される特別目的の監査・証明業務において、監査人がどのような行為基準に従って監査ないし証明業務を行ったかについても、質問票では5つの選択肢から回答を得ている。それらをまとめたものが［図表5-5］である。

［図表5-5］ 業務の基準

	a. 監基報800	d. 専門実4400	e. その他	「その他」基準の内容
業務対象7-1	2			
業務対象7-2			1	監基報700番台まで
業務対象7-3	1			
業務対象7-4	1			
業務対象7-5			1	通常の監査基準
業務対象7-6		1		
業務対象7-7	2			
業務対象7-8			1	監基報700
業務対象7-9			1	監査・保証実務委員会研究報告第20号[*]
業務対象7-10			1	GAAS
業務対象7-11	1		1	一般目的の財務諸表に対する監査の基準[†]
業務対象7-12	1			ISA 800
業務対象7-13	1		1	
業務対象7-14	1			

※調査票に示した「業務の基準」の選択肢は、a. 監基報800、b. 監基報805、c. 保証実2400、d. 専門実4400、e. その他、の5つである。これらのうち回答のあったもののみ示している。
[*]「公認会計士等が行う保証業務等に関する研究報告」（2017年12月19日廃止）
[†] これらは、回答によれば、監基報200～700からなる。

［図表5-5］において、ここで調査対象としている業務が完全な一組の財務諸表に対する監査・証明業務であることから、回答総数18件中10件の回答が監基報800

に収斂するのは当然の成り行きといえる。したがって、ここでの特徴は、「e. その他」基準に表われていると考えられるため、「その他」基準の内容も表示している。「その他」基準の内容をみると、業務対象（7-9)「産業競争力強化法第2条第13項、経済産業省関係産業競争力強化法施行規則第5条第1項・様式第1」に基づく合意された手続業務が、監査・保証実務委員会研究報告第20号に基づいて実施されている点、並びに業務対象（7-12)「非営利法人等（商工会議所や生協等）の会員への報告目的」の監査業務がISA 800に基づいている点に目が引かれるが、これらはわが国実務指針の設定前に提供された業務であるためと解される。

［図表5-4］でみた業務の種類と業務の基準をまとめた［図表5-5］を突き合わせることで、どの業務に、どのような業務の基準が適用されたかを示したものが［図表5-6］である。

[図表5-6] 業務の種類と業務の基準の関係

業務の種類	業務の基準	件数
適正性監査	監基報800	1
	その他	4
準拠性監査	監基報800	9
	その他	2
合意された手続	専門実4400	1
	その他	1
	計	18

［図表5-6］では、準拠性監査の場合は、それが完全な一組の財務諸表に対する監査業務の実施の場合には、わが国実務指針である監基報800並びに「その他」として回答されたISA 800に従って実施されている[10]。一方、適正性監査においては、監基報800に基づく1件がある以外、「その他」業務基準として「通常の監査基準」「GAAS」「一般目的の財務諸表に対する監査の基準（監基報200-700)」が挙げられている[11]。

---

10 残りの「その他」1件は、「監基報700番台まで」との回答であった。
11 「その他」1件は、「監基報700」との回答がなされている。

⑤ 報告書に記載した結論等(質問7)

調査票の質問7では、契約した業務を遂行した結果、報告書にどのような結論等を記載したか、について、無限定適正や準拠等の7つの選択肢から回答を得た。それらをまとめたものが、[図表5-7]である。

[図表5-7] 報告書に記載した結論等

	a.無限定適正	e.準拠(適法)	g.事実の確認	計
業務対象7-1		2		2
業務対象7-2		1		1
業務対象7-3	1			1
業務対象7-4		1		1
業務対象7-5	1			1
業務対象7-6			1	1
業務対象7-7		2		2
業務対象7-8	1			1
業務対象7-9			1	1
業務対象7-10	1			1
業務対象7-11	1	1		2
業務対象7-12		1		1
業務対象7-13		2		2
業務対象7-14		1		1

※回答票には、「結論の形態」の選択肢として、a. 無限定適正、b. 限定付適正、c.不適正、d. 不表明、e. 準拠(適法)、f. 不準拠(不適法)、g. 事実の確認(実施結果の報告)、h. その他、を示した。これらのうち回答の得られた選択肢のみを記載している。

[図表5-7]を見る限りは、[図表5-4]で確認された業務の種類に対応する形で、適正性監査5件で無限定適正意見、準拠性監査11件で準拠(適法)の意見、そして2件の合意された手続業務では、「事実の確認」が業務の結果として報告書に記載されたことがわかる。これらの関係を示したものが[図表5-8]である。この図表からは、それぞれの契約時において想定された結論等が、業務上も、会計基準上も、何の瑕疵もなく表明されていることがわかる。

[図表５-８] 業務の種類と結論の形態の関係

	a.無限定適正	e.準拠（適法）	g.事実の確認	計
適正性監査	5			5
準拠性監査		11		11
合意された手続			2	2
計	5	11	2	18

⑥ 配布制限の有無（質問８）

特別目的の財務情報の監査・証明業務では、特定の利用者の財務情報に対するニーズを充足するように作成された財務情報が対象であるため、業務の結論等を記載した報告書についても、特定の利用者のみを想定し、2014年改訂監査基準でも監基報800でも805でも、その配布又は利用に制限を付すことが適切である場合には、その旨を記載した上で、配布ないし利用を制限することが認められている。

そこで［図表５-９］では、業務遂行の結果、業務報告書に配布制限が付されたか否かについて、回答をまとめている。

[図表５-９] 配布制限の有無

	あり	なし	計
業務対象7-1	2		2
業務対象7-2		1	1
業務対象7-3	1		1
業務対象7-4	1		1
業務対象7-5		1	1
業務対象7-6	1		1
業務対象7-7	2		2
業務対象7-8		1	1
業務対象7-9		1	1
業務対象7-10	1		1
業務対象7-11	2		2
業務対象7-12	1		1
業務対象7-13	2		2
業務対象7-14		1	1

［図表5-9］より、「その他」業務として提供された完全な一組の財務諸表に対する監査・証明業務では、総数18件のうち大半の13件で業務報告書に配布制限が付されている。これは特別目的の財務情報に対する監査の趣旨からしても、配布や利用の制限に付されるのは一般的に予想されるところである。一方、［図表5-4］業務の種類との関係をまとめてみると、［図表5-10］のようになる。

［図表5-10］　業務の種類と配布制限の有無との関係

	あり	なし	計
適正性監査	3	2	5
準拠性監査	9	2	11
合意された手続	1	1	2
計	13	5*	18

*配布制限の付されていない業務は、①計算書類に対する任意監査における適正性ないし準拠（適法）性監査、②労働組合法に基づく監査、並びに③産業競争力強化法に基づく監査となっている。

⑦　結論等の確信の程度（質問9）

　特別目的の財務情報に対する監査・証明業務において、監査人に期待される確信の程度は、監査業務であれば、相当程度に高い程度の心証として規定され、レビュー業務であれば、監査業務よりも低い適度な水準での心証が期待されている。しかし、あくまでも心証である以上、具体的な数値を監査基準において事前に画定することはできず、最終的なその確信の程度は業務を実施した監査人の心証に依存することになる。また当該確信の程度が、監査対象の範囲、すなわち完全な一組の財務諸表、財務表、財務諸表項目、それぞれによって異なるのか、について、これまで検証されたこともない。そこで調査票では、特別目的の財務情報に対する監査・証明業務において、どの程度の根拠（確信）をもって結論を表明したのか、を0～100％の範囲で概数によって回答を得た。［図表5-11］において、その数値の傾向をまとめている。

[図表5-11] 結論等の確信の程度

	100%	95%	70%	その他*	計
業務対象7-1				2	2
業務対象7-2	1				1
業務対象7-3		2			2
業務対象7-4		1			1
業務対象7-5	1				1
業務対象7-6	1				1
業務対象7-7				2	2
業務対象7-8		1			1
業務対象7-9	1				1
業務対象7-10			1		1
業務対象7-11		2			2
業務対象7-12				1	1
業務対象7-13				1	1
業務対象7-14		1			1
計	4	7	1	6	18

*具体的には、数値では把握できていない旨の回答がなされている。

[図表5-11] より、最も多いのが95％の水準で確信をもって結論が表明されている件数7件であり、それに続き4件で100％の根拠による結論の表明が回答されている。

第2項 単一ないしは複数の財務表、あるいは特定の財務諸表項目に対する監査・証明業務

① 業務の提供先（質問3）

単一ないしは複数の財務表、あるいは特定の財務諸表項目に対する監査・証明業務のうち「その他」業務が提供された先は、以下の［図表5-12］のようになる。

[図表5-12] 業務の提供先

(単位:業務件数)

	法定監査先	非法定監査先	計
業務対象15-1	無回答	1	1
業務対象15-2	無回答	無回答	不明
業務対象15-3	1	1	2
業務対象15-4	無回答	1	1
業務対象15-5	無回答	1	1
業務対象15-6	0	2	2
業務対象15-7	1	2	3
計	2	8	10
業務対象18-1	0	5	5
業務対象18-2	無回答	1	1
業務対象18-3	無回答	1	1
業務対象18-4	12	0	12
計	12	7	19

[図表5-12]において、単一ないしは複数の財務表に対する監査・証明業務では、10件中8件が法定監査先以外に対して提供されている点に特徴があり、特に注意が求められる主な点として、以下のような回答が得られている。

- 単一ないしは複数の財務表を対象とした業務対象15-3管理目的で作成された部門損益計算書に対する監査業務は、法定監査先・非法定監査先にかかわらず、キャッシュ・フロー計算書並びに貸借対照表項目及び損益計算書項目について監査手続を実施していないため、特に網羅性に関する保証が得られない点に監査契約締結の段階で予め考慮することが必要とされている。
- 業務対象15-6は、会計方針その他注記のない貸借対照表と損益計算書に対する非法定監査先向けの監査業務であり、適切に監査業務を実施できることが留意点であった。
- 業務対象15-2は、海外本社への現金収支明細の報告に対する監査・証明業務であるが、経営者が立案する財務報告の枠組みについて財務諸表利用者と合意があるとしている点について、文書等により確認することに留意されている。
- 業務対象15-7連結パッケージに対する監査では、法定監査先1件とそれ以外に2件が提供されている。これら業務を引き受けるに当たって財務情報に十分

な検証のための手続ができるか否かに留意されている。

② 会計の基準（質問4）

　単一ないしは複数の財務表に対してであろうと、特定の財務諸表項目に対してであろうと、監査・証明業務を契約するに当たっては、クライアント側が採用する財務報告の枠組みの妥当性は重要な判断要素となっている。このため、具体的な会計の基準としてどのようなものを認めて契約したのか、に関する回答をまとめたものが［図表5-13］である。

[図表5-13]　会計の基準

（単位：業務件数）

	a.計規	b.現金	c.税法	f.中小	h.その他	基準の内容
業務対象15-1				1		
業務対象15-2					1	処理基準：親会社の指示した基準、開示規則：親会社の指示した開示規則
業務対象15-3					1	ブランド使用契約に基づき定められた部門損益計算書の会計の基準
業務対象15-4					1	J-GAAP
業務対象15-5					2	①国民健康法・②法令に準拠した作成基準
業務対象15-6	1					
業務対象15-7					1	親会社が指定する企業グループ内統一基準
計	1	0	0	1	6	
業務対象18-1					1	監査関与先との間で取り決めた会計の基準
業務対象18-2					1	被監査会社が指定する計算基準
業務対象18-3					1	一般的な会計基準（ヨリ税法基準に近い）
業務対象18-4		1	1			
計	0	1	1	0	3	

※調査票に示した「会計の基準」の選択肢は、a．会社計算規則、b．現金基準、c．税法基準、d．規制基準、e．財務諸表等規則、f．中小企業会計要領ないし中小会計指針、g．国際会計基準、h．その他、である。また業務件数が2となっている場合で、かつ基準が2つある場合には、業務ごとに①②を付している。なお、図表には、回答のあった選択肢及び回答のみを記載している。

［図表5-13］でも特徴的な点は、一般に認められた会計基準には、認識と測定を扱う会計処理の基準と表示に関する開示規則が含まれるが、回答票から両者が区別して適用されていることである。それ以外に重要な点は、「その他」業務として回答された単一ないしは複数の財務表、並びに特定の財務諸表項目においては、それぞれの財務情報に適したものが個別に契約ごとに決定されていることがわかる。

③ 業務の種類（質問5）

調査票では、「その他」業務に関しても、それが適正性監査か、準拠性監査か、合意された手続（AUP）か、あるいはその他の証明業務に相当するものなのか、について回答を求めたが、財務表ないし財務諸表項目に対しては、適正性監査が提供される例はなかった。その結果をまとめたものが［図表5-14］となる。

［図表5-14］ 業務の種類　　　　　　　　　　　　　　　　　　　（単位：業務件数）

	b.準拠性監査	e.合意された手続	f.その他*
業務対象15-1		1	
業務対象15-2	1		
業務対象15-3	1		
業務対象15-4	1		
業務対象15-5	1		
業務対象15-6	1		
業務対象15-7	1		
計	6	1	0
業務対象18-1	1		
業務対象18-2	1		1
業務対象18-3		1	
業務対象18-4	2		
計	4	1	1

※調査票に示した「業務の種類」の選択肢は、a.適正性監査、b.準拠性監査、c.適正性レビュー、d.準拠性レビュー、e.合意された手続（AUP）、f.その他の6つである。これらのうち回答のあったもののみ示している。
* 「f.その他」は、会社が指定する計算基準に基づく計算の正確性に関する監査であった。

［図表5-14］では、財務表（業務対象15）でも財務諸表項目（業務対象18）でも、ほぼ全てが準拠性監査として契約されている。そうでない財務表ないし財務諸

表項目に対する監査・証明業務は、一般労働者派遣事業の許可の有効期間の更新に係る審査の申請に関連して会社が使用する月次決算書又は年度決算書、あるいは同事業申請のための実施結果報告書に対する合意された手続業務であった。

④ 業務の基準（質問6）

単一ないし複数の財務表、あるいは特定の財務諸表項目に対する監査・証明業務において、監査人がどのような行為基準に従って監査ないし証明業務を行ったかについても、調査票では5つの選択肢から回答を得ている。それらをまとめたものが［図表5-15］である。

［図表5-15］　業務の基準

	b.監基報805	d.専門実4400	e.その他	「その他」基準の内容
業務対象15-1			1	監保研第24号＊
業務対象15-2	1			
業務対象15-3	1			
業務対象15-4	1			
業務対象15-5	1			
業務対象15-6	1			
業務対象15-7			1	a.監基報800; b.監基報805
計	5	0	2	
業務対象18-1			1	ISA 805
業務対象18-2	1			
業務対象18-3		1		
業務対象18-4	2			
計	3	1	1	

※調査票に示した「業務の基準」の選択肢は、a. 監基報800、b. 監基報805、c. 保証実2400、d. 専門実4400、e. その他、の5つである。これらのうち回答のあったもののみ示している。
＊「一般労働者派遣事業等の許可審査に係る中間又は月次決算書に対して公認会計士等が行う監査及び合意された手続業務に関する研究報告」

［図表5-15］からわかるように、ほぼ想定どおり、財務表及び財務諸表項目に対しては、日本公認会計士協会による監基報805（ないしはISA 805）が適用されている。また業務対象15-1（財務表に対する合意された手続）と18-3（財務諸表項目に対する合意された手続）は、監査・保証実務委員会研究報告第24号「一般労働者派遣事業の許可審査に関する合意された手続業務に関する研究報告」と専門実

4400という、何れも日本公認会計士協会による実務指針に依っている。これをまとめたものが、[図表5-16]である。

[図表5-16] 業務の種類と業務の基準の関係

	業務の基準	件数
準拠性監査	監査基準委員会報告書 805	7
	その他	2
合意された手続	専門業務実務指針 4400	1
	その他	1
その他	監査基準委員会報告書 805	1
	計	12

⑤ 報告書に記載した結論等（質問7）

調査票の質問7では、契約した業務を遂行した結果、報告書にどのような結論等を記載したか、について、無限定適正や準拠等の7つの選択肢から回答を得た。それらをまとめたものが、[図表5-17]である。

[図表5-17] 報告書に記載した結論等

	a.無限定適正	e.準拠（適法）	g.事実の確認	計
業務対象 15-1			1	1
業務対象 15-2		1		1
業務対象 15-3		1		1
業務対象 15-4		1		1
業務対象 15-5		1		1
業務対象 15-6		1		1
業務対象 15-7		1		1
計	0	6	1	7
業務対象 18-1		1		1
業務対象 18-2	1			1
業務対象 18-3			1	1
業務対象 18-4		2		2
計	1	3	1	5

※回答票には、「結論の形態」の選択肢として、a. 無限定適正、b. 限定付適正、c.不適正、d. 不表明、e. 準拠（適法）、f. 不準拠（不適法）、g. 事実の確認（実施結果の報告）、h. その他、を示した。これらのうち回答の得られた選択肢のみを記載している。

[図表 5-17] では、[図表 5-14] で確認された業務の種類に対応する形で、準拠性監査 6 件（財務表）と 3 件（財務諸表項目）で準拠（適法）の意見、そして 2 件の合意された手続業務で「事実の確認」が業務の結果として報告書に記載されている。唯一の無限定適正意見が表明された特定の財務諸表項目に対する監査業務は、[図表 5-14] でみたとおり、会社が指定する計算基準に基づく計算の正確性に関する監査であった。

　これらの契約された監査・証明業務と表明された結論等との関係を表したものが、[図表 5-18] である。

[図表 5-18]　業務の種類と結論等の形態の関係

	a.無限定適正	e.準拠（適法）	g.事実の確認	計
準拠性監査		9		9
合意された手続			2	2
その他	1			1
計	1	9	2	12

⑥　配布制限の有無（質問 8）

　特別目的の財務情報の監査・証明業務では、特定の利用者の財務情報に対するニーズを充足するように作成された財務情報が対象であるため、業務の結論等を記載した報告書についても、特定の利用者のみを想定し、2014年改訂監査基準でも監基報800でも、その配布又は利用に制限を付すことが適切である場合には、その旨を記載した上で、配布ないし利用を制限することが認められている。

　そこで [図表 5-19] では、業務遂行の結果、業務報告書に配布制限が付されたか否かについて、回答をまとめた。

[図表5-19] 配布制限の有無

	あり	なし	計
業務対象 15-1	1		1
業務対象 15-2	1		1
業務対象 15-3	1		1
業務対象 15-5		1	1
業務対象 15-7	1		1
計	4	1	5
業務対象 18-1	1		1
業務対象 18-2	1		1
業務対象 18-3	1		1
業務対象 18-4	2		2
計	5	0	5

※業務対象15-4・15-6は、無回答であった。

[図表5-19] より、「その他」業務として提供された財務表及び特定の財務諸表項目に対する監査・証明業務では、10件のうち1件を除き全てに業務報告書に配布制限が付されている。これは特別目的の財務情報に対する監査の趣旨からしても、配布や利用の制限が付されるのは一般的に予想されるところである。唯一、配布制限が付されていない1件は、国民健康保険組合の財務表に対する準拠性監査である。以上のような配布制限と業務の種類との関係をまとめると、[図表5-20] のようになる。

[図表5-20] 業務の種類と配布制限の有無との関係

	配布制限あり	配布制限なし	計
準拠性監査	6	1	7
合意された手続	2		2
その他	1		1
計	9	1	10

⑦ 結論等の確信の程度（質問9）

第1項に続き財務表及び財務諸表項目に対して監査・証明業務を実施した監査人

に求められる確信の程度について、監査対象の範囲、すなわち財務表、財務諸表項目、それぞれによって異なるのか、について、それぞれの監査・証明業務において、どの程度の根拠（確信）をもって結論を表明したのか、を0〜100％の範囲で概数によって回答を得た。［図表5-21］において、その数値の傾向をまとめている。

［図表5-21］　結論等の確信の程度

	100%	95%	50%	その他*	総計
業務対象 15-1	1				1
業務対象 15-2				1	1
業務対象 15-3		1			1
業務対象 15-4				1	1
業務対象 15-5		1			1
業務対象 15-6				1	1
業務対象 15-7	1				1
計	2	2	0	3	7
業務対象 18-1		1			1
業務対象 18-2	1				1
業務対象 18-3			1		1
業務対象 18-4		2			2
計	1	3	1	0	5

*具体的には、数値では把握できていない旨の回答がなされている。

［図表5-21］より、最も多いのが95％の水準で確信をもって結論が表明されている件数5件であり、それに続き3件で100％の根拠による結論の表明が回答されている。

【参考文献】

厚生省社会援護局地域福祉課［1998］『21世紀の生協のあり方を考える―生協のあり方検討会報告・資料集』11月。

厚生労働省保険局［2016］『平成26年度 国民健康保険事業年報』3月。

国土交通省［2015］『公共工事の入札契約方式の適用に関するガイドライン（本編）』5月。

国立大学法人会計基準等検討会議［2004］「国立大学法人に対する会計監査人の監査に係る報告書」3月29日。

（松本祥尚・小澤義昭）

第6章 要約

　第2部においては、監査基準及び日本公認会計士協会実務指針によって、わが国職業会計士が提供できることとなった「特別目的の財務情報の監査」が、どの程度、展開・普及しているかに関して、調査票に基づいた実態調査の結果をまとめている。監査による保証水準、すなわちその質が［監査対象］×［監査手続］によって画定されることからすると、新たな監査対象に対する監査の制度化の後、監査による合理的保証の水準を確保するために、どのような監査対象に対して、如何なる監査手続を実施しているのか、あるいは実施し得るのか、を捕捉することは、わが国監査業務の定着度とともに多様化を理解する上で非常に重要と考えられる。

　今回の実態調査で得られた回答は、各章において、(1)完全な一組の財務諸表6業種、(2)単一ないしは複数の財務表7業種、(3)特定の財務諸表項目2業種、並びに(4)その他の財務情報25業種、を監査対象として選択した監査・証明業務において、具体的な監査対象・財務情報作成基準・監査業務の種類・監査業務の基準・表明した意見・配布制限・確信の程度の点から集計・分析されている。各章における集計・分析は非常に多岐にわたるため、以下では改めて内容を要約することとしたい。

　多様な財務情報に対する監査・証明業務は、回答を得られたほぼ全ての事務所で、常にないしは依頼があった時点で受嘱可否を判断する仕組みとなっている。また収益獲得に過度な偏重が生じないよう理事長以外のものが当たることとされているものの、特定の担当者が置かれているか否かは事務所の規模によって異なっている。

第1節　完全な一組の財務諸表6業種に対する監査・証明業務

　完全な一組の財務諸表に対する監査・証明業務については、6つの業務対象に関する調査回答票から、それぞれの構成要素について以下のように要約できる。6つ

の業務は、
(1) 取引先との契約に基づいて作成された特別目的の財務諸表
(2) 金融機関との借入契約の申請・更新のために作成された財務諸表
(3) 財務諸表の特定の利用者との合意に基づく会計の基準に従って作成された財務諸表
(4) 年金基金の財務諸表
(5) M&Aや事業・営業譲渡・譲受に伴う事業会社の財務諸表
(6) 任意に作成された（連結）財務諸表
からなる。

当初の想定どおり、上記6つの業務は全て実務として提供されているが、それぞれの監査・証明業務は監査事務所の規模によって棲み分けされていた。具体的には、業務の対象として最も多い回答では、(6)に対する監査・証明業務の場合の16件であり、それ以外の対象に対してはいずれも10件以下であることから、完全な一組の財務諸表に対する監査・証明業務はかなり限定的な実施に留まっていた。また大手監査法人であれば、業務対象(1)・(3)・(5)が、準大手監査法人の場合は、(2)と(6)が、そして中小規模監査事務所では、(6)が最も多くなっていた。このことは、監査事務所の規模ごとに、同じ規模の監査事務所が共通して提供している業務の種類が異なって、棲み分けが生じていることを示唆している。

また監査・証明業務の依頼を断った経験も、業務ごと、及び監査事務所の規模ごとに異なっており、業務対象(1)に対する監査・証明業務において4件ある一方、業務対象(2)・(3)・(5)に対する監査・証明業務については、断ったことがないと回答するケースが殆どであった。これは、前者(1)が個別の様々な用途や契約形態によって、財務諸表の作成・利用方法が多様であるのに対して、後者(2)・(3)・(5)では、一定の経験知が監査業界内で蓄積されており受嘱の判断が比較的容易なためと推測される。また依頼を断る理由として、採用される会計の基準の硬度、内部統制の整備状況の良好さ、業務実施上の制約などが挙げられた。

業務の提供先については、法定監査契約先以外にも提供されており、その傾向は監査事務所の規模が小さくなるにつれて増える傾向にあり、それらの殆どで当該業務提供先との単独の契約として締結されている実態が判明した。またその業務提供先が採用する会計の基準としては、その大半が会社計算規則であったが、大手監査

法人については、その他の基準を利用するケースが多かった。この理由として、会社計算規則では、キャッシュ・フロー計算書の作成が求められていないことに加え、注記省略によって財務諸表等規則に比べて大幅に開示項目が少ないことが、作成者の負担を軽減することになっていることが理由と考えられる。

提供されている業務の種類は、監査業務としての適正性監査、準拠性監査の他、合意された手続やレビュー業務となっており、大手監査法人は、6種類の業務対象の何れについても、準拠性監査の割合が高くなっているのに対して、中小規模監査事務所においては、監査業務やレビュー業務に加えて合意された手続業務が提供される割合が増えている。またその場合に準拠基準として採用されている実務指針は、その殆どが監基報800となっていたことから、監査基準・実務指針が完全な一組の財務諸表に対する監査として意図したとおりの態様となっていることが、特に大手監査法人では確認できたが、中には監基報805ないし一般に認められた監査の基準に準拠したケースも見受けられた。

さらに表明された結論の形態では、提供されている業務の種類に対応する形で提供されており、準拠性監査であれば、準拠（適法）性意見、適正性監査であれば、適正性意見となっていた。加えて、当該結論の表明された監査報告書には、比較的多くのケースで配布制限が付されていたが、上場準備の場合が含まれる⑥や、配布制限先が事前に明確にされない①については、配布制限が記載されていない場合があった。そしてこれら配布制限は、大手監査法人が提供する業務の報告書には全て付されているのに対して、中小規模監査事務所では報告書に配布制限が付されていない場合が多かった。

最後に、職業会計士の確信の程度については、100％の確信という回答も見られたが、概ね90ないし95％に集約されており、業務対象ごと、監査事務所の規模ごとに、回答に大きな差異は見られなかった。

第2節　単一ないしは複数の財務表に対する監査・証明業務

単一ないしは複数の財務表として調査対象とした業務は、以下のような7つの業務対象を想定し回答を求めた。

⑻　金融機関との契約に基づいて作成されたキャッシュ・フロー計算書

⑼　災害義捐金・補助金・寄付金等にかかる資金収支計算書
⑽　事業（拠点）廃止に伴う貸借対照表
⑾　その他の目的による貸借対照表
⑿　電力業、ガス業、電気通信業における部門別収支計算書等
⒀　中小協同組合の決算関係書類
⒁　臨時計算書類

　これらの業務については、業務対象⒀を除く他の6つの業務について既に実際に提供されており、そのうち最も多い業務が業務対象⑿であったが、これは会計監査人設置会社の場合、当該会社に対して会計監査が法定されていることによると思われる。一方、業務対象⑼は、特別目的の財務情報の巻を導入した改訂監査基準により監査実務領域が拡張した典型的な事例と解される。契約の締結に当たって、適用される財務報告の枠組みの受入可能性と、完全な一組の財務諸表に対する監査契約を締結している企業からの依頼か否かが考慮されていることが確認された。しかし、業務提供を依頼されたが、適用される財務報告の枠組みの受入可能性や完全な一組の財務諸表の監査を実施していないことを理由として依頼を断ったという回答は得られなかった。事実、完全な一組の財務諸表に対する監査業務を提供していない会社に対して、単一ないしは複数の財務表に対する監査・証明業務を提供している事例が6例確認された。

　次に、業務の構成要素の1つである会計の基準については、個々のニーズに応じた会計基準が用いられるという特別目的の財務報告の枠組みの特徴が確認された。また業務対象は様々であるが、全体として見れば、回答のあった32業務のうち半数以上を準拠性監査業務が占めており、合意された手続業務も4件実施されていた。その場合に遵守すべき実務指針は監基報805であるため、当該指針に準拠して実施された業務が多く確認できたが、中には監基報800に準拠した業務もみられた。さらに、業務の結論では、適正性監査、準拠性レビュー、及び合意された手続については、当該業務に対応した結論が表明されていた。その場合の監査報告書には、その7割以上で配布制限が付されていた。

　最後に、結論等の確信の程度については、最も多い回答が100％であり、次いで95％となっていた。業務実施基準の基礎には監査リスクないし保証業務リスクの存在が措定されていること、並びに完全な一組の財務諸表に対する監査による確信の

程度に関する大半の回答が90〜95％であったことを考えると、単一ないしは複数の財務表に対する監査業務において、3割強の業務実施者が結論等の確信の程度を100％と回答していることは注目に値する。

第3節　特定の財務諸表項目に対する監査・証明業務

特定の財務諸表項目に対する監査・証明業務で想定し回答を求めた業務対象は、以下の2つである。

⑯　海外への出向者の給与支払明細表
⑰　ロイヤリティ契約の売上高計算書

調査時点では、当初の予想に反して、特定の財務諸表項目に対する監査・証明業務の件数は極めて少なく、提供したことのあるケースでは、監査事務所の規模が大きいほど、特定の財務諸表項目に対する監査・証明業務を提供したことがあること、及び既存の法定監査契約先と追加的に契約するケースが多いものの、「完全な一組の財務諸表の監査」契約が存在しなくても、特定の財務諸表項目に対して何らかの業務が提供されている場合もあることが判明した。

構成要素の1つである会計の基準は、個々の業務対象ごとにばらついており共通した特徴はなかった。また提供された業務の種類は、準拠性の証明業務、すなわち準拠性監査・準拠性レビュー・合意された手続として提供されていたことから、業務基準も例外的に監基報800準拠という回答があったが、それ以外はそれぞれに対応し監基報805と専門実4400という特徴が見られた。

殊に⑯に対する監査業務として、複数の大手監査法人が準拠性監査を提供され「準拠（適法）」意見を報告書に記載するという共通点がみられたが、準大手と中小の事務所については必ずしも共通する特徴は見受けられなかった。また当該報告書の殆どに配布制限が付されていた。

最後にそれぞれの業務対象に対する確信の程度は、他の業務対象の場合と同様に90〜100％という回答が得られたが、100％という回答が個別財務諸表項目を業務対象としたためなのか、合意された手続を含む証明業務であったためなのか、必ずしも明らかではない。

第4節　その他の業務対象に対する監査・証明業務

　今回の調査では、予め想定される業務以外にも個々の監査事務所が提供していることを考慮し、事務所ごとに提供している監査・証明業務の回答を得た。具体的には、完全な一組の財務諸表に対する監査・証明業務として14業務、単一ないしは複数の財務表に対する監査・証明業務が7業務、特定の財務諸表項目に対する監査・証明業務として4業務が回答された。

　これら完全な一組の財務諸表に対する業務の殆どが、法定監査先以外のクライアントに対して提供されており、その情報作成基準も会計計算規則や財務諸表等規則に則らないその他の基準によるものが多かった。また業務の種類の多くは準拠性監査であり、監基報800に準拠して実施され、準拠性の結論が95～100％の確信の程度で表明されている。さらにその業務報告書には配布制限が付されているケースが多いという特徴があった。

　単一ないしは複数の財務表、あるいは特定の財務諸表項目に対する監査・証明業務については、前者の提供先は法定監査先以外のクライアントが殆どであるのに対して、後者は法定監査先に提供されるケースが過半であった。また当該情報の作成は、会計計算規則等の一般に認められた基準よりも独自の基準に準拠されており、提供された業務は、95～100％の確信度で監基報805に基づいた準拠性監査が殆どであり、一部、専門実4400に準拠した合意された手続も見受けられたが、当該報告書の全てに配布制限が付されていた。

　以上のように完全な一組の財務諸表を対象とした監査・証明業務では、調査時点での回答から見る限り、監査事務所の規模によって提供業務の棲み分けがあることが確認されたことに加えて、本来想定されるべき組合せとは異なる業務の構成要素が回答されたケースもあり、現在見られる業務の実施状況は、業務実施者間においてバラつきが認められた。

　また単一ないしは複数の財務表に対する監査・証明業務としては、監査事務所の規模が大きいほど幅広い対象に対する業務提供の経験が多かったものの、大手事務所が多様な会計基準によって作成された財務表を対象とする業務を相対的に多く引き受けているという傾向を除くと、監査事務所の規模と構成要素の関係、及び監査

事務所の規模と業務対象の関係には、特段の傾向や特徴は見られず、事務所規模による差異は確認できなかった。
　さらに特定の財務諸表項目に対する監査・証明業務は、基準化されて日が浅いこともあってか、提供されたケースがかなり少ないという特徴があったが、クライアントごとに会計基準が独自に取り決められたり、それぞれのオーダーメイドとして業務を提供することができたりするという点から、監査事務所として業務の拡大の可能性は無限であり、今後の展開に注目していく必要がある。

（松本祥尚）

第3部

実証研究に基づく監査・証明業務の特徴

第1章 自主的な監査購入の決定要因と経済的価値に関する研究の考察

第1節　財務諸表等に対する監査の経済的価値

　本章は、先行研究の検討を通じて、財務諸表等に対する監査（以下、監査）の経済的価値について議論する。特に、日本であれば金商法や会社法で求められる法定の監査ではなく、非公開企業等が自主的に購入する任意監査の経済的価値を中心に検討する[1]。本章では、企業にとって任意で監査を購入することが、何らかの有利な効果をもたらす状況があるとき、その監査に経済的価値があると考える。また、任意で監査を購入するという行為は、その帰結として何らかの有利な効果を期待していることを示唆すると考えられるため、この関係についても、経済的価値という枠組みのもとで議論する。

　本章では、主な対象が非公開企業の財務諸表であるという特性から、公認会計士あるいは会計事務所（以下、会計士）から提供を受けるサービスは、必ずしも合理的に高い保証水準の監査に限らない。例えば、レビューといった相対的に保証水準の低いサービスも含んで議論するし、検討する先行研究の中には、会計プロセスにおける専門家の関与という意味で、財務諸表の調製等も分析の対象としている場合がある。この点には注意が必要であるが、本章での議論を通じて、法律等によって求められない状況でも、監査、あるいはより広く保証サービスの存在する合理的理

---

[1] 但し、監査等の保証業務が強制ではない時代の上場企業等を分析対象にした先行研究も考察の対象にしている。また、非公開企業における監査の利用に関する先行研究は、Vanstraelen and Scheleman（2017）でも包括的に検討されている。彼女らの研究は、ロンドンで2016年12月に開催された"the ICAEW Information for Better Markets Conference, Private Company Financial Reporting"での報告資料を基礎としており、主として欧州市場の制度に対するインプリケーションを念頭に置いた形で先行研究の結果が議論されている。

由があること、そしてその経済的価値を明らかにすることが期待される[2]。

　監査の存在理由は、企業を取り巻く利害関係者との間で生じるエージェンシー費用を削減するための合理的なメカニズムとして説明されることが多い（Jensen and Meckling 1976）。これは、株式会社という形態によって所有と経営の分離が生じた場合、経営者は必ずしも株主の利益を最大化するように行動するとは限らないという問題に端を発している。株主は経営者の利己的行動を予想するためにモニタリングにコストをかけようとするが、一方の経営者側は、そのようなモニタリングによって自分の受け取る報酬が減額されたり行動が制約されたりするのを嫌う。そのため、株主が必要とする情報を自ら作成するコストがモニタリング・コストを下回るのであれば、経営者は進んでその情報を作成し、提供することが予想される。そして、経営者は、自ら作成した情報が信頼に値するものであることを証明するための手段として、会計士による監査を利用（自発的に購入）するのである。この理論は、監査の存在理由を説明する理論として、スチュワードシップ仮説と呼ばれることがある（Wallace 1985）。なお、この理論は、債権者等のその他の利害関係者との関係に拡張しても、同じように議論することが可能である。

　また、監査の存在理由を説明する理論には、情報利用者の意思決定を促進することをその根拠とする情報仮説もある（Wallace 1985）。すでに契約関係にある利害関係者を対象とするスチュワードシップ仮説に反して、情報仮説で議論する投資家は、企業と何らの契約も締結していない。また、企業側からしても、誰が潜在的投資家であるのかを識別することができない。このような状況において経営者が自発的に監査を購入することは、最も効率的な選択肢となり得る。投資家は、投資意思決定においてリスクに見合ったリターンを要求するが、意思決定に必要な情報が利用可能でない場合には、将来の不確実性をリスクに織り込むため、企業価値を相当程度に割り引いて評価することになる。このような割引が行われてしまうと、企業にとって、市場で資金調達することは最適な選択肢とはならないかもしれない。しかし、この問題は、監査済みの財務諸表を広く一般に開示することで、ある程度解決することができる。会計士が第三者の立場から保証を付した財務諸表は、将来の不確実性を軽減することになり、投資家の意思決定に役立つからである。

2　以後、保証水準を識別する必要がある場合を除いて、基本的に「監査」という言葉を利用して議論する。

これらの説明理論と符合して、まずスチュワードシップ仮説については、Watts and Zimmerman（1983）が、証券市場が発達するはるか以前から、例えばイギリスのギルドに関する歴史的資料（14～16世紀頃）に基づき、ギルドの間で監査が自発的に行われていたことを解説している。これは、契約上の有用性のために、監査が利用されていたことを示している。情報仮説については、例えばEttredge et al.（1994）によって、社債や株式の新規発行がなされる直前期に、企業は（当時は強制的ではない）四半期期末ごとに行われる財務諸表に対するレビュー[3]（timely review）を自発的に購入する傾向にあることを明らかにした。これは、資金調達に当たり、潜在的投資家に対して情報の不確実性を軽減するための手段としてレビューが利用されたことを意味している[4]。これらの理論を基礎として、Watts and Zimmerman（1983）を嚆矢としてこれまで、監査が自発的に購入される決定要因やその背景を分析した様々な研究が展開されてきたのである。本章は、順を追ってこの主題に関する一連の研究結果を概観するが、まず次の第2節では、自発的な監査購入の決定要因を分析した先行研究をみていく。そして、第3節では自発的に購入した監査の経済的価値を検証した先行研究を検討し、第4節は近年分析が進んできた監査のシグナリング効果についての先行研究をレビューする。最後に、第5節で本章のまとめと将来の研究に関する展望を述べる。

第2節　自発的な監査購入の決定要因に関する分析

　規制がなくとも、監査は自然発生的に生成されることは既に述べたとおりである。しかし、実際には、ある程度発展した証券市場を有する国において、企業によって

---

[3] 四半期末ごとに行われるレビューとは異なるもう1つのタイプのレビューは、年度監査と同時に行うレビュー（retrospective review）である（Ettredge et al. 1994）。
[4] 監査の存在理由については、もう1つ説明理論が存在する。それは、企業の倒産等が生じた場合に経営者と会計士に対して共に賠償責任を求めるという監査の保険機能である（Wallace 1985）。ただし、日本では訴訟が生じにくいこと、また本章では非公開企業を中心に議論するが、それらの企業は一般に訴訟リスクが高くないことを考慮して、保険仮説についてはここで詳しく説明しない。

作成される財務諸表に対する監査は、今やそのほとんどが法定のものである[5]。また、非公開企業であったとしても、ヨーロッパ各国を中心に、監査が法律によって求められているという場合も珍しくない。そのため、任意で行われる監査について、その決定要因を分析するためには、適切なセッティングを特定しなければならない。この問題について先行研究では、少なくとも2通りの方法で取り組み、興味深い分析結果を提供している。1つ目は、監査が法定ではない企業・状況を特定し、その範囲内で任意監査（又はその他の保証サービス）を自発的に購入する場合の決定要因を分析するという方法である。2つ目は、規制の変更等によって監査が法定から任意になった状況において、監査の購入を継続するか否かの決定要因を分析するという方法である。以下では、第1項と第2項で、それぞれの分析方法で得られた先行研究の結果を概観する。続く第3項では、監査の対象が財務諸表ではない場合について考察する。具体的には、監査（保証）の対象が債務契約における財務制限条項である場合を分析したBaylis et al.（2017）を検討する。

第1項　任意監査の購入

　Chow（1982）は、証券取引所法によって監査が法定化される以前のアメリカ企業に関するデータを用いて、エージェンシー費用が高い環境にある（負債比率が高い・会計ベースのコベナンツが多い・企業規模が大きい）企業ほど監査を自発的に購入するという傾向を明らかにした。また、Barton and Waymire（2004）は、財務報告にかかる規制が十分ではなかった1929年10月の世界恐慌前のアメリカの上場企業を対象に、企業固有のどのような要因が財務報告の品質と関係しているかを分析した。財務報告の品質指標は包括的に捉えられており、監査を購入しているか否かも品質指標の1つとして用いられている[6]。監査の購入との関係に限定して彼らの結果をみると、市場における情報の非対称性が高い（テクノロジー系の業種、株式を発行して2年以内）、エージェンシー費用が高い（負債比率が高い）場合には、

---

[5] その理由の1つとして、例えば監査（あるいは監査済財務諸表）は公共財（public goods）の属性を有しているために、規制が存在しない状況では過少生産（適切なレベルで監査が行われない）される可能性があることなどが先行研究で指摘されている（Lennox and Pitman, 2011）。

[6] Barton and Waymire（2004）が実際に用いているのは、次のように定義された変数である。すなわち、監査の購入がない場合にはゼロ、中小規模の監査事務所から監査を購入している場合には1、大手の監査事務所から監査を購入している場合には2を与えるという変数である。

より監査が購入される傾向にある。一方、企業の（財務的）状況を示す代替的な情報源が存在する場合（過去に配当を支払っている、規制業種に属している）には、より監査が購入されない傾向にあることが明らかにされている。これらの研究は、Watts and Zimmerman（1983）の主張を補強する研究として、重要な研究として位置付けられる。

　他には、Carey et al.（2000）が非上場企業を分析対象として任意監査の購入に関する決定要因を分析している。Carey et al.（2000）は、オーストラリアの非公開のファミリー企業を対象[7]に、ファミリー企業特有の所有構造や取締役会の構造とエージェンシー費用との関係を前提に、自発的な監査の購入との関係を分析している。すなわち、ファミリー以外の株主の持株比率、あるいはファミリー以外の役員の割合が上昇するほど、所有と経営の分離がもたらす問題が深刻になるため、監査が需要されるという理論の検証である。そして、これらファミリー企業特有の変数と監査には正の有意な関係があることが発見されている。また、Carey et al.（2000）はファミリー企業特有の構造だけでなく、一般的にエージェンシー費用の高さを示す代理変数としても使われる負債比率も、これが高いほど監査を購入する傾向があることも報告している。

　監査以外の保証サービスの購入について、その決定要因を分析した研究は、第1節で検討したEttredge et al.（1994）以外にも存在する。まず、Allee and Yohn（2009）は、アメリカの連邦準備制度理事会（Federal Reservation Board）が非公開の小規模企業を対象に実施したサーベイ調査のデータを用いて、企業の作成する財務諸表に対する会計士の関与レベルの決定要因について分析した。財務諸表の調製、レビュー、監査の順で当該財務諸表の洗練度合いが高まる（会計士の職業的専門家としての関与レベルが高い）という前提で、それを左右する決定要因を検証したのである。そして、事業の複雑性が高い（社齢や従業員数によって代理）ほど、より洗練された財務諸表の作成に対する需要が高まり、会計士の関与レベルが高まることを発見している。また、同様の研究課題に取り組んだ研究にBarefield et al.（1993）がある。彼らの結果によると、従業員数が多い、負債にコベナンツが設定されている、会社役員等による持株比率が低いほど、洗練度合いの高い財務諸表

7　この研究は、ファミリー・ビジネスを行っている企業に関するデータベースを元に分析している。

（財務諸表の調製、レビュー、監査の順）が自発的に作成されている（監査人によるサービスを受けている）という。

　以上の研究は特定の国を対象に、企業レベルの要因が監査の購入に及ぼす影響を分析したものであるが、マクロ・レベルでの要因に着目した研究もいくつか存在する。例えば、Francis et al.（2011）は、エージェンシー費用の大きさと証明業務の購入における正の関係が、国によって異なることを明らかにした。World Bankの国際的な非公開企業のデータベース[8]を利用し、まず彼らは、個別企業レベルと国レベル[9]両方の要因が証明業務の購入と関係していることを明らかにした上で、1人当たりのGDPに基づいて国を分け（高GDP国は市場が発達している）、市場の発達度合いと証明業務の購入の関係を分析した。そして、低GDP国では、国レベルよりも企業レベルでの要因の方が、証明業務の購入と強く関係していることを発見したのである。これは、市場が整備されていないような環境にある市場では、国レベルでの市場の整備状況と個別企業のインセンティブが代替的であることを示唆する結果である。

　また、Lisowsky et al.（2017）は、市場の好況・不況と中小企業が借入審査の時に提出する会計書類の保証水準の関係を分析した。アメリカでは、2000年前後から2007-2008年の金融危機に至るまでの期間、住宅市場が右肩上がりに拡大を続け、好況を謳歌していた。特に、建設業界の活況は著しく、その時代背景のもとで、銀行からの貸出の審査は大幅に緩和されていた。つまり、中小規模の企業が銀行に提出する会計書類が、監査済みである必要はなく、会計士によってレビュー又は調製されたものや、納税申告の書類で代用されていても、多くの場合、借入ができたのである。しかし、この状況は好況である限り問題ないが、貸出審査の緩和によって信用リスクの高いクライアントを多く抱えることになった銀行は、金融危機に陥ると、より多くの損失を抱えることになる。このような一連の関係を、Lisowsky et al.（2017）は、中小規模の建設業界に属する企業とその他の業種の企業を対象に、経済状況の変化と銀行の貸出状況、及び銀行が計上する損失の状況を総合的に分析

8　当該データベースには、証明業務の保証レベルに関する詳細なデータが収録されていないために、彼らは監査ではなく証明業務を購入するか否かという観点で分析している。

9　国レベルの要因とは、証券市場の発展度合い、法律の起源、汚職（corruption）の程度といった要因で、基本的には私的な契約の保護が適切に行われているか否かを捉えるような指標である。

し、明らかにしたのである。

第2項　制度の変更と任意監査の購入

　規制の変更によって監査が法定から任意になった状況に関する研究には、カナダ企業、イギリス企業、フィンランド企業を分析対象としたものがある。Senkow et al.（2001）は、一定の規模に関する基準を満たすカナダの非公開企業が、1994年から財務諸表に対する監査が法定ではなくなった（つまり、それ以前は監査が法定であった）状況に着目した。そして、該当する企業の多くが監査を継続したものの、(1)債務契約において監査に関する条項が存在する、又は(2)法定時代に監査報酬がより高額であった企業ほど、監査が継続される傾向にあることを明らかにした。彼らは、監査報酬の高さを、当該企業にとっての監査の重要性を捉えるための変数として用いており、その前提のもとでは、監査の重要性が高い企業ほど、任意になった場合にも監査を継続するという関係を示す結果といえる[10]。

　一方、イギリス企業を分析した研究としてSeow（2001）、Collis et al.（2004）、Collis（2012）及びDedman et al.（2014）がある。古くからイギリスでは、公開・非公開や企業規模にかかわらず、財務諸表に対する監査は強制的なものであった。しかし、1994年に企業規模に基づく除外規定が設けられた後、2004年には除外規定の適用される企業規模の閾値が高められ、多くの企業が除外規定に該当するようになった。このような背景のもと、Seow（2001）は1994年を境にして、監査が法定から任意に変わった企業を対象に、電話調査によって情報を収集し、その決定要因を分析した。そしてSeow（2004）は、株主が取締役を兼ねていない、つまり株主が日々の経営活動をモニターできないほど、企業が自発的に監査の購入を継続していたことを発見した。

　Collis et al.（2004）は、2004年を境にして、監査が法定から任意に変わった企業を対象に、監査継続の決定要因を分析している。ただし彼らは、2004年の制度変更前である1999年に、制度の動向を見ながら、除外規定が適用される可能性のある企

---

[10] Senkow（2001）と同じカナダのセッティングについて分析した研究として、Rennie et al.（2003）がある。彼女らは、質問票調査を送付して監査の継続（あるいはより低い保証水準のサービスへの変更）有無とその理由について直接回答を得て、その分布を分析した。そして、監査を継続する場合は債権者あるいは親会社からの求めに応じたことがもっとも多い回答であり、継続しない（保証水準を下げる）場合は費用の削減がもっとも多い回答であることを報告している。

業を対象に分析している。つまり、それらの企業に対して、もし除外規定が適用された場合に、監査を継続するか否かを問うたのである。Collis et al.（2004）は、先行研究と同様に、監査の購入継続に関する説明としてエージェンシー費用に基づく仮説を設定した他、経営者が内部統制の有効性を確保するためのツールとして監査を利用するという仮説も提示した。つまり、小規模企業では、洗練された会計システムやスタッフといった資源の確保が困難であるために、財務諸表に誤謬が生じやすい。この前提のもとでCollis et al.（2004）は、内部統制上の問題を適時に把握するため、経営者は会計士による監査を利用するという関係を分析したのである。そして、エージェンシー費用が高いほど、そして監査によって企業の内部資料の精度が高まると経営者が考えているほど、監査を継続購入するという回答が多いことが明らかにされた[11]。

　2004年以後、イギリスでは、実際に監査の購入を継続したか否かのデータが入手可能となる。こういった実際の状況を分析した研究がCollis（2012）とDedman et al.（2014）である。まず、Collis（2012）は、2007年に実施された質問票調査によって収集されたデータを用いて分析し、(1)監査にかかる費用の相対的負担が大きいほど、又は(2)エージェンシー費用が高いほど、規模に関わらず監査が継続されることを明らかにした。さらに、規模がより小さい企業の場合には、会計士から助言を受けているといった状況がある場合には、監査が継続されるという経営（管理）上の理由が存在することも解明されている。また、Dedman et al.（2014）は、制度変化直後の2004年から2006年を対象にFAME（Financial Analysis Made Easy）と呼ばれるデータベースを利用してデータを収集し、分析を行った。そして、年を追うごとに監査を継続しない企業が増加していくものの、(1)エージェンシー費用が高い、(2)企業のリスクが高い、(3)非監査業務の提供を受けている、そして(4)法定監査の時代に大手監査事務所と契約したり、より多くの報酬を支払うことで監査の重要性を見出している企業ほど、監査を継続することを発見した。

　最後に、フィンランド企業を分析したNiemi et al.（2012）とOjala et al.（2016）

11　この研究では、小規模企業において内部統制の有効性を確保するために監査が利用されるという議論を展開しているが、Abdel-Khalik（1993）はこの議論とは反対に、会社の規模が大きくなるほど内部管理が行き届かないことを理由に、監査に対する需要が高まる（それによって監査報酬が増加する）という仮説を設定し、それを支持する結果を報告している。

をみておく。Niemi et al.（2012）は、基本的にCollis et al.（2004）のスタイルを踏襲しており、監査に関する除外規定が制度化された場合に、監査を継続購入するか否かを問うという形である[12]。彼らの研究では、Collis et al.（2004）が設定した仮説の他に、いくつか追加的なものが設定されている。結果については、Collis et al.（2004）と異なり、銀行や株主との間で生じるエージェンシー費用の高さと監査の購入に有意な関係は観察されなかったが、内部統制の有効性を維持するための監査の利用については有意な関係が発見されている。彼らが設定した仮説について有意なものをみると、企業内部の会計機能を監査事務所にアウトソースしている場合に、企業と会計士の間で生じるモラル・ハザードの問題を軽減する手段として監査を利用するという仮説を支持する結果を報告している。また、Ojala et al.（2016）は、その他の研究では一般に分析対象とされていないマイクロ企業（micro-companies）[13]を分析対象とし、監査に関する除外規定が制度化された後のフィンランドの非公開企業における監査購入の決定要因を分析している。2008年から2010年までの分析期間にわたり年ごとの結果には多少の差があるものの、彼らの結果は全体として、(1)財務的困窮状況にない、(2)税務報告の信頼性を確保する必要性が高い、(3)株主構造が分散している、(4)成長性が高い、又は(5)商品供給の安定性を確保する必要性が高いといった要因が、監査の購入と有意に関係していることを発見した[14]。

　以上のように、先行研究では、エージェンシー費用や債権者との関係、あるいは経営管理目的等から、企業は自発的に監査を購入することが明らかにされている。これらの国際的結果は、様々な国において、監査には経済的価値があるために需要されていることを示唆している。ただし、監査を需要する要因と監査の購入の関係性は国ごとに異なるというFrancis et al.（2011）の分析結果もある。そのため、例

12　彼らは、フィンランド貿易産業省（Ministry of Trade and Industry of Finland）によって行われた監査の任意化の帰結に関するサーベイ調査のデータを利用している。

13　フィンランドの法制度に基づき、Ojala et al.（2016）は、①売上高が20万ユーロ、②総資産合計が10万ユーロ、③平均従業員数が3人という条件のうち2つ以上を2年連続で満たさない企業をマイクロ企業と定義している。

14　それぞれの変数が捉えている側面は次のとおりである：(1)高額な監査報酬の負担能力（財務困窮状況）、(2)税務当局との対立回避（税務報告の信頼性）、(3)所有と経営の分離による動機（株主構造）、(4)監査に関する除外規定への抵触可能性の適時的な把握（成長性）、(5)債務の返済が滞るような企業との取引を避けるサプライヤーとの取引に対する動機（商品供給の安定性）。

えば日本について、監査を需要する要因と監査の購入との間にどのような関係があるのかについて、先験的には明らかではない。

第3項　財務制限条項に対する保証

　ここまでの議論では、財務諸表に対する監査の購入に主眼を置いて検討してきた。しかし、第5章でも議論されているように、実務において監査の対象となるのは財務諸表に限らない。本章で検討の対象としている実証研究では、データの入手可能性の問題などもあり、財務諸表以外を対象とした監査が分析対象となることはほとんどない。その点、Baylis et al.（2017）は、財務制限条項に対して行われる保証の実態を分析している例外的な研究である[15]。

　Baylis et al.（2017）は、財務制限条項が付された債務に関するいくつかの特徴と、監査人による財務制限条項に関する保証（auditor covenant compliance assurance）の関係を分析している。財務制限条項には様々なタイプがあるが、それらの条項の中には、会計情報を基礎とした指標が多く用いられていることは、よく知られた事実である（Watts and Zimmerman 1986；須田 2000）。当然ながら、（上場企業等で法令等によって求められている限り）財務諸表に対しては監査が実施されるため、財務制限条項において参照される財務比率は、公認会計士による監査済みの財務諸表に基づいて算定される。しかし、それら財務諸表の数値が財務制限条項においても用いられる場合、監査人は、それ以外の状況よりも、より高い訴訟又は評判に対するリスクを意識するかもしれない。財務制限条項において用いられている財務比率が適正でない会計数値に基づいていたことが後になって判明すれば、財務諸表の適正表示に対して表明した意見の内容のみならず、それによって二次的に債権者が被ることになった損失に対しても、責任を問われる可能性が出てくるからである。

　このような関係を前提に、Baylis et al.（2017）は、監査人によって財務制限条項に対して保証が提供されることの合理性を説明するとともに、その有無を決定付け

---

[15] Baylis et al.（2017）と同様に、財務制限条項における監査人の関与について分析した研究にMenon and Williams（2016）がある。彼らは、継続企業の前提に関する記述についての財務制限条項（監査報告書において継続企業の前提に関する記述がなされれば、当該財務制限条項に抵触することを意味する）を分析対象にしており、クライアントの信用が低下するほどこの財務制限条項が付されることなどを明らかにしている。

る要因について分析している。そして、①複雑な調製を求めるような会計数値に基づく条項が設定されている場合、②会計数値に基づく条項がより多く設定されている場合、③財務諸表において主観的な見積りを要する資産（例：無形資産）の占める割合が高い企業、④シンジケート・ローンに関わっている銀行の数が多い場合、又は⑤借入期間が長期である場合ほど、財務制限条項に対して監査人による保証が提供されていることを明らかにした。これらの関係は、財務制限条項における会計情報の精度の高さが、情報の非対称性を緩和するといった点でより重要になる場合に、当該条項に関して監査人による保証が提供されることを意味している。

第3節　自発的な監査の購入による経済的効果

前節では、任意監査の購入に関する動機について検討したが、本節では、その結果としてどのような経済的便益を企業が享受しているのかについてみていく。先行研究では、非公開企業が対象になっているという特徴から、重要な利害関係者として議論されるのは、銀行等の債権者であることが多い。そのため、先行研究の焦点は、一般に、自発的な監査の購入によって社債や銀行の借入条件が有利になるか否かである。また、先行研究では、購入する業務の保証水準が異なる場合に、その経済的効果に影響があるか否かも検証されている。さらに、自発的な監査の購入による経済的効果の分析としては例外的であるが、監査の購入が財務報告の品質に及ぼす影響を直接的に分析している研究も存在する。以下では、これら一連の研究について、順を追ってみていく。

Blackwell et al. (1998) は、自発的な監査の購入がもたらす効果を検証した初期の研究として知られている。彼らは、アメリカの複数の銀行から、リボルビング・クレジットの契約がある企業に関するデータの提供を受け、監査の購入がプライム・レートを差し引いた企業の利息とどのような関係があるかを分析した[16]。そして、監査を購入している企業ほど利息が低くなることを発見したのである。また、

16　Blackwell et al. (1998) 以外の研究でも、利息に及ぼす効果を分析する場合には、利息からプライム・レートを控除した値を用いるのが一般的である。

Minnis（2011）は、Sageworks[17]によるアメリカの非公開企業のデータを用いて、自発的な監査の購入が利息に及ぼす影響を分析した。そして、監査を自発的に購入している企業ほど、(1)利息が低い、(2)財務諸表の項目と利息の関係が強い、という関係を明らかにした。また、そのような関係が観察される背景として、監査を購入した企業ほど、利益情報による将来キャッシュ・フローの予測能力が高い（つまり、会計情報の将来予測能力が高い）ことを発見したのである。Dedman and Kauser（2012）は、イギリスにおいて監査が法定から任意になった企業を対象（分析年は2004年）として、これらの企業のうち、自発的に監査を購入した企業はそれ以外の企業よりも、信用格付け（credit rating）が良いことを発見した。さらに、Kim et al.（2011）は、韓国の格付け会社が提供した非公開企業の財務データと債券に関するデータベースを利用し、監査の購入によって利息を低下させる効果があることを明らかにした[18]。これらの研究は、一般に、監査を購入することで有利な借入条件を享受していることを示している[19]。

　それでは、保証水準が異なる場合、会計士の関与とその経済的効果の関係はどのようになるのであろうか。Alee and Yohn（2009）はこの研究課題に関連する分析結果を提示している。彼らは、前節で取り上げた、財務諸表の洗練度合い（会計士による関与レベル）の決定要因とともに、監査が購入された場合の経済的効果も分析している。そして、監査を購入しているほど、銀行から融資を受けることができ

17　Sageworksは、（会計事務所や銀行を対象に）非公開企業のデータを収集し財務分析を行うためのツールを提供する会社である（Minnis, 2011, p. 466）。
18　Kim et al.（2011）の研究課題は、監査の自発的な購入だけではなく、会計事務所の規模がその効果に及ぼす影響も含んでいる。会計事務所の規模の違いに関する分析でKim et al.（2011）の発見事項は、利息の低減効果に差がないというものであった。つまり、Kim et al.（2011）の結果は、銀行にとって重要なのは、会計事務所の選択ではなく、企業が監査を購入しているか否かであることを示しているのである。
19　ここで議論した研究の他に、金融業を研究対象とする研究分野において、（監査済み）財務諸表を主たる情報源として貸出しを行うという（financial statement lending）技術についての議論（例えば、Berger and Udel, 2006）がある。その枠組みでは、他の貸出技術（lending technology）との代替的あるいは補完的関係が検討されながら、監査済み財務諸表の存在が利息等の貸出条件にどのような影響を及ぼすかが議論されている（日本企業の分析については、Kano et al.（2011）がある）。

る確率が高まることを明らかにしたのである[20]。しかし、監査ではなく、会計士による財務諸表の調製やレビューとの関係を分析した場合には、銀行からの融資を受けることができる確率と有意な関係がないことを報告している[21]。

このように、自発的な監査の購入による経済的効果の分析は債務に関連する条件に着目して分析される傾向にある。しかし、例外的にClatworthy and Peel（2013）は、イギリスにおける小規模な非公開企業を対象として、監査の自発的な購入と会計報告の修正の関係を分析している。つまり、監査の自発的購入と企業が作成する会計報告の品質との関係を分析しているのである。Clatworthy and Peel（2013）は、企業の公開・非公開の種別にかかわらず、企業登記局（Companies House）に会計報告の書類を提出するというイギリスの制度を前提に、自発的な監査の購入によって、企業登記局に提出する会計書類を事後的に修正する傾向が変化するか否かを分析している。そして、監査を自発的に購入している場合、当該資料を後に修正する頻度が低い、つまり会計報告の品質が高いことを明らかにしたのである。

前節で議論したように、監査が任意である環境では、企業を取り巻く利害関係者らとの関係のもとで、企業は監査の購入要否を考慮し、その経済的便益が経済的負担を上回る限りにおいて、監査を自発的に購入すると考えられる。そして、本節でこれまでみてきたように、その便益とは、有利な借入条件を享受するといったものである。一方、経済的費用の部分について、それを定量化し経済的便益と比較考量する研究は著者の知る限り存在しない。しかし、前節で検討した先行研究によって蓄積された証拠も併せて考えると、自発的に監査を購入することによる経済的効果は確かに存在するといえるであろう[22]。しかし、会計士によって提供される業務のすべてに経済的価値があるか否かについては、議論の余地がある（Alee and Yohn,

---

20 実際に分析に用いられているのは、「融資が断られる確率」との関係であるが、その他の研究との整合性を考慮して、ここではAlee and Yohn（2009）の結果から、「融資を受けることができる確率」という反対の意味に読み替えて議論している。
21 その一方で、監査の購入が必ずしも有利な利息の設定にはつながらないという結果も提示されている。この結果は、監査を財務諸表の調製、レビューに変更しても同様に観察されるという。
22 前節で議論したように、企業が監査を購入するという意思決定は様々な要因によって内生的に決まる。このような内生性が存在する場合、監査の購入による効果を適切に分析するために、監査購入に関する決定要因を特定するための第1段階目のモデルと、監査の購入が利息に及ぼす影響を分析する第2段階目のモデルの両方を用いた2段階の推定を行う場合がある。内生性に対処するための方法として、変化額を用いた分析などを行う場合もある。

2009)。

第4節　監査購入のシグナリング効果

　最後に、これまでの議論に関係する研究として、Lennox and Pitman（2011）とKausar et al.（2016）をみておく。前節で考察したように、イギリスでは一定の条件を満たす非公開企業に対する監査が法定から任意の形式に変更されたという歴史がある。この特異なセッティングを利用して、Lennox and Pitman（2011）は、監査が任意になったことで、企業が発することが可能となったシグナリングの効果を検証している。背後の理論は次のとおりである。すなわち、監査が法定である限り、すべての企業が監査を受けることになるために、利用者からすれば、すべての企業が（監査を受けているという点で）同じようにみえてしまう。しかし、監査が任意になれば、監査を購入することで、企業が（情報の非対称性が高い環境において）高リスク企業であるか低リスク企業であるかをシグナルすることが可能となる。そして、もしシグナルとして機能するのであれば、監査購入（非購入）企業は、与信の格付けが改善（悪化）するはずである。この仮説のもとでLennox and Pitman（2011）は、監査が任意になってもなお監査を継続購入した企業は、与信の格付けが改善され、継続しなかった企業は格付けが悪化したことを発見したのである。つまり、Lennox and Pitman（2011）は、監査が法定である場合よりも任意である場合の方が、情報利用者がリスクに関する企業のタイプを識別するためには有効であることを示している。この研究の重要性は、監査に経済的価値が認められるのは、財務諸表の信頼性向上に寄与するからであるという既存の考え方とは異なる視点を提供している点にある。

　Kausar et al.（2016）は、監査を購入するというシグナルと、監査を購入することで財務報告の信頼性が高まるという効果を明確に識別し、前者による純粋な効果を捉えようとした研究である。この意味で、Kausar et al.（2016）の研究は、Lennox and Pitman（2011）の延長線上にあり、より厳密に監査購入のシグナリング効果を分析している。彼らの分析の特徴は、サンプルの選択方法により、財務諸表の信頼性を高めるという保証の効果を取り除いている点である。すなわち、彼らの分析モデルでは、イギリスの2004年における制度改変で監査が法定から任意にな

った企業群のうち、監査を継続的に購入した企業が分析対象企業となっている。そして、それに対応させる企業として、①非公開企業であるが2004年の前後で監査が強制である規模の企業群（相対的に規模の大きな企業）、及び②2004年の前後において、任意で監査の購入を継続している企業群（相対的に規模の小さな企業）が選択されている。これにより、全ての分析対象企業が、法定あるいは任意で監査を購入しているという同じ条件のもとでの分析が可能となる。分析により、彼らは、分析対象企業について、社債、投資が増加し、業績が改善していることを明らかにした。Kausar et al. (2016) の結果は、任意になっても、（多大なコストのかかる）監査購入を継続するという意思決定が、当該企業の将来業績が良好であることのシグナルとして機能することを示唆している。

第5節　結論と展望

本章での考察により、監査人によって提供される監査については、欧米企業を中心に、その経済的効果があることを示す証拠がある程度蓄積されていることがわかった。法令等によって強制的に求められるものでなくとも、監査には経済的価値がある。ただし、経済的効果（便益）を享受するために、企業は監査にかかる費用を負担する必要があるため、それらの比較考量のもとで、実際に監査を購入するか否かが決定される。監査が法定でないような非公開企業について、そのすべてが、自主的に監査を購入するわけではないのは、このような経済合理性によるものであると考えられる。

しかし、監査ほどに高い水準の保証を提供するものではないが、財務情報の信頼性あるいは洗練度合いを向上させるようなもの、例えばレビューや財務諸表の調製を会計士が行う場合に、（監査ほどではないにしても）経済的効果があるかという仮説については、先行研究の結果は必ずしも確証的ではない。先行研究の蓄積が浅いことがその原因の1つかもしれないが、今後も分析されるべき興味深い研究課題である。また、監査が法定から任意になることで、監査を購入するか否かが企業のタイプのシグナリングとして機能するという研究結果も、監査制度の構築に対して示唆に富んでいると思われる。

最後に、本章で概観した分野において、日本企業に関する研究の蓄積が極めて浅

いことを指摘したい。この種の分析は、非公開企業を分析対象とするため、データの制約が大きいという問題はあるものの、銀行を中心とする間接金融の市場が相対的に大きな日本市場において、非公開企業の財務情報に対して付与される監査にどのような経済的効果があるのかを分析することは重要であろう。欧米国とは市場構造の異なる日本において監査に経済的価値があるか否かの分析は、国内的な議論としてだけではなく、国際レベルの学術研究としての重要性も有していると考えられるからである。

付記　本章はJSPS科研費25780282、17H04783の助成を受けたものです。

【参考文献】

須田一幸（2000）『財務会計の機能-理論と実証-』白桃書房。
Abdel-Khalik, A. R. (1993), "Why do Private Companies Demand Auditing? A Case for Organizational Loss of Control," *Journal of Accounting, Auditing, and Finance*, vol. 8, no. 1 (January), pp. 31-52.
Allee, K. D. and T. L. Yohn (2009), "The Demand for Financial Statements in an Unregulated Environment: An Examination of the Production and Use of Financial Statements by Privately Held Small Businesses," *The Accounting Review*, vol. 84, no. 1 (January), pp. 1-25.
Barefield, R. M., J. J. Gaver, and T. B. O'Keefe (1993), "Additional Evidence on the Economics of Attest: Extending Results from the Audit Market to the Market for Compilations and Reviews," *Auditing: A Journal of Practice & Theory*, vol.12, no. 1 (Spring), pp. 74-87.
Barton, J. and G. Waymire (2004), "Investor Protection Unregulated Financial Reporting," *Journal of Accounting and Economics*, vol. 38 (December), pp. 65-116.
Baylis, R. M., P. Burnap, M. A. Clatworthy, M. A. Gad, and C. K. M. Pong (2017), "Private Lenders' Demand for Audit," *Journal of Accounting and Economics*, Vol. 64, no. 1 (August), pp. 78-97.
Berger, A. N. and G. F. Udell (2006), "A more Complete Conceptual Framework for SME Finance," *Journal of Banking and Finance*, vol. 30, no. 11 (November), pp. 2945-2966.
Blackwell, D. W., T. R. Noland, and D. B. Winters (1998), "The Value of Auditor Assurance: Evidence from Loan Pricing," *Journal of Accounting Research*, vol. 36, no. 1 (Spring), pp. 57-70.
Carey, P., R. Simnett, and G. Tanewski (2000), "Voluntary Demand for Internal and External Auditing by Family Businesses," *Auditing: A Journal of Practice & Theory*, vol. 19 (Supplement), pp. 37-51.

Chow, C. W. (1982), "The Demand for External Auditing: Size, Debt and Ownership Influences," *The Accounting Review*, vol. 57, no. 2 (April), pp. 272-291.

Clatworthy, M. A. and M. J. Peel. (2013), "The Impact of Voluntary Audit and Governance Characteristics on Accounting Errors in Private Companies," *Journal of Accounting and Public Policy*, vol. 32, no. 3 (May/June), pp. 1-25.

Collis, J. (2012), "Determinants of Voluntary Audit and Voluntary Full Accounts in Micro- and Non-Micro Small Companies in the UK," *Accounting and Business Research*, vol. 42, no. 4, pp. 441-468.

Collis, J., R. Jarvis, and L. Skerratt (2004), "The Demand for the Audit in Small Companies in the UK," *Accounting and Business Research*, vol. 34, no. 2, pp. 87-100.

Dedman, E. and A. Kausar (2012), "The Impact of Voluntary Audit on Credit Ratings: Evidence from UK private firms," *Accounting and Business Research*, vol. 42, no. 4, pp. 397-418.

Dedman, E., A. Kausar, and C. Lennox (2014), "The Demand for Audit in Private Firms: Recent Large-Sample Evidence from the UK," *European Accounting Review*, vol. 23, no. 1, pp. 1-23.

Ettredge, M., D. Simon, D. Smith, and M. Stone (1994), "Why do Companies Purchase Timely Quarterly Reviews?" *Journal of Accounting and Economics*, vol. 18, no. 2 (September), pp. 131-155.

Francis, J. R., I. K. Khurana, X. Martin, and R. Pereira (2011), "The Relative Importance of Firm Incentives versus Country Factors in the Demand for Assurance Services by Private Entities," *Contemporary Accounting Research*, vol. 28, no. 2 (January), pp. 487-516.

Jensen, M. C. and W. H. Meckling (1976), "Theory of the Firm: Managerial Behavior, Agency Costs and Ownership Structure," *Journal of Financial Economics*, vol. 3, no. 4 (October), pp. 305-360.

Kano, M., H. Uchida, G. F. Udell, and W. Watanabe (2011), "Information Verifiability, Bank Organization, Bank Competition and Bank-Borrower Relationship," *Journal of Banking and Finance*, vol. 35, no. 4, pp. 935-954.

Kausar, A., N. Shroff, and H. White (2016), "Real Effects of the Audit Choice," *Journal of Accounting and Economics*, vol. 62, no. 1 (August), pp. 157-181.

Kim, J.-B., D. A. Simunic, M. T. Stein, and C. H. Yi (2011), "Voluntary Audits and the Cost of Debt Capital for Privately Held Firms: Korean Evidence," *Contemporary Accounting Research* vol. 28, no. 2 (January), pp. 585-615.

Lennox, C. S. and J. A. Pittman (2011), "Voluntary Audits versus Mandatory Audits," *The Accounting Review*, vol. 86, no. 5, pp. 1655-1678.

Lisowsky, P., M. Minnis, and A. Sutherland (2017), "Economics Growth and Financial Statement Verification," *Journal of Accounting Research*, vol. 55, no. 4 (September), pp.

745-794.

Menon, K. and D. D. Williams (2016), "Audit Report Restrictions in Debt Covenants," *Contemporary Accounting Research*, vol. 33, no.2 (Summer), pp. 682-717.

Minnis, M. (2011), "The Value of Financial Statement Verification in Debt Financing: Evidence from Private U.S. Firms," *Journal of Accounting Research*, vol. 49, no. 2 (May), pp. 457-506.

Niemi, L., J. Kinnunen, H. Ojala, and P. Troberg (2012), "Drivers of Voluntary Audit in Finland: To be or not to be Audited?" *Accounting and Business Research*, vol. 42, no. 2, pp. 169-196.

Ojala, H., J. Collis, J. Kinnunen, L. Niemi, and P. Troberg (2016), "The Demand for Voluntary Audit in Micro-Companies: Evidence from Finland," *International Journal of Auditing*, vol. 20, no. 3 (November), pp. 267-277.

Rennie, M., D. Senkow, R. Rennie, and J. Wong. (2003), "Deregulation of the Private Corporation Audit in Canada: Justification, Lobbying, and Outcomes," *Research in Accounting Regulation*, vol. 16, pp. 227-241.

Senkow, D. W., M. D. Rennie, R. D. Rennie, and J. W. Wong (2001), "The Audit Retention Decision in the Face of Deregulation: Evidence from Large Private Canadian Corporations," *Auditing: A Journal of Practice & Theory*, vol. 20, no. 2 (September), pp. 101-113.

Seow, J.-L. (2001), "The Demand for the UK Small Company Audit – An Agency Perspective," *International Small Business Journal*, vol. 19, no. 2 (January), pp. 61-79.

Vanstraelen, A. and C. Schelleman (2017), "Auditing Private Companies: What do we Know?" *Accounting and Business Research*, vol. 47, no. 5, pp. 565-584.

Wallace, W. A. (1985) *Auditing Monographs*, MacMillan Publishing Company（千代田邦夫・盛田良久・百合野正博・朴大栄・伊豫田隆俊訳（1990）『ウォーレスの監査論-自由市場と規制市場における監査の経済的役割-』同文舘出版）。

Watts, R. L. and J. L. Zimmerman (1983), "Agency Problems, Auditing, and the Theory of the Firm: Some Evidence," *Journal of Law and Economics*, vol. 26, no. 3 (October), pp. 613-633.

Watts and Zimmerman (1986), *Positive Accounting Theory*, Prentice Hall（須田一幸訳（1991）『実証理論としての会計学』白桃書房）。

（髙田知実）

第2章 レビュー業務の経済的効果に関する実証分析

第1節　研究の趣旨及び経緯説明

　本章では、わが国における金商法に基づく四半期レビュー制度を分析対象として取り上げている。本節では、本書全体における本研究の位置付けを示すとともに、その意義を説明する。

　本書全体における研究目的は、2014年改訂監査基準において導入された複数の監査意見表明の枠組みについて監査理論及び監査実務の観点に基づき検討を行うとともに、当該改訂によって企業等が開示する情報にどのような拡張可能性が生じ得るのかについて議論を深め、そして、今後のわが国におけるあるべき信頼性の高い情報開示制度の枠組みを明らかにすることである。当該研究目的に従い、前章までの多面的な分析により、監査対象である開示情報の拡張可能性、ひいては今後のわが国における情報開示制度の枠組みについて有益な議論を行うための基礎が提供されることとなった。すなわち、わが国においてどのような情報に対して監査・証明業務が求められているのか、そして、現行の諸制度に基づいた場合、こうした需要に対してどのような対応が可能であるのかという論点を明らかにしてきた。

　これらの議論を発展させるため、本章では特定の監査・証明業務に関する経済的価値の分析を行う。前章における議論で明らかにされているように、市場において監査・証明業務が拡大する可能性があったとしても、実際にそのような業務が受け入れられるか否かは、その経済的価値の有無に依存すると考えられるからである。

　特定の監査・証明業務に関する経済的価値を分析するためには、それに関わるコストとベネフィットの両面を検証する必要があるため、本章ではその両方を分析対象とする。ただし、社会全体におけるコストとベネフィットを測定するのは困難であるため、主として株主の立場から、特定の監査・証明業務にかかわるコストとベネフィットを検証する。

以上の経緯を踏まえ、次に、四半期財務諸表に対する法定レビュー業務を分析対象とすることの意義を説明する。

第1項　本研究の目的

本研究の目的は、わが国における金商法に基づく公認会計士による四半期レビュー業務のもたらす経済的効果（ベネフィット／コスト）を明らかにすることである。これまで公認会計士による（四半期財務報告に対する）レビュー業務の経済的効果を検証した研究は主にカナダ企業を対象にしたBoritz and Liu（2006）、Bandyopadhyay and Boritz（2014）、Bédard and Courteau（2015）やドイツ企業を対象にしたHoehn（2013）及びKajüter et al.（2016）等が存在し[1]、研究成果の蓄積が徐々に進みつつあるが、現在のところ特定の国々を対象としたものに限られている。

先行研究における分析対象国が偏っている理由としては、そもそもアメリカ及びわが国のように、四半期報告書の開示及び当該開示情報に対する公認会計士等によるレビューが義務付けられている国が少数であり、国際的には同様の制度設計になっている国がほとんど存在しない点が挙げられる[2]。また、先行研究では、カナダ及びドイツといった四半期財務報告に対するレビューが任意である国々を分析対象として、レビュー業務を受けた企業の企業特性の解明や、レビュー業務がもたらす経済的効果（ベネフィット／コスト）等の検証が行われている。

他方、わが国では、1999年11月に開設された東京証券取引所マザーズ市場における上場規程により四半期財務報告制度の導入及び当該開示情報に対する公認会計士

---

[1] 他にも公認会計士によるレビュー業務の効果を分析対象として取り上げた研究として、アメリカ企業を対象に分析を行ったEttredge et al.（1994、2000a, b）、Manry et al.（2003）およびKrishnan and Zhang（2005）等がある。しかしながら、アメリカを対象にした先行研究は過去に同国で実施されていた独自の制度を分析対象としており、わが国の現行制度に対するインプリケーションを検討する際には注意が必要である。

[2] 現在、わが国及びアメリカにおいては主に上場企業に対して四半期報告書のレビューが義務付けられているが、他の諸外国、例えば、イギリス、ドイツ、フランス等のEU各国においては、そもそも四半期情報の作成・開示自体が義務付けられておらず、同様に四半期財務諸表のレビューも義務付けられていない（経済産業政策局企業会計室2014、4-12頁）。ただし、フランスにおいては半期報告書に対してはレビューが要求されている（経済産業省・企業開示制度の国際動向等に関する研究会事務局2014、参考資料2）。

等による意見表明業務が義務付けられた後、2006年に成立した金商法において四半期財務報告制度及び四半期レビュー制度が法定され、2008年4月1日以降に開始する事業年度より適用されている。つまり、わが国では、マザーズ上場企業は他の上場企業に先行して四半期財務報告及び意見表明業務（レビュー業務に類似）が義務付けられているのに対して、その他の企業は金商法の施行前後で四半期財務報告と四半期レビューの実務が異なるのである。この相違点を利用し、本研究では、四半期報告書に対するレビュー業務のもたらす経済的効果（ベネフィット／コスト）について、因果関係を明確にした形で分析する。もし、金商法の施行前後で、マザーズ上場企業とその他の企業との間に財務報告に関わる変化が析出されれば、その原因を四半期レビュー実務の違いに求めることができるからである。

　本セッティングは、比較的近年において導入・改正された国際的にもユニークな制度を分析対象としており、実際に証券取引所の上場規則及び法定されている現行制度を利用している。したがって、現在多くの国々において継続的に行われている、（半期報告書を含む）四半期報告書に対するレビュー業務の義務付けに関する議論[3]に資するより直接的な証拠を提示することが可能である。

第2節　四半期報告書に対する意見表明業務及び四半期レビュー制度

　本節では、本研究の分析対象である公認会計士による四半期報告書に対するレビュー業務に関連するわが国における制度背景を説明する。現在わが国においては、金商法による上場企業等に対する四半期報告制度及び四半期報告書の提出が義務付けられると同時に、当該報告書の信頼性を保証する監査証明（レビュー業務）が要求されている。

　本研究における分析を実施する上で、金商法施行以前にマザーズ上場企業に対して適用されていた公認会計士による意見表明業務と、現行の法定レビュー業務との異同を確認しておかなければならない。すなわち、マザーズ上場企業はレビュー業務の法定化以前にすでに公認会計士による監査証明を受けていたため、他の企業と比較して同業務の法定化による影響が少なかったことが予想される。したがって、

3　例えば、Crawford Committee（2003）、Boritz（2007）及びWiedman（2007）を参照されたい。

当該予想を前提とすれば、金商法施行以前にレビュー業務を受けていなかった企業とマザーズ上場企業を比較することで、同法施行後にレビュー業務を受けるようになったことによる経済的効果を捉えることが可能である。そこで、以下ではマザーズ上場企業に対して実施されていた公認会計士による意見表明業務について確認するとともに、金商法施行後に実施されているレビュー業務についても併せて確認する。

第1項　マザーズ上場企業の四半期財務諸表に対する意見表明業務

まず、わが国において四半期報告制度及び当該開示情報に対する信頼性を確保するための制度が導入されてきた背景について確認する。わが国では、東京証券取引所（以下、東証）により1999年11月に新興企業向け市場であるマザーズを開設するに当たって、第1・第3四半期における業績の概況の開示が求められたこと[4]が四半期財務報告制度導入の端緒となっている。その後、他の新興企業向け市場においても部分的に四半期財務諸表の開示が求められていくことになる。また、証券市場のグローバル化に伴い、アメリカのディスクロージャー制度を範として、当時のEU各国において開設されていた新興企業向け市場等及びアジア諸国の市場においても[5]、四半期財務報告制度の導入が進められていた。このような国際動向を踏まえ、わが国資本市場における競争力維持の観点から、政府から金融庁に対して、東証等の自主規制機関に四半期財務報告制度の充実化を進めるための具体的な行動計画の策定が要請されることとなった[6]。そして、当該要請に対応するため、東証は四半期財務報告制度の定着を進め、2007年4月から上場企業に対して第1・第3四半期について四半期財務諸表の開示を求めることとなった。なお、［図表2-1］において、四半期財務報告制度及び法定レビュー業務（意見表明業務を含む）導入に至る経緯を時系列にまとめているので参照されたい。

---

[4] 上場有価証券の発行者の会社情報の適時開示等に関する規則第2条第5項。
[5] 当時の四半期財務報告制度導入をめぐる国際動向については平松（2002）を参照されたい。
[6] 詳細については、内閣府・経済財政諮問会議（2002）を参照されたい。

[図表2-1] 四半期財務報告制度及び四半期レビュー業務導入に至る経緯

年　月	内　　容
1999年11月	・東証により新興企業向けマザーズ市場の開設に際して、第1四半期及び第3四半期における業績の概況の開示が求められる ・四半期財務諸表について公認会計士等による意見表明手続の実施が求められる ・「四半期財務諸表に対する意見表明に係る基準」を公表
2000年1月	日本公認会計士協会が監査委員会研究報告第9号「東京証券取引所のマザーズ上場企業の四半期財務諸表に対する意見表明業務について（中間報告）」を公表
2002年6月	閣議決定により、「経済財政運営と構造改革に関する基本方針2002」の「経済活性化戦略」において、金融庁から証券取引所等に対して四半期財務情報開示に向けた取組みの強化を要請するよう求められる
2003年2月	東証が、適時開示規則に基づき「四半期業績の概況（売上高等）」の開示を義務化
2004年3月	東証が適時開示規則を改正し、「四半期業績の概況」の開示に代えて、2005年3月期決算に係る第1四半期から「四半期財務・業績の概況」の開示を義務化
2006年6月	金商法の成立により、上場会社等に対して2008年4月1日以降に開始する事業年度より、四半期報告書の提出が義務化される
2007年3月	・企業会計基準委員会が企業会計基準第12号「四半期財務諸表に関する会計基準」及び企業会計基準適用指針第14号「四半期財務諸表に関する会計基準の適用指針」を公表 ・企業会計審議会が「四半期レビュー基準の設定に関する意見書」を確定・公表
2007年10月	日本公認会計士協会が監査・保証実務委員会報告第83号「四半期レビューに関する実務指針」を公表

　このように、1999年11月に開設された東証マザーズ市場において、当該市場の上場企業に対して四半期財務諸表の提出が求められるとともに、当該財務情報の信頼性を確保するために公認会計士等による意見表明業務を受けることが義務付けられた。こうして始まったマザーズ市場における四半期財務報告制度は、その後、企業の短期的な業績変動、開示情報に対するニーズ、そして国際比較の観点等に基づき適宜対応が行われ、四半期財務諸表の開示内容の充実化が進められていったのである（東京証券取引所　2003）。

　東証は、上場規程に基づく四半期財務諸表に対して公認会計士等による意見表明

業務を実施するために、「四半期財務諸表に対する意見表明に係る基準」を設定した。また、これに併せて、日本公認会計士協会（以下、JICPA）はISA及び米国のレビューに係る基準を参考に実務指針を作成し、監査委員会研究報告第9号「東京証券取引所のマザーズ上場企業の四半期財務諸表に対する意見表明業務について（中間報告）」を2000年1月18日に公表した[7]。

また、同研究報告において、四半期決算業務の負担及び四半期財務諸表開示の適時性の観点に基づき、四半期財務諸表の有用性を損なわない範囲において、中間作成基準（中間財務諸表作成基準又は中間連結財務諸表作成基準）に定められているよりも簡便な決算手続を採用することを許容する余地を残していることが指摘されている[8]。そして、意見表明業務の目的では、意見表明の内容が有用性に関する意見であり、その保証が限定的であることが指摘されている。したがって、意見表明業務は中間監査と同じ有用性に関する意見表明ではあるが、消極的な形式の有用性意見による限定的保証を提供するものであり、次項で説明するレビュー業務において想定されているものと同様である。

第2項　金融商品取引法に基づく四半期財務報告制度及び四半期レビュー制度

東証マザーズ市場における四半期財務報告制度及び公認会計士等による意見表明業務の整備の後、2006年に成立した金商法において、上場企業等に対する四半期財務報告制度が定められ（第24条の4の7第1項）、2008年4月1日以降に開始する事業年度より四半期報告書の提出が義務付けられると同時に、当該報告書の信頼性を保証する監査証明（レビュー業務）が要求されることとなった[9]。また、企業会計審議会は2007年に「四半期レビュー基準の設定に関する意見書」を公表し、監査人にとっての行為規範が設定されると同時に、企業会計基準委員会により企業会計基

---

[7] なお、同研究報告において説明されているように、マザーズ上場企業において求められる意見表明業務はISA等において定められている「財務諸表に対するレビュー業務」に類似する業務であるため、保証水準もレビュー業務のそれと同様であり、監査業務として実施される年度監査（中間監査）とは区別し、単独の契約として締結されることになる。

[8] 同研究報告では、四半期財務諸表が中間財務諸表の一種であるとの考えに基づき、中間作成基準（中間財務諸表作成基準又は中間連結財務諸表作成基準）を四半期財務諸表の作成基準としたことが説明されている。

[9] 当該四半期財務報告制度は、各四半期決算期から遅くとも45日以内に四半期財務諸表（連結）及び当該財務諸表に対する監査証明を要求している（第24条の4の7第1項）。

準第12号「四半期財務諸表に対する会計基準」及び同適用指針第14号「四半期財務諸表に関する会計基準の適用指針」が公表され、判断規範も併せて整備された。さらに、同年、JICPAにより監査・保証実務委員会報告第83号「四半期レビューに関する実務指針」が公表され、四半期レビューの実務体制も整備されることとなった。当該制度の整備により、半期報告制度は四半期報告制度に統合され、中間財務諸表は廃止されることとなった[10]。

監査証明業務である四半期レビューは、その目的として「経営者の作成した四半期財務諸表について、一般に公正妥当と認められる四半期財務諸表の作成基準に準拠して、企業の財政状態、経営成績及びキャッシュ・フローの状況を適正に表示していないと信じさせる事項がすべての重要な点において認められなかったかどうかに関し、監査人が自ら入手した証拠に基づいて判断した結果を結論として表明すること」と規定されており、年度監査と同様に四半期財務諸表の適正表示に関する結論の表明が求められている。しかしながら、年度監査による適正性については、積極的形式の意見表明の形態を採っているのに対して、四半期レビューでは、「適正に表示していないと信じさせる事項が認められたか否か」という消極的形式の結論表明の形態を採っており、両者が区別されている。

また、四半期レビューの結論は、四半期財務諸表に重要な虚偽の表示がある場合に、それを看過して不適切な結論を表明してしまうリスクを「適度な水準」に抑えるために必要な手続を実施した上で表明される（山浦・新井2008、212-217頁）。これは、重要な虚偽の表示がないことについての根拠を「合理的な水準」で入手するための手続に基づいた年度監査の意見とは、それぞれの結論又は意見が提供する保証水準が異なることを意味している[11]。すなわち、年度監査と四半期レビューでは、前提とされる虚偽表示を看過することが許容されるリスク水準が異なるため、年度監査が合理的保証を提供するのに対して、四半期レビューでは限定的保証を提供すると理解される（山浦・新井2008、216-217頁）。

では次に、四半期レビューの実施プロセスについて確認する。四半期レビューは

---

10 ただし、金商法第24条の4の7に定める上場会社等のうち、内閣府令で定める事業会社である銀行・保険等については、自己資本比率に関する規制の根拠情報として必要であることから、引き続き中間財務諸表の開示及び中間監査が求められることとなった。

11 財務諸表監査業務及びレビュー業務により提供される保証水準の違いについてはIAASB（2002）及び松本（2012）を参照されたい。

年度監査の一環として実施されることから、監査人が年度監査の過程で得ている重要な虚偽の表示に関わるリスク評価及び監査証拠が、四半期レビューにおいても活用されることが想定されている[12]。また、具体的な手続として、基本的には質問、分析的手続及びその他（関係書類の閲覧等）等、年度監査に比して限定的な手続が求められており（実施基準3）、特に、年度監査において実施される詳細なリスク評価、実査、立会、確認、その他の実証手続等の監査手続は求められていない（山浦・新井2008、194-196頁）。その他、四半期財務諸表利用者の判断に大きな影響を与えることが想定されることから、継続企業の前提にかんする開示についても、四半期レビューにおいて監査人が検討することが求められている（実施基準9）。

最後に、わが国における四半期レビュー制度の特徴を指摘しておきたい。すでに説明したように、わが国においては、年度監査を前提とした四半期レビューが実施されるとともに、継続企業の前提についても一定の手続が求められる等、アメリカを始めとする諸外国に比して厳格な対応が求められている（松本・町田2014、115-116頁）。また、特に、法令に基づき全ての上場企業に対して四半期レビュー報告書の提出が義務付けられているのはわが国だけであることも重要な特徴点である（松本他2011、99-101頁）。このように、他の諸外国に比して厳しい対応を求められた四半期レビュー制度導入の経済的効果（ベネフィット／コスト）を明らかにするために、次節において具体的な仮説を設定する。

第3節　先行研究と仮説の設定

本節では、前節で説明したわが国における四半期財務報告制度及び公認会計士によるレビュー業務（意見表明業務を含む）の制度背景を踏まえた上で、関連する先行研究を検討し、仮説の設定を行う。

第1項　先行研究

アメリカでは四半期財務報告制度が各国に先駆けて一早く導入されていたことか

---

[12] これは、単発の契約で実施されるレビュー業務に比して、四半期レビューで提供される保証水準のほうが相対的に高くなることを意図した制度設計になっていることを意味している（山浦・新井2008、193-194頁）。

ら、これまで四半期財務諸表を分析対象とした数多くの研究成果が蓄積されており[13]、また同時に、レビュー業務の経済的効果を分析対象として取り上げた研究もいくつか存在する[14]。特に、Securities and Exchange Commission（以下、SEC）によって2000年3月以降適時レビュー（timely review）が求められるようになるまでは、年度末までに遡及的なレビュー（retrospective review）を実施することが求められていたという制度背景があったため、制度の過渡期においてはどちらのレビューを受けるかは企業の判断に委ねられていた。そこで、アメリカ市場を対象とした先行研究は、主に遡及的なレビューと比較した場合の適時レビューの効果を分析対象として取り上げている。

例えば、Ettredge et al.（2000b）は、適時レビューを受けた企業において、四半期財務諸表における異常項目の計上、非継続事業及び資産評価額の切り下げ等の利益の修正の頻度が第4四半期よりも第1四半期から第3四半期にかけて増加する傾向にあることを発見し、適時レビューを受けた企業において、よりタイムリーに四半期利益の修正が行われることを明らかにした。また、Manry et al.（2003）は、適時レビューを受けた企業において、四半期利益と株式リターンの結びつきがより強まることを確認し、適時レビューを受けることにより四半期利益の質が高まることを報告している[15]。

他にも、カナダ企業を対象にした研究として、Boritz and Liu（2006）、

---

[13] 例えば、Givoly and Ronen（1981）、Mendenhall and Nichols（1988）、Jeter and Shivakumar（1999）、Dhaliwal et al.（2004）、Brown and Pinello（2007）、Kerstein and Rai（2007）、Ball and Shivakumar（2008）、Das et al.（2009）、Fan et al.（2010）等。

[14] アメリカでは四半期決算について「予測主義」に重きを置く会計基準となっているため、「実績主義」に基づくわが国のように四半期情報に対する厳密なレビューが求められているわけではない点に留意する必要がある。

[15] 他にも、エージェンシー・コストの高い企業が適時レビューを選択する傾向にあることを明らかにしたEttredge et al.（1994）や、適時レビューにより四半期決算発表までのタイムラグが増加する一方で、四半期決算において異常項目を計上した企業については、年次決算発表までのタイムラグが減少することを発見したEttredge et al.（2000a）がある。また、アメリカではSECに提出する（四半期）財務諸表にレビューを受けた旨を記載しない場合にはレビュー報告書を提出する必要はないというルール（Regulation S-X Rule 10-01(d)）があり、多くの企業はSECに対してレビュー報告書を提出していない。こうした実態に着目したKrishnan and Zhang（2005）は、レビュー報告書の開示の有無と（監査人にとっての）訴訟リスクとの関係を検証し、（監査人にとっての）訴訟リスクが高いほどレビュー報告書を開示しない傾向にあることを発見している。

Bandyopadhyay and Boritz（2014）、Bédard and Courteau（2015）がある。カナダにおいては、規制当局により四半期財務諸表に対してレビューを受けることが推奨されてはいるが強制されておらず、企業は自発的にレビューを受けている。また、レビューを受けていない場合は、その旨を開示しなければならない制度となっている。

当該セッティングを利用し、Boritz and Liu（2006）は、（企業規模の大きい）複雑な企業ほどレビューを受ける傾向にあり、また、監査人と企業間において情報の非対称性が大きく成長機会の高い企業ほどレビューの効果があまり期待できないため、こうした企業はレビューを受けない傾向にあることを報告している。同様に、Bandyopadhyay and Boritz（2014）は、規模が大きく、長期負債比率が高く、独立取締役の構成比率が高い企業ほど自発的にレビューを受ける傾向にあり、さらに、レビューを受けた企業ほど（四半期）異常会計発生高が小さくなる傾向にあることを発見している。また、Bédard and Courteau（2015）は、レビューによる経済的効果（ベネフィット／コスト）を検証するために、レビューを受けた企業の総監査報酬と（四半期）異常会計発生高に着目し分析を行った。彼らは、レビュー業務を受けることにより総監査報酬が18％ほど増加したと推定する一方で、（四半期）異常会計発生高に代理される四半期利益の質はレビュー業務によって改善しなかったことを報告している。

カナダと同様に四半期財務諸表に対するレビューが任意である国としてドイツがある。例えば、Hoehn（2013）は、フランクフルト証券取引所に上場している企業を対象に、レビューによる経済的効果（ベネフィット／コスト）を検証するために、Bédard and Courteau（2015）と同様にレビューを受けた企業の総監査報酬と（四半期）異常会計発生高に着目し分析を行った。そして、レビューにより総監査報酬が平均して14.5％ほど増加したと推定する一方で、（四半期）異常会計発生高を改善する傾向は確認できなかったことを報告している。他にも、フランクフルト証券取引所のプライム・スタンダード・セグメントに上場している企業を対象に、レビューを受けることにより投資家への情報内容が増加することを検証したKajüter et al.（2016）がある。彼らは、レビューを受けている企業ほど異常リターンのボラティリティ及び売買高が高いことを発見すると同時に、（四半期）異常会計発生高及び利益反応係数が改善することは確認できなかったことから、レビューにより四半

期利益の質が改善するわけではなく、投資家がレビューをシグナルとして評価しているに過ぎないと結論付けている。

　最後に、わが国企業を対象に金商法に基づく四半期レビュー制度の導入による経済的効果（主にベネフィットの側面に着目）を検証した研究を取り上げる[16]。例えば、髙田・村宮（2010）では、利益の保守性の観点から四半期レビュー導入による効果を検証している。そして、第1四半期及び第3四半期の利益は、四半期レビューの導入後に全体として保守的になる傾向があることを発見し、さらに、こうした利益の保守性の高まりは、保守主義に対する需要が高い企業ほどその傾向が顕著であることを報告している。

　他にも、加賀谷（2011）では、Das et al.（2009）において提案されている利益リバーサルに着目し、2003年度から2007年度のわが国上場企業を対象に調査を行っている。そして、第3四半期から第4四半期にかけて赤字決算から黒字決算に転換した企業は、（四半期）会計発生高により利益捻出を行うと同時に、広告宣伝費及び人件費・福利厚生費の削減によっても利益捻出を行っている傾向が確認されている。また、金商法に基づく四半期財務報告制度及び四半期レビュー制度の導入前後の期間（2004〜2007年度と2008〜2009年度）に基づき、サンプルを2つのグループに分け、両者の会計発生高を比較することで、当該制度導入後において利益調整の程度に差異があるのかを検証している。分析の結果、当該制度導入以前には、第1及び第3四半期において（四半期）会計発生高が増加し、中間監査及び年度監査の対象であった半期・本決算においては（四半期）会計発生高が縮小する傾向にあることが報告されている。さらに、金商法に基づく四半期財務報告制度・四半期レビュー制度導入後においては同様の傾向が依然として観察されるものの、利益調整の程度が縮小傾向にあることを確認している。

　以上のように、先行研究に基づく限り、レビュー業務導入による経済的効果については整合する結果が得られているわけではない。先行研究は大きく、①レビューを自発的に受ける企業の特性（決定要因）を調査するタイプと、②レビュー業務を

16　四半期レビュー制度の導入による経済的効果（ベネフィット／コスト）を分析対象としたものではないが、四半期レビュー業務の実施経験のある公認会計士を対象に、当該業務において実施する具体的な手続及び保証水準に対する認識等について実験的調査を行った研究として松本・町田（2014）がある。

受けることによる経済的効果（ベネフィット／コスト）を検証するタイプに分類することができる。本研究では、金商法に基づくレビュー業務の法定化による経済的効果（ベネフィット／コスト）を検証することが目的であることから、後者のタイプの先行研究に基づきリサーチ・デザインを構築する。また、経済的効果を推定するためには、アウトカムとしてどのような指標を設定するかが重要である。これまでの先行研究では、特に、経済的効果のベネフィットの側面に焦点を当てたものが多く、コストの側面に着目した研究は限られている。しかし、わが国では2003年4月1日以降有価証券報告書において、監査証明業務に関する報酬と非監査証明業務に関する報酬を記載することが求められており（企業内容等の開示に関する内閣府令、第二号様式、記載上の注意、52-2 a)[17]、金商法施行以前においてすでに監査報酬が開示されていたことから、レビューの法定化による経済的効果について、そのベネフィット及びコストの両面について分析することが可能である。

第2項　仮説の設定

　先行研究ではレビュー制度導入によるベネフィットとして、四半期異常会計発生高に代理される利益調整の程度を四半期利益の質の指標として取り上げることが多い[18]。そこで、本研究でも四半期レビュー導入によるベネフィットとして、四半期異常会計発生高を設定し、四半期レビューの導入によって当該指標がどのような影響を受けるのかを検証する。また、利益の質を代理する指標としては、利益反応係数や保守主義の程度を測る指標といった株価データに基づく指標も存在するが、監査の質を代理するための利益の質の指標としては、異常会計発生高が用いられることが多い。さらに、四半期財務諸表には年次財務諸表よりも見積りや予測といった経営者の判断が介在する余地が大きいため、年度監査と併せて四半期レビューを受けることで経営者の意図によらない測定誤差を減少させることができる[19]。

　異常会計発生高が監査の質の代理変数になり得るのは、会計年度全体にわたって監査人が財務報告プロセスに介入するため、経営者による利益調整を抑止すること

---

[17] 現在は、「企業内容等の開示に関する内閣府令、第二号様式、記載上の注意、(58)」に基づき有価証券報告書等において監査報酬の内容等について記載することが求められている。

[18] 例えば、Hoehn（2013）、Bandyopadhyay and Boritz（2014）、Bédard and Courteau（2015）、Kajüter et al.（2016）等。

[19] Kajüter et al.（2016、pp. 29-30）

ができると想定するためである。例えば、Mendenhall and Nichols（1988）は、四半期財務報告プロセスにおいて外部監査人の関与がない場合、経営者の裁量の余地が大きくなることを指摘している。また、彼らは、年度末よりもそれ以外の四半期決算において開示されるバッド・ニュースに対して市場が強く反応することを明らかにしており、四半期利益を調整するインセンティブがあることを示唆する結果を提示している。他にも、Mergenthaler et al.（2012）は、四半期ベースのアナリスト予想利益を達成できなかった場合に、取締役会から経営者に対してペナルティが課される可能性があるため、四半期利益を調整するインセンティブがあることを報告している。これ以外にも、Givoly and Ronen（1981）、Jeter and Shivakumar（1999）、Dhaliwal et al.（2004）、Brown and Pinello（2007）、Kerstein and Rai（2007）、Das et al.（2009）、Fan et al.（2010）、Fujiyama et al.（2014）等、四半期利益の調整を検証した研究が数多く存在する。

　ただし、髙田・村宮（2010）及び加賀谷（2011）において指摘されているように、わが国においては、年度監査とともに四半期財務報告制度移行以前においては中間財務諸表に対する中間監査が実施されていたため、第2四半期及び第4四半期において四半期レビュー導入による経済的効果を測定するのは困難であると予想される。そこで、第1四半期及び第3四半期に注目し、レビュー業務の法定化によって、当該期間における四半期利益の調整が抑止されるか否かを検証するために次の仮説を設定する。

仮説1：第1四半期及び第3四半期における四半期異常会計発生高は四半期レビュー制度の導入後に減少する。

　次に、四半期レビュー制度導入によるコストの側面について検証するための仮説を設定する。Hoehn（2013）及びBédard and Courteau（2015）においても検証されているように、四半期レビューの経済的効果を包括的に分析するためには、そのベネフィットだけでなく、コストについても分析することが有用であると思われる。コストという側面では監査人に支払う報酬が該当するが、それには、年度の監査報酬を年度監査業務及び四半期レビュー業務に要するコストに分けて測定する必要が

ある[20]。しかし、わが国では有価証券報告書において監査証明業務及び非監査証明業務に関する報酬は開示されているが、四半期レビュー業務に対する報酬が個別に開示されているわけではない。そのため、四半期レビュー制度導入により当該業務に要する追加的なコストが年度の監査報酬に反映されていると想定し、次の仮説を設定する。

仮説２：年度の監査報酬は四半期レビュー制度の導入後に増加する。

次に、以上の２つの仮説を検証するためのリサーチ・デザインを説明する。

第４節　リサーチ・デザインとサンプルの抽出方法

前節までに説明した公認会計士によるレビュー業務についての制度背景及び先行研究に基づき設定された仮説を検証するために、本節では具体的なリサーチ・デザインを提示する。まず、第１項において、Difference In Difference[21]（以下、DID）の手法を用いた線形回帰モデルを設定する。続いて第２項において、DIDの手法を利用した分析の精度を向上させるために、傾向スコアを用いたマッチング（Propensity Score Matching：以下、PSM）の手法について説明する[22]。続く第３項では、サンプルと分析期間を説明する。

第１項　分析モデル

前節で設定した仮説を検証するため、本項では分析モデルを設定する。本研究の

20　金商法に基づく法定の監査証明業務である年度監査及び四半期レビューは、年度監査の一環として実施されるため、一般的には年度監査と四半期レビューを併せた１つの監査契約を作成することになる。監査及び四半期レビュー契約書の作成例については、JICPAにより協会会員向けの実務指針として公表されている法規委員会研究報告第16号を参照されたい。

21　Difference-In-Difference（DID）についてはCameron and Trivedi（2005）等、計量経済学のテキストを参照されたい。また、当該手法を用いた具体的な適用例が星野（2009）及び山口（2016）において解説されているので、こちらも併せて参照されたい。

22　傾向スコアを用いたマッチング（Propensity Score Matching）及びその具体的な適用例については宮川（2004）・星野（2009、2016）・岩崎（2015）を参照されたい。また、同手法の会計研究への応用について論じたものとしてShipman et al.（2017）がある。

仮説では、レビュー業務とアウトカム指標の因果関係を問題にしているため、因果関係の特定に優位性があるといわれるDIDの手法を用いることにする。分析に用いるサンプルは２通り特定し、第１のサンプルは入手可能な全ての企業であり、第２のサンプルはトリートメント・グループであるマザーズ上場企業と、PSMの手法を用いて特定した（マザーズ上場企業に対応する）コントロール企業のみを分析対象とするものである。PSMの詳細は次項で説明するが、この方法は、両グループの属性の差異を調整し、レビュー業務の法定化による効果をより正確に検出することができるというメリットがある。

$$Conseq = \beta_0 + \beta_1 \, MOTHERS + \beta_2 \, REVIEW + \beta_3 \, MOTHERS * REVIEW \\ + \sum \gamma_n Controls + \sum \gamma_k IDummy_k + \sum \delta_l YDummy_l + \varepsilon \quad (1)$$

従属変数である $Conseq$ は、公認会計士によるレビューの導入による帰結を示す変数であり、異常会計発生高[23]（ベネフィット）と監査報酬（コスト）を用いる。異常会計発生高には、営業会計発生高をベースとして推定された値を用いる。これは四半期という短期での利益調整行動は、営業活動に関わる範囲（短期的な項目）で行われる可能性が高いという予測に基づくものである[24]。営業会計発生高の推定には、四半期データを用いた営業会計発生高の推定方法について議論しているCollins et al.（2017）を参照し、キャッシュ・フロー計算書から必要なデータを抽

---

[23] 本研究では、アウトカム変数の１つとして符号付きの異常会計発生高を用いている。これは、監査実務において問題視されるのは特に利益を増加させる裁量的会計行動であることから、監査が利益調整へ及ぼす効果を分析する場合は、利益を減少させる方向へ機能しているかどうかを議論する場合が少なくないためである（例えば、Lennox et al., 2016；Coulton et al., 2017）。なお、比較のため、先行研究においてより多く用いられている異常会計発生高の絶対値を用いた分析も行った。この点については、脚注31で詳しく説明する。

[24] 頑健性を確認するため、総会計発生高（＝当期純利益－営業キャッシュ・フロー）をベースに、修正ジョーンズモデルを利用して推定した異常会計発生高を用いた分析も行ったが、一部の推定で推定値の統計的有意性が低下するものの、全体として営業会計発生高をベースとした場合と整合する結果であった。

出するというアプローチを採っている[25]。また、異常会計発生高の推定についても、Collins et al. (2017) を参照し、前年同四半期の営業会計発生高を含めた以下の(2)式を設定した[26]。

$$OPACC = \beta_0 + \beta_1(\Delta Sales \text{-} \Delta AR) + \beta_2\, OPACC_{t-4} + \varepsilon \tag{2}$$

(2)式における従属変数は営業会計発生高（$OPACC$）であり、独立変数は①売上高（$Sales$）から売上債権（AR）のそれぞれ変化額の差をとったものと、②前年同四半期の営業会計発生高の2つである。全ての変数は、定数項を除き、期首の総資産で除した値を用いている。期間に関する添字のない変数は、全てt四半期のデータである。このモデルを、年×四半期ごと、業種別（東証分類）に推定する。なお、推定値の安定性のため、用いるサンプル数が10に満たない業種・年・四半期である場合は、推定を行っていないため、それらの企業はサンプルから除外されることになる。四半期レベルで異常会計発生高を推定する方法としては、累計前の数値を用いて各四半期の影響ダミーなどを設定し、年ごとにプールすることが多い。しかし、わが国の開示制度のもとでは、四半期財務諸表の数値は累計して開示されるものであるため、例えば企業にとって達成すべきベンチマークがある場合には、累積数値が利益調整の対象となると考えられる。そのため、ここでは(2)式の推定には累計額を用い、年・四半期ごとに異常会計発生高を推定することにした。

続いて、(1)式における独立変数をみていく。まず、検証変数である$MOTHERS$はマザーズ上場企業であれば1とするダミー変数、$REVIEW$は2009年3月以降の決

---

[25] 具体的には、キャッシュ・フロー計算書における次の項目を足し合わせて額を利用している。すなわち、①売上債権の減少額、②棚卸資産の減少額、③仕入債務の増加額、④未払消費税等の増加額、⑤割引手形の増加額、⑥その他流動資産の減少額、⑦その他流動負債の増加額の7項目である。これらの数値の合計額は、当期純利益から営業活動によるキャッシュ・フローを導出する過程で加減算されるものであるため、営業会計発生高は、当該合計額にマイナス1を乗じたものとして定義する。

[26] (2)式は、Collins et al. (2017) において有効性が高いとされたモデルとは異なっている。その理由は、Collins et al. (2017) では第1四半期から第4四半期までのデータをプールして年ごとの推定が行われているのに対し、ここでは、（年ごとかつ）四半期ごとに異常発生高を推定していることによる。Collins et al. (2017) においてモデルの識別力が高かった方法は、業績や成長性をコントロールすることであるが、その方法に基づいて説明変数を増やすことで、ここのモデルでは自由度が減少してしまう。そのため、変数の追加は前年同四半期の営業会計発生高のみとした。

算期の場合に1をとるダミー変数である。本来、ここで検証対象としているのは、金商法以前から(a)レビュー業務を受けていた企業と、(b)それ以外の企業の対比であるが、表記の便宜上、ここでは(a)をマザーズ上場企業、(b)をその他の企業と称すことにする。

　本研究における分析手法であるDIDの手法において、主たる検証の対象はβ_3である。この推定値の意味は、「金商法以前は公認会計士によるレビュー業務が求められていなかったコントロール企業における金商法前後の$Conseq$へ及ぼす影響（①）の増分」を所与とした場合の、「マザーズ上場企業における金商法前後の$Conseq$へ及ぼす影響（②）の増分」を捉えることになる。このモデル設定により、マザーズ上場企業とコントロール企業の間で共通で、年ごとに異なる（内部統制報告制度等を含む）影響をコントロールした上で、マザーズ上場企業とコントロール企業で2009年3月決算前後において条件が異なる要因（本研究ではレビュー業務の有無を想定している）の効果を分析することが可能となる。(1)式のようにモデルを特定した場合、仮説のもとでは②の効果がない（あるいは限定的である）ことを想定しているため、①が変動するのに対して②が一定であれば、β_3がその影響度合いの違いを捉えることになる。また、レビュー業務の効果という意味では、金商法施行以前にレビュー（に等しい）業務が提供されていたマザーズ上場企業と、金商法施行以後におけるマザーズ以外の企業については、β_1とβ_2で確認できるはずである。しかし、検証変数について期待される結果は、従属変数として用いる変数、並びに分析対象とする四半期によって異なる。ここでは、複雑な説明を避けるため、期待される係数の符号については、［図表2-2］で各変数の定義と併せて提示した。

[図表2-2] 変数の定義と期待される符号

Panel A：変数の定義

従属変数
ABACC　　　異常会計発生高
AFEE　　　　監査証明業務に関する報酬の自然対数

検証変数
MOTHERS　　マザーズ企業を1とするダミー変数
REVIEW　　　2009年3月以降が決算月である企業に対するダミー変数

コントロール変数
AC　　　　　当期に監査事務所の変更があった場合に1とするダミー変数
BIG　　　　　大手監査事務所ダミー（中央青山（みすず）・あらたを含む）
BUSSEG　　　事業セグメント数の平方根*
CHAO　　　　前年度に中央青山（みすず）のクライアントであった場合に1とするダミー変数
FS　　　　　海外売上高の自然対数
GC　　　　　継続企業の前提に関する追記がある場合に1とするダミー変数
GEOSEG　　　土地セグメント数の平方根*
GROW　　　　当四半期の売上高/前年同四半期の売上高
INVREC　　　（棚卸資産＋売上債権）/総資産
JOINT　　　　担当監査事務所が2つ以上の場合に1とするダミー変数
LEV　　　　　総負債/総資産
LOSS　　　　損失の場合に1とするダミー変数
NEWFIN　　　資金調達（株主又は社債の発行）を行った場合に1とするダミー変数
ROA　　　　　当期純利益/総資産
SIZE　　　　　総資産の自然対数

Panel B：期待される符号

	MOTHERS	REVIEW	MOTHERS ＊ REVIEW
異常会計発生高(Q1)	−	−	＋
異常会計発生高(Q2)	？	？	？
異常会計発生高(Q3)	−	−	＋
異常会計発生高(Q4)	？	？	？
監査報酬	＋	＋	−

注）＊：セグメント情報については、データベースにセグメント数の情報が収録されていなかった場合は、一律にセグメント数を1として算定している。

コントロール変数は、*Conseq*として何を選択するかによって異なるが、先行研究に基づいて選択している[27]。まず、異常会計発生高を従属変数として用いた場合のコントロール変数は、総資産の自然対数（*SIZE*）、大手監査事務所ダミー[28]（*BIG*）、総資産当期純利益率（*ROA*）、損失ダミー（*LOSS*）、総資産に対する負債の割合（*LEV*）、売上高成長率（*GROW*）である。一方、監査報酬の分析では、*SIZE*、総資産に対する棚卸資産と売上債権合計の比率（*INVREC*）、資金調達ダミー（*NEWFIN*）、事業セグメント数の平方根（*BUSSEG*）、土地セグメント数の平方根（*GEOSEG*）、*BIG*、*ROA*、継続企業の前提に関する追記ダミー（*GC*）、*LOSS*、*LEV*、*GROW*、海外売上高の自然対数（*FS*）を用いている。

　当時の市場状況を踏まえ、レビュー以外の監査上の対応における変更が及ぼす影響をコントロールするため、*Conseq*としていずれの変数を用いた場合でも、以下のコントロール変数を追加した推定も行う。まず、分析期間には、中央青山（みすず）監査法人の業務停止から解散に至るまでの期間が含まれている。この影響をコントロールするため、2007年3月から2009年2月の間に監査事務所を変更しているあるいは共同監査であり、かつ前年度に当該監査事務所のクライアントであった場合に1とするダミー変数（*CHAO*）を含める。また、2009年前後から、監査事務所を変更する企業が増加している。監査事務所の変更に際しては、共同監査という形態を取っている場合もあるかもしれないが、これらの場合の共同監査、及び監査事務所の変更は、中央青山（みすず）監査法人のクライアントとは状況が異なる。そのため、共同監査に関するダミー変数（*JOINT*）、共同監査になった場合も含め、前年と異なる形態で監査が実施されている（つまり監査事務所を変更している）場合に1を与えるダミー変数（*AC*）も含めることで、監査形態の変化による影響を捉えることにした。

第2項　傾向スコアを用いたマッチングのモデルと方法

　ここでは、PSMのモデルについて説明する。PSMは、Rosenbaum and Rubin（1983）によって考案された推定方法であり、財務諸表監査に関連する論点を対象とした研

---

[27]　Hay et al.（2006）、Hay（2013）及びBédard and Courteau（2015）を主に参照した。
[28]　中央青山（みすず）監査法人とあらた監査法人を、ともに大手監査事務所として取り扱っている。

究ではLawrence et al.（2011）等で利用されている手法である。この方法は、分析対象となる企業の属性をコントロールした上で、分析対象としている効果（ここではレビュー業務の効果）を検証するのに適しているといわれている（Lawrence et al. 2011、pp. 262-264）。具体的には、主たる分析モデル（ここでは(1)式）の前段階で、(3)式で示す2値変数を従属変数とするモデルを構築し、従属変数が1をとる確率（傾向スコア）を推定する。各トリートメント企業について、この傾向スコアが近似するサンプルを取得してコントロール企業とし、(1)式を推定するのがPSMの基本的なアプローチである。

PSMの適用方法には、複数の選択肢がある。これは、PSMに関して、一般に合意が得られた優れたモデルというものは存在しないことを意味し、サンプルの特徴や分析目的に照らして最適な方法を選択するより他に方法がない。そこで本研究では、トリートメント企業とコントロール企業の属性をバランスさせるというPSMの目的に照らした上で、トリートメント企業がマザーズ上場企業という安定的でない企業を対象にしていることを考慮し、第1段階での推定を年ごと（異常会計発生高の分析ではさらに四半期ごと）に繰り返してコントロール企業を選択することにした[29]。具体的には、①第1段階の推定として、マザーズ上場企業であるか否かのダミー変数を、(1)式の独立変数とマザーズ上場企業の特徴を捉えるための変数の全てに回帰するという（ロジット）モデルを設定し[30]、②コモン・サポート（common support）範囲内のデータからスコアが最も近いコントロール企業を選択し、コ

---

[29] この方法は、個別のマザーズ上場企業に対して、最も属性の近いコントロール企業をマッチングできるという利点がある一方で、金商法施行前後の期間において必ずしも同じ前提でマッチングがなされないという問題がある。つまり、金商法施行後のマッチングが、本研究で分析対象となっているレビューの効果も含めたものになってしまう可能性がある。これに対し、本研究と類似したセッティングを利用してIFRS適用による経済的帰結を分析したDeFond et al.（2015）では、マッチングを年ごとに繰り返さずに、入手可能なサンプルをプールして第1段階の推定を行っており、この方法によれば、本研究の特定方法が抱える問題はある程度軽減される可能性がある。しかし、彼らの推定方法では、金商法の施行というイベントと前後してトリートメント企業とコントロール企業のマッチングが生じてしまう可能性があるというリスクがある。本研究では、PSMの適用方法の違いが結果に及ぼす影響を考慮して、DeFond et al.（2015）に倣った方法でも分析を行ったが、分析結果の趨勢に変化がないことを確認している。詳しい結果は、次節で説明する。

[30] 追加的にコントロール変数に含める*CHAO*、*JOINT*、*AC*については第1段階の推定に含めていない。

ントロール企業の重複は認めない（without replacement）。そして、③この手続を年（及び四半期）ごとに繰り返すのである。マザーズ上場企業の特徴を捉えるための変数は、新興市場という特徴から、成長過程にあること、業績が安定していないこと、リスクの高さなどを捉えるものを検討した。そして、それぞれの要因を単独で、あるいは複合的に捉える変数として、トービンのＱ値（＝（株式時価総額＋負債合計）／総資産：TOBIN）、事業年度中の日次リターン平均値（AVRET）、及び上場からの年数の平方根（LSTM）の３つを採用した。なお、PSMの第１段階の推定に用いる全ての独立変数は、前期末の値である。

$$MOTHERS = \beta_0 + \beta_1 \, TOBIN_{t-1} + \beta_2 \, AVRET_{t-1} + \beta_3 \, LSTM_{t-1} + \sum \gamma_n \, Controls_{t-1}$$
$$+ \sum \gamma_k \, IDummy_k + \sum \delta_l \, YDummy_l + \varepsilon \qquad (3)$$

　PSMを適用するためのこの第１段階のモデルは、四半期異常会計発生高と監査報酬の分析ごとに推定する。年ごとの推定になるため、四半期異常会計発生高の分析には、四半期データが４年分あるために16回、監査報酬の分析には４年分のデータを用いて４回の推定を行うことになる。その全ての結果を提示することは冗長であるためここでは避けるが、結果としてのマッチングの効果は、［図表２-４］と［図表２-７］で示す変数の平均値の差の検定において確認できるため、そちらで議論したい。

第３項　サンプルと分析期間

　本研究では、公認会計士によるレビュー業務が法定化される（2009年３月決算の第１四半期から）前後の期間を分析対象にする必要がある。そこで、レビュー法定化前後で同程度の期間を分析対象にすることを目的とし、2009年３月決算企業をベンチマークとしてその前後２年間に年次決算のある企業を分析対象にした。具体的には、⒜2007年３月から2009年２月の間に決算期末を有する企業と、⒝2009年３月から2011年２月の間に決算期末を有する企業を⒜法定レビュー導入前と⒝導入後の企業として分け、この区分は四半期ベースの分析でも適用する。この場合、異常会計発生高をConseqとして用いる四半期ベースの分析では、最も早い時期を四半期末とする観測値が、2007年３月末を年次決算期末とする企業の2006年６月における第１四半期決算となる。サンプルの抽出では、金融業に属する企業、決算期に変更

のある企業、決算月数がそれぞれ 3 か月（第 1 四半期）、6 か月（第 2 四半期）、9 か月（第 3 四半期）、12 か月（第 4 四半期）でない企業、及び推定に必要な変数が下記のデータベースから入手可能でない企業は分析から除いている。

　データの収集には、次のデータベースを用いた。財務変数、監査関係のデータは、NEEDS Financial Quest 及び企業基本データから、(2)式で用いるトービン Q などの情報は C-ges から入手した（全て、日本経済新聞社）。そして、上場上部と業種分類データは NPM（金融データソリューションズ）から収集した。また、*Conseq* として用いる 2 つの変数についてそれぞれ分析に用いるサンプルを取得しているが、サンプル抽出の具体的なプロセスを示すため、［図表 2-3］には異常会計発生高を *Conseq* として用いた場合のサンプル抽出過程を示している。なお、［図表 2-3］における最終的なマザーズ上場企業の数と、［図表 2-5］及び［図表 2-6］におけるサンプル数が一致していないのは、PSM のプロセスにおいて、マッチングの条件を満たさない場合に分析から除外されたことによるものである。特に、マッチングを行う場合と行わない場合の両方につき、コモン・サポートの範囲内に含まれることをサンプルの条件としているため、これによってサンプル・サイズが一定数減少している。なお、異常値の処理については、(2)式を推定する段階で、連続変数である変数について、必要なデータの揃っているサンプルを全て集めて行っている。その分布の形状から、異常会計発生高（*ABACC*）、*ROA*、及び *AVRET* は上下 1 パーセンタイルで、*GROW*、*LEV*、*INVREC*、*TOBIN* については 99 パーセンタイルで値を置換するという方法をとっている。

[図表2-3]　サンプルの抽出過程

	Q1		Q2	
	全サンプル	（うちマザーズ）	全サンプル	（うちマザーズ）
FQから財務データを取得	11,968		12,094	
NPMから業種データを取得し金融業を除外	11,756		11,757	
C-gesからデータが入手可能	11,681		11,700	
注1の要件を満たすサンプル	11,532	(498)	11,554	(506)
分析に必要なデータが入手可能	5,920	(370)	8,062	(404)

	Q3		Q4	
	全サンプル	（うちマザーズ）	全サンプル	（うちマザーズ）
FQから財務データを取得	12,071		12,473	
NPMから業種データを取得し金融業を除外	11,800		12,136	
C-gesからデータが入手可能	11,767		11,839	
以下の要件を満たすサンプル	11,628	(509)	11,705	(509)
分析に必要なデータが入手可能	6,173	(406)	8,683	(416)

注1：①決算月数が四半期の月数と一致している、②データベースにおいて、監査事務所を識別可能な番号が与えられている、③監査データベースで証券コードが9999でない

第5節　分析結果

　本節では、前節において設定した(1)式に基づき、金商法に基づく公認会計士によるレビュー業務の法定化が、本研究においてアウトカム（(1)式における従属変数）として設定している四半期異常会計発生高（法定レビュー導入によるベネフィットの側面を代理）及び監査報酬（同制度導入によるコストの側面を代理）に対して具体的にどのような効果を及ぼしたのかについて明らかにする。なお、主たる分析結果は［図表2-6］及び［図表2-9］において示されている。特に、［図表2-6］及び［図表2-9］においてPSMを適用した場合（各表においてMatchedと表記）の結果を参照されたい。

第1項　四半期異常会計発生高を用いた分析

　［図表2-4］は、分析に用いた変数について、マザーズ上場企業とその他の企業の間で、平均値差の有意性検定の結果を示している。比較は四半期ごとに行っており、（コモン・サポートの範囲内で）入手可能なサンプルを全て用いた場合

(Unmatched）とPSMを適用した場合（Matched）の2通りに分けて示している。〔図表2－4〕から、単一変量でみた場合、マザーズ上場企業とその他の企業の四半期異常会計発生高には、いずれの四半期にも有意な差異が存在していないことがわかる。一方、コントロール変数については、PSMを適用しない場合には、有意な差を示す変数が多い。これは、マザーズ上場企業とその他の企業では属性がシステマティックに異なっているため、マザーズ上場という属性以外の要素が推定される結果に影響を及ぼす可能性があることを示している。これは、PSMによるマッチングの重要性を示すものと考えられる。

〔図表2－5〕は、各マザーズ上場企業とそれに対応するコントロール企業を対応のあるサンプルとして扱い、異常会計発生高が有意に異なるかを単一変量で検定した結果である。年ごとに検定を繰り返すことで、特に第1四半期と第3四半期について、金商法の前後で傾向が変化するか否かを捉えることができる。〔図表2－5〕をみると、第1四半期と第3四半期について、2007年と2008年のサンプルで、コントロール企業よりもマザーズ上場企業の方が異常会計発生高は小さくなっており、仮説1と整合的である。特に、第1四半期の2008年のサンプルを除き、これらの差は5％以上の水準で統計的に有意であり、仮説を支持している。ただし、第1四半期の2009年のサンプルでも同様の傾向が観察され、第3四半期の2010年サンプルでは、マザーズ上場企業の異常会計発生高がコントロール企業よりも正の値で有意に大きくなっており、これらの傾向は必ずしも仮説1と整合していない。第2四半期の2007年サンプルでも有意な差が観察されているため、本研究で設定した仮説が支持されるか否かは、次に示す多変量分析の結果から確認することにしたい。

〔図表2－6〕は、(1)式について、*Conseq*に四半期異常会計発生高を用いた場合の結果である。(2)式で示したように、異常会計発生高の推定は四半期ごとに行っているため、(1)式についても四半期ごとに推定している。また、この方法を採用するのはモデルの複雑化を避けるためでもある。つまり、レビューの導入による影響が四半期ごとに異なることをDIDの手法で分析する場合には、全四半期のデータを1本の回帰式で分析すると、複数の交差項が存在する複雑なモデルになってしまう。以上の条件を勘案して、〔図表2－6〕の形式で(1)式を推定した。

[図表2-4] 異常会計発生高を用いた分析における変数の平均値

		Panel A:		Q1	Panel B:		Q2
		MOTHERS	CONTROL	t-value	MOTHERS	CONTROL	t-value
ABACC	Unmatched	0.00	0.00	−0.56	0.00	0.00	−0.50
	Matched	0.00	0.00	−0.33	0.00	0.00	−0.48
SIZE	Unmatched	22.32	24.54	−25.81***	22.31	24.58	−26.88***
	Matched	22.34	22.31	0.43	22.32	22.37	−0.56
BIG	Unmatched	0.72	0.80	−3.44***	0.72	0.79	−3.27***
	Matched	0.74	0.74	0.00	0.71	0.69	0.56
ROA	Unmatched	−0.01	0.00	−9.19***	−0.01	0.01	−12.78***
	Matched	0.00	0.00	−1.72*	−0.01	0.00	−2.97***
LOSS	Unmatched	0.47	0.27	8.33***	0.47	0.23	10.58***
	Matched	0.46	0.37	2.37**	0.46	0.39	1.79*
LEV	Unmatched	0.39	0.47	−7.33***	0.40	0.49	−8.18***
	Matched	0.40	0.42	−1.19	0.40	0.44	−1.95*
GROW	Unmatched	1.10	1.00	7.70***	1.07	1.00	5.80***
	Matched	1.09	1.07	0.82	1.06	1.07	−0.29
CHAO	Unmatched	0.04	0.04	0.20	0.04	0.05	−0.35
	Matched	0.04	0.05	−0.89	0.05	0.06	−0.67
JOINT	Unmatched	0.01	0.01	−0.39	0.01	0.01	−0.63
	Matched	0.01	0.00	0.58	0.01	0.00	0.58
AC	Unmatched	0.13	0.08	3.91***	0.14	0.09	3.49***
	Matched	0.12	0.12	−0.23	0.14	0.12	0.88
		Panel C:		Q3	Panel D:		Q4
		MOTHERS	CONTROL	t-value	MOTHERS	CONTROL	t-value
ABACC	Unmatched	0.00	0.00	−0.95	0.00	0.00	−0.71
	Matched	0.00	0.00	−1.40	0.00	0.00	−0.67
SIZE	Unmatched	22.29	24.54	−26.24***	22.24	24.56	−27.19***
	Matched	22.32	22.35	−0.42	22.26	22.29	−0.37
BIG	Unmatched	0.72	0.79	−3.33***	0.71	0.79	−3.28***
	Matched	0.72	0.72	−0.17	0.71	0.74	−0.92
ROA	Unmatched	−0.03	0.01	−14.32***	−0.04	0.02	−15.33***
	Matched	−0.02	0.00	−3.02***	−0.04	−0.02	−2.10**
LOSS	Unmatched	0.46	0.22	10.10***	0.43	0.20	10.35***
	Matched	0.44	0.38	1.74*	0.42	0.33	2.38**
LEV	Unmatched	0.40	0.48	−7.29***	0.41	0.49	−6.70***
	Matched	0.40	0.42	−1.27	0.41	0.44	−1.68*
GROW	Unmatched	1.06	0.99	6.59***	1.04	0.99	5.81***
	Matched	1.06	1.06	0.07	1.04	1.04	0.33
CHAO	Unmatched	0.04	0.04	0.20	0.04	0.05	−0.63
	Matched	0.04	0.05	−0.18	0.04	0.04	−0.18
JOINT	Unmatched	0.01	0.01	−0.48	0.01	0.01	−0.54
	Matched	0.01	0.00	0.58	0.01	0.00	0.58
AC	Unmatched	0.14	0.08	4.06***	0.14	0.09	3.73***
	Matched	0.13	0.13	0.22	0.14	0.11	1.11

***：1％有意，**：5％有意，*：10％有意

[図表2-5] 各年における異常会計発生高の対応のある平均値の比較

	Panel A: Q1							
	2007		2008		2009		2010	
	ABACC	Obs.	ABACC	Obs.	ABACC	Obs.	ABACC	Obs.
MOTHERS	−0.005	62	−0.004	81	−0.003	102	0.005	110
Control	0.009	62	−0.001	81	0.000	102	−0.004	110
t-value	−2.050**		−0.443		−0.429		1.673*	
	Panel B: Q2							
	2007		2008		2009		2010	
	ABACC	Obs.	ABACC	Obs.	ABACC	Obs.	ABACC	Obs.
MOTHERS	−0.009	68	−0.002	86	−0.006	104	0.009	112
Control	0.010	68	0.000	86	−0.007	104	0.003	112
t-value	−2.476**				0.066		0.909	
	Panel C: Q3							
	2007		2008		2009		2010	
	ABACC	Obs.	ABACC	Obs.	ABACC	Obs.	ABACC	Obs.
MOTHERS	−0.009	69	−0.011	83	−0.007	99	0.015	112
Control	0.024	69	0.011	83	−0.008	99	0.000	112
t-value	−3.310***		−2.789***		0.102		1.759*	
	Panel D: Q4							
	2007		2008		2009		2010	
	ABACC	Obs.	ABACC	Obs.	ABACC	Obs.	ABACC	Obs.
MOTHERS	−0.003	64	0.000	87	−0.009	100	0.009	113
Control	0.010	64	0.003	87	−0.003	100	0.003	113
t-value	−1.52		−0.44		−0.55		0.70	

***;1％有意, **;5％有意, *;10％有意

[図表2-6] 異常会計発生高を用いた分析の推定結果

	Panel A: Q1				Panel B: Q2			
	Matched	Unmatched	Matched	Unmatched	Matched	Unmatched	Matched	Unmatched
Constant	0.078*	−0.020**	0.079*	−0.020**	0.084*	−0.029***	0.089*	−0.028***
	(1.71)	(−2.55)	(1.73)	(−2.54)	(1.71)	(−3.42)	(1.79)	(−3.37)
MOTHERS	−0.007	−0.002	−0.007	−0.002	−0.008	−0.002	−0.008	−0.002
	(−1.47)	(−0.51)	(−1.43)	(−0.50)	(−1.62)	(−0.49)	(−1.61)	(−0.49)
REVIEW	−0.005	0.002*	−0.003	0.003**	0.003	0.006***	0.005	0.006***
	(−0.86)	(1.72)	(−0.57)	(2.06)	(0.46)	(3.79)	(0.66)	(3.89)
MOTHERS *REVIEW	0.011*	0.005	0.011*	0.005	0.013*	0.007	0.013*	0.007
	(1.77)	(1.17)	(1.74)	(1.19)	(1.84)	(1.35)	(1.84)	(1.36)
SIZE	−0.004*	0.000	−0.004*	0.000	−0.005**	0.000	−0.005**	0.000
	(−1.88)	(1.03)	(−1.91)	(0.99)	(−2.16)	(0.81)	(−2.25)	(0.74)
BIG	−0.003	−0.000	−0.003	−0.001	0.003	−0.001	0.003	−0.001
	(−0.72)	(−0.39)	(−0.67)	(−0.64)	(0.71)	(−0.99)	(0.69)	(−1.21)
ROA	0.327***	0.253***	0.323***	0.250***	0.124*	0.148***	0.125*	0.147***
	(3.55)	(5.54)	(3.48)	(5.49)	(1.96)	(5.46)	(1.95)	(5.44)
LOSS	0.003	−0.000	0.003	−0.000	−0.006	−0.002	−0.006	−0.002
	(0.70)	(−0.28)	(0.67)	(−0.27)	(−0.92)	(−1.09)	(−0.90)	(−1.09)
LEV	−0.001	0.001	−0.001	0.001	−0.003	0.006**	−0.003	0.006**
	(−0.09)	(0.52)	(−0.08)	(0.52)	(−0.38)	(2.30)	(−0.36)	(2.30)
GROW	0.012**	0.009***	0.012**	0.009***	0.022***	0.016***	0.022***	0.016***
	(2.23)	(3.32)	(2.23)	(3.36)	(3.05)	(4.72)	(3.04)	(4.74)
CHAO			0.009	0.007**			0.008	0.003
			(1.14)	(2.20)			(0.86)	(0.86)
JOINT			0.013	−0.002			0.020	0.006
			(0.82)	(−0.70)			(0.90)	(1.29)
AC			−0.001	−0.003			−0.001	−0.002
			(−0.19)	(−1.23)			(−0.13)	(−0.72)
Obs.	710	4681	710	4681	740	6086	740	6086
Adj. R²	0.050	0.034	0.048	0.035	0.058	0.035	0.056	0.035

(cont.)

	Panel C: Q3				Panel D: Q4			
	Matched	Unmatched	Matched	Unmatched	Matched	Unmatched	Matched	Unmatched
Constant	0.024	−0.046***	0.024	−0.045***	−0.027	−0.073***	−0.027	−0.072***
	(0.35)	(−3.65)	(0.35)	(−3.57)	(−0.45)	(−6.78)	(−0.45)	(−6.70)
MOTHERS	−0.024***	−0.006	−0.024***	−0.006	−0.005	0.002	−0.005	0.002
	(−3.80)	(−1.27)	(−3.77)	(−1.25)	(−0.97)	(0.51)	(−0.91)	(0.54)

REVIEW	−0.010	0.006***	−0.009	0.006***	−0.002	0.012***	−0.000	0.012***
	(−1.18)	(2.83)	(−1.06)	(2.86)	(−0.28)	(7.16)	(−0.01)	(7.17)
MOTHERS *REVIEW	0.033***	0.014**	0.033***	0.014**	0.008	0.002	0.008	0.002
	(3.71)	(2.16)	(3.68)	(2.17)	(0.94)	(0.34)	(0.92)	(0.37)
SIZE	−0.001	0.001	−0.001	0.001	−0.000	0.001**	−0.000	0.001**
	(−0.38)	(1.36)	(−0.40)	(1.28)	(−0.15)	(2.24)	(−0.17)	(2.17)
BIG	−0.005	−0.002	−0.004	−0.003*	0.001	−0.001	0.001	−0.002
	(−0.83)	(−1.37)	(−0.62)	(−1.76)	(0.17)	(−0.69)	(0.12)	(−1.23)
ROA	0.104**	0.116***	0.105**	0.113***	0.067*	0.095***	0.066*	0.093***
	(2.11)	(4.24)	(2.14)	(4.15)	(1.89)	(5.38)	(1.86)	(5.30)
LOSS	0.000	−0.002	0.000	−0.002	−0.005	−0.002	−0.005	−0.002
	(0.03)	(−0.92)	(0.04)	(−0.92)	(−0.64)	(−1.02)	(−0.71)	(−1.07)
LEV	−0.013	0.000	−0.013	0.001	−0.003	0.007**	−0.003	0.008**
	(−0.97)	(0.09)	(−0.98)	(0.14)	(−0.26)	(2.31)	(−0.22)	(2.37)
GROW	0.028***	0.028***	0.028***	0.028***	0.039***	0.048***	0.039***	0.048***
	(2.77)	(4.85)	(2.70)	(4.91)	(3.38)	(8.72)	(3.38)	(8.80)
CHAO			−0.001	0.008			0.016	0.008**
			(−0.12)	(1.54)			(1.29)	(2.07)
JOINT			0.010	0.004			−0.023**	−0.001
			(0.39)	(0.92)			(−2.40)	(−0.22)
AC			0.006	−0.007*			−0.004	−0.008**
			(0.71)	(−1.68)			(−0.40)	(−2.24)
Obs.	726	4859	726	4859	728	6260	728	6260
Adj. R2	0.067	0.040	0.064	0.040	0.078	0.075	0.077	0.075

Panel E: DeFond et al. (2015) によるPSM

	Q1		Q2		Q3		Q4	
	Matched	Unmatched	Matched	Unmatched	Matched	Unmatched	Matched	Unmatched
MOTHERS	−0.001	−0.001	−0.002	−0.004	−0.014**	−0.007	−0.000	0.003
	(−0.11)	(−0.44)	(−0.40)	(−1.02)	(−2.27)	(−1.46)	(−0.04)	(0.72)
REVIEW	0.003	0.003**	0.010*	0.005***	−0.016**	0.005***	0.013**	0.012***
	(0.58)	(2.44)	(1.73)	(3.79)	(−2.02)	(2.61)	(2.05)	(7.25)
MOTHERS *REVIEW	0.005	0.005	−0.002	0.006	0.016*	0.011*	−0.002	0.001
	(0.92)	(1.10)	(−0.31)	(1.25)	(1.82)	(1.81)	(−0.29)	(0.09)

***;1％有意，**;5％有意，*;10％有意

［図表2-6］の分析結果をみると、第1四半期では、PSMを適用した場合に*MOTHERS＊REVIEW*が正で有意な値をとっており、仮説1と整合的である[31]。第3四半期については、PSMを適用しない場合でも、係数の推定値と有意水準は低下するものの正で有意な値であり、これも仮説1と整合している。また、第3四半期の結果は、*MOTHERS*が負で有意になっており、これはレビューの効果として利益調整が抑止されるという仮説に整合している。つまり、金商法施行前から公認会計士による意見表明業務（レビュー業務に類似）が求められていたために、マザーズ上場企業では特に第3四半期について利益調整が抑止されていたのである。しかし、第1・第3四半期について*REVIEW*の係数が負の値であるものの有意でないことは、コントロール企業について、レビュー業務による効果が統計的に有意には現れていないということを意味する。また、第2四半期についても、*MOTHERS＊REVIEW*がPSMの場合に正で有意となることは、仮説1とは一致していない。

　結果の頑健性を確かめるため、DeFond et al.（2015）に倣った手法でPSMを適用した場合の推定も行った[32]。その場合の結果は、検証変数についてのみ［図表2-6］の下部（Panel E）に提示している。なお、Panel Eに提示したのは、監査人の変更に関連する変数を含む全てのコントロール変数を含めた場合の結果である。この特定化の場合には、第3四半期についてのみ、PSMを適用した場合に仮説1に整合する結果となった。具体的には、*MOTHERS*が負（5％）、*REVIEW*が負（5

---

[31] 異常会計発生高について、その絶対値を用いた場合の分析も行ったが、これについては結果が整合しなかった（期待どおりの符号で有意でなかった）。特に、第3四半期について結果が有意でない理由を検証するため、異常会計発生高の分布を確認したところ、異常会計発生高が負、あるいはゼロ以上のサンプルをそれぞれ集めると、いずれのサブ・サンプルでも、金商法前のサンプルでは、マザーズ上場企業の異常会計発生高はコントロール企業よりも小さな値であった。これは、符号にかかわらず、マザーズ上場企業では異常会計発生高が小さくなる傾向にあることを意味しており、レビュー業務の効果といえる。ただし、符号にかかわらず、絶対値の大きな異常会計発生高の計上を抑止することがレビューの機能であるとする考え方もあり得るため、結果の解釈には注意が必要である。

[32] DeFond et al.（2015）に基づいた場合、傾向スコアを推定するためのモデルは(1)式で用いた独立変数（ただし、MOTHERS、REVIEW、及びその交差項を除く）のみを用いる。コントロール企業の選択では、コモン・サポート（common support）範囲内のデータのみを用い、キャリパー（caliper：コントロール企業を選択する範囲）を0.01として、コントロール企業の重複は認める（with replacement）。DeFond et al.（2015）の場合、コモン・サポートの制約の有無が明らかではなかったが、制約をつける方が一般的であるため、本研究ではこの制約を用いている。

%)、そして *MOTHERS＊REVIEW* が正（10%）であり、それぞれ括弧内に示した水準で統計的に有意である。また、仮説と直接的に関係する変数ではないが、第2・第4四半期について、*REVIEW* の係数が正で有意となっている。

このように、統計的な有意水準は変化するものの、趨勢として結果は整合しているため、異常会計発生高の分析は、適用するPSMの方法について、概ね頑健であるといえる。そして特筆すべきは、第3四半期について、より仮説に整合的な形で頑健な結果となっている点である。これは、各四半期で行われるレビューの累積効果による影響として解釈できるかもしれない。つまり、第1四半期からレビュー手続が蓄積されていくことでその効果が徐々に高まるため、第1四半期に比べると、第3四半期の方が、利益調整に対する抑止効果をより顕著に観察できると考えられる。これが特にレビュー業務の法定化による効果であると解釈できる根拠として、第2・第4四半期については、検証変数が安定的に有意でないことが挙げられる。レビュー業務の法定化以前から、第2四半期は中間監査が、第4四半期は年次の監査が行われている。これらの四半期について検証変数が有意でないことは、法定のレビュー業務導入の影響が第3四半期でより強く現れていることと相まって、本研究で設定した仮説1を支持するものである。

また、コントロール変数について、その全てが有意ではないものの、有意な値となっているものは、基本的に先行研究や理論的に予想される方向と整合的である。一方、全体として自由度調整済み決定係数は10%を下回る水準であるため、モデルについては改善の余地があるかもしれない。ただし、期待水準から外れる「異常な」会計発生高が従属変数になっているという属性から、一般的に決定係数は低い水準であることが多く、また四半期ごとの分析であるという点が決定係数を下げる要因になっている可能性がある。

第2項　監査報酬を用いた分析

［図表2-7］は、異常会計発生高に関する分析の［図表2-4］に対応するものであり、監査報酬の分析に用いた変数について、マザーズ上場企業とその他企業の

間で、変数の平均値に有意な差が存在するか否かを検証した結果である[33]。［図表2-4］と同様、入手可能なサンプルを全て用いた場合（Unmatched）とPSMを適用した場合（Matched）の2通りに分けて結果を提示している。［図表2-7］から、*LOSS*を除き、PSMを適用すると平均値の有意な差は存在しない。これは、傾向スコアを用いたマッチングが有効に機能していることを示している。検証対象である監査報酬をマザーズ上場企業とその他企業で比較すると、PSMを適用するか否かで異なる結果となっている。ただし、ここでは、金商法施行の前後で比較し、マザーズ上場企業とその他企業の間で、監査報酬の変化に差があるか否かを検証することが目的であるため、［図表2-7］の単一変量の比較では、その関係については明らかではない。そのため、続く［図表2-8］と［図表2-9］の結果を検討する必要がある。

［図表2-8］は、各マザーズ上場企業とそれに対応するコントロール企業について、対応のあるサンプルとして扱い、監査報酬が有意に異なるかを単一変量で検定した結果である。金商法前の期間については、マザーズ上場企業の方がコントロール企業よりも多くの報酬を支払っているが、その傾向は2010年にも観察されており、統計的に有意な差でもない。そのため、［図表2-8］からは、本研究で設定した仮説2と整合した結果になっているとはいえない。

続いて、［図表2-9］は、(1)式について、*Conseq*に監査報酬を用いた場合の結果である。検証変数の1つである*REVIEW*については、サンプルの選択方法にかかわらず、正で有意な値となっている。これは、金商法の施行により、担当する監査人による業務の範囲が増加したことで、当時は一般に監査報酬が増加していたという先行研究の結果とも整合している（町田・矢澤2012, pp. 59-77）。一方、主たる分析対象である*MOTHERS * REVIEW*については、PSMを適用した場合、ともに正で非有意な値が推定されている。*MOTHERS*についても、同じく有意でない正の値である。また、監査報酬を用いた分析についても、異常会計発生高の分析と同

---

[33] 監査報酬の分析については、財務データが連結情報であった場合でも、単独のデータとして収録されていた監査報酬を用いている。これは、企業が連結全体と親会社単体の報酬を区別して開示するようになった後、データベース上では、2011年4月頃からこれを区別して収録するようになったためであり、本研究の分析期間中は、全ての企業について、報酬は単独のデータとして収録されていたことによる。なお、監査報酬の分析では、非監査報酬と監査報酬を合計した総報酬を用いた分析も行ったが、推定値の符号や統計的有意性などに大差はなかった。

[図表2-7] 監査報酬を用いた分析における変数の平均値

		MOTHERS	CONTROL	t-value
AFEE	Unmatched	16.86	17.18	−8.84***
	Matched	16.87	16.85	0.49
SIZE	Unmatched	22.33	24.27	−21.06***
	Matched	22.33	22.32	0.15
INVREC	Unmatched	0.24	0.32	−8.37***
	Matched	0.24	0.25	−0.87
NEWFIN	Unmatched	0.46	0.22	10.02***
	Matched	0.45	0.43	0.41
BUSSEG	Unmatched	1.98	1.93	1.27
	Matched	1.98	2.01	−0.59
GEOSEG	Unmatched	1.24	1.44	−5.05***
	Matched	1.24	1.24	−0.1
BIG	Unmatched	0.71	0.77	−2.56***
	Matched	0.72	0.73	−0.37
ROA	Unmatched	−0.04	0.01	−12.23***
	Matched	−0.04	−0.02	−1.55
GC	Unmatched	0.08	0.02	7.01***
	Matched	0.08	0.08	0.3
LOSS	Unmatched	0.44	0.22	8.8***
	Matched	0.42	0.31	2.73***
LEV	Unmatched	0.43	0.49	−5.4***
	Matched	0.43	0.46	−1.24
GROW	Unmatched	1.03	0.99	4.85***
	Matched	1.03	1.03	0.14
FS	Unmatched	2.13	5.49	−5.81***
	Matched	2.05	2.04	0.03
CHAO	Unmatched	0.04	0.05	−0.7
	Matched	0.04	0.07	−1.61
JOINT	Unmatched	0.01	0.01	−0.23
	Matched	0.01	0.00	0.58
AC	Unmatched	0.15	0.09	3.04***
	Matched	0.14	0.14	−0.12

***:1％有意

第2章 レビュー業務の経済的効果に関する実証分析

[図表2-8] 各年における監査報酬の対応ある平均値の比較

	2007		2008		2009		2010	
	AFEE	Obs.	AFEE	Obs.	AFEE	Obs.	AFEE	Obs.
MOTHERS	16.63	52	16.70	69	17.01	85	16.99	92
Control	16.62	52	16.64	69	17.05	85	16.95	92
t-value	0.16		0.90		−0.66		0.74	

じく、DeFond et al.（2015）に倣ったPSMの推定を適用したが、*REVIEW*の係数がプラスで1％の有意水準（PSMの推定値は0.530（監査人の変更変数なし）と0.551（監査人の変更変数あり））であり、*MOTHERS＊REVIEW*の係数は有意でない正の値であった（0.023（監査人の変更変数なし）と0.011（監査人の変更変数あり））。これらの結果は、四半期財務諸表に対するレビュー業務が法定化されたことで、日本の上場企業では一般に監査報酬が増加したが、それ以前から公認会計士による意見表明業務（レビュー業務に類似）が求められていたマザーズ上場企業についても、同程度の監査報酬の増加を経験していたことを意味している。換言すれば、マザーズ上場企業について、四半期財務諸表に対する意見表明業務が事前から要求されていたことが、金商法施行に伴う監査報酬の増加を抑えることにはつながらなかったことになる。

　コントロール変数の結果をみると、有意な係数は基本的に、先行研究や理論的に予測される符号と整合している。また、全サンプルを用いた場合の自由度調整済み決定係数は70％前後であり、より多くの変数を用いて監査報酬モデルを構築した矢澤（2007）などと遜色のないレベルである。そのため、［図表2-9］の結果は、重要なコントロール変数を含めていないこと等による影響を受けている可能性は低いと思われる。

[図表2-9] 監査報酬を用いた場合の分析結果

	Matched	Unmatched	Matched	Unmatched
Constant	11.648***	9.821***	11.665***	9.802***
	(35.66)	(108.22)	(35.53)	(107.74)
MOTHERS	0.034	0.137***	0.032	0.136***
	(0.85)	(4.49)	(0.80)	(4.44)
REVIEW	0.551***	0.509***	0.554***	0.507***
	(11.22)	(40.84)	(11.03)	(40.04)
MOTHERS*	−0.019	0.026	−0.017	0.024
REVIEW	(−0.36)	(0.68)	(−0.31)	(0.63)
SIZE	0.194***	0.275***	0.193***	0.276***
	(13.30)	(73.53)	(13.07)	(73.55)
INVREC	0.198**	−0.029	0.195**	−0.028
	(2.22)	(−1.13)	(2.20)	(−1.10)
NEWFIN	0.089***	0.071***	0.091***	0.070***
	(3.24)	(6.71)	(3.27)	(6.68)
BUSSEG	0.014	0.046***	0.016	0.046***
	(0.72)	(8.54)	(0.81)	(8.52)
GEOSEG	0.109***	0.095***	0.108***	0.094***
	(2.93)	(11.08)	(2.92)	(10.98)
BIG	0.228***	0.180***	0.225***	0.190***
	(6.77)	(17.80)	(6.52)	(18.57)
ROA	−0.445***	−0.397***	−0.447***	−0.385***
	(−2.72)	(−4.27)	(−2.72)	(−4.20)
GC	0.116**	0.226***	0.115**	0.217***
	(2.12)	(6.58)	(2.09)	(6.33)
LOSS	0.004	0.030**	0.005	0.031**
	(0.09)	(2.26)	(0.11)	(2.31)
LEV	0.082	0.082***	0.084	0.079***
	(1.28)	(3.70)	(1.30)	(3.56)
GROW	0.082	−0.020	0.085	−0.021
	(1.27)	(−0.63)	(1.31)	(−0.66)
FS	0.001	0.001	0.001	0.001
	(0.26)	(1.54)	(0.33)	(1.53)
CHAO			0.016	−0.090***
			(0.20)	(−3.13)
JOINT			0.203*	−0.070
			(1.65)	(−1.63)
AC			−0.019	0.086***
			(−0.37)	(3.94)
Obs.	596	7647	596	7647
Adj. R2	0.487	0.700	0.485	0.701

***；1％有意，**；5％有意，*；10％有意

第6節　財務情報の監査・証明業務拡張への示唆

本研究の目的は、わが国における公認会計士による四半期報告書に対するレビュー業務のもたらす経済的効果（ベネフィット／コスト）を明らかにすることである。具体的には、金商法に基づく四半期財務諸表に対するレビュー業務の導入を対象に、当該制度導入によるベネフィットについては四半期異常会計発生高を用いて分析し、同時にコストの側面を監査報酬への影響から捉えようと試みた。

分析の結果、レビュー業務には、特に第3四半期において経営者による利益調整を抑止するという効果があることが明らかとなった。具体的には、①レビュー業務が金商法以前から求められていたマザーズ企業は、その他の企業よりも金商法以前の期間で利益調整が抑止されていた。また、②レビュー業務が法定になったことで、マザーズ以外の企業について、利益調整が抑止されるという傾向について弱い結果を得た。そして、③レビュー業務が法定化される前後で、コントロール企業は、マザーズ企業よりも利益調整がより抑止されていたのである。これらの結果は全体として、監査人によって提供される四半期財務諸表に対するレビュー業務は、特に第3四半期の四半期利益の質の改善につながっていることを示唆している。

先行研究を概観すると、カナダ及びドイツ市場を対象とした研究では四半期利益の質が改善されたことを確認できておらず、唯一四半期異常会計発生高の縮小傾向が確認されているBandyopadhyay and Boritz（2014）も頑健な結果を提示しているわけではない。また、使用している指標は異なるが、本研究はわが国企業を対象にした髙田・村宮（2010）及び加賀谷（2011）と整合的な結果を提示していることから、少なくともわが国においては四半期レビューによる経済的効果（ベネフィット）が確認できるといえよう。これは、特に、わが国においては、年度監査を前提とした四半期レビューが実施されるとともに、報告書の提出も義務付けられ、さらに、継続企業の前提についても一定の手続が求められる等、アメリカを始めとする諸外国に比して厳格な対応が求められていることに起因している可能性が考えられる。すなわち、わが国における四半期レビュー制度の実効性の高さを反映しているのかもしれない。

他方で、監査報酬を対象にした分析では、全体としては一連の金商法施行（内部統制報告書監査制度等を含む）による監査報酬の増加傾向が確認されると同時に、

マザーズ企業も他の上場企業と同様に監査報酬の増額を経験していたことが示唆された。しかしながら、レビュー業務の法定化による経済的効果（コスト面）として監査報酬総額が増加したという傾向は確認できず、仮説2を支持する結果は得られなかった。つまり、四半期レビュー制度の導入によって、それまで実施されていた中間監査及び年度監査に加えて年2回ほど公認会計士・監査事務所による証明業務が実施されるため、監査人にとっての業務負担が増加し、その増加分が監査報酬総額に反映されていると想定していたが、そのような傾向は確認できなかったのである。

　本来、四半期レビュー導入によるコスト面での経済的効果を測定するためには、四半期レビュー業務に対して支払われた報酬を年度の監査証明業務に対する報酬総額から分離して測定する必要がある。わが国では、四半期レビュー業務に対する報酬が個別に開示されているわけではないため、代替的に監査報酬総額に当該追加的コストが反映されていると仮定し分析を行った。しかしながら、本研究の分析対象サンプルには金商法施行による他の制度導入による影響（内部統制報告書監査等）も含まれており、また、実際には金商法施行以前にすでに個々の企業において内部統制報告書監査等の制度対応のために監査報酬総額が増加していた可能性も考えられる。したがって、四半期レビュー制度導入による純粋なコスト増加効果を推定するためには、監査報酬総額を用いることが適切でなかった可能性も考えられるため、今後は当該業務コストをより正確に捉えるための指標を検討する必要がある。

　コスト面に対する仮説を支持する結果が得られなかった他の要因として、わが国における制度・実務背景が関係している可能性も考えられる。例えば、わが国では、従前より実施されていた中間監査が一部の企業を除き実質的に四半期レビューに移行したため、それまで中間監査業務に対して支払っていた報酬が四半期レビュー業務に対する対価として支払われるようになった可能性が考えられる。ただ、今回の分析ではこうした関係を明らかにすることができていないため、今後の検討課題としたい。

　また、本研究には、レビュー業務によるベネフィットを代理する指標として、四半期異常会計発生高しか用いていないという点に限界がある。利益の質を代理する指標は会計発生高に関するものだけでも複数存在しており、また、利益反応係数や保守主義の程度を測る指標といった株価データに基づく指標も存在する。こうした

複数の指標を用いて分析結果の頑健性を検証することが必要である。

最後に、本研究により得られた結果に基づき、財務情報の監査・証明業務への示唆を確認しておきたい。第1・2部における実態調査によってすでに明らかにされているように、現在の実務において監査対象となる開示情報は多種多様であり、今後さらに多くの開示情報が公認会計士・監査事務所による監査・レビュー・合意された手続業務等の対象となることが予想される。しかしながら、今後わが国において監査・証明業務の対象が拡大する可能性があったとしても、実際にそのような業務が実務において受け入れられるか否かは、その業務のもたらす経済的効果の有無に依存すると考えられる。

本研究で発見した事実は、レビューの法定化により利益調整が抑止され、開示情報の質が改善されるということである。すなわち、四半期レビューという証明業務を受けることによって、その対象である開示情報の質が改善されたことを意味している[34]。

敷衍すれば、利害関係者の利用に資することを意図して多様な情報を開示するのであれば、開示だけに留まらず、それらの情報の信頼性に対する一定レベルの保証が提供されることによって、本来のディスクロージャーによる経済的効果を確保することが可能になると考えられる。

特定の証明業務による経済的効果が明らかとなることで、今後公認会計士・監査事務所による監査・証明業務の対象領域の拡張可能性に関する議論が発展していくことが期待される。

付記　本研究はJSPS科研費JP 25780282（髙田）、JP 15K17160（笠井）の助成を受けたものです。

---

[34] 本研究で分析対象としている四半期レビュー制度は、年度監査と同時に実施されることで四半期財務諸表の信頼性を高めるよう意図された法定制度であることに留意する必要がある。したがって、法定ではなく任意の環境下において監査・証明業務を自発的に受けることによる経済的効果という点については、本研究では明らかにできていない。

【参考文献】

岩崎学（2015）「第4章　傾向スコア」「第5章　マッチング」『統計的因果推論』朝倉書店、96-130頁。

加賀谷哲之・中野貴之・松本祥尚・町田祥弘（2011）「企業情報開示システムの最適設計―第5編　四半期情報開示制度の評価と改善方向」『RIETI Discussion Paper Series 11-J-017』The Research Institute of Economy, Trade and Industry、（http://www.rieti.go.jp/jp/publications/dp/11j017.pdf）。

加賀谷哲之（2011）「第16章　四半期財務情報開示の実態と利益管理」古賀智敏『IFRS時代の最適開示制度―日本の国際的競争力と持続的成長に資する情報開示制度とは』千倉書房、339-358頁。

企業会計基準委員会（2007）企業会計基準第12号「四半期財務諸表に対する会計基準」。

企業会計基準委員会（2007）企業会計基準適用指針第14号「四半期財務諸表に関する会計基準の適用指針」。

企業会計審議会（2007）「四半期レビュー基準の設定に関する意見書」2007年3月27日。

経済産業省・企業開示制度の国際動向等に関する研究会事務局（2014）「第2回　企業開示制度の国際動向等に関する研究会」配布資料、2014年1月（http://www.meti.go.jp/policy/economy/keiei_innovation/kigyoukaikei/pdf/20140116_02.pdf）。

経済産業政策局企業会計室（2014）「企業情報開示等をめぐる国際動向」2014年7月（http://www.meti.go.jp/policy/economy/keiei_innovation/kigyoukaikei/pdf/dis.pdf）。

髙田知実・村宮克彦（2010）「監査サービスの変容が利益の保守性に及ぼす影響に関する実証分析」『国民経済雑誌』第201巻第2号、65-79頁。

東京証券取引所（2003）「四半期財務情報の開示の充実に関する適時開示制度の見直しについて」2003年12月16日。

内閣府・経済財政諮問会議（2002）「経済財政運営と構造改革に関する基本方針2002」（http://www.kantei.go.jp/jp/singi/keizai/tousin/020621f.html）。

中野貴之（2011）「第14章　四半期財務情報の有用性」古賀智敏『IFRS時代の最適開示制度―日本の国際的競争力と持続的成長に資する情報開示制度とは』千倉書房、299-321頁。

日本公認会計士協会（2000）「東京証券取引所のマザーズ上場企業の四半期財務諸表に対する意見表明業務について（中間報告）」監査委員会研究報告第9号。

日本公認会計士協会（2007）「四半期レビューに関する実務指針」監査・保証実務委員会報告第83号。

日本公認会計士協会（2017）「監査及びレビュー等の契約書の作成について」法規委員会研究報告第16号。

平松那須加（2002）「世界的に注目される四半期開示制度」『資本市場クォータリー』2002年春号、1-12頁（http://www.nicmr.com/nicmr/report/repo/2002/2002spr06.pdf）。

星野崇宏（2009）「第3章　セミパラメトリック解析」『調査観察データの統計科学―因果推論・選択バイアス・データ融合』岩波書店、59-114頁。

星野崇宏（2016）「統計的因果効果の基礎―特に傾向スコアと操作変数を用いて」岩波デー

タサイエンス刊行委員会編『岩波データサイエンス Vol.3』岩波書店、62-90頁。
町田祥弘・矢澤憲一（2012）「第3章　監査報酬の実態調査結果」監査人・監査報酬問題研究会『わが国監査報酬の実態と課題』日本公認会計士協会出版局、59-97頁。
松本祥尚（2005）「わが国証明制度の多様化と保証水準の関係」『現代監査』第15号、47-54頁。
松本祥尚（2012）「保証水準と監査人の役割と責任」『企業会計』第64巻第1号、79-84頁。
松本祥尚（2016）「証明対象の多様化に伴う証明業務の展開」『同志社商学』第67巻第4号、257-272頁。
松本祥尚・町田祥弘（2011）「第15章　わが国四半期情報開示の現状に関する検討」古賀智敏『IFRS時代の最適開示制度―日本の国際的競争力と持続的成長に資する情報開示制度とは』千倉書房、323-338頁。
松本祥尚・町田祥弘（2014）「わが国四半期レビュー手続に関する実験的研究」『現代監査』第24号、115-125頁。
松本祥尚・町田祥弘・関口智和（2011）「日本の監査制度を考える（第6回・終）四半期レビュー」『企業会計』第63巻第6号、96-104頁。
宮川雅巳（2004）「第2章　因果推論の基礎概念」『統計的因果推論―回帰分析の新しい枠組み』朝倉書店、17-35頁。
元村正樹（2003）「わが国における四半期情報開示」『資本市場クォータリー』2003年夏号、1-11頁（http://www.nicmr.com/nicmr/report/repo/2003/2003sum18.pdf）。
矢澤憲一（2007）「監査報酬と非監査報酬の関連性」『会計プログレス』第8巻、93-105頁。
山浦久司・新井武広（2008）『逐条解説　四半期会計・レビュー基準』中央経済社。
山口慎太郎（2016）「差の差法で検証する「保育所整備」の効果―社会科学における因果推論の応用」岩波データサイエンス刊行委員会編『岩波データサイエンス Vol.3』岩波書店、112-128頁。
Abadie, A. (2005), "Semiparametric Difference-in-Differences Estimators," *Review of Economic Studies*, vol. 72, no. 1 (January), pp. 1–19.
Alves, C. F. and F. T. D. Santos. (2008), "Do First and Third Quarter Unaudited Financial Reports Matter? The Portuguese Case," *European Accounting Review*, vol. 17, no. 2 (June), pp. 361–392.
Angrist, J. D. and J. S. Pischke. (2008), *Mostly Harmless Econometrics: An Empiricist's Companion*, Princeton University Press.
Ashenfelter, O. and D. Card. (1985), "Using the Longitudinal Structure of Earnings to Estimate the Effect of Training Programs," *The Review of Economics and Statistics*, vol. 67, no. 4. (November), pp. 648–660.
Ball, R. and L. Shivakumar. (2008), "How Much New Information Is There in Earnings?" *Journal of Accounting Research*, vol. 46, no. 5 (December), pp. 975–1016.
Bandyopadhyay, S. and J. E. Boritz. (2014), "Voluntary Assurance on Interim Financial Statements and Earnings Quality," *2014 Canadian Academic Accounting Association*

Annual Conference Paper. Available at SSRN: https://papers.ssrn.com/sol3/papers. cfm?abstract_id = 2379725

Bédard, J. and L. Courteau. (2015), "Benefits and Costs of Auditor's Assurance: Evidence from the Review of Quarterly Financial *Statements,*" *Contemporary Accounting Research*, vol. 32, no. 1 (Spring), pp. 308–335.

Bertrand, M., E. Duflo and S. Mullainathan. (2004), "How Much Should We Trust Differences-In-Differences Estimates?" *The Quarterly Journal of Economics*, vol. 119, no. 1 (February), pp. 249–275.

Boritz, J. E. (2007), "Forum on Maintaining Quality Capital Markets through Quality Information," *Accounting Perspectives*, vol. 6, no. 3 (August), pp. 265-268.

Boritz, J. E. and G. Liu. (2006), "Why Do Firms Voluntarily Have Interim Financial Statements Reviewed by Auditors?" *Working Paper,* Ryerson University (http://www. ryerson.ca/~iri/papers/gpliu.pdf).

Brown, L. D. and A. S. Pinello. (2007), "To What Extent Does the Financial Reporting Process Curb Earnings Surprise Games?" *Journal of Accounting Research*, vol. 45, no. 5 (December), pp. 947–981.

Cameron, A. C. and P. K. Trivedi. (2005), *Microeconometrics: Methods and Applications*, Cambridge University Press.

Card, D. and A. B. Krueger. (1994), "Minimum Wages and Employment: A Case Study of the Fast-Food Industry in New Jersey and Pennsylvania," *The American Economic Review*, vol. 84, no. 4 (September), pp. 772–793.

Chen, L., E. Carson and R. Simnett. (2007), "Impact of Stakeholder Characteristics on Voluntary Dissemination of Interim Information and Communication of Its Level of Assurance," *Accounting & Finance*, vol. 47. no. 4 (December), pp. 667–691.

Collins, D. W., R. S. Pungaliya and A. M. Vijh. (2017), "The Effects of Firm Growth and Model Specification Choices on Tests of Earnings Management in Quarterly Settings," *The Accounting Review*, vol. 92. no. 2 (March), pp. 69–100.

Coulton, J., G. Livne, A. Pettinicchio and S. Taylor. (2017), "Abnormal Audit Fees and Accounting Quality," *Working Paper.*

Crawford Committee. (2003), *Five Year Review Committee Final Report – Reviewing the Securities Act (Ontario)*, Toronto: Queen's Printer for Ontario,
Available at: http://www.osc.gov.on.ca/documents/en/Securities/fyr_20030529_5yr-final-report.pdf.

Das, S., P. K. Shroff and H. Zhang. (2009), "Quarterly Earnings Patterns and Earnings Management," *Contemporary Accounting Research*, vol. 26, no. 3 (September), pp. 797–831.

DeFond, M., M. Hung, S. Li and Y. Li. (2015), "Does Mandatory IFRS Adoption Affect Crash Risk?" *The Accounting Review*, vol. 90, no. 1 (January), pp. 265-299.

Dhaliwal, D. S., C. A. Gleason, and L. F. Mills. (2004), "Last-Chance Earnings Management: Using the Tax Expense to Meet Analysts' Forecasts," *Contemporary Accounting Research*, vol. 21, no. 2 (June), pp. 431–459.

Ettredge, M., D. Simon, D. Smith and M. Stone. (1994), "Why Do Companies Purchase Timely Quarterly Reviews?" *Journal of Accounting and Economics*, vol. 18, no. 2 (September), pp. 131–155.

Ettredge, M., D. Simon, D. Smith and M. Stone. (2000a), "Would Switching to Timely Reviews Delay Quarterly and Annual Earnings Releases?" *Review of Quantitative Finance and Accounting*, vol. 14, no. 2 (March), pp. 111–130.

Ettredge, M., D. Simon, D. Smith and M. Stone. (2000b), "The Effect of the External Accountant's Review on the Timing of Adjustments to Quarterly Earnings," *Journal of Accounting Research*, vol. 38, no. 1 (Spring), pp. 195–207.

Fan, Y., A. Barua, W. M. Cready, and W. B. Thomas. (2010), "Managing Earnings Using Classification Shifting: Evidence from Quarterly Special Items," *The Accounting Review*, vol. 85, no. 4 (July), pp. 1303–1323.

Fujiyama, K., T. Kagaya, T. Suzuki and Y. Takahashi. (2014), "Quarterly Earnings Management around the World: Loss Avoidance or Earnings Decrease Avoidance," *Hitotsubashi Journal of Commerce and Management,* vol. 48, no. 1 (October), pp. 1–30.

Givoly, D. and J. Ronen. (1981), "'Smoothing' Manifestations in Fourth Quarter Results of Operations: Some Empirical Evidence," *Abacus*, vol. 17, no. 2 (December), pp. 174–193.

Gow, I. D., D. F. Larcker and P. C. Reiss. (2016), "Causal Inference in Accounting Research," *Journal of Accounting Research*, vol. 54, no. 2 (May), pp. 477–523.

Hay, D. C., W. R. Knechel and N. Wong. (2006), "Audit Fees: A Meta-analysis of the Effect of Supply and Demand Attributes," *Contemporary Accounting Research*, vol. 23, no. 1 (March), pp. 144–191.

Hay, D. C. (2013), "Further Evidence from Meta-Analysis of Audit Fee Research," *International Journal of Auditing*, vol. 17, no. 2 (July), pp. 162–176.

Hoehn, B. (2013), "The Effects of Voluntary Interim Auditor Reviews on Audit Fees and Earnings Quality," Available at SSRN: https://papers.ssrn.com/sol3/papers.cfm?abstract_id = 2302676.

Imbens, G. W. and D. B. Rubin. (2015), *Causal Inference for Statistics, Social, and Biomedical Sciences: An Introduction*, Cambridge University Press.

International Auditing and Assurance Standards Board. (2002), *Study 1 : The Determination and Communication of Levels of Assurance Other than High*, Available at: http://www.icjce.es/images/pdfs/TECNICA/C01 % 20- % 20IFAC/C.01.027 % 20- % 20IAASB % 20- % 20Discussion % 20Papers/IAASB- % 20DP % 20- % 20Study_ 1 % 20- % 20June % 202002.PDF.

Jeter, D. and L. Shivakumar. (1999), "Cross-Sectional Estimation of Abnormal Accruals Using

Quarterly and Annual Data: Effectiveness in Detecting Event-Specific Earnings Management," *Accounting and Business Research*, vol. 29, no. 4 (Autumn), pp. 299–319.

Kajüter, P., F. Klassmann and M. Nienhaus. (2016), "Do Reviews by External Auditors Improve the Information Content of Interim Financial Statements?" *The International Journal of Accounting*, vol. 51, no. 1 (March), pp. 23–50.

Kerstein, J. and A. Rai. (2007), "Intra-Year Shifts in the Earnings Distribution and Their Implications for Earnings Management," *Journal of Accounting and Economics*, vol. 44, no. 3 (December), pp. 399–419.

Krishnan, J. and Y. Zhang. (2005), "Auditor Litigation Risk and Corporate Disclosure of Quarterly Review Report," *Auditing: A Journal of Practice & Theory*, vol. 24, s-1 (Supplement), pp. 115–138.

Lawrence, A., M. Minutti-Meza and P. Zhang. (2011), "Can Big 4 versus Non-Big 4 Differences in Audit-Quality Proxies Be Attributed to Client Characteristic?" *The Accounting Review*, vol. 86, no. 1 (January), pp. 259–286.

Lennox, C., X. Wu and T. Zhang. (2016), "The Effect of Audit Adjustments on Earnings Quality: Evidence from China," *Journal of Accounting and Economics*, vol. 61, nos. 2-3 (April-May), pp. 545-562.

Manry, D., S. L. Tiras and C. M. Wheatley. (2003), "The Influence of Interim Auditor Reviews on the Association of Returns with Earnings," *The Accounting Review*, vol. 78, no. 1 (January), pp. 251–274.

Mendenhall, R. R. and W. D. Nichols. (1988), "Bad News and Differential Market Reactions to Announcements of Earlier-Quarters Versus Fourth-Quarter Earnings," *Journal of Accounting Research*, vol. 26, (Supplement), pp. 63–86.

Mergenthaler, R. D., S. Rajgopal and S. Srinivasan. (2012), "CEO and CFO Career Penalties to Missing Quarterly Analysts Forecasts," *Working Paper*, Harvard Business School, Available at SSRN: https://papers.ssrn.com/sol3/papers.cfm?abstract_id＝1152421.

Rosenbaum, P. R. and D. B. Rubin. (1983), "The Central Role of the Propensity Score in Observational Studies for Causal Effects," *Biometrika*, vol. 70, no. 1 (April), pp. 41–55.

Shipman, J. E., Q. T. Swanquist and R. L. Whited. (2017), "Propensity Score Matching in Accounting Research," *The Accounting Review*, vol. 92, no. 1 (January), pp. 213–244.

Wiedman, C. I. (2007), "Improving Interim Reporting," *Accounting Perspectives*, vol. 6, no. 3 (August), pp. 279–289.

（笠井直樹・首藤昭信・髙田知実）

第3章 要約

　第3部では、その第1章において、法定監査のない場合においても、経済合理性の観点から監査ないし証明業務が自発的かつ任意に契約されることを、その要因並びに背景の観点から実証的に明らかにしている。具体的には、先行研究の検討を通じて、自発的な監査契約が成立するための決定要因、自発的に契約される監査に期待される経済的価値、並びに監査契約によるシグナリング効果、という自発的監査の契約可能性に関して3つの視点から海外の先行研究を検討した。

　1つは、監査が法定化されていない非公開会社をサンプルとした研究であり、所有と経営の分離が大きい企業や、一般にエージェンシー費用の大きい企業、例えば負債比率の高い企業では、自発的な監査の契約を選好する可能性が高いことが示されている。また法定監査が一定の条件の下に免除された企業をサンプルとした研究では、株主が日常的に経営活動をモニターできない企業ほど、任意監査契約を継続している可能性が指摘され、特に①エージェンシー費用が高い、②事業リスクが高い、③非監査業務の提供を受けている、さらに④法定監査時代に大手監査事務所と契約していたり、ヨリ多くの報酬を支払うことに監査の重要性を認めている企業ほど、自発的に監査契約を継続していた。

　もう1つは、19世紀から20世紀のアメリカ企業の経営者が自社の経営管理目的で外部監査を契約していたという歴史的な事実（森［1975］）と同様に、企業内部の会計システムを含む内部統制の貧弱さを補う、あるいはその有効性を維持するという経営管理上の観点から外部監査が自発的に契約されていることが実証的にも明らかにされた。

　次に自発的監査によって得られた経済的なメリットとして、非公開企業の重要な利害関係者の1つである銀行等の債権者との関係では、監査を自発的に契約している企業ほど、①借入金利が低いことと、②財務諸表項目と利息の関係が強いことが明らかにされている。

さらに強制監査から任意に移行した環境においても、継続的に外部監査を自発的に契約していることによって、企業は自社の事業リスクの低さをシグナルすることが可能になるという観点からの先行研究では、自発的に監査を継続した企業の与信の格付けは改善し、継続しなかった企業のほうが悪化したことが見出された。つまりこの場合、監査の自発的な継続自体がシグナリングとして実質的な意味があることになる。

　わが国のケースを扱った第2章では、証券市場の自主規制によって一部の上場企業（マザーズ上場企業）に対して実施された意見表明業務から、四半期レビューとして全上場企業に対して強制されることになったわが国の監査・証明業務を端緒として、監査・証明業務の有無による経済的効果を明らかにしようとした。もともと法定による中間監査と年度監査が実施されていたところに、中間監査に代えて第1、第2、第3四半期の四半期レビューという形で証明業務が導入されたことから、監査・証明業務の経済的効果を見出すためには、第1四半期と第3四半期における意見表明業務ないしレビュー業務の有無が企業の利益調整額（異常会計発生高）にどのように影響するかを分析する必要があった。

　以上のように、海外の自発的監査の経済合理性を検討した先行研究の詳細なサーベイからは、任意に外部監査を契約した企業に相対的に大きな経済的効果のあることが確認された。加えて、わが国において、監査・証明業務を契約した企業と契約しない企業が一時的に併存した時期のデータ、並びに自主規制から一斉に法定監査・証明業務に切り替わった時点のデータを利用することで、レビュー業務の有無によって利益調整額に影響が生じる、すなわち利益の質に有意な差が生じることが検出された。これらの実証的に明らかにされた結果は、監査であろうとレビューであろうと、それら監査・証明業務が契約されることによって、企業には経済的なベネフィットがもたらされることが明らかにされたといえる。

参考文献
森　實［1975］『会計士監査論（増補版）』白桃書房。

（松本祥尚）

付録

　今回の実態調査に当たっては、調査対象の監査事務所に対して、以下の調査依頼票、フェイスシート、並びに調査票（代表的な監査・証明対象として(1)完全な一組の財務諸表6種、(2)単一ないしは複数の財務表7種、(3)特定の財務諸表項目2種を中心に、それぞれに共通する質問項目として①当該業務提供の有無、②提供先、③断った経験の有無、④提供件数、⑤会計基準、⑥業務の種類、⑦業務基準、⑧結論の形態、⑨配布制限、⑩確信の程度、⑪留意点）を送付し回答を求めた。

調査依頼票

フェイスシート

Ⅰ．完全な一組の財務諸表

　業務の対象(1)　取引先との契約に基づいて作成された特別目的の財務諸表
　業務の対象(2)　金融機関との借入契約に基づいて作成した財務諸表
　業務の対象(3)　財務諸表の特定の利用者との合意に基づく会計の基準に従って作成された財務諸表
　業務の対象(4)　年金基金の財務諸表
　業務の対象(5)　M&Aや事業・営業譲渡・譲受に伴う事業会社の財務諸表
　業務の対象(6)　任意に作成された（連結）財務諸表
　業務の対象(7)　その他

Ⅱ．単一ないしは複数の財務表

　業務の対象(8)　金融機関との契約に基づいて作成されたキャッシュ・フロー計算書
　業務の対象(9)　災害義捐金・補助金・寄付金等にかかる資金収支表計算書
　業務の対象(10)　事業（拠点）廃止に伴う貸借対照表
　業務の対象(11)　その他の目的による貸借対照表
　業務の対象(12)　電力業、ガス業、電気通信業における部門別収支計算書等
　業務の対象(13)　中小協同組合の決算関係書類
　業務の対象(14)　臨時計算書類
　業務の対象(15)　その他

Ⅲ．特定の財務諸表項目

　業務の対象(16)　海外への出向者の給与支払い明細表
　業務の対象(17)　ロイヤリティ契約の売上高計算書
　業務の対象(18)　その他

2017年1月31日

日本会計研究学会スタディ・グループによる調査へのご協力のお願い

　日本会計研究学会スタディ・グループ「開示情報の拡張と監査枠組みの多様化に関する研究」は、2015年9月6日に開催されました第74回全国大会でその設置が承認され、第75回全国大会（2016年9月12日）において、わが国ならびに諸外国における「特別目的の財務情報に対する監査・証明業務」の制度的内容を中間報告として取り纏め報告致しました。

　今年度におきましては、監査基準ならびに日本公認会計士協会実務指針による「特別目的の財務情報の監査」、ならびにその他実務指針の設定による財務情報に対する専門業務の導入が、どの程度、展開・普及しているのかについて、その実態を把握することを目的としています。具体的には、わが国における監査業務を提供する監査法人に対して、当該監査・証明業務に対するニーズの存在、存在するとした場合、対象となる情報、監査・証明業務の基準、結論のための根拠（確信）の程度、ならびに報告の形式等について調査を行ないたいと考えております。

　上記の調査によって、我々としては、特別目的の財務情報に対する監査・証明業務等に関する国内の実態が把握でき、どのような監査・証明業務、特に任意の監査・証明業務が提供されているのかに関する先進的かつ体系的な情報を入手し、わが国監査業界全体における幅広い業務の知識共有を図ることができると考えます。この知識共有に基づき、わが国の監査・証明業務を今後さらに拡張するために必要な措置を取り纏め、最終報告として提案することを志向しております。

　具体的な調査項目及びご協力頂きたい内容は、別紙の通りとなります。

　以上のような、監査法人向けアンケート調査の趣旨をご理解頂き、実施にご協力を賜りますよう、お願い申し上げます。

研究組織
浅野信博（大阪市立大学）　　　　異島須賀子（久留米大学）
小澤義昭（桃山学院大学）　　　　笠井直樹（滋賀大学）
首藤昭信（東京大学）　　　　　　髙田知実（神戸大学）
林　隆敏（関西学院大学）　　　　堀古秀徳（関西学院大学）
松本祥尚（関西大学）研究代表者　町田祥弘（青山学院大学）

フェイスシート

調査票へのご記入に先立ち、以下の質問へのご回答をお願いいたします。

1. 貴事務所名及び所在地（本部の都道府県）を以下にご記載ください。

事務所名

所在地（本部都道府県）

2. 貴事務所の監査・証明業務に対する方針と受嘱の体制について、お答えください。
   (1) 貴事務所における<u>任意での</u>監査・証明業務に対する契約方針について、以下の記号(ア)～(ウ)から1つを選んで○を付けてください。
     (ア) 常に受嘱可能な体制を取っている。
     (イ) 依頼があった時点で受嘱の体制を整備する。
     (ウ) 原則として受嘱はしない。
   (2) (1)で(ウ)「原則として受嘱はしない。」を選択された場合、その理由を以下の記号(ア)～(エ)から1つを選んで○を付けてください。
     (ア) 対応できる人数
     (イ) 業務のリスクの高さ
     (ウ) 対応できる専門能力
     (エ) その他（具体的に記載ください。）
     (　　　　　　　　　　　　　　　　　　　　　　　　　　　　　　　　）
   (3) 監査・証明業務の受嘱の可否を判断する特定の担当者の存在について、以下の記号(ア)または(イ)のいずれかを選んで○を付けてください。
     (ア) 特定の担当者を置いていない。
     (イ) 特定の担当者を置いている。
   (4) (3)で(イ)「特定の担当者を置いている。」を選択された場合、下記の(ア)または(イ)のいずれかを選んで○を付けてください。
     (ア) 理事長
     (イ) 理事長以外の特定の者（担当される役職名、及びもし特定されている場合はその氏名を具体的に記載ください。）
       担当役職名、及びもし特定されている場合はその氏名
       (　　　　　　　　　　　　　　　　　　　　　　　　　　　　　　　　）

3．本調査票に回答頂いている記入者の所属部署と職位
 (1) 記入者の所属部署を具体的にご記入ください。
   所属部署
   (   )
 (2) 記入者の職位について、下の記号(ア)〜(オ)から１つを選んで○を付けてください。また、(オ)「その他」の場合は、具体的にご記入ください。
   (ア) 代表社員
   (イ) 社員
   (ウ) マネージャー
   (エ) シニア
   (オ) その他（   ）（具体的にご記入ください）

4．貴事務所における以下の人数をお教えください。
   パートナーの数 ＿＿＿＿＿＿＿＿名
   公認会計士の数 ＿＿＿＿＿＿＿＿名；その他従業員の数 ＿＿＿＿＿＿＿＿名

5．貴事務所における出資金の総額 ＿＿＿＿＿＿＿＿＿＿＿千円

6．貴事務所における年間の売上高 ＿＿＿＿＿＿＿＿＿＿＿千円

7．以下のクライアントの数をご記入ください（重複可）。
   上場企業のクライアント数 ＿＿＿＿＿社；会社法上の大会社のクライアント数 ＿＿＿＿＿社

8．本調査の結果を纏めた報告書の郵送を希望される場合は、以下に送付先をご記入ください。
   送付先（住所・部署）
   ＿＿＿＿＿＿＿＿＿＿＿＿＿＿＿＿＿＿＿＿＿＿＿＿＿＿＿＿＿＿＿＿＿＿＿＿

9．本調査票に対するご回答について、当方より個別に質問させて頂けるか否かについて、下記の(ア)または(イ)のいずれかを選んで○を付けてください。また、(ア)「個別対応可能」の場合は、ご担当者名と連絡先をご記入ください。
   (ア) 個別対応可能
   (イ) 個別対応不可

   ご担当者名：＿＿＿＿＿＿＿＿＿＿　e-mailアドレス：＿＿＿＿＿＿＿＿＿

調査票

Ⅰ．完全な一組の財務諸表
業務の対象(1)　取引先との契約に基づいて作成された特別目的の財務諸表
業務の対象(2)　金融機関との借入契約の申請・更新のために作成された財務諸表
業務の対象(3)　財務諸表の特定の利用者との合意に基づく会計の基準に従って作成された財務諸表
業務の対象(4)　年金基金の財務諸表
業務の対象(5)　M&Aや事業・営業譲渡・譲受に伴う事業会社の財務諸表
業務の対象(6)　任意に作成された（連結）財務諸表
業務の対象(7a)　その他
業務の対象(7b)　その他
業務の対象(7c)　その他

Ⅱ．単一ないしは複数の財務表
業務の対象(8)　金融機関との契約に基づいて作成されたキャッシュ・フロー計算書
業務の対象(9)　災害義捐金・補助金・寄付金等にかかる資金収支計算書
業務の対象(10)　事業（拠点）廃止に伴う貸借対照表
業務の対象(11)　その他の目的による貸借対照表
業務の対象(12)　電力業、ガス業、電気通信業における部門別収支計算書等
業務の対象(13)　中小協同組合の決算関係書類
業務の対象(14)　臨時計算書類
業務の対象(15a)　その他
業務の対象(15b)　その他
業務の対象(15c)　その他

Ⅲ．特定の財務諸表項目
業務の対象(16)　海外への出向者の給与支払い明細表
業務の対象(17)　ロイヤリティ契約の売上高計算書
業務の対象(18a)　その他
業務の対象(18b)　その他
業務の対象(18c)　その他

調査票

Ⅰ．完全な一組の財務諸表

業務の対象(1)取引先との契約に基づいて作成された特別目的の財務諸表

1. 上記の業務の対象について、貴事務所では、監査、レビュー、合意された手続（AUP）、またはその他の業務を提供したことがありますか。いずれかに○を付けてください。

    a. ある　　　　　　　　b. ない

2. 上記の業務の対象の関する依頼を断った経験をお持ちですか。いずれかに○を付けてください。a.「断った経験あり」の場合は、その理由をご記入ください。

    a. 断った経験あり　　　b. 断った経験なし

    依頼を断った理由

【以下の質問は、1. でa.「ある」と答えた方にのみ、お尋ねします。】

3. 上記の業務は、金商法または会社法に基づく完全な一組の財務諸表に対する監査契約を締結している企業に対するものでしょうか。a.とb.のそれぞれに、昨年度、提供された件数を概数でご記入ください。

    a. 金商法または会社法に基づく監査契約先の企業に対するもの　　　＿＿＿＿件程度
    b. それ以外の企業に対するもの　　　　　　　　　　　　　　　　　＿＿＿＿件程度

4. 上記の業務の対象はいかなる会計の基準に基づいて作成されたものでしょうか。以下の選択肢（a.～h.）から、代表的な基準の記号を2つ選んでください。

    a. 会社計算規則　　b. 現金基準　　c. 税法基準　　d. 規制基準（具体的にご記入ください）
    e. 財務諸表規則　　f. 中小企業会計要領ないし中小会計指針　　g. 国際会計基準（IFRS）
    h. その他（具体的にご記入ください。例えば「親会社が指定する企業グループ内統一基準」）

①	②

5. 提供した業務の種類は、以下のいずれでしょうか。以下の選択肢（a.～f.）から、4.で選択された「会計の基準」に対応するものの記号を2つ選んでください。

    a. 適正性監査　　b. 準拠性監査　　c. 適正性レビュー　　d. 準拠性レビュー
    e. 合意された手続　　f. その他（具体的にご記入ください。）

調査票

①	②

6. その業務を提供するときの業務の基準は何でしたか。以下の選択枝（a.～e.）から、4.で選択された「会計の基準」と5.「提供した業務の種類」と対応するものの記号を2つ選んでください。
   a. 監査基準委員会報告書800　b. 同委員会報告書805　c. 保証業務実務指針2400
   d. 専門業務実務指針4400　e. その他（具体的にご記入ください。）

①	②

7. 報告書に記載した結論等について、以下の選択枝（a.～h.）から、4.「会計の基準」、5.「提供した業務の種類」、6.「業務の基準」と対応するものの記号を2つ選んでください。
   a. 無限定適正　b. 限定付適正　c. 不適正　d. 不表明
   e. 準拠（適法）　f. 不準拠（不適法）　g. 事実の確認（実施結果の報告）
   h. その他（具体的にご記入ください。）

①	②

8. 上記の業務契約上、業務の報告書に配布制限が付されていたか否かについて、a.またはb.のいずれかに○を付けてください。

①	②
a. 配布制限あり／b. 配布制限なし	a. 配布制限あり／b. 配布制限なし

9. 7.「報告書に記載した結論等」を形成するに当たって、どの程度（0～100%）の根拠（確信）をお持ちでしたか。概数でかまいませんので、ご記入ください。

①	②
％	％

10. 本業務を提供されるに当たって留意された点について、下記にご記入ください。

業務の対象の全てについて同じ調査票を使っているため以下省略する。

索　引

【あ　行】

意見の形成 …………………………………… 28
意見表明業務 ………………………………… 328
意見不表明 …………………………………… 29
一般目的 ……………………………………… 71
一般目的財務諸表 …………………………… 96
一般目的の財務諸表 …………………… 4，164
一般目的の財務報告の枠組み ………… 3，22
エージェンシー費用 ………… 309、311、313、315
オーストラリア会計基準AASB第101号 …… 126
オーストラリア勅許会計士協会 …………… 112
オーストラリア・ニュージーランド勅許会計
　　士協会 ………………………………… 112、135

【か　行】

会計の基準
　　………………… 184、222、232、250、256、281、291
会社法 …………………………………… 69、84、112
外部報告審議会 ……………………………… 136
確信度 ………………………………………… 7
確信の程度 ………… 189、229、252、259、288、296
カナダ勅許職業会計士協会 ………………… 91
監基研第3号 ……………………………… 22、26
監基研第5号 ………………………………… 32
監基報210 …………………………………… 25
監基報800 ………………………… 23、26、164、197
監基報805 ……………………………… 22、23、26、167
監査意見 ……………………………………… 28
監査基準ASA第200号 ……………………… 117
監査基準ASA第800号 ……………………… 116
監査基準ASA第805号 ……………………… 118
監査業務 ……………………………………… 13
監査計画 ……………………………………… 26
監査契約 ……………………………………… 25

監査報告 ……………………………………… 28
監査報酬 ……………………………………… 355
監査保証基準審議会 …………………… 91、115
監査免除会社 ………………………………… 75
完全性 ………………………………………… 25
完全な一組の財務諸表 …………… 163、266、299
監保研第29号 ……………………………… 32、41
監保研第30号 ………………………………… 32
監保研第31号 ………………………………… 37
監保実第83号 ………………………………… 33
関連業務基準ASRS第4400号 ……………… 130
規準の相応性 ………………………………… 61
規準の入手可能性 …………………………… 62
規制対応報告書 ……………………………… 77
業務担当パートナー ………………………… 141
業務チーム …………………………………… 141
業務の基準
　　………………… 187、197、225、234、251、257、284、293
業務の種類 ………… 186、224、233、251、283、292
業務の提供先 ……… 183、217、249、255、279、289
経済監査士 …………………………………… 101
結論等 ………………………… 227、235、286、294
結論の形態 …………………………… 252、258
限定事項 ……………………………………… 63
限定的保証業務 …………………………… 15、33
合意された手続 ……… 9、16、79、96、107、130、152
合意された手続業務基準書第1号 ………… 152
合理的保証業務 ……………………………… 33
国際監査基準（ニュージーランド）第800号
　　（改訂版） ………………………………… 138
国際監査基準（ニュージーランド）第805号
　　（改訂版） ………………………………… 139
国際保証業務基準（ISAE）3000 …………… 104
国際レビュー業務基準（ニュージーランド）
　　第2400号 ……………………………… 140

コンピレーション業務 …………………… 107
コンプライアンス・アドバイザリー・パネル
　　…………………………………………… 11

【さ　行】

財務諸表項目 …………… 246、276、289、303
財務情報の種類 ………………………… 59
財務制限条項 ………………………… 311、317
財務表 ………………… 209、273、289、301
事業会社法 ……………………………… 84
シグナリング効果 ……………………… 321
質問 ……………………………………… 36
自発的監査 …………………………… 368
四半期異常会計発生高 ………… 337、348
四半期報告制度 ………………………… 35
四半期レビュー ………… 327、332、360、369
四半期レビューの基準 ………………… 35
十分かつ適切な証拠 …………………… 42
重要性 …………………………………… 28
主題事項 …………………………… 61、63
主題情報 ………………………………… 61
主題情報の提示を受ける保証業務 …… 39
受嘱可能 ……………………………… 160
受嘱体制 ……………………………… 160
主要業績評価指標 ……………………… 79
準拠性 …………………………………… 77
準拠性の枠組み ………………… 5、22、23
小会社 ………………………………… 72
証券委員会 ……………………………… 87
証券法 …………………………………… 87
情報仮説 ……………………………… 309
情報提供機能 …………………………… 50
証明業務 …………………………… 40、61
証明リスク（attestation risk） ……… 63
除外事項付意見 ………………………… 29
職業基準（IDW-ES） ………………… 105
信頼性 …………………………………… 25
スチュワードシップ仮説 ……………… 309
専業実4400 …………………… 32、41、107

【た　行】

大会社 ………………………………… 101
中規模会社 …………………………… 101
中立性 …………………………………… 25
直接報告による保証業務 ……………… 39
勅許専門会計士 ………………………… 91
適正表示の枠組み ………………… 5、22、23
ドイツ経済監査士協会 ……………… 101
ドイツ商法典 ………………………… 100
特別目的 ………………………………… 78
特別目的の財務諸表 …………… 4、13、164
特別目的の財務報告 …………………… 22
特別目的の財務報告の監査 ………… 25、26
特別目的の財務報告の範囲 …………… 24
特別目的の財務報告の枠組み …… 13、22
特別目的の枠組み ………… 13、55、58、95

【な　行】

ニュージーランド監査・保証基準審議会 … 136
ニュージーランド勅許会計士協会 …… 112
認可監督団体 …………………………… 70

【は　行】

配布制限 …… 29、188、228、235、252、258、287、295
否定的意見 ……………………………… 29
負債比率 ……………………………… 312
分析的手続 ……………………………… 36
保守主義 ……………………………… 336
保証業務 …………………………… 32、37
保証業務実施者 ……………………… 141
保証実2400 …………………………… 32、35
保証実3000 …………………………… 32、39
保証水準 ………………………………… 5、6

【ま　行】

マネジメント・レポート ················· 102
目的適合性 ·································· 25
モニタリング・コスト ···················· 309

【ら　行】

理解可能性 ·································· 25
利害調整機能 ······························· 50
リスクの早期認識システム ············ 103
利用制限 ···································· 29
レビュー ····································· 9
レビュー業務 ······················ 14、21、32
レビュー業務基準第2410号
　（ニュージーランド） ················ 148
レビュー業務基準ASRE第2400号 ····· 120
レビュー業務基準ASRE第2405号 ······· 120、126
レビュー業務基準ASRE第2410号 ······· 120、122
レビュー業務基準ASRE第2415号 ····· 129
レビュー契約書 ···························· 37

【英　数】

AICPA ······································ 54
APS-1 ······································ 152
AS3305 ····································· 54
ASA200 ··································· 117
ASA800 ··································· 116
ASA805 ··································· 118
ASRE第2400号 ··························· 119
ASRE2410 ································ 122
ASRE2415 ································ 129
AT §201 ·································· 60
AT §301 ·································· 60
AT §401 ·································· 60
AT §501 ·································· 60
AT §601 ·································· 60
AT §701 ·································· 60
AT-Cセクション ·························· 65
AU-C §800 ···························· 54、55
AU-C §805 ···························· 54、56
AU-Cセクション ·························· 65
AUASB ···································· 115
AUP業務 ································ 32、40
AUP実施結果報告書 ····················· 41
CAP ··· 11
CAS800 ···································· 94
CAS805 ···································· 94
CSRE2400 ································· 95
FRC ··· 73
FRS100 ····································· 71
FRS101 ····································· 71
FRS102 ····································· 71
HGB ······································· 100
IDW監査基準 ······················ 103、104
IDW ES7 ································· 105
IDW-PS480 ······························ 104
IDW-PS490 ······························ 104
IDW-PS900 ······························ 105
ISA800 ·························· 9、13、102
ISA805 ·························· 9、13、102
ISA（UK） ································ 74
ISA800（UK） ·························· 74
ISA805（UK） ·························· 74
ISA（NZ）800 ························· 138
ISA（NZ）805 ························· 139
ISAE3000 ································ 104
ISAs（UK&I） ·························· 73
ISAs（UK&I）700 ···················· 73
ISRE2400 ······························ 9、14
ISRE（NZ）2400 ····················· 140
ISRE2410 ······························ 9、14
ISRE（UK&I）2410 ····················· 78
ISRS4400 ······················ 9、79、96、130
KPI ··· 79

MD&A ……………………………………… 60	SSAE ……………………………………… 60
NZAuASB ………………………………… 136	Standard AUS 902 …………………… 119
NZ SRE2410 ……………………………… 148	XRB ……………………………………… 136
PCAOB …………………………………… 54	1990年事業会社法 ……………………… 85
Section 7060 ……………………………… 95	1990年事業会社法規則 ………………… 85
Section 9100 ……………………………… 96	1993年会社法 …………………………… 135
Section 9910 ……………………………… 96	2013年金融市場事業法 ………………… 136
SMO ……………………………………… 10	

著者一覧

● **浅野信博**（あさの　のぶひろ）
大阪市立大学社会科学系研究院経営学研究科准教授。
1999年3月大阪大学大学院経済学研究科単位取得満期退学。博士（経済学、大阪大学）。1999年4月追手門学院大学経営学部専任講師・助教授、2006年4月より現職。現在、日本経営分析学会常任理事、日本ディスクロージャー研究学会理事、日本監査研究学会理事。主な業績として、『会計学の手法―実証・分析・実験によるアプローチ―』（共著）中央経済社、2015年、『実証的監査理論の構築』（共著）同文舘出版、2012年他。

● **異島須賀子**（いじま　すがこ）
久留米大学商学部教授。
九州大学経済学部経済工学科卒業、同経済学研究科博士課程後期課程修了。博士（経済学、九州大学）。九州大学経済学部助手、九州情報大学情報経営学部講師、久留米大学商学部助教授・准教授を経て、2012年10月より現職。現在、日本監査研究学会幹事。主な業績として、『不正会計事例と監査』（共著）同文舘出版、2018年、『監査報告書の新展開』（共著）同文舘出版、2014年、「事業上のリスク等を重視したリスク・アプローチの意義と課題―制度の視点から―」『現代監査』第17号、2007年（日本監査研究学会　監査研究奨励賞）他。

● **小澤義昭**（おざわ　よしあき）
桃山学院大学経営学部教授。
1978年関西学院大学商学部卒業、2017年米国シラキュース大学経営大学院修了（会計学修士）。公認会計士（日本及びニューヨーク州）。1978年プライス・ウォーターハウス会計事務所入所、監査法人中央会計事務所及びCoopers &Lybrand New York事務所を経て、1996年に中央監査法人代表社員就任。2005年、PricewaterhouseCoopers New York事務所にて、日系企業全米統括パートナー就任、その後、PwCあらた有限責任監査法人代表社員を経て、2012年4月より現職。現在、日本監査研究学会理事、主な業績として、『新版 まなびの入門会計学（第3版）』（共著）中央経済社、2018年他。

● **笠井直樹**（かさい　なおき）
滋賀大学経済学部会計情報学科准教授。
2003年関西大学商学部卒業、2010年神戸大学大学院経営学研究科博士課程後期課程修了。博士（経営学、神戸大学）。滋賀大学経済学部専任講師を経て、2011年4月より現職。2018年7月～2019年1月ディーキン大学ビジネススクールに客員研究員として在籍。主な論文として、"The Combined Effects of Long Audit Partner Tenure and Audit Fees on Audit Quality: Evidence from Japan"（単著）『国民経済雑誌』、2018年等。

● **鎌田啓貴**（かまた　けいき）
関西大学大学院商学研究科博士課程後期課程（会計学専攻）在学中。
2002年関西大学社会学部社会学科社会学専攻卒業、2008年関西大学大学院会計研究科会計人養成専

攻（専門職学位過程）修了、2012年関西大学大学院商学研究科博士課程後期課程（会計学専攻）入学。2010年11月鎌田特殊鋼株式会社取締役・相談役。業績として、『「会計かるた」による学習者と教授者の意識の相違の分析』（共著）関西大学、2018年。

● 首藤昭信（しゅとう　あきのぶ）
東京大学大学院経済学研究科准教授。
1997年関西大学商学部卒業、2002年関西大学大学院商学研究科博士後期課程単位取得。博士（経営学、神戸大学）。2002年専修大学商学部、2008年神戸大学経済経営研究所を経て2015年より現職。2011年から2012年までニューヨーク大学、2012年から2013年までイェール大学に客員研究員として在籍。著書に『日本企業の利益調整』中央経済社、2010年（日本会計研究学会太田・黒澤賞）、論文に"The role of accounting conservatism in executive compensation contracts"（共著）Journal of Business Finance and Accounting forthcoming "Management earnings forecasts as a performance target in executive compensation contracts"（共著）Journal of Accounting Auditing and Finance forthcoming等。

● 髙田知実（たかだ　ともみ）
神戸大学大学院経営学研究科准教授。
2002年関西大学商学部卒業、2007年神戸大学大学院経営学研究科博士課程後期課程修了。博士（経営学、神戸大学）。2007年4月より現職。主な業績として、『監査品質の指標AQI』（分筆）同文舘出版、『わが国監査報酬の実態と課題』（分筆）日本公認会計士協会出版局、2012年、『企業価値評価の実証分析』（分筆）中央経済社、2010年（以上、書籍）、及び"Quality of financial inputs and management earnings forecast accuracy in Japan"（共著）Journal of Contemporary Accounting and Economics、2017年、「ビジネス・リスクと監査報酬の関係についての実証分析」『現代監査』、2017年（以上、論文）他。

● 林　隆敏（はやし・たかとし）
関西学院大学商学部教授。
1989年関西学院大学商学部卒業、1994年関西学院大学大学院商学研究科博士課程後期課程単位取得満期退学。同年甲子園大学経営情報学部専任講師、1999年関西学院大学商学部助教授、2005年4月より現職。博士（商学、関西学院大学）。現在、日本監査研究学会理事、日本会計研究学会理事、日本経営分析学会監事、企業会計審議会監査部会臨時委員、日本公認会計士協会品質管理審議会委員。主な業績として、『継続企業監査論』中央経済社、2005年、『ベーシック監査論』（共著）同文舘出版、2015年、『わが国監査報酬の実態と課題』（共著）日本公認会計士協会出版局、2012年他。

● 堀古秀徳（ほりこ　ひでのり）
大阪産業大学経営学部経営学科講師。
2010年関西学院大学商学部卒業、2012年関西学院大学大学院商学研究科博士課程前期課程修了、2015年関西学院大学大学院商学研究科博士課程後期課程単位取得満期退学。同年4月関西学院大学商学部助教、2018年4月より現職。博士（商学、関西学院大学）。主な業績として、「経営者等に対する監査人の信頼と職業的懐疑心」（単著）『會計』第187巻第3号、森山書店、2015年、「財務諸表監査における懐疑主義の検討」（単著）『現代監査』第27号、日本監査研究学会、2017年他。

●**町田祥弘**（まちだ　よしひろ）
青山学院大学大学院会計プロフェッション研究科教授。
早稲田大学商学部卒業、早稲田大学大学院商学研究科博士後期課程単位取得後退学。博士（商学、早稲田大学）。早稲田大学商学部助手、東京経済大学経営学部専任講師・助教授を経て、2005年4月より現職。2002〜2003年 The University of Warwick（英国）にて客員研究員。現在、日本ディスクロージャー研究学会常任理事、内部統制研究学会理事、国際会計研究学会監事、企業会計審議会監査部会臨時委員。主な業績として、『監査の品質』（単著）中央経済社、2018年、『公認会計士の将来像』（共著）同文舘出版、2015年、『わが国監査報酬の実態と課題』（共著）日本公認会計士協会出版局、2012年他。

●**松本祥尚**（まつもと　よしなお）
関西大学大学院会計研究科教授。
1987年関西大学商学部卒業、1989年神戸大学大学院経営学研究科博士課程前期課程修了。同年4月香川大学経済学部助手・講師・助教授、1998年関西大学商学部助教授・教授、2006年4月より現職。現在、日本監査研究学会理事、日本内部統制研究学会理事、国際会計研究学会監事、企業会計審議会監査部会臨時委員。主な業績として、『ベーシック監査論』（共著）同文舘出版、2015年、『公認会計士の将来像』（共著）同文舘出版、2015年、『わが国監査報酬の実態と課題』（共著）日本公認会計士協会出版局、2012年他。

| 著作権法により無断複写複製は禁止されています。 |

監査・証明業務の多様性に関する研究

2019年1月25日　初版発行

編　著　松　本　祥　尚　Ⓒ

発行者　関　根　愛　子

発行所　日本公認会計士協会出版局

〒102-8264　東京都千代田区九段南4-4-1　公認会計士会館
電話　03（3515）1124
FAX　03（3515）1154
URL：https://jicpa.or.jp/

Printed in Japan 2019

製版：（有）一　企　画
印刷製本：（株）あかね印刷工芸社

落丁、乱丁本はお取り替えします。
本書に関するお問い合わせは、読者窓口：book@sec.jicpa.or.jpまでお願い致します。

ISBN 978-4-904901-87-8 C2034